도서출판 대장간은
쇠를 달구어 연장을 만들듯이
생각을 다듬어 기독교 가치관을
바르게 세우는 곳입니다.

대장간이란 이름에는
사라져가는 복음의 능력을 되살리고,
낡은 것을 새롭게 풀무질하며, 잘못된 것을
바로 세우겠다는 의지가 담겨져 있습니다.

도서출판 대장간은
새로운 사회, 즉 예수사회(교회)를 건설하려는
꿈을 가진 도구로서 예수 사회를 구성하는
공동체의 한 지체입니다.

www.daejanggan.org

장애신학

지은이	김홍덕
초판발행	2010년 2월 25일
초판2쇄	2010년 4월 9일
펴낸이	배용하
책임편집	한상미
등록	제364-2008-000013호
펴낸곳	도서출판 대장간
	www.daejanggan.org
	대전광역시 동구 삼성동 대동천좌안8길 49
	전화 (042) 673-7424 전송 (042) 623-1424
박은곳	천일인쇄
ISBN	978-89-7071-174-4

이 책은 저작권법에 의해 보호를 받는 출판물입니다. 기록된 형태의 허락 없이는 무단 전재와 복제를 금합니다.

 값 15,000원

DISABILITY theology
하나님 앞에서 나는 누구인가?
장애신학

김홍덕 지음

이 책을
나의 사랑하는 딸 조이(JOY)에게 헌정합니다.
조이는 나에게
사랑이 무엇인지
가르쳐주는
좋은 스승이기도 합니다.

차례

서장 1. 장애의 정의 ………………………………………………………… 13
　의학적 모델 • 사회적 모델 • 마이너리티 모델 • 문화적 모델 • 모델의 한계 • 문화적 이해 • 기능적 이해 • 구조적 이해 • 복지적 이해 • 종교적 이해 • 교회적 이해

서장 2. 장애신학의 과제 ………………………………………………… 33
　장애신학 또는 장애인신학? • 장애신학의 흐름 • 장애신학 정립을 향하여 • 체현의 신학 • 몸의 신학 • 체현신학 • 장애신학의 과제

여는 말 …………………………………………………………………………… 45

제1장 하나님의 형상과 장애 ………………………………………… 53
　하나님의 형상에 대한 여러 견해 • 에덴동산에는 과연 장애가 없을까? • 창조, 혼돈, 장애 • 창조주와 장애 • 다르게 창조하심과 하나님 영광 • 정상/비정상 • 질그릇과 토기장이 • 죄와 하나님 형상 • 하나님 형상 회복과 예수 그리스도

제2장 장애인은 과연 부정한 사람들인가? ……………………… 75
　장애인 과연 부정한 사람들인가? • 결론에 대한 논거 • 부정한 사람들 블랙리스트 • 완전함과 온전함 • 나병과 유출병 • 신구약의 패러다임 변화 • 정한 제물의 예배정신 • 부정한 음식과 예배자 구분 • 베드로의 환상과 장애인 • 온전한 대제사장과 흠 없는 제물 • 의식적 부정과 도덕적 정죄 • 유대인들의 예배의식과 장애적용 • 장애인 제사장 • 쿰란에서의 거룩함 보전 • 하나님의 진노와 장애

제3장 구약에 등장하는 장애인 ····· 105
이삭/시각장애 • 야곱/신체장애 • 모세/언어장애 • 삼손/시각장애 • 므비보셋/신체장애 • 삼하 9장 6절 해설 • 다윗과 맹인과 다리 저는 자 • 시바와 므비보셋에 대한 다른 해석 • 므비보셋의 왕위계승과 장애 • 예루살렘, 시온 그리고 장애 • 아히야/시각장애 • 사울/정신장애 • 지적장애

제4장 장애나라 이스라엘 ····· 143
장애나라 이스라엘 • 고자와 이스라엘 • 태의 닫힘 • 사라 • 리브가 • 라헬 • 그랄왕 아비멜렉 사건 • 삼손과 사무엘 어머니 • 미갈 • 고난받는 종 • 포로와 절름발이 • 보는 것과 듣는 것 • 이스라엘 왕권교체와 장애메타포

제5장 예언서에서의 장애의 의미 ····· 169
1. 이스라엘의 영적 건강성 표지 • 2. 하나님의 진노와 징계 • 바벨론 유배 • 고난받는 종의 필요성 • 3. 이스라엘의 회복 • 장애의 제거와 회복 • 맹인과 농아의 치유를 통한 이스라엘 회복 • 전인적 총체적 치유 • 이사야 35장 • 개인적 치유와 이스라엘 공동체 치유 • 바벨론에서 돌아온 장애인의 위상변화 • 정결법의 반전 • 정의 실현의 관점에서 본 장애의 회복 • 4. 종말론적 회복 • 남은 자로서 장애인: 새 시대의 주역

제6장 소외층과 낙인 ····· 197
소외층에 대한 사회적 인식 • 못난 것도 장애가 되나? • 아름다움 • 낙인과 낙오자, 장애인 • 눈에는 눈, 이에는 이 • 여성=장애인?

제7장 쿰란 공동체와 유대인의 장애 정책 ····· 215
쿰란 공동체의 장애 이해 • 쿰란 문서와 장애관련 구절 • 정신장애 또는 지적장애 • 유대인들의 장애 의식 • 다아트 • 쇼테 • Imitatio Dei • 미쉬나의 유대인 예배 이해 • 토라낭독 • 쉐마 암송 • 기도 • 휠체어장애인의 기도 인도 • 농아인 • 장애인과 증인 • 지적장애 • 나치와 장애인 • 평양과 장애인

제8장 신약성경에 나오는 장애인들 ······ 235
복음서에 등장하는 장애인들 • 시각장애 • 요9장–날 때부터 맹인된 사람 • 막10장–맹인 바디매오 • 청각장애 • 막7장–귀먹고 어눌한 사람 • 신체장애 • 막2장–네 사람이 메고 온 중풍병자 • 한센씨병(나병) • 막1장–예수께 나온 나병환자 • 눅17장–열명의 나병환자 • 불치병(만성질환) • 막5장–혈루증 여인 • 정신장애 • 눅8장–거라사 귀신들린 사람 • 복음서 기자들의 강조점 차이 • 행3장–성전 미문의 못 걷게된 사람

제9장 장애는 죄의 결과인가? ······ 287
장애는 죄 때문에 생기는가? • 욥의 친구들의 논리 • 하나님의 대답 • 욥기가 주는 장애신학 포인트 • 마가복음 2:1~12 • 죄와 장애의 관계 • 믿음과 치유의 관계 • 요한복음 5:1~18 • 더 심한 것이 생기지 않도록 • 배경의 상황적 의미 • 베데스다의 실체와 반전 • 요한복음 9장 • 죄와 장애 • 본인의 죄과 부모의 죄

제10장 장애의 원인과 하나님의 목적 ······ 319
예수님의 대답: 하나님이 하시는 일을 나타내기 위하여 • 모세의 영광과 하나님의 영광 • 제자들의 영광의 관점 • 구원과 치유 • 치료와 치유

제11장 선교학적 킹덤 드림 ······ 339
희년 • 본문의 문장 구조적 이해 • 가난한 자와 하나님나라 • 가난한 자의 입장에서 • 하나님나라 만찬의 주객으로서의 장애인 • 천국 만찬의 의의 • 만찬 초청자로서의 예수 그리스도 • 예배공동체로서의 천국 만찬 • 보는 것과 하나님나라 • 삭개오의 본 것 • 예수님의 갈릴리 사역과 비차별 정신 • 적용: 통합예배

제12장 상처입은 치유자 예수 그리스도 ········· 365
비판과 평가 • 인간 예수 • 십자가 능력의 패러독스 • 상처입은 치유자 • 케노시스 • 부활과 상처 • 영적장애의 심각성 • 산상수훈과 장애신학

제13장 바울과 장애 ········· 385
헤페스투스 • 장애인 황제 클라우디우스 • 어릿광대 장애인 • 맹인 선지자 테이레시아스 • 바울의 가시와 하나님의 계시 • 바울의 육체의 약함 • 바울의 언어구사능력 • 바울의 장애에 대한 개념 • 바울신학과 육체 • 주님의 고난과 능력에 동참함 • 십자가 고난과 능력에 동참한 사람들

제14장 교회와 장애인 ········· 411
구원론 • 성례전 • 세례의 원리: 그리스도와 신비한 연합 • 교회의 실천적 통합 정책 • 예수님 통합 원리 • 1. 예수님의 몸과 통합의 원리 • 2. 접근권의 원리 • 3. 통합의 원리 • 교회, 현존하는 그리스도 • 그리스도의 지체로서 교회 • 하나 되게 하심과 보혜사 • 교회의 종말론적 기대 • 점핑하는 쥐 이야기 • 교회의 하나 됨에 대한 교독문

제15장 장애의 종말론적 희망 ········· 445
상상: 조이는 천국에서 어떤 얼굴을 할까? • 천국에서의 모습 • 계시록에 나오는 생물과 사람 모습 • 장애교회 라오디게아 교회 • 언어의 회복

제16장 닫는 말 ········· 461

후주 ········· 467

서장 1

장애의 정의

장애신학으로 들어가기 전에 먼저 일반 장애연구의 모델과 역사에 대해 좀 알아볼 필요가 있다. 장애의 정의는 다분히 문화적이고 사회적이어서 여러 가지 다양한 정의를 만들어 왔다. 그러나 여기서는 다양한 정의를 일일이 소개하는 것보다 장애학 연구의 두 축을 이루는 기본 모델을 소개함으로써 각 문화와 사회가 채택하고 있는 정의가 어느 모델에 속하는지, 또 그 정의가 어떤 개념을 내포하고 있는지를 유추할 수 있도록 몇 가지 중요한 개념적 뼈대를 제공할까 한다. 현재 장애연구의 흐름을 크게 두 개의 물줄기로 나눌 수 있는데 하나는 의학적 모델medical model이고 다른 하나는 사회적 모델social model이다. 물론 이 구분은 전통적인 구분이고 세부적으로 들어가면 더 분화된 모델들이 있다.

의학적 모델Medical Model

의학적 모델은 개별적 모델이라고도 한다. 장애를 사회적 문화적 관점으로 보기 시작한 최근의 연구 모델이 나오기 전까지는 장애를 개인적이고 의학적인 관점에서 바라보았다. 즉 장애를 의학적 진단과 치료라는 관점으로 보고 '정상', '비정상', '손실', '손상', '결손', '기능' 이라는 차원으로 분류하였다. 따라서 이 모델 하에서 장애는 자연적으로 몸의 해부학적, 생리학적, 심리학적 이상의 여부로 정의되고 신체의 생리학적 과정을 방해하는 신경 의학적 원인정신병 등을 덧붙여 장애를 정의하게 되었다. 이 모델의 대표적인 모델이 세계보건기구 WHO가 제시한 ICIDH-1이다.[1] 이 모델은 장애의 정의를 세 단계로 구분한다. 즉 손상 Impairment 장애, Disability 불이익 Handicap이다.[2]

손상이란 몸의 심리학적, 생리학적 또는 해부학적 구조나 기능에 어떤 이상이 생겼거나 손실된 경우를 말한다.
장애란 사람이 정상적이라고 간주하는 범주 또는 방법으로, 활동하는데 방해가 되는 어떤 제약 또는 신체장애로부터 생긴 능력 상실을 의미한다.
불이익이란 신체적 손상 또는 장애 때문에 자신의 역할이 제한 또는 방해를 받는 사회적 불이익을 말한다.
이 모델은 다음의 그림과 같이 인과관계로 설명된다.

질 병 ➡ 손 상 ➡ 장 애 ➡ 불이익

즉 사람의 신체적 구조나 기능이 손상을 입거나 손실될 때 이 손상 때문에 활동이나 행동에 장애를 가져오게 되고, 이런 장애 때문에 사회적인 불이익을 겪게 된다는 이론이다. 이 모델은 전 세계적으로 장애의 정의에 대해 절대적 영향을 미쳤다.

이 모델의 긍정적인 영향으로는 재활프로그램의 강화를 들 수 있겠다. 이 모델은 개인의 신체적인 손상으로 말미암아 장애가 생겼기 때문에 결과적으로 사회적 불이익을 받게 된다고 말해준다. 그러므로 이 모델은 장애인이 사회에서 살아남으려면 자신의 장애를 유발하고 있는 신체적 손상을 보강시켜주거나 또는 기능을 증진시킬 수 있는 재활 의학적 방법을 채택함으로써 사회적 불이익을 최소화하도록 장애인을 독려하는 데 그 목적이 있다. 예를 들면 한쪽 팔이 없는 신체장애인은 한쪽 팔이 없기에 그 팔로 할 수 있는 신체적 기능에 장애가 오고 팔을 쓰는 직업으로부터 소외를 당하게 된다. 따라서 이런 불이익을 최소화시키려면 다른 사람과 경쟁을 할 수 있는 상태로 팔을 복구하거나 또는 대체하여야 한다는 압력을 받게 된다. 이런 재활모델의 노력은 의족과 의수 또는 휠체어를 비롯한 기능적 보조도구로부터 첨단 과학을 이용한 각종 장애보조도구의 발명과 생산을 가져왔고 물리치료, 작업치료, 언어치료 등 의학적인 치료방법의 발전을 유도하였다. 결국은 사회적으로 '인간승리' 모델을 만들어 장려함으로써 장애인이 지향하여야 할 궁극적 목표로 제시하고 있다.

또 한 가지 긍정적인 영향은 절대빈곤 국가 또는 개발도상국에 장애의 정의를 확장하도록 권고하였다는 점이다. 장애의 정의를 극심한 신체적인 손상의 경우에만 국한해 긴급한 구호활동에만 그치는 대부분의 절대빈곤국가 또는 저개발국가에 극심한 신체적 손상뿐 아니라 기능적인 장애와 사회적 불이익까지 확장된 장애의 정의를 제시하고 있다. 이에 따라 신체적 재활 이외에 사회적 재활대책도 아울러 수립하도록 권고하였다.

그러나 미국을 비롯한 선진국과 인권을 중요시하는 국가들에서는 이 모델이 환영을 받지 못하였다. 즉 장애로 말미암은 불이익의 모든 책임을 개인에게 돌림으로서 사회적인 책임을 회피한다는 뜻이 담긴 절대적인 약점을 지닌 모델이기 때문이다. 세계 장애권익운동은 이 모델의 이런 부정적인 기능을 들어 이 모델을 거부하였다.[3]

이 모델의 문제점을 살펴보면 다음과 같다.[4]
1. '정상'에 대한 개념을 지나치게 생물의학적, 생리학적 기능에 의존하였다.
2. 신체적 손상을 장애와 사회적 불이익의 원인이라고 돌렸다.
3. 신체적 장애를 가진 장애인을 수동적인 사회 의존적 존재로 만들었다.
4. 장애인은 개별적 노력으로 자신의 장애를 극복하도록 요구받는다.
5. 지나치게 세분화된 문명코드로 된 서구문화만을 반영하고 있다.

따라서 이 모델은 장애인 가족, 장애관련 종사자, 인권운동가, 사회학자로부터 호된 비판을 받게 되었다. 이에 사회학자들은 각자 나름의 새로운 정의를 시도하는 한편 WHO도 모델보완을 위해 위원회를 가동하고 작업에 착수하였다. WHO는 수년간의 연구와 사회 문화적인 피드백을 반영하여 '개인의 신체적 조건'과 '사회 환경적 조건'들의 상호작용이 개인의 삶에 영향을 미친다는 관점으로 장애를 재조명하여 1999년 ICIDH-2의 시안을 내놓았다. 이 ICIDH-2는 개인의 신체구조와 '기능↔활동↔참여'라는 상호작용의 개념으로 장애를 설명하였다. 이 모델은 생물의학적 개념에 사회학적, 환경적 요소를 가미한 일종의 중도적 사회학적 모델이라고 할 만하다. 그러나 여전히 의학적 모델을 기준으로 한 장애해석이라는 점에서 많은 비판을 받았다. ICIDH-2는 이런 비판과 피드백을 종합하여 2년간 수정작업을 통해 2001년 ICIDH-2 모델을 완성하였고 ICF[5]라는 이름으로 새 모델이 빛을 보게 되었다.

　ICF는 장애를 "사람(신체적 조건)과 상황적 요인(환경적 요인과 개인적 요인)의 결과"로 본다.[6] 따라서 장애를 개별적 신체 상태에 따른 결과로 보는 의학적 모델이나 장애의 사회적인 책임에 훨씬 큰 무게를 두는 사회적 모델 사이에 그 어느 편도 들지 않는 중립적 모델을 취하였다. ICF 모델은 장애를 신체적 수준(신체적 기능과 구조에 따른 손상), 개인적 수준(활동의 제약), 사회적 수준(사회참여제한)에 따른 기능으로 구분한다. ICF에 따르면 이 모든 부분들을 합한 것이 장애라는 것이다.

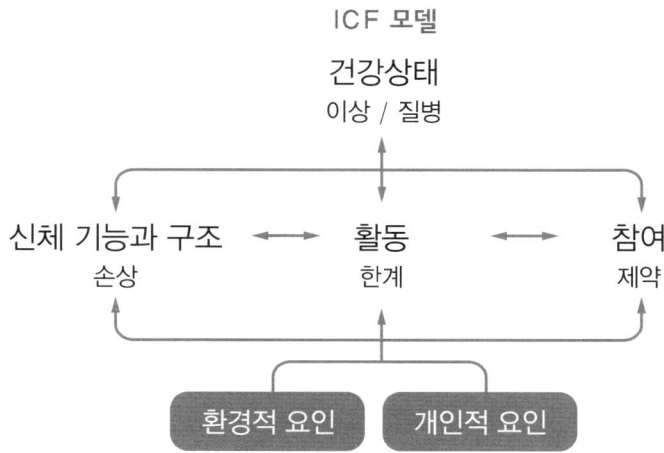

　이 모델은 장애를 원인과 결과라는 평면 도식으로 보지 않고 장애를 다면적인 요인으로 보고 있다는 점과 모델의 출발점이 질병이나 장애가 아니라 사람이라는 점에 강조점을 둠으로써 ICIDH-1의 약점을 보완하였다.

사회적 모델

1970, 80년대에 들어와서 개별적 의학적 모델의 부정적 측면이 부각되면서 장애의 사회적 책임이 강하게 제기되었다. 여기에 가장 먼저 UPIAS[7]가 근본적 원리Fundamental Principles, 1976라는 선언문을 발표함으로써 장애의 사회적 모델의 공식적 첫 함성을 질렀다. UPIAS에 의하면 장애란 "신체적 장애로 말미암아 사회생활에 참여하는 것이 제약을 받고 배제가 되는 사람들이 아무 책임을 지려 하지 않는 사회 때문에 받는 활동의 제약 또는 불이익"이라고 정의했다.[8] 즉 육체적인 손상은 개인적인 일이지만 장애는 더는 개인의 문제가 아니라 사회적 문제라는 인식이다. 그러므로 이 모델은 "장애를 일으키는 장애물과 사회적 태도"에 관심의 중심을 둔다. 이처럼 사회적 모델은 장애의 경험에 초점을 맞춘다. 그러나 이런 경험은 결코 개인적인 차원에 머무는 것이 아니라 오히려 사회적 그리고 물질적 요인까지 고려한다. 예를 들면 가정환경이라든가, 재정상태, 교육수준, 직업, 주거, 생

두 모델의 비교 [9]

의학적 모델	사회적 모델
개인적 비극 이론	사회적 압제 이론
개인적 문제	사회적 문제
개별적 처리	사회적 실행
의학적 진단	자가 판단
전문가 의존적	개인적 그리고 사회적 책임
전문가 판단	경험적 판단
개인적 정체성	집합적 정체성
편견	차별
케어	권리
통제	선택
정책	정치
개별적 적응	사회적 변화

활환경 등의 요인들이다. 그뿐만 아니라 사회적 모델은 이런 장애인들의 환경적 요인들을 사회가 개선해 줌으로서 그들이 장애의 장벽을 넘어서도록 도와주는 데 그 목적이 있다. 따라서 이런 사회 환경적 문제들을 더욱더 잘 이해하고자 장애연구의 사회학 위치가 높아지게 되었다.

마이너리티 모델Minority Model

사회적 모델을 마이너리티 모델이라고도 부른다. 이 모델은 장애인을 다른 소수집단과 같은 마이너리티 그룹의 입장에서 접근하는 방법으로서 현 장애이론에서 가장 많이 쓰이는 모델이다. 미국 상황에서는 오히려 마이너리티 모델로 부르는 것을 선호하는 편이다. 그 이유는 사회가 장애인 마이너리티 그룹의 욕구와 비전을 채워주지 못함으로써 장애가 생긴다는 사회적 관점을 말하기 때문이다. 이 마이너리티 모델의 주 관점은 장애인도 다른 소수의 억압받는 그룹과 같은 위치에 있다는 것이다. 따라서 마이너리티가 겪는 편견과 차별, 격리와 같은 불이익을 장애인들도 똑같이 겪고 있다는 것이다.[10] 마이너리티 그룹이란 자신의 신체적 또는 문화적 특성 때문에 자기가 속해있는 사회로부터 소외되어 부당한 대우를 받는 사람을 일컫는 말로서 집단적 차별대우의 대상이 된다. 즉, 장애인은 일차적으로는 사회의 편견과 부당한 차별과 그다음에는 장애에 동반되는 신체적 또는 정신적 제약이 있는 사람들이라고 본다.[11]

이 마이너리티 모델의 출발점이 "장애인은 비장애인보다 열등하며 여성은 남성보다 열등하다"는 것이기 때문에 장애인과 여성은 이중장애를 겪는 셈이다. 즉 자신의 정체성이 자신의 인격으로 규정되는 게 아니라 사회적 힘의 논리로 규정되기 때문이다. 그러므로 여성과 장애인은 같은 형태의 사회적 편견과 차별을 겪으며 사회의 다른 그룹으로부터 소외되는 고통을 겪는다는 점을 마이너리티 모델은 잘 나타내주고 있다. 종종 장애인에 대한 차별은 다른 마이너리티에 대한 차별을 낳는다.[12] 이 마이너리티 모델은 장애인이 사회로부터 받는 부정적인 이미지를 분석함으로써 사회적 교육에 유용한 참고 모델로 제시되고 있다. 즉 장애인이 사회로부터 받는 부당한 편견과 차별, 격리 등 부정적인 요인에 대한 정확한 이해가 없다면 장애인의 문제는 근본적으로 해결될 수 없을 뿐 아니라 다음 단계로의 변화를 바랄 수도 없기 때문이다.

하지만, 이 모델은 장애 때문에 발생하는 모든 문제를 사회적 책임으로 떠넘기는 듯한 태도를 보임으로서 사회와 장애인을 대립구조로 만드는 과격성을 내포하고 있다. 그리고 이 모델의 태생적인 한계 탓에 너무 정치적이라는 비판을 받고 있다. 윌리엄스Williams는 이 모델을 다음의 세 가지 이유를 들어 비판한다.[13] 첫째, 현대의 많은 장애가 인종이나 성별과 관계가 있는 것이 아니라 천천히 진행되고 있는 만성질병으로부터 생긴다. 둘째, 장애는 언젠가는 누구나 겪어야 할 문제이므로 어느 계층에게만 국한된 문제가 아니라 모든 사람의 공통적 문제이다. 셋째, 아무리 장애가 사회적인 산물이라고 인정한다 할지라도 장애는 근본적으로 신체적인 고통의 문제를 포함하고 있다. 그러므로 장애를 사회적인 부산물로만 해석하는 마이너리티 모델은 모든 장애인에게 적용할 수 있는 일반화 개념은 아니다.

문화적 모델Cultural Model

장애를 사회적 부산물로 본다 하더라도 사회 자체가 다양한 문화가 함께 공존하는 복합체이기 때문에 장애가 단지 사회적 부산물이 아니라 오히려 하나의 독특한 사회적 문화를 형성하여 사회 속에서 독특한 정체성으로 존재한다고 보는 것이 문화적 모델의 장애 이해이다.[14] 다시 말하면, 장애가 사회라는 조직의 부산물이 아니라 오히려 사회적 조직에 융합된 형태를 띠고 있다는 것이다. 그러므로 장애연구는 장애인들의 생각과 행동양식, 그리고 그들을 이해하고 해석하는 의문부호로서 그것들이 장애인들의 사회생활에 어떤 역할을 하는가를 연구하는 것이다.[15]

모델의 한계

의학적 모델은 신체의 구조와 기능을 강조한 나머지 사람의 전인격적 역할을 간과했기 때문에 장애를 입음으로 말미암아 경험하는 소외감 등 감정에 대해서는 소홀하다. 그리고 의학적 모델이 제시하는 장애의 대책은 장애인에게 재활을 위한 의학적 수단을 제공하는 데 그치고 있을 뿐이다. 반면 사회적 모델 또는 마이너리티 모델은 장애인 개개인의 신체적인 문제보다는 그들이 사회에서 겪는 사회적 고통을 강조하기 때문에 장애인 개개인의 신체적인 고통에 대해서는 큰 비중을 두지 않는다. 사회적 모델이 제시하는 장애의 대책은 사회적 편견과 장벽을 제거하는 데 더 무게를 두고 있다. 두 모델이 나름의 장점이 있고 각기 큰 공헌을 하였지만 두 모델이 서로 다른 점만 부각시키다 보니 어느 한 모델로서는 장애문제를 대표할 수 없는 한계를 지니게 되었다.

또 사회적 모델이나 마이너리티 모델 그리고 문화적 모델까지도 장애를 정적으로 머무는 상태로 가정하고 있다는 점이 지적되고 있다. 즉 장애인은 개인의 신체적인 고통과 함께 사회적 고통을 함께 경험하기 때문에 의학적으로 개인의 고통을 제거하거나 완화한다 할지라도 즉시 사회적인 위치가 반전되는 것도 아닐 것이다. 한편, 장애에 대한 사회적인 편견과 장벽을 무너뜨림으로써 장애인의 사회적인 위치가 공고히 된다 하더라도 장애로 말미암은 개인적인 신체적 고통 때문에 여러 가지 불이익은 여전히 겪을 수 있다. 결국, 장애인 한 개인 삶의 여정 속에서도 여러 가지 모델이 함께 동적으로 움직이고 있다. 이러한 동적 경험이 오히려 장애인의 삶을 가장 잘 반영한다고 할 수 있을 것이다. 이러한 점을 반영하여 장애를 이해하는 새로운 모델들이 계속 시도되고 있다.[16]

장애에 대한 이해는 문화적 요인, 사회적인 태도, 그리고 종교적 신념에 따라 그 이해를 달리한다.

문화적 이해[17]

일반적으로 과학적 사고구조를 가진 서구 사회는 장애를 기능적인 측면에서 이해한다. 즉 신체적, 정신적 기능 중 일부가 제 기능을 하지 못하는 상태를 장애라고 규정한다. 그런데 토착문화가 강한 사회로 갈수록 이런 신체적 기능에 의한 장애의 이해보다는 사회적인 기능의 장애에 더욱 비중을 둔다. 예를 들면, 한 부족이 다른 부족의 압박 하에 놓였을 때라든가 개인의 삶이 사회적으로 적응하지 못할 때 장애라는 단어를 쓸 뿐 신체기능에 이상이 있는 경우에는 아예 장애란 단어조차 쓰지 않는 사회도 있다.

장애에 대한 문화인류학적 연구는 개별문화에 따라 장애를 바라보는 눈이 서로 다르다는 사실을 발견하는 데 큰 기여를 했다. 그것은 선교학적으로 내부자 관점에서 본 관점이다.[18] 일반적으로 말하면, 서구의 장애관은 '능력'이라든가 '자율성'과 밀접한 관계가 있다. '능력'은 '평등'이라는 말로 이해되고 있다.[19] 따라서 서구에서 능력의 상실은 평등의 상실로 이해된다. 반면에 토착문화에서는 장애를 서구의 테크니컬 한 개념보다는 좀 더 통전적인 관점으로 본다.[20] 예를 들면, 뉴질랜드 원주민 마오리Maori족과 유럽에서 건너와 뉴질랜드에 거주하고 있는 페카하Pekaha족 사이의 장애에 대한 개념을 비교 연구한 결과, 마오리족이 장애를 바라보는 관점이 훨씬 포괄적인 것으로 밝혀졌다.[21]

마오리족은 삶의 질을 네 가지로 분류하는데 즉 영적, 태도, 육체적, 가족으로 나눈다.[22] 이 중에서 영적인 의미를 제일로 삼는다. 이들에게 있어서 최대의 장애는 유럽인들에게 독립권을 빼앗긴 것이다. 따라서 마오리족에게 있어서 가장 큰 장애는 페카하족에 의해 압제를 당하는 것이다.

아프리카 사회에 있어서 장애의 이해는 좀 더 수용적이다. 예를 들면, 케냐 맛사이 부족은 장애가 신, 마녀 또는 자연의 심술이나 진노에 의한 것으로 생각하여 장애를 있는 그대로 받아들인다. 즉 장애에 대한 부정적인 태도나 긍정적인 극복의지 모두 없다. 사회적으로도 장애에 대한 편견이나 거부감이 없다. 오히려 아이를 갖지 못하여 씨를 잇지 못하는 것을 장애로 여긴다. 또 아프리카 콩고에 있는 송계Songye라는 부족은 장애아를 세 부류로 구분한다. 즉 '미싱가', Mishinga 축제적 아이 '말와', Malwa 나쁜 아이 '빌레마' Bilema 잘못된 아이 세 종류이다.[23]

'미싱가'의 경우 장애아를 보통 아이들보다 훨씬 존중한다. 예를 들면 목에 탯줄을 감고 나오다 생긴 장애나, 손이 뺨에 붙어 나온 아이 등은 '경이로운 아이'로 여겨져 온 마을이 축제를 벌인다. 왜냐하면, 이런 아이들은 하늘이 그 마을에 특별히 내린 축복의 아이라고 믿기 때문이다. 이런 아이들은 태어나면서 초자연적 신유능력을 지닌다고 믿는다. 또 태어날 때 손이나 발이 먼저 나온 아이나 쌍둥이를 이 부류의 장애아로 여긴다. 그러나 '말와'는 아예 사람이 아니라고 생각한다. 왜냐하면, 이런 유의 아이는 악한 영의 부림에 의해 태어났다고 믿기 때문이다. 그래서 이런 아이는 세상에 잠깐만 살다가 나중에 다시 자기가 온 영의 세계로 돌아가기 때문에 부모들도 아이가 금방 죽을 것으로 생각하여 내버려둔다. 백색증, 왜소증이나 뇌수종 같은 선천적 장애가 이 부류에 속한다. 하지만 이런 백색증, 맹인, 왜소증 등의 장애가 어떤 다른 토착 문화에서는 경이적인 아이로 경배의 대상이 되기도 한다.[24] 또 하나의 부류가 '빌레마'인데 잘못 태어난 아이라는 뜻이다. 소아마비 등 일반적 선천적 신체장애가 이 부류에 속한다.

아프리카 사람들은 장애의 원인을 생각할 때 늘 사람과 환경 사이의 관계를 중시한다. 그들은 관습적으로 어떤 특정 장애의 원인을 규명하는데 개인과 환경적 요소 사이의 관계로 이해한다. 이런 환경적 요소로는 자연환경, 가족, 그리고 조상까지 포함한다. 또 아프리카에서는 조상의 분노가 장애의 원인이라고 생각하는 등 주술문화가 장애의 원인 규명에 큰 비중을 차지하기도 한다.[25]

그 외 그리스, 아시아, 일부 라틴 아메리카에서는 음양 부조화설과 풍수지리설로 장애의 원인을 해석하기도 한다. 한편, 미국 매사추세츠 주의 마르다 빈야드 지역과 일부 멕시코지방에서는 유전적으로 시각장애나 청각장애를 입은 사람을 장애인으로 여기지 않고 귀하게 여기는 전통적 문화를 가지고 있다. 또 네팔의 어느 지방에서는 팔다리가 8개를 가지고 태어난 기생쌍둥이 아이를 힌두교 코끼리신인 '가네쉬'의 현신이라고 하여 숭배하기도 한다.

기능적 이해 Functionalistic Understanding

산업화가 선진화된 사회일수록 사람을 평가하는 데 있어서 사람의 기능성을 중시하기 마련이다. 사람은 사회의 한 구성단위로서 전체사회를 위해 얼마나 자신의 기능을 다 하는가로 그 사람의 가치가 매겨진다. 고도의 테크노 사회로 가면 이런 경향이 더 짙어진다. 이런 기능주의는 다음의 전제를 가지고 출발한다. 첫째, 사회는 단일한 기능을 가지고 있다. 둘째, 모든 표준화된 사회적, 문화적 유형은 긍정적 기능을 가지고 있다. 물론 이런 이론은 기능주의를 연구하는 사회학자들 사이에서도 공격을 받게 되지만 기능주의의 근본적인 골격임은 틀림없다. 이런 사회에서는 신체적 정신적 장애를 가진 사람은 자연히 사회의 기능성에 부정적인 영향을 끼치는 존재로 부각된다. 즉 장애인들은 단일화된 기능을 추구하는 표준화된 사회적 문화적 유형에 긍정적인 기여를 할 수 없게 되기 때문에 사회의 짐이 된다는 결론이다.

또 기능적 사회에서는 사회의 구성원 개개인의 생산성에 따라 그 사람의 가치를 매긴다. 그러므로 신체적 정신적 장애로 말미암아 자기에게 주어진 사회적 몫을 다하지 못하게 되면 곧 생산성에 중대한 영향을 미치게 된다는 이론이다. 따라서 사회의 일정한 생산성을 유지하려면 다른 사람들이 더 많은 일을 해야 하기 때문에 사회의 다른 구성원에게도 손해를 끼치는 존재로 전락하게 된다. 이런 기능주의 사회에서는 사회 전체의 기능을 개인적인 욕구보다 중시하기 때문에 소수의 권리는 뒷전에 밀리게 되는 경향이 있다. 그러므로 생산성을 중시하는 기능주의 사회에서 장애인은 사회에 부담을 주는 존재로 낙인이 찍히게 된다.

장애인을 사회의 얼룩으로 보는 낙인이론stigma theory은 이런 사회구조 속에서 탄생하게 되었다. 사회화의 과정을 중시하는 이런 기능주의 사회에서는 장애인들에게 기능상의 평등을 강요한다. 따라서 장애인들은 조직체가 발전하는데 기여를 할 수 없다고 믿는다. 그러나 이런 기능주의 사회의 모순은 장애인들도 진정한 사회의 일원으로 긍정적인 기능과 기여를 할 수 있다는 사실을 간과하고 있다는 사실이다. 즉 물리적, 물질적, 경제적 차원에서만 생각하면 장애인의 생산성이 일반인들보다 떨어지는 것이 사실이겠지만 사회는 물리적인 기능만으로 돌아가지 않는다는 지극히 원론적인 상식을 간과하는 우를 범하고 있다. 장애인을 통한 사회의 순기능은 물리적인 계산만으로는 불가능하다.

구조적 이해 Structural Understanding

구조주의는 사회는 사람들을 뭉치게 하고 협동하게 하는 어떤 메커니즘이 있을 때만 존재할 수 있다고 생각한다. 구조주의의 출발점은 사회는 내외부의 힘으로 끊임없이 해체될 위험에 놓여있는 깨지기 쉬운 존재라는 인식에 있다. 이러한 도전에 대하여 어떻게 연대성을 지켜내는가에 따라 사회의 운명이 나뉜다. 구조주의자들은 사회가 복잡해지는 것을 진화의 과정으로 본다. 이런 의미에서 인간사회에 대한 그들의 관점은 생명체가 단순한 세포로부터 정교하고 복잡한 유기체로 진화했다는 생물학의 관점과 유사하다. 동물이나 식물들처럼, 사회적 복잡성도 변화하는 환경에 대한 적응의 결과라고 본다. 사회의 구조적인 이해란 이처럼 사람이 사회를 떠받드는 구조물 중 하나의 역할을 한다고 생각한다. 만일 전체 구조물 중 하나가 그 구조적 기능을 다 하지 못하면 전체 구조물에 이상을 가져온다는 생각에서는 기능주의와 근본적으로는 같은 생각을 하고 있다. 이 구조주의는 전체 구조물을 이루는 조화 안에서 개체의 독특성을 어느 정도 인정하고 있기는 하지만 개인은 전체를 위해서 사용될 때만 그 가치가 있다고 생각하기 때문에 개인의 존재목적이 물질사관적이기는 기능주의와 다를 바 없다. 생산성을 중시하는 기능주의에 비해 구조주의는 생산성을 중시하지 않는다는 느낌이 들지만, 개인은 전체를 떠받치는 구조물의 한 부분으로서 그 기능을 충실히 감당해야 한다는 점에서 결국 같은 결론에 도달하게 된다. 이런 사회에서의 사람은 제품의 한 부품에 지나지 않는다. 그러므로 이런 구조적 이해 속에서의 장애인이란 불량부속품으로 낙인찍히게 된다. 물론 이 구조주의가 사람의 가치를 물질사관으로 비춰보는 마르크스의 유물론을 통박함으로 시작한 이론이긴 하지만 마르크스주의를 극복한 이론이라고 보기는 대단히 어렵다.

복지적 이해 Welfare-oriented

사회의 기능주의적, 구조주의적 이해 하에서 낙오되는 소수계 즉 가난한 자, 병든 자, 장애인들을 배려하는 차원에서 생긴 것이 복지주의다. 동정으로부터 시작한 복지주의의 약점은 장애인들을 계속 수혜자의 위치에 머물게 한다는 점이다. 다시 말하면 장애인들이 일반인들과 똑같은 사회적 공헌과 기능을 하는 존재로 여전히 받아들여지지 않는다는 데 그 문제점이 있다. 또한, 복지정책은 가진 자들의 여유분으로 운영되기 때문에 경제원리에 따라 변수가 많은 그야말로 필수가 아닌 선택사항임을 은연중 내비치는 정책이다. 시혜자와 수혜자의 구분은 궁극적으로 사람의 인권을 이등분하는 차별이며, 사회고립정책이기도 하다. 복지 정책의 강화는 장애인들을 더욱 의존적인 존재로 만드는 약점을 내포하고 있다. 그렇다고 복지정책의 무용론을 말하는 것은 아니다. 단지 복지정책의 철학을 재정립해야 한다는 것이다. 즉 필요한자들이 서로 나눈다는 공동체 의식에서 출발하여야 한다.

종교적 이해

각 종교권의 장애에 대한 이해를 살펴볼 필요도 있다. 왜냐하면, 종교가 인류역사에 지대한 영향을 미쳐왔고 종교의 영향을 받지 않은 문화도 별로 없기 때문이다. 하지만, 여기서는 개략적인 것만 소개하고 자세한 논의는 생략하기로 한다.

기독교권 : 기독교권에서는 장애가 하나님의 징벌이라는 생각과 그러기에 회개와 기도를 통해 장애를 고침 받아야 한다는 이해가 전통적으로 우세하다. 성경에 등장하는 장애인에 대한 기술이 부정적인 인상을 주고 있고 정결법과 관련하여 장애인이 부정한 사람이라는 인식을 하게 한다. 신약에서도 장애인들은 주로 귀신들린 축귀의 대상이거나 치유의 대상으로 등장하기 때문에 일반인들과 구별되는 시혜의 대상처럼 보인다. 이런 배경하에서 전통적으로 소외계층에 대한 신학적 무시가 장애인들을 교회에 계속하여 부정적인 존재로 머물도록 기여를 했다고 볼 수 있다. 하지만, 기독교계는 대체로 장애인을 돕고 보살펴야 한다는 생각에는 적극적이다.

회교권 : 모든 것을 '알라의 뜻'으로 생각하는 이슬람권은 장애인도 알라의 뜻으로 생겨났다고 생각한다. 그러기에 회교권에서의 장애인에 대한 생각은 대체로 부정적이지 않다. 알라의 뜻으로 생겨난 사람들이니까. 그렇다고 장애인에 대한 생각이 긍정적이거나 적극적이지도 않다. 즉 특수교육이나 재활 같은 적극적 정책에 매우 인색하다. 그 이유 역시 그들은 알라의 뜻으로 그렇게 태어난 사람들이기 때문이다. 하지만, 이슬람에서는 장애인들에 대한 구제 차원에서의 지원은 종교적 의무라는 측면에서 강력하게 이행한다. 그것은 무슬림의 기본 5가지 의무[26] 중에 '자캇'이라는 의무로서 자캇은 무슬림의 연간소득에 따른 의무적 희사를 말한다. 의무적 구제금과 자발적인 구제금이

있다. 이 제도는 공덕사상에 가깝다. 즉 심판 날 저주를 피하려면 지상에서 선행을 많이 해야 한다는 사상이다. 자캇은 오직 경제적으로 어려운 사람과 장애인과 억압받는 사람과 채무자와 꾸란이 명시하는 목적을 위해서만 희사한다.

불교권 : 불교권에서의 장애인은 역시 불교의 중심사상인 윤회사상과 관계있다. 즉 장애인은 전생의 업보 때문에 태어난 존재라는 것이다. 필자가 주지 승려를 몇 분 만나 그들의 장애인에 대한 생각과 불교적 차원에서의 정책을 물어보았다. 그들로부터 같은 대답을 들을 수 있었는데 "장애인은 전생의 업보 때문에 그렇게 태어났다는 것"과 "장애인이라는 존재로 태어났지만 똑같은 인격체로 존중을 받아야 한다는 것"이었다. 또 불교신자들에게 "장애인들에 대한 구제와 선행을 많이 해야 한다"고 가르친다고 한다. 그 이유를 물었더니 그것이 내세를 위한 선행의 업적이 된다는 것이었다. 이슬람권에서와 마찬가지로 불교도 장애인이 신에 의해 그렇게 태어난 존재라고 믿기 때문에 수용적이긴 하지만 동시에 장애인들을 위한 배려에 적극적이지 못하다. 산속에 있는 불교 사찰은 물론이고 도시 속에 있는 사찰에서도 휠체어가 들어갈 수 있는 편의시설을 갖춘 곳을 거의 찾아볼 수 없는 것을 보면 불교의 장애인에 대한 정책이 어떤가를 짐작게 한다.

유교권 : 유교권에서의 장애인에 대한 태도는 단연 '수치심' 이라는 말로 요약된다. 체면을 중시하는 문화이기 때문에 장애인은 가문의 사회적 수치라고 생각한다. 이런 이유로 장애인을 집에 가두어 놓고 이웃마저 모를 정도로 숨기는 경우가 대부분이다. 이 수치심은 가족의 다른 식구들에게까지 영향을 미쳐 결혼이라든가 하는 문제에 부정적인 영향을 끼치는 경우가 많다.

교회적 이해

지금까지 한국교회는 개교회 성장 지상주의 속에서 장애인을 배려할 여유(?)가 없었다. 이 사실은 교회마저 사회의 기능주의적, 구조주의적 사고의 틀을 벗어나지 못하고 있다는 점을 말해준다. 장애인들이 교회에서 전혀 생산성이 없다는 이유로 배척을 당해왔다. 필자가 예전에 한국에서 신앙생활을 할 때 주변에서 자주 들은 이야기가 있다. "장애인들은 많이 전도해 와도 도움이 안 된다. 헌금도 못하고 주일학교 교사도 못한다. 오히려 구제헌금을 해야 하니 부담이 된다" 등등. 더 심한 말도 들었다. "장애인들이 교회에 들락날락하면 아까운 고기(?)들을 놓칠 수 있다"는 말이다. 장애인을 혐오하는 일반 교인 중에 돈 많은 실력자, 즉 '아까운 고기'를 놓칠까 봐 장애인의 교회접근을 은연중 막았던 것이다.

교회의 장애인에 대한 배려를 구제차원에서 행하는 교회가 아직도 많이 있다. 장애인에 대한 구제가 틀렸다는 말은 아니다. 다만, 장애인을 구제의 대상으로만 보는 교회의 시선이 원시적이라는 말이다. 장애인을 선교의 대상으로 생각하는 것이 그다음 단계이다. 그러나 문제는 장애인들을 여전히 수동적인 시혜와 선교의 대상으로 묶어두고 있다는 데 문제가 있다. 성경의 바른 가르침은 장애인들도 일반인들과 함께 사역의 주체가 되어야 한다는 것이다.

한국교회에 복지사역이 유행을 타고 있다. 교회가 공동체를 위해 복지사역을 한다는 점은 매우 긍정적이라고 하겠다. 장애사역을 하는 교회도 많이 증가하였다. 매우 고무적인 현상이다. 그럼에도, 교회의 총체적인 인식에는 큰 변화가 보이지 않는다. 그것은 장애사역을 역시 복지적 관점으로 보기 때문이다. 따라서 장애인에 대한 교회의 바른 인식이 선행되어야 하는데 그것을 주도하여야 할 장애신학의 부재가 큰 문제였다. 장애사역을 새롭게 시작한 어느 담임목사와 대화를 한 일이 있다. 그분의 말이다.

> "장애사역을 하기로 한 것 참으로 잘 결정한 것 같아요. 그동안 교회건축이다 선교다 하면서 여력이 없어 불쌍한 장애인을 많이 돕지 못해 마음 한구석에 짐이 있었거든요. 그런데 교회에 장애부서를 세우고 장애인을 돕는 프로그램을 했더니 교회에 유익이 너무 많더라고요. 지나가는 장애인들을 보고 교인들이 은혜를 많이 받거든요. 그리고 교회가 장애인을 돕는다는 마음으로 매우 뿌듯해합니다."

이 말을 듣고 씁쓸했다. 장애사역을 한다고 하는 교회조차 장애인과 함께하는 진정한 신앙공동체를 지향하기 위함이 아니라 여전히 장애인은 일반교인들의 유익을 위해 존재한다는 정도로 인식되고 있음을 알고 안타깝기만 했다. 그가 말한 교인들이 은혜를 많이 받고 있다는 해석을 듣고서는 말문이 닫혀버렸다. "몸이 비틀어지거나 휠체어를 탄 장애인을 보고 우리는 얼마나 복 받은 사람인가? 하면서 늘 감사하는 마음을 갖게 되었다는 간증들을 많이 들어요."

통계를 보아도 알 수 있듯이 한국의 복음화율이 25%로 추산되고 있으나 장애인들의 복음화율은 기껏 5%에 머문다. 청각장애인은 2% 미만으로 파악된다. 그렇다면, 장애인들이 왜 교회에서조차 소외되는가? 장애인들에게 그 이유를 물어보았다. 그들의 대답은 대강 다음과 같이 요약된다.

1. 기독교인의 장애에 대한 이해가 세속 문화와 차이가 없다.
2. 오히려 배타적이고 저주적이다.
3. 성경의 가르침도 그렇게 보인다.
4. 설교가 장애인에 대해 공격적이다.

5. 교회에서 장애는 축복의 반대개념이다.
6. 장애인은 교회에서 아직도 죄 문제를 해결하지 못했거나 헌신이 부족한 자로 여겨진다.
7. 장애인은 생산성이 없을뿐더러 오히려 재정적인 부담만 가중시키는 존재로 여긴다.
8. 아무리 투자해도 변화가 보이지 않는다고 한다.

그렇다면, 이런 교회의 현실적인 장애를 어떻게 극복해 나가야 할 것인가? 그것은 교회가 교인들에게 장애에 대해 성경에 따른 바른 이해를 제시하고 계속 가르쳐야 한다. 장애에 대한 기존의 문화적 이해, 사회적 이해(기능적 이해, 구조적 이해, 복지적 이해), 전통적인 교회적 이해의 오류를 바로잡는 길은 오로지 장애에 대한 바른 성경해석밖에 없다. 성경은 장애에 대한 근본적인 해답을 분명히 제시해 주고 있다. 교회 안에 만연된 잘못된 문화적 관습과 편의적 해석을 바로잡아야 한다. 그러므로 이제 다시 성경으로 돌아가 성경은 어떻게 이 문제를 조명하고 있는지를 심도 있게 다루어야 한다. 본 저서가 큰 기여를 하리라 믿는다.

✱ 단원요약질문

1. 의학적 모델이 장애인 사회에 끼친 공헌과 문제점에 대해 말해보라.

2. 사회적 모델이 사회에 요구하는 메시지는 무엇인가?

3. 복지사회의 복지모델의 단점을 말하라.

서장 2

장애신학의 과제

미국에서 Ph.D를 획득한 후 한국에 돌아와 대학교와 교회에서 후학들을 가르치는 시각장애인 친구에게서 들은 하소연이다.
교회에 초청을 받아 특강을 할 때가 잦은데 그때마다 부모들은 자녀를 데리고 나의 강의를 듣는다. 강의가 끝나면 자녀는 엄마의 손에 이끌려 나에게 인사를 하러 온다. 어디를 가나 같은 현상이다. 엄마들의 인사는 판에 박은 듯 똑같다. "오늘 박사님 강의는 너무 감동적이었어요. 우리 아이에게 많은 도전을 주었을 거예요." 이런 인사를 마치자마자 엄마들은 한결같이 자녀를 바라보며 똑같은 말을 내뱉는다.
"야, 이 녀석아, 박사님은 눈도 보이지 않는데 미국에서 박사학위를 따가지고 오셨단다. 그런데 너는 눈이 없니, 손이 없니. 정신 좀 차려라!"
나는 속으로 '정신을 차릴 사람은 엄마로구먼' 하고 중얼거린다.

장애인을 바라보는 시각은 시대와 문화에 따라 서로 다르지만 대체로 부정적인 시각을 견지하고 있다. 역사적으로 보면 장애인들이 사회적으로 '인간의 기준에 미달한 존재', '사회악', '동정의 대상', '병자', '사회의 얼룩', '천벌받은 사람', '비웃음과 조롱의 대상'으로 취급받아왔고 종교적으로는 '귀신들린 자', '믿음이 부족한 자', '죄로 벌 받은 자'로 경원시 되어왔다. 장애인을 이렇게 부정적으로 보는 시각도 문제지만 장애인을 특별한 존재로 부각시키는 것도 바람직하지 않다. 즉 장애인을 '하늘의 특별한 메신저' 또는 '선지자'로 생각하는 것이나 '죄 없는 거룩한 사람' 또는 '천사'로 여기는 것도 결국은 장애인의 실존을 왜곡하는 것이기에 바람직하지 않다. 이런 기대를 받는 장애인들은 오히려 사회적으로 훨씬 큰 부담을 가지고 살아야 하기 때문이다. 지금도 사회적으로 '특별한 사람'이란 타이틀을 받고 특별한 조명을 받는 경우가 있지만 이런 특별한 취급마저 장애인을 비장애인들의 존재와 사업의 목적으로 보는 경우가 많기 때문에 바람직하지 않다.

장애신학 또는 장애인신학?

먼저 용어부터 정리하는 것이 좋겠다. 유독 한국에서는 국제적인 학계의 추세와 반하여 '장애선교'보다는 '장애인선교'를 '장애신학'보다는 '장애인신학'이라는 용어를 선호하는 것처럼 보인다. 여기서 장애신학과 장애인신학이 어떤 점에서 다른가에 대해 조금 부연설명을 하는 것이 본서를 읽고 이해하는 데 도움이 될 것 같다. 동시에 국제적인 수준에 걸맞은 연구로 발전할 디딤돌 역할을 할 것으로 기대한다.

장애인단체 하면 우선 장애인을 대상으로 하고 따라서 회원도 장애인이길 원한다. 더 나아가 운영과 책임도 장애인이 맡는 것을 떠올린다. 어느 나라 어느 사회에서나 장애문제는 처음에는 장애인이나 그 가족들 또는 장애인 공동체가 앞장서서 장애인들에 대한 권익옹호를 외치며 사회의 관심을 촉구하는 노력을 하기 마련이다. 대개는 이들의 부르짖음이 철옹성이라고 말할 만큼 두터운 사회적 편견과 무관심의 냉혹한 현실의 벽에 부딪혀 좌절되고 만다. 그럼에도, 용기 있는 장애인들의 끊임없는 노력과 시대적인 요구를 바탕으로 드디어 장애인에 대한 사회적 관심이 싹이 트고 복지정책에 시동이 걸린다. 여기에 발맞추어 장애문제에 관한 전문 인력과 장애인에 대한 관심을 둔 봉사자들이 배출되기 시작한다. 자연히 비장애인 중심의 전문인들이 장애관계 법령 제정 등 정책을 입안하는 중심세력으로 부상한다. 장애인들이 그동안 교육과 힘으로부터 배제되어 있어서 그럴만한 인재를 양성하지 못했기 때문이다. 그러나 시간이 감에 따라 장애인 가운데서도 인재들이 배출됨으로써 이제는 장애인이 중심에 서서 일하기를 원한다. 그동안 비장애인들이 장애인들을 위한 복지정책을 세우고 집행하는 데 있어서 장애인 당사자들의 권익과 이해를 제대로 반영하지 못했다고 생각하기 때문이다. 이에 따라 장애인에 의한 장애인복지를 부르짖는 '장애인당사자주의'가 나오게 되었다. 이렇게 장애문제를 두고 비장애인 그룹과 장애인 그룹 간의 마찰이 일어나기도 한다.

이런 배경을 염두에 두고 우선 장애인 선교와 장애선교를 구별해보자. 장애인선교는 장애인을 대상으로 하거나 장애인이 중심이 되어 선교하는 것을 말한다. 이런 장애인선교는 비장애인이 선교에 동참하더라도 철저히 장애인을 위하여 일하여야 한다는 철학적 동의가 요구된다. 반면 장애선교는 장애문제에 접근하는 데 있어서 누가 문제를 다루는가는 중요하지 않다. 또 사역의 대상이 꼭 장애인일 필요도 없다. 꼭 장애인이라는 사람만을 대상으로 하지 않는다. 장애인선교에 궁극적으로 도움이 되는 사회적 시스템 구축도 장애선교일 수 있다. 즉 장애라는 주제를 가지고 하나님나라 안에서 다루어 나가는 모든 노력이 장애선교라고 말할 수 있다.

같은 맥락에서 장애인신학을 성경 속 장애인의 이야기 또는 일반장애인 개인의 이야기라고 말한다면 장애신학은 장애라는 주제로 풀어가는 하나님나라 이야기다. 따라서 일차적으로 장애인신학은 성경속 장애인의 이야기라고 말할 수 있지만 장애신학은 하나님이 장애 메타포를 통해 써내려 가는 하나님나라 이야기다. 장애인 신학이 장애인의 경험에 초점을 맞춘다면 장애신학은 하나님의 마음에 초점을 맞춘다. 이차적으로는 성경을 읽는 독자에게 장애 모티브를 통해 하나님나라의 속성을 말해주고 현재의 장애인들을 통해서도 하나님나라의 모습을 드러나게 하는 데 관심을 두는 것이 장애신학이다. 반면 장애인 신학은 장애인이라는 사람이 신학의 중심이기 때문에 성경의 특정 내용이 당장 장애인 당사자에게 불리하게 보일 때 하나님을 이해하지 못하는 한계를 가지고 있다. 그리고 장애인 신학은 카이로스보다는 크로노스에 더 관심을 두기 때문에 시대적으로 다르게 나타나는 하나님의 경륜을 이해하기 어렵다.

장애신학은 장애를 매개체로 해서 하나님과 그의 백성과의 관계에 관심을 둔다. 예를 들면, 역사서에서는 장애인이 이스라엘 나라의 운명을 암시해주는 메타포로 쓰이기도 하고 예언서에서는 장애인을 말하기보다는 장애라는 이미지를 사용하여 하나님과 그의 백성과의 영적인 관계를 조명해준다. 결국, 성경은 장애인에게 초점을 맞추지 않고 장애라는 이미지에 초점을 맞추고 있다. 따라서 그 이미지는 하나님의 마음을 읽는 리트머스 시험지가 되는 셈이다. 이렇게 볼 때 장애신학은 장애 이미지를 통하여 하나님의 속성을 발견하는 작업이다. 또 하나님과 그의 백성과의 언약관계를 사람의 몸의 건강을 통해 추정해보는 관계건강성을 측정하는 작업이라고 결론을 내릴 수 있겠다. 본서는 장애 모티브를 통하여 하나님나라의 속성을 보는 구속역사의 관점에서 논리를 전개해 나갔다.

그럼에도, 장애신학 정립은 어느 한 학문적 접근으로는 불가능하다.

신학의 다양한 갈래에서 주는 통찰력을 동원하여 성경 전체가 주는 장애 이미지를 재해석하는 것이 중요하다. 동시에 인류학적, 사회학적, 문화적 이해 역시 성경의 장애관을 이해하는 데 도움을 주는 학문적 분야들이다.

장애신학의 흐름

참고로 현대 장애신학의 흐름을 잠시 소개한다. 장애신학을 시도하는 데 있어서 크게 세 가지 접근이 있다고 볼 수 있다. 첫째로, 구속적 관점,redemptionism 둘째로는 폐기주의적 관점,rejectionism 셋째로, 역사적인 관점historicism이다.[1] 구속적관점이란 부정적 이미지로 보이는 성경의 텍스트를 상황화란 작업을 통해 재조명하여 장애의 긍정적인 의미와 적용을 찾아내는 방법이다. 이 구속적 관점은 필자가 따르는 구속역사적 관점으로 보는 성경해석학과 꼭 일치하는 것은 아니다. 폐기주의적 관점이란 성경이 장애에 대해서 부정적으로 기술되어 있기 때문에 현대사회에서는 적용할 수 없는 당연히 폐기처분되어야 할 기록이라고 주장한다. 마지막 세 번째 역사적인 관점은 성경의 장애에 대한 기록을 당대의 역사적 관점과 주변의 다른 문화와 비교해서 연구하는 방법으로서 현대적 적용과 해석에 대해서는 너무 민감할 필요가 없다는 주장이다.

장애신학 정립을 향하여

먼저 기존의 시각과 관점들을 살펴보자. 첫 번째 시각으로는 장애는 하나님으로부터 받는 벌 또는 교훈적 가르침을 위한 경책이라는 것이다. 따라서 벌로 장애를 받았다면 평생 짊어지고 가야 할 짐이거나 회개를 통해서 고침을 받아야 할 과제라는 것이다. 하나님으로부터 특정한 교훈을 받으려고 받은 장애라면 그 교훈을 받고 제거되어야 할 소모품이다. 이런 영적인 해석이 아니더라도 아무튼 장애는 존재하지 말아야 할 불행한 것이라는 생각이다.

두 번째로 장애는 비장애인들에게 은혜와 교훈을 주는 수단이라는 것이다. 장애인은 다른 사람들에게 좋은 영향을 끼침으로써 그 존재 가치를 부여받는다고 하는 생각이다. 장애인들이 죄로 말미암아 벌을 받고 있다고 생각하는 사람들에게는 자신은 죄를 짓지 말아야 한다는 교훈을 주고 장애인들은 죄와 상관없이 고통을 당한다고 생각하는 사람들에게는 장애인들이 의로운 고통을 당하는 사람들이기 때문에 존경심과 함께 닮아야 할 표상으로 생각하게 한다는 것이다. 이런 기존의 시각들은 모두 올바른 장애신학 정립을 방해하는 편협한 시각들이다.[2] 장애인을 바라보며 착한 일을 하고 살아야지 하고 생각하며 적선하고 헌금하게 하는 '불쌍한 장애인 돕자' 캠페인은 장애인을 2등 시민으로 만드는 주범이다. 이런 캠페인은 장애에 대한 관심을 오히려 장애인들로부터 빼앗고 비장애인들을 시혜자로 등장시켜 장애인을 계속해서 수혜자로 머물게 하는 편견을 공고히 할 뿐이다. 그뿐만 아니라, 장애인들을 비장애인들에게 영감을 주는 대상으로 보는 것도 가당치 않다. 이런 생각은 장애인 개개인의 삶에 관심을 두는 것이 아니라 장애인을 매개체로 한 감동에 목적을 두기 때문에 비장애인에게 호감과 감동을 주지 못하는 대다수의 장애인을 더욱 부정적인 이미지로 남게 한다.

세 번째 관점으로 장애인은 하나님의 특별한 메신저나 천사 또는 신비한 능력을 타고난 존재라고 생각하는 것이다. 이런 생각은 장애인을 일반인들도 갖지 못한 신비한 능력이나 특출한 능력을 타고난 사람으로 보며 장애가 오히려 장애인에게 복이 된다고 믿는다.

이런 세 부류의 생각 모두 교회가 장애인을 목회적 차원으로만 보게 하는 생각의 틀을 제공하고 있는 셈이다. 즉 첫 번째 관점의 경우처럼 불쌍하니까 돌보아 주자는 것이고 두 번째 관점의 경우처럼 장애인은 비장애인에게 가르침을 주는 존재니까 존중하자는 것이고 세 번째 관점의 경우처럼 장애인은 특출한 능력을 갖췄으니 그 탤런트를 사용하여 교회에 유익을 주어야 한다는 생각이다. 하지만, 장애인이라고 해서 보통사람들과 달리 해석되어야 할 아무런 성경적인 근거도 없다. 이런 목회적 고려는 결국 교회가 아직도 장애인을 의학적 모델로 해석하고 있다는 증거이다. 이런 생각과 태도 때문에 사실 장애인들에게 있어서 교회가 가장 무서운 곳이 되었다. 교회에 가면 정죄 받기 때문이다. 교회에 가면 값싼 동정을 받기 때문이다. 교회에 가면 따가운 눈초리를 의식해야 하기 때문이다. 교회에 가면 무슨 신비하고도 뭉클한 간증이라도 해야 할 것 같은 압박을 느끼기 때문이다. 이래서 장애인들에게 교회는 사회보다 발을 들여놓기가 무서운 곳이 된다.

또 중요한 점은 어떤 특정장애인의 경험을 일반화한다든지 또는 어떤 사람의 장애인에 대한 특정한 견해를 대표화하거나 이론화하는 것을 경계하여야 한다. 더 나아가 "사람은 모두 장애인" 또는 "모두 영적인 장애인이다"는 말도 주의해야 한다. 이 말은 선교의 정의를 "우리가 하는 모든 일이 선교"라고 하거나 기도의 정의를 "나의 삶이 기도이다"라고 하는 것과 마찬가지다. 일견 맞는 말이고 한편 장애인을 배려하는 듯한 표현 같지만 이런 유의 정의는 장애인의 구체적인 삶의 이야기(장애의 육체적 고통, 감정적 상처, 사회적 소외 등등)가 소홀하게 취급되거나 배제되는 역효과를 낳는다. 모두가 장애인이라고 하면서 실제 고통을 받는 장애인들의 이야기를 상대적으로 사소한 경험으로 치부하는 결과를 낳기 때문에 주의해야 한다.

체현의 신학 theology of embodiment

최근 장애신학 연구에 체현이라는 단어는 매우 중요한 용어가 되었다. '체현'이라는 번역이 'embodiment'가 갖는 뉘앙스를 전부 담지 못하기 때문에 번역에 다소 불만이지만 다른 마땅한 용어도 없고 이미 쓰이는 용어이기 때문에 그대로 '체현의 신학'이라고 부르기로 한다. 다만, 체현의 신학이라는 용어가 해방신학과 여성신학에서 널리 사용되면서 사람의 경험적 느낌으로 본질적 질문에 대한 답을 제시한다는 점에서 체현신학이 큰 약점을 가지고 있긴 하지만 이제 장애신학의 중요한 개념으로 뿌리를 내리고 있기에 여기 소개하고자 한다.

몸의 신학

이 체현의 신학의 논거를 말하기 전에 먼저 '몸의 신학' body theology 을 소개해야 할 것 같다.3) 몸의 신학의 주요한 주장자 중의 하나인 넬슨 Nelson은 몸의 신학을 다음과 같이 소개한다.

> 몸의 신학은 구체적인 것으로부터 시작한다. 물론 이런 것들이 나중에는 어떤 의미를 주긴 할지라도 이 신학은 어떤 교리적 형식이나 신조 같은 형식 또는 전통 안에 있는 어떤 '문제'로부터 시작하지 않는다. 몸의 신학은 오히려 몸으로 겪은 삶의 경험, 배고픔, 고통, 생명과 죽음, 커피 향, 노숙자의 배고픔, 친구의 따뜻한 체취, 전쟁 때문에 찢긴 상처, 인동덩굴의 향, 가을의 냄새, 고문당하고 강간당한 몸, 사랑하고 사랑받는 몸 등 이런 경험들로부터 시작한다. 몸의 신학의 과제는 우리 몸의 경험으로 하나님 경험의 본질적인 영역을 반영하는 것이다.4)

몸의 신학이 도그마를 중시하는 전통신학의 약점을 잘 지적하기는 했지만, 개인적 몸의 경험이 하나님의 본질을 해석하는 기준이 된다는 넬슨의 주장은 신학이 개인의 경험에 의존한다는 뜻이기 때문에 그의 모델로 성경을 해석하기에는 무리가 따른다.

또 다른 정의를 보자.

> 기독교신앙은 말씀이 성육신 하신 예수그리스도의 육체적 삶의 계시, 주로 그의 고난, 죽음, 부활을 통하여 나타난 하나님의 계시로부터 나온 체현된 믿음이다. 기독교 신학은 체현의 신비를 그 안에 깊이 뿌리 내릴 때에만 권위가 있다. 진정한 믿음은 건전하고도 심도가 있는 인류학을 이해함으로써 가능하다. 그것은 바로 체현의 경험이 모든 신학적 질문에 중대하다는 뜻이다.[5]

그동안 전통적인 신학이 너무 초월적인 접근을 했기 때문에 개인의 삶의 여정에 나타난 하나님의 구체적인 뜻을 설명하는 데 어려움이 있었다. 전통신학이 개인의 고통 속에 함께 하는 하나님의 사랑의 손길을 느끼기 어려울 만큼 냉정한 신학이었다는 점에서 몸의 신학은 개인의 삶 속에 깊이 찾아오신 하나님의 손길을 느끼게 하기 좋은 접근이다. 이런 점에서 전통적인 신학이 앎의 신학이라면 몸의 신학은 체험의 신학이라고 말해도 좋을 것이다.

체현신학 Embodiment Theology

이런 몸의 신학을 좀 더 신학적으로 구체화한 것이 체현신학이라고 말할 수 있다. 체현신학은 몸의 다양성을 인정함으로 시작한다. 체현신학은 "우리는 몸을 가졌지만, 우리는 또 몸이다"라는 가정으로 시작한다.[6] 사람은 자연적으로 자신의 몸속에 체현된 신학적 가치를 가진다. 사람은 자신의 특별한 몸을 통해서 세상을 독특하게 느끼고 인지하며 그렇게 함으로서 사람마다 독특한 신학적 반응을 일으킨다. 따라서 몸의 역할이 신학의 중요한 부분이라는 것을 인정해야 한다는 것이다. 체현신학은 그리스도의 몸에는 많은 지체가 있고 각 지체는 그 기능과 사용빈도에 따라 그 가치가 매겨지는 것이 아니라 그리스도의 몸에 붙어 있을 때에만 가치가 있다는 것을 강조한다.

체현신학은 자신의 몸을 통해서 하나님을 경험하는 것이다. 성경은 본질적으로 체현신학의 핵심을 제공하고 있다. 예수 그리스도의 성육신이야말로 체현신학의 본질이다. 즉 예수님의 성육신(말씀이 육신이 되심), 예수님의 완전한 인성(육체), 그리고 성만찬(주님의 몸과 피), 부활하신 몸, 교회(주님의 몸), 이처럼 기독교는 본질적으로 체현의 종교이다.7) 그러나 여기서 분명히 밝힐 점은 몸의 모든 체험이 신학적인 근거가 될 수는 없다는 점이다. 이런 점에서 몸의 신학이나 체현신학을 주장하는 신학자들 가운데 몸의 경험을 지나치게 주장하면서 몸의 체험을 바탕으로 신학을 재구성해야 한다는 주장은 이미 선을 넘은 것이라고 볼 수 있다.

체현신학은 이처럼 위험요소를 가지고 있긴 하지만 본질적으로 중요한 기독론의 요점을 내포하고 있는 핵심이기도 하다. 사람의 몸에 대한 기독교의 역사적인 논란은 지금도 중요한 신학적 이슈다. 즉 사람의 몸을 어떤 각도로 바라보느냐에 따라 신학적인 노선이 정해지기도 하고 바뀌는 계기가 되기도 하기 때문이다. 기독교 역사상 교회는 주로 어거스틴과 개혁주의자들의 영향을 받아 몸은 전적으로 부패하고 타락한 것으로 보아 왔다. 따라서 몸에 나타난 하나님의 형상을 찾아내는 것보다는 악을 찾아내는 쪽으로 신학을 전개해 온 것이 사실이다. 최근에 들어 한쪽으로 치우친 이런 신학적 경향에 대항하여 몸에 반영된 하나님의 거룩한 형상과 몸으로 체험하는 독특한 하나님의 이미지를 찾아내려는 신학적 노력이 여성신학자들과 해방신학자들로부터 시작되었다. 더 많은 연구와 노력이 필요하겠지만, 전통적 노선에 있는 신학자들도 이들을 비판만 할 것이 아니라 그들의 의견을 정중하게 경청하고 그들의 성경에 따른 주장은 기꺼이 받아들여야 할 것이다.

장애신학의 과제

전통보수주의자들은 신학적 안전을 이유로 자유주의자들의 올바른 주장을 2~30년씩 뒤로 따르는 경향이 있다. 그러나 장애신학을 위해서는 좀 더 빠르게 움직일 필요가 있다. 자신의 신학적 안전을 내세우는 동안 너무나 많은 소외계층이 기존의 잘못된 신학적 노선 때문에 눈물과 고통을 당하고 있기 때문이다. 지금까지의 전통적인 신학해석은 교회가 장애인들을 호의적으로 받아들일 만한 공간을 마련해 놓지 않았다. 그리고 전통적인 교회의 공동체 삶도 장애인들에게는 오히려 위험한 공간이 되어왔다. 따라서 장애신학 정립은 단지 신학의 한 분야를 정립한다는 뜻을 훨씬 뛰어넘는다. 예수님께서 이미 2천 년 전에 전인적 치유를 주시며 당당히 사역의 파트너로 삼으신 장애인을 교회는 아직도 전통이라는 우리에 가두어 놓고 상처를 주며 사역의 대상으로만 바라보고 있으니 이 어찌 된 일인고. 오호통재라.

장애신학정립이라고 하면 아직도 대부분 목회 차원에서 생각하려 한다. 즉 어떻게 장애인을 이해할 것인가? 장애인을 어떻게 도울 수 있을까? 장애인들을 어떻게 역동화 할 수 있을까? 하는 생각에 머물고 있다는 말이다. 다시 말하지만, 장애인이라고 해서 교회에서 특별한 위치를 차지해야 한다는 뜻이 아니다. 장애신학이라고 해서 별난 신학을 창조하자는 것도 아니다. 다만, 그동안 자신의 자리에서 밀려난 장애인들을 제자리로 돌려놓자는 것이다. 원래는 장애신학이 따로 존재해야 할 필요도 없다. 하나님이 장애인과 비장애인으로 나누어 그들 각자에게 인생의 목적을 따로 두신 것이 아니므로 장애신학이 따로 존재할 이유가 없다. 그럼에도, 그동안 소위 능력 있고 완전하다고 하는 사람들로서 신학을 규명하다 보니 장애인들에게 편파적이고 무관심한 신학이 되고 말았다는 것은 부인할 수 없는 사실이다. 하나님은 결코 편파적이지도 무관심하지도 않으셨는데도 말이다. 그럼에도, 기독교 역사상 지금까지 한 번도 주류신학자들이 장애인들에 대한 잘못된 교회의 편견과 태도를 수정하기 위해 신학적으로 진지한 체계적인 시도를 한 적이 없다. 이로 말미암아 장애인들이 아직도 세상에서뿐만 아니라 교회에서도 가장 큰 마이너리티로 남게 된 것이다.[8] 장애인에 대한 이런 편견은 그들에게 장애라는 꼬리표를 다는 순간부터 시작되는 데 이것이 바로 장애인에 대한 모욕이다. 이런 꼬리표는 장애인들의 진정한 정체성을 약화시키는 일이다.[9]

단원요약질문

1. 장애신학이 장애인 신학과 어떻게 다른가?

2. 장애신학의 과제를 말해보라.

여는 말

1997. O. O

이미 내 병간호로 지칠 대로 지친 아내가 오늘따라 더욱더 시무룩한 모습으로 일에서 돌아와 한숨을 쉬며 힘없이 한마디 내뱉는다. "아이를 가졌대요." 죄지은 기분이다. 벌써 4년째 면역결핍무력증이라는 희귀병 때문에 누워서만 지내는 나에게나 병시중하랴 일하랴 두 아들 기르랴 정신없는 아내에게나 썩 반가운 뉴스는 아니다. 하나님이 아이를 선물로 주신다는 데 참으로 한심한 마음이다.

1997. O. O

"아이에게 심각한 문제가 있나 봐요. 노산이기 때문에 검사하라고 해서 했는데 오늘 의사의 소견서가 나왔어요. 염색체이상에다 척추이상, 뇌손상이 염려되니 정밀검사가 필요하대요."

"아이가 태어난다 해도 6개월 이상 살기 어렵대요."

주님을 위해 살겠다고 헌신한 종에게 이렇게 보답하십니까? 종으로

불러놓고 사용하기도 전에 불치병으로 이렇게 눕혀놓고 그것도 모자라 장애 아이까지 주시겠다는 겁니까? 불렀으면 쓰셔야지. 아이를 주시려면 쓸 만한 아이를 주셔야지. 태어나자마자 죽을 아이를 주시겠다는 건 또 뭡니까?

1997. O. O
"정밀검사 결과 다른 데는 이상이 없고 다만 염색체이상으로 다운신드롬이란 장애아가 태어난대요."
"다운신드롬이란 다른 아이들보다 염색체가 하나 더 있어서 생기는 장애래요."

다운신드롬이 뭘까? 어떻게 생겼을까? 염색체가 하나 더 있는 아이도 사람과 같은 종이라고 말할 수 있을까?

1997. O. O
의사에게 다녀왔다. 의사가 상담사를 하나 붙여주었다.
충격에 빠져있을 산모를 위해 배려해준 것이다. 아이를 가져도 되고 유산시켜도 된다고 말해주었다. 둘 다 법적으로 아무런 문제가 없다고. 유산된 아이를 묻을 수 있는 묘지까지 친절하게 안내해 주었다.

이런 경우 유산은 죄가 됩니까? 생명은 만세 전에 그리고 뱃속에 짓기도 전에 하나님이 조성한다는 말씀이 차라리 생각나지나 말 것이지. 꼴통 보수신학만 하지 않았어도. 아니 눈만 한번 감으면 편하게 살 수 있을 텐데.

1997. 0. 0

며칠째 기도하는 데 응답이 없다.

가슴이 답답하다.

어떻게 기도해야 할까? 아이를 그대로 받을 수 있도록 용기를 달라고 해야 할까? 아니면 아이를 떼어도 된다는 응답을 받을 때까지 기도해야 할까?

1997. 0. 0

"김 목사, 하나님도 이해하실 거야. 자네가 하나님의 종으로 부름을 받고도 몸을 가누지도 못하는 마당에 그런 아이까지 낳으면 앞으로 어떻게 주의 일을 하겠나. 그러니 아이를 낳지 말게나."

기도의 응답일까? 이 친구도 신앙이 좋은 목사인데. 무엇이 주의 일일까? 장애 아이 하나 데리고 사는 일이 비록 힘에 겹다 할지라도 그것도 주님의 일이 아닐까?

1997. 0. 0

아내와 함께 기도 한지 일주일 만에 정말 놀라운 일이 생겼다. 모든 걱정과 근심과 의심이 일시에 사라져 버린 것이다. 주님께서 아이를 책임지시겠단다. 아이를 통해 하실 일이 있으시단다.

다운 신드롬. 염색체 이상. 그건 정자와 난자가 수정하는 순간부터 생기는 이상인데 그렇다면 하나님도 고치시지 않겠다는 뜻일세. 생물학을 전공한 나를 웃게 하신다. 그렇다면, 도대체 어떻게 쓰시겠다는 말인가?

1997. 0. 0

아이가 기다려진다. 어떻게 생겼을까? 의사가 건네준 초음파 사진을 보니 마음이 더욱 찡하다. 얼마나 힘들까. 신기하고 놀라운 은혜가 우리 부부에게 덮쳤다. 슬프지 않다. 근심도 없다. 수치심도 없다. 다만 아이가 너무도 보고 싶어진다.

유전학 연구소에 다녀왔다. 아이의 심장에 구멍이 몇 개 뚫려 있단다. 그리고 심방과 심실 사이의 벽이 잘 자라지 않고 두께도 많이 얇단다. 겨우 주먹만 한 뱃속 아이의 심장 구조까지 측정할 수 있는 현대의학이 놀랍기만 하다.

아! 나에게도 장애아가 주어지는구나. 무슨 죄 때문일까? 누구 죄 때문일까? 죄 때문이 아니라면 하나님은 무슨 이유로 나에게 장애아를 주시는 걸까? 장애 아이는 삶에 무슨 의미가 있을까? 정말 태어나지 않는 것이 아이에게 더 복된 것은 아닐까?

1997. 0. 0

"목사님, 많이 놀랐어요. 기도할게요."

"목사님, 하나님이 목사님을 많이 사랑하시나 봐요. 목사님을 크게 쓰시려고 장애아를 주시려고 하는 거죠. 목사님이 열심히 기도하시면 장애아이가 태어나도 고쳐주실 거예요. 그렇게 하나님이 영광 받으시려고 하시는 거예요. 아예 태어나기도 전에 고쳐주실 겁니다. 목사님 힘내세요. 저도 기도할게요."

크게 안 써도 좋으니 내 병이나 고쳐주셨으면 좋으련만. 장애아를 주신 다음 고친다는 건 또 무슨 심술일까?

1997. O. O
"조이야, 드디어 네가 나왔구나. 너는 나의 기쁨이다. 나에게 좋은 이다." 아이의 이름을 미국이름으로 JOY 그리고 한국이름으로 조은이라고 지었다. 너무도 흥분이 되었다. 긴장이 되었다.
장애를 입고 태어난 조이가 이렇게 큰 기쁨이 될 줄이야.
심장에 이상이 있어 몇 주 동안 인큐베이터에서 살아야 한단다.
조이야 잘 이겨야 한다.
축하한다고 말하는 사람들의 얼굴에 슬픔과 걱정이 가득하다.
"목사님 지금부터 세게 기도하세요. 역사가 일어납니다."

기뻐할 사람과 슬퍼할 사람이 바뀐 기분이다. 존재함이 기쁨이 아닌가?

1997. O. O
2주간 중환자실에 있다가 드디어 조이가 퇴원을 한 날이다.
퇴원수속을 돕던 간호사는 걱정을 넘어 한심하다는 표정을 하며 "쯧쯧"거렸다. 왜 굳이 이런 아이를 낳았는지 이유를 알 수가 없다고 했다. 이처럼 조이가 살아갈 세상은 차갑다. 오히려 조이가 세상을 따뜻하게 하려고 왔다고 믿는다.
조이는 가슴에 호흡 경보기를 매단 채 퇴원을 했다. 앞으로 1년 정도는 경보기를 달고 살아야 한단다. 혹시 호흡이 멎게 되면 경보가 울리는데 그때 병원으로 즉시 달려오란다. 그런 일은 없어야지.

조이가 크리스마스가 되어 오늘 집에 왔다.

태어날 사람, 태어나지 말아야 할 사람은 어떻게 구별하나? 사람에게 생명의 선택권이 있을까? 장애가 없이 멀쩡해도 태어나지 말아야 했을 사람들은 또 얼마나 많은가?

1998. 0. 0

조이가 퇴원을 한 후 소아과 주치의를 처음 본 날이다. 두 아들의 주치의이기도 하다.

"목사님, 어떡하자고 이런 아이를 낳으셨습니까? 모르고 낳았다면 할 수 없다 쳐도 왜 알고도 낳으셨습니까?"

"목사님은 믿음으로 그렇게 했다고 하지만 평생 불행하게 살아야 할 아이를 생각한다면 어떻게 낳을 수가 있나요?"

장로님의 믿음, 목사의 믿음, 평신도의 믿음, 따로 있을까?
장애아이들은 세상에 나올 가치도 없는 아이들일까? 정말 이들은 불행한 아이들일까?

1998. 0. 0

조이가 심장수술을 한 날이다. 생후 4개월밖에 되지 않은 아이. 겨우 손바닥 위에 올려놓을 만한 크기의 아이를 간호사에게 전해주고 수술을 하는 몇 시간 동안 수술실 밖에서 단 한 가지 기도만 정신없이 읊조렸다.

"하나님 우리 조이 살려주세요."

장애를 달고 살아야 할 조이는 과연 어떤 사명을 띠고 태어났을까?

1998. 0. 0
　조이가 수술을 받은 지 4주가 지났는데도 조이의 목소리가 돌아오지 않는다.
　달걀크기만 한 조이의 심장을 수술하려면 심장을 싸고도는 보컬코드(소리를 내는 신경)를 하는 수 없이 건드려야 하는데 신경이 혹시 끊어졌으면 평생 목소리를 쓰지 못할지도 모른단다. 하늘이 노랗다. 내가 몇 년 동안 이렇게 누워 지내고 있어도, 장애 아이를 주셨어도 단 한 번도 "왜 이러십니까?" 한 일이 없는데. 오늘 처음으로 "하나님 왜 이러십니까?"하고 대들었다. 조이의 목소리를 돌려주시지 않으면 이제 아무것도 안 할 겁니다! 자기 앞가림도 하지 못할 아이에게 소리까지 내지 못하게 하신다면 그건 너무 잔인하십니다.
　눈물이 하염없이 흐른다. 장애아를 선물로 주셨다는 믿음이 흔들리지 않도록 조이의 목소리만은 돌려주세요.

의술의 실수로 조이의 목소리가 날아간다면 하나님은 도대체 무엇을 하시는 분입니까?

1998. 0. 0
　기적적으로 조이의 목소리가 돌아왔다. 수술 후 6주 만이다.
　정말 오늘보다 더 감격스런 날이 없다. 조이의 울음소리.
　울음소리가 이처럼 아름답게 들린 날이 없다.
　많은 사람의 기도 힘을 입었다.
　하나님이 조이를 통해 일하시겠다는 사인으로 받았다.

얼마나 많은 눈물을 요구하시나요? 얼마나 많은 인내를 원하시나요? 얼마나 진지한 기도를 원하시나요?

1998. O. O
"목사님, 제가 목사님을 사랑하는 줄 목사님도 아시죠? 목사님을 사랑해서 드리는 말씀인데 목사님 기도 더 열심히 해야 하겠어요. 조이를 낫게 해달라고 생명 걸고 기도해 보세요. 죽은 나사로도 살리신 하나님께서 그까짓 장애 못 고치시겠어요?"

하나님은 장애를 쓰시겠다고 하고 사람들은 장애를 고치라고 하고. 하나님이 더 정확하시겠지.

이런 일련의 질문들이 나의 장애신학을 탄생케 한 배경이 되었다.

제 1 장

하나님의 형상과 장애

다운신드롬이라는 장애명이 생기기까지 다운증후군 장애인들은 '바보', '천치', '정박아' 등으로 불려왔다. 다운증후군 장애인들의 지능이 50 정도이어서 지능지수로 사람의 우월을 나타내는 사회에서 그렇게 취급받는 일은 이상한 일은 아니었다. 그러나 1866년 John Down이라는 의사가 다운신드롬이 염색체 이상으로 생기는 장애라는 사실을 밝혔기 때문에 그의 이름을 따라 다운신드롬이라고 부르게 되었다. 그러나 Down씨도 다운신드롬 장애인들에게 그렇게 호의적인 사람은 아니었다. 그 역시 다운증후군 장애인을 진화가 덜 된 몽골족에 가까운 족속이라고 보았다. 그래서 처음에는 몽골리즘이라고 불렀다. 다운신드롬이라는 이름으로 부르게 된 것이 국제적으로도 그리 오래되지 않았다. 한국에서는 최근에야 다운증후군이라는 이름으로 부르기에 이르렀다. 이렇게 바보 천치라는 이름을 벗어나 다운신드롬 장애인이라는 호칭을 받게 되기까지는 긴 시간이 걸렸다. 다운증후군이란 말을 처음 들었을 때 영어로 "down"이라는 말이 '아래에 있다' 든지 '뒤처진다' 라는 뜻이 있기 때문에 나도 처음에는 다운증후군이 모든 발육이 뒤처지는 장애라는 뜻에서 그 이름이 붙여진 줄 알았다. 그런데 알고 보니 이 장애를 제일 처음 규명한 의사의 이름이 Down이라는 걸 알게 되었던 것이다. 이제 Down씨께 감사의 말씀을 드리고자 한다. 그 이유는 무엇보다도 다운씨의 제일 큰 공로가 '바보' '천치' 라는 불명예스러운 별명을 퇴출해 주었기 때문이다. 장애아를 가진 것도 서러운데 평생 '바보' '천치' 라는 이름으로 조롱거리가 되어야 할 자녀의 억울한 별명을 떼게 해주었으니 얼마나 고마운 일인가.

한국말에 유난히 장애를 비하하는 호칭이 많다. 병신춤과 병신놀이하면서 가학적인 웃음을 즐기며 살아온 민족이다.

하나님의 형상에 대해 성경은 구체적으로 명확한 답을 주고 있지 않기 때문에 이에 대해 신학적으로 설명하는 데는 분명히 큰 한계가 있다. 하나님은 형체가 없으신 분인데 하나님의 형상이 의미하는 바는 무엇일까? 하나님의 형상이 사람의 어떤 부분에 나타난다고 말한다면 사람의 몸, 지혜, 마음 등에 반영되는 어떤 이미지를 말할까? 그렇다면, 장애를 입은 사람은 하나님의 형상이 손상 또는 상실되었다는 뜻일까?

많은 신학자가 이런 질문을 놓고 토의를 하기를 어떤 이는 하나님의 형상이 하나님을 인식하는 사람의 지적능력이라고 하기도 하고[1] 어떤 학자는 창세기 2:7의 "생령"을 '말하는 영'이라고 해석하면서 하나님의 형상을 말을 할 수 있는 능력으로 보기도 한다. 하나님의 형상을 이런 능력으로 이해한다면 장애인은 하나님의 형상을 상실한 사람 또는 하나님의 형상이 손상된 사람이 되고 만다.

그러나 분명한 것은 하나님의 형상은 사람의 어떤 모습에 나타나는 것이 아니라 하나님의 임마누엘적 존재하심이 하나님의 형상이다. 다시 말해서 하나님의 형상이란 우리가 하나님을 인식하기 때문에 존재하는 것이 아니라 하나님이 우리를 인식하기 때문에 존재하는 것이다. 그러므로 이러한 인식은 장애를 이유로 상실되지 않는다.[2] 그래서 굳이 사람을 육과 영혼 또는 영, 혼, 육으로 나누어 각 부분이 어떻게 하나님의 형상을 반영하고 있는지 분석적으로 이해할 필요는 없을 것이다. 비록 신체 일부가 상실되거나 손상이 되어 그 기능을 잃는다 할지라도 하나님의 형상적 부르심이 그의 인격체에 부으심이 되었다면 그는 하나님의 온전한 형상을 입고 있다고 말할 수 있다. 그래서 장애가 하나님의 불완전한 모습을 반영한다고 보는 시각은 잘못된 것이다.[3] 종교개혁자 마틴 루터마저 정신장애인을 살 가치가 없는 존재라고 보고 강물에 던져버리는 것이 낫다고 말할 정도였으니 얼마나 어처구니없는 해석인가!

하나님의 형상에 대한 여러 견해

첫째로, 하나님의 형상에 대한 전통적인 이해로서는 하나님의 속성이나 인격이 사람에게 태어날 때부터 부어졌다고 하는 견해이다. 따라서 하나님을 아는 지식이나 생각할 수 있는 능력 또는 양심 등을 하나님의 형상으로 이해한다. 예수 그리스도가 로고스로서 하나님 지혜의 속성을 가진 것과 마찬가지로 이해한다. 하지만, 이 모델은 지적장애나 정신장애인은 하나님의 형상이 모자란 결론에 이르게 되기 때문에 장애신학에 적절한 도움이 되지 못한다. 장애사역을 하면서 인지 능력을 거의 상실한 장애인들과 함께 예배를 드리다 보면 깜짝 놀랄 때가 잦다. 이들이 진정으로 하나님의 은혜를 맛보고 눈물을 흘리는 것을 볼 때가 잦다. 따라서 하나님을 아는 지식은 굳이 지능으로 표시될 수 있는 영역이 아니라고 본다.[4] 따라서 자아의식이 하나님의 형상을 이루는 데 필요조건도 아니고 또 그것을 판단하는 기준도 아니다.[5] 하나님의 형상이란 하나님의 부르심에 반응하는 아름다운 관계로서 하나님과의 전 인격적인 교제에 나타난 하나님의 이미지라고도 볼 수 있다.

둘째로, 하나님의 형상에 대한 기능적인 이해가 있다. 이 기능적 이해는 하나님의 형상이 사람이란 존재나 사람이 하는 일에 들어 있다고 이해한다. 즉 창세기 1:26~27을 근거로 하나님의 형상을 사람이 다른 창조물을 다스리는 능력으로 이해한다. 하지만, 이 기능적 이해도 하나님의 형상을 사람의 다스리는 능력이라는 관점에서 이해하기 때문에 그런 능력을 갖출 수 없는 어떤 특정 장애인이 하나님의 형상에서 배제된다는 것을 암시하기 때문에 역시 좋은 모델이라고 할 수 없다. 즉 하나님은 당신의 형상을 말하면서 '이성', '생산성', '독립성'이란 단어나 개념으로 설명하지 않는다. 하나님의 창조사역에 삼위가 함께 일하신 것처럼 하나님의 형상을 이해할 때도 삼위일체적 이해가 필요하다.

또 다른 관점으로 하나님의 형상을 하나님과의 관계성으로 이해하기도 한다. 즉 사람의 신체공학적 구조 또는 그 기능으로 하나님의 형상을 이해하는 것이 아니라 하나님과 인격적 관계를 맺을 수 있는 능력을 말한다. 그러나 이런 이해 역시 하나님과의 관계를 스스로 인지하지 못하는 장애인은 적용할 수 없다는 단점이 있다.

마지막으로 인간을 하나님의 지상대리인으로 해석하는 견해가 있다. 이런 해석은 인간이 지상에서 하나님의 대리자 역할을 함으로서 하나님의 형상 지참인이 된다는 설명이다. 이 해석의 약점은 유일한 중보자 되신 예수 그리스도 이외에 그 누가 온전한 하나님형상의 지참인이 되겠는가 하는 점이다. 그리고 사람이 하나님의 형상지참인이라면 사람의 인격마다 다르게 나타나는 하나님의 형상을 어떻게 이해해야 할까? 그러므로 이런 모델들은 나름대로 좋은 은유가 있지만, 한결같이 큰 약점들을 가지고 있다.

필자는 하나님의 형상에 대한 정의를 내리는 것보다 하나님의 형상을 언약의 관계로 이해하고자 한다. 언약의 관계는 하나님이 먼저 불러 그의 백성 삼으시고 친히 영원토록 '아버지'가 되시겠다는 약속을 바탕으로 한 것이다. 그래서 사람이 언약을 깨고 돌이킬 수 없는 관계로 나갈지라도 하나님은 다시 찾아오시고 언약을 갱신하시면서까지 사랑하신다. 무너지고 부서지고 깨진 장애 나라 이스라엘과 그의 장애백성들은 스스로 언약을 갱신할 능력조차 없기 때문이다.

이에 언약을 갱신하시는 하나님은 장애 나라 이스라엘과 장애백성들에게 언약갱신의 표로 무지개 대신 십자가로 삼으셨다. 따라서 십자가가 이런 언약의 최정점이 된다. 십자가는 장애백성을 위하여 장애를 입으신 예수님의 고난과 영광이 오버랩 되는 곳이다. 처참하게 깨진 장애백성들의 모습과 이들을 위해 철저하게 깨진 모습의 그리스도가 형극의 십자가에서 하나님을 최고로 형상화한 것이다. 따라서 십자가를 지신 예수 그리스도가 하나님의 형상을 가장 잘 나타낸 것이라고 본다면 오히려 깨진 모습의 장애인들이 하나님의 형상을 더 잘 나타낼 수 있는 장점이 있다고 할 수 있을 것이다.

따라서 예수 그리스도가 비록 십자가에서 깨진 모습으로 고난을 받으셨으나 여전히 하나님의 온전한 형상을 하신 것처럼 장애인들도 온전한 하나님의 형상을 지니고 있다는 것이 강조되어야 한다. 장애인도 하나님의 완전한 형상이며 그 형상은 감소하거나 손상되는 것이 아니라고 강조한 몰트만은 "지적장애인은 하나님의 형상이 비번off-duty된 것"이라고 주장한 틸리크의 주장을 반박하였다.[6]

에덴동산에는 과연 장애가 없을까?

에덴동산에 죄가 들어오지 않았다면 아담과 하와는 에덴에서 육체적으로 영원히 살았을까? 영원히 산다는 것은 무엇을 의미할까? 죄가 없는 상태의 에덴동산에서는 죽음도 질병도 늙음도 없다는 뜻일까? 가령 아담과 하와가 죄를 짓지 않고 에덴동산에서 천 년을 살았다고 가정한다면 그들은 조금도 늙지 않고 처음 모습을 그대로 유지할까. 천 년씩이나 오장육부를 사용하여 생물활동을 해도 산화작용을 겪지 않을까? 에덴동산의 생명 유지 시스템이 오늘날과 전혀 다른 것이라고 말할 수 있을까? 에덴동산에서의 생물성장과 대사과정이 오늘날 생물의 신진대사 시스템과 완전히 다른 별개라고 말할 수 있을까? 에덴에서의 생물의 신진대사작용은 아무리 긴 시간이 흘러가도 노화의 과정을 겪지 않도록 설계된 창조의 질서일까?

　대부분 사람은 모든 질병과 노화가 죄의 결과라고 생각한다. 그렇게 생각한다면 질병은 건강에 대한 장애이며, 손상은 온전함에 대한 장애일 것이다. 그러나 기존의 고정관념을 버리고 생각을 해보자. 아담과 하와가 에덴동산에서 죄 없이 수천 년을 살았다고 가정해 보자. 그들은 생육하고 번성하여 많은 자식을 낳고 자식들은 또 다른 자식들을 낳았을 것이다. 성경은 생육하고 번성하는 것 자체를 죄에 대한 벌이라고 하지 않았다. 죄 때문에 생산하는 고통을 더하셨다고 하셨을 뿐이다. 그렇다면, 그들은 천 년이고 이천 년이고 무한정 자식을 생산할 수 있을까? 경수가 끊기는 것도 죄의 결과일까? 시간이 흘러 생리작용이 멈추는 것도 죄의 결과일까?

　또 아담과 자식들은 토지를 경작하고 일을 했을 것이다. 에덴에서의 노동은 신성한 하나님의 삶의 지혜였지 결코 죄로 말미암은 벌이 아니었다. 다만, 죄 때문에 노동의 땀과 고통이 심해졌을 뿐이다. 그런데 일을 하면서 발목을 삐거나, 높은 나무의 높은 곳에 열린 과일을 따다가 떨어져 다리가 부러지는 일은 일어나지 않을까? 에덴동산은 지구의 모든 물리적 법칙을 뛰어넘어 초과학의 원리로 움직이는 곳일까? 하나님이 만드신 별과 달들이 타락 이전에는 빛을 내어도 소멸하지 않고 있다가 타락 이후에 갑자기 소멸하는 방식으로 바뀌었을까? 그것이 아니라면 자연의 소멸과정 역시 하나님이 만드신 창조질서가 아니겠는가? 태양이 지금도 타오르고 있지만, 그것은 태양이 소멸하여 가는 과정이다. 이 에너지 방출로 말미암은 소멸과정도 죄의 결과일까? 아담의 타락이 없었다면 태양은 에너지를 방출하고도 늙지 않게 설계되었단 말인가? 에덴의 과학과 지금의 과학이 근본적으로 다른 메커니즘을 가졌다고 말할 수 있을까?

나무에서 떨어져 다리가 부러지는 일이 결코 에덴에서는 발생하지 않을 것이라고 단정하는 논리는 모든 사고는 죄 때문이고 하나님은 절대로 사고를 창조하지 않으시는 분이라고 믿기 때문이다. 만일 중력의 법칙이 에덴에서도 미친다고 인정한다면 사람이 나무에서 떨어질 수도 있다. 떨어지면 다칠 수도 있다. 하나님이 언제나 지켜주실 것이기 때문에 다치지도 않는다는 주장도 억지이긴 마찬가지다. 선악과를 따먹을 수 있는 자유의지까지 주신 하나님이 인간의 모든 활동을 제한한다고 볼 수 없기 때문이다. 물론 에덴에서의 삶의 이치가 타락 후의 것과 같다고 말할 수는 없다.

다이빙사고로 전신마비를 입고 장애선교에 부르심을 입어 지금은 장애선교의 거목이 된 조니 에릭슨 타다 여사는 "하나님은 절대로 사고를 창조하신 분이 아니시다"고 선언했다.[7] 그녀가 "하나님은 사고를 만드시는 분이 아니다"라고 말한 뜻은 자신이 사고를 당했지만, 그것은 우연한 사고가 아니라 하나님의 적극적인 창조행위라는 것이다. 자신을 척추장애인으로 부르시기 위한 의도적 사건이었기에 사고가 아니었다는 말이다. 이렇게 타다 여사의 논리를 빌리자면 에덴동산에서 나무에서 떨어져 허리를 다쳐 장애인으로 살 수도 있다. 하나님이 이 땅에서 장애를 창조하시는 분이라면 에덴에서는 장애인을 창조하지 말아야 한다는 논리는 성립되지 않는다. 에덴에서 생산되는 모든 자녀 중, 단 한 명의 장애인도 없이 태어날까? 하나님이 모세에게 "누가 사람의 입을 지었느냐 누가 말 못 하는 자나 못 듣는 자나 눈 밝은 자나 맹인이 되게 하였느냐 나 여호와가 아니냐"출4:11라고 말씀하셨다면 장애로 태어나는 것 자체가 죄 때문이 아니라는 뜻이다. 그렇다면,

죄 없는 에덴동산에서도 장애인이 되거나 장애아로 태어날 수 있다는 논리가 성립된다.

　타락 후의 삶도 그렇다. 에덴 이후의 삶을 말할 때 지구에서 일어나는 모든 활동이 죄의 결과라고 말할 수 있을까? 죄로 말미암아 사망이 온 것은 맞는 말이지만 어떤 개인의 죽음을 특정 죄 때문이라고 말할 수 있을까? 또 늙어가는 과정 자체를 죄 때문이라고 말할 수 있을까? 물론 원죄 때문에 세상에 타락이 오고 인간은 전적으로 부패하게 되었다. 그리고 그 죄로 말미암아 각종의 부조화들이 발생하게 되었다. 그럼에도, 이 세상은 여전히 하나님 창조의 원리와 그의 섭리대로 움직인다. 그렇다면, 지금 일어나는 모든 사고, 질병, 노화, 장애를 죄와 부패로 일대일 대입하는 것은 지극히 불합리한 생각이다. 장애가 죄로 결과로 말미암은 부조화라고 주장한다면 그렇다면 장애인이 아닌 사람은 완전한 조화란 논리에 도달한다. 그렇다면, 비장애인은 죄가 없다는 자가당착적 논리에 빠진다.

　사람과 동물들이 함께 살아가는 에덴에서 자유롭게 산다는 것이 사고 하나 없이 산다는 것을 의미하는 것은 아닐 것이다. 사람과 동물 그리고 벌레들이 창조의 뜻대로 아무리 서로 악의없이 공존한다 해도 서로 아무런 충돌이 없도록 기계적으로 설계되지는 않았을 것이다. 각자 자유의지를 갖추고 행동할 때 예를 들어 밤에 사람들끼리 또는 동물들끼리 단 한 번의 충돌함도 없이 지낼 수 있을까? 분명히 원치 않는 충돌도 일어날 것이다. 이런 현상을 놓고 하나님의 창조능력의 한계라든가 창조의 문제점이라고 말할 수 없다. 아담이 에덴에서 타락한 것을 두고 하나님 창조의 한계라고 말하지 않는 것과 같다. 하나님이 창조하신 우주와 생물 그리고 사람은 움직이는 역동적 유기체이기 때문에 하나님의 창조를 정적으로 이해해서는 안 된다.

창조, 혼돈, 장애

현대의 장애 정의대로 질서 있는 상태가 정상이고 무질서를 장애라고 정의한다면 천지 창조 이전의 무질서한 상태를 장애의 상태라고 말할 수 있을까? 창조 이전 역시 하나님이 홀로 존재하신 오히려 최고의 무흠한 완전무결의 극치가 아니었던가. 혼돈formless과 공허empty가 불완전하다는 뜻인가? 불완전하다고 말한다면 그것은 하나님이 불완전하다는 말이 된다. 창조 이전의 상태가 불완전하다고 말한다면 흙으로 도자기를 만든다고 할 때 흙은 불완전한 것이고 도자기는 완전한 것이라고 말하는 것과 같다. 완전하다는 말과 완성되었다는 말을 혼동하지 말아야 한다. 또 혼돈이 불행을 전제한다고 말할 수도 없다. 완성되지 않은 상태를 불행한 상태로 말할 수 없다.[8] 세상을 창조하시기 전에도 하나님은 영원부터 혼돈과 공허 속에서도 지고의 온전함과 완전함으로 계셨기 때문이다.

하나님이 천지를 창조하실 때 땅에 비가 내리지 않았고 경작할 사람도 없었다. 그리고 들에는 초목이 아직 없었고 밭에는 채소가 나지 않았다. 하나님이 천지를 창조하시고도 한동안 지상에는 나무도 초목도 채소도 없었다. 이런 상태를 보고 불완전하다고 말할 수 있겠는가? 마찬가지로 아담의 갈비뼈를 빼서 하와를 만드셨다면 지금의 기준으로 말한다면 아담은 장애인이 된다. 갈비뼈 하나 없이 살다 간 아담을 장애인으로 보지 않는 것처럼 하나님의 창조는 모든 사물이 제자리에 있고 짝을 맞추어 잘 정돈된 상태가 정상이고 그렇지 못한 상태를 장애라고 말하지 않는다. 오히려 아담이 죄를 지어 하나님을 피해 숨은 상태를 장애라고 말할 수 있다. 혼돈하고 공허한 상태, 비가 내리지 않는 상태, 갈비뼈가 없는 상태 모두 하나님 보시기에 심히 아름다운 상태였다. 이런 부조화, 무질서, 손상갈비뼈이 창조의 장애가 아니라는 점을 분명히 말하고 있다. 물론 죄로 말미암아 오는 부조화와 무질서까지 같은 이치로 생각하는 것은 아니다.

창조와 장애를 생각할 때 빠짐없이 나오는 질문이 있다. 하나님이 모든 만물의 창조주시고 또 지금도 섭리하시는 하나님이시라면 장애는 하나님의 책임이라는 주장이 그것이다. 장애를 하나님이 직접 만드셨다는 주장과 장애를 하나님이 직접 만드시지는 않았지만, 장애를 '허락' 하셨고 그 장애를 통해 '섭리' 하시는 분이시라고 말하는 온건주의자들의 주장이 있다. 또 다른 견해는 장애는 전적으로 사탄의 작품으로 하나님의 뜻과 배치된다고 주장한다.

또 다른 질문이 생긴다. 지금 현존하는 모든 생물들이 다 하나님이 창조 때 에덴에 두셨던 생물들인가? 현존하는 모든 동물들이 노아의 방주에 들어갔던 동물들인가? 아니면 대표종을 두고 분화하는 과정을 거친 것인가? 하나님이 생물을 종류대로 창조하셨다고 했는데 성경에서 말하는 "종"이란 개념과 현대생물학에서 말하는 "종"의 개념이 같은 것일까?

이 질문은 창조와 진화라는 대토론에서 각자의 의견을 정리해야 되겠지만 여기서는 좀 더 구체적인 질문을 하나 제기해본다.

다운신드롬이란 장애는 염색체가 하나 더 있어서 생기는 장애다. 사람은 23개의 염색체가 쌍을 이루어 46개가 있는 것이 보통이다. 그런데 다운신드롬의 경우는 21번째 염색체가 세 개로 되어 있어 총 47개의 염색체로 이루어져 있다. 현대 분자생물학적 분류로 따진다면 별개의 종류로 분류할 만하다. 그렇다면, 다운신드롬 아이들을 인간 별종으로 분류해야 할까? 정상적인 인간이 아니라는 이유로 폐기처분해도 된다는 논리도 성립이 가능할 만하다. 하나님이 정하신 "종"이란 개념은 어디까지일까? 염색체이상으로 생기지 말아야 할 생물학적 개체가 생겨났다고 한다면 하나님은 태어나지 말아야 할 생명이 태어나도록 방관하신 셈이다. 그것이 아니라면 생물학적 발생과정에 일어나는 염색체 이상 같은 것도 하나님의 창조과정 일부분이라고 보아야 할 것이다.[9]

이런 많은 조직신학적 질문이 꼬리를 물고 생기지만 답은 우리의 사고 능력 밖에 있는 것 같다. 그러나 한 가지 분명한 사실은 하나님이 장애를 의도적으로 만드셨든 허락을 하셨든 간에 그것은 결코 우연하게 만들어진 존재가 아니라는 것이다. 태어나지 말아야 할 생명을 방관하신 것이 아니라 하나님의 품 안에서 조성된 사랑의 산물이다. 생물의 연한이 정해져 그 수명을 다하는 것도 저주의 산물인가? 하나님이 정하신 만물의 기한전3:1을 창조질서가 아닌 저주를 받은 땅의 결과라고 말할 근거는 어디 있는가? 하나님께서 창조하신 모든 생물들이 에덴동산 체제하에서는 영원토록 살도록 설계되었을까? 그렇다면, 하루살이가 영원살이로 설계되었단 말인가. 풀은 시들고 꽃도 마르는계시90:6 하나님이 만드신 자연의 이치 아닌가? 이렇게 죄가 없는 에덴에서도 생물의 죽음이 필연이듯이 생물의 생리작용으로 말미암은 노화과정도 결코 죄로 말미암은 결과가 아니다. 따라서 처음과 나중의 변화가 꼭 바람직하지 않은 변화라고 말해서는 안 된다.

창조주와 장애

출 4:11은 하나님이 장애인을 직접 창조하셨다고 주장하는 근거가 된다. 하나님이 창조하셨다는 데는 동의하지만, 하나님이 의도적으로 장애인을 만드신 것은 아니고 하나님의 섭리 안에 태어나거나 만들어진 장애인이라는 뜻으로 이해하는 학자들도 있다. 하나님이 비극을 만드시는 분이 아니므로 하나님이 장애인을 창조하셨다는 말 자체가 성립되지 않는다고 주장하는 학자들도 있다. 이런 관점들은 장애에 대한 의학적 모델을 정의로 하여 출발점으로 삼기 때문에 바른 성경적 해석에 장애가 된다. 즉 장애 자체는 불행한 것이고 비극이고 또 장애를 정상에서 이탈된 비정상적 구조나 기능이라는 출발점에서 보기 때문에 완전하시고 사랑이 많으신 하나님께서 어떻게 불행을 직접 만드실 수가 있겠는가 하는 논리이다.

이런 논의는 출발점부터 잘못되었다. 창조 때나 성경을 기록할 때의 장애의 정의가 오늘날 우리가 가지는 장애의 정의와 같다고 말할 수 없다. 또 성경이 쓰인 때의 문화가 이해하는 장애와 하나님의 마음속에 있는 장애의 정의가 또 다르기 때문에 본문을 문화적인 정의를 바탕으로 해석해서는 안 된다. 따라서 하나님이 장애를 창조하셨다는 사실을 놓고 어떻게 선하신 하나님이 장애를 만드실 수 있겠는가? 하는 주장은 장애는 비정상적이고 불행한 것이라는 현대적 개념의 문화적인 정의에 바탕을 둔 것이기 때문에 잘못된 가정이다.

본문은 그저 하나님이 장애인을 창조하셨다고 서술했을 뿐 장애에 대한 어떤 정의도 내리지 않았다. 또 장애인의 가치가 일반인들의 그것과 다르다고 말하지도 않았다. 장애에 대한 어떤 해석을 염두에 두고 하신 말씀이 아니다. 그저 장애(인)도 하나님이 만드셨다는 것이다. 따라서 장애(인)에 대한 문화적 해석을 한 현대적 정의를 토대로 본문을 해석하는 것은 지극히 잘못된 시도이다. 결론적으로 다시 말하자면, 장애가 사람을 정의하지 않는다. 본문은 장애의 종류나 장애인의 종류 또는 가치를 말한 것이 아니라 하나님이 사람을 각기 다르게 창조하셨다는 사람의 존재적 창조에 대한 강조이다. 모세가 자신의 장애를 핑계로 하나님의 부르심을 거부하자 하나님은 장애인도 하나님이 창조했고 또 장애인도 하나님이 불러 사용하였는데 왜 장애를 가지고 핑계를 대느냐고 모세를 꾸짖는 장면에서 나온 말이다. 따라서 본문은 하나님이 장애인을 의도적으로 만드셨다는 부정적인 말이 아니다. 오히려 장애인, 비장애인 아무런 구별 없이 생각하시는 아버지의 마음을 보이신 것이다. 심지어 모세 자신까지도 장애인은 "무능"하다고 했지만, 하나님은 "아니라" 하셨다.

다르게 창조하심과 하나님 영광

자신의 형상을 따라 사람을 창조하시고 "심히 좋았다"라고 판정하신 하나님의 선언 속에는 피조물 속에 이입된 하나님의 형상과 앞으로 그들을 통해 나타날 '하나님의 영광'을 암시하고 있다. 따라서 창조 때부터 다르게 창조된 모든 생물과 심지어는 자연만물도 하나님의 영광을 위해 지음을 받았고 하나님의 영광을 나타내면서 살도록 요구되었다는 뜻이다. 따라서 다르게 지음을 받았다고 해서 하나님 영광의 분량을 다 하지 못할 것이라는 생각은 잘못된 것이다. 같은 맥락으로 신체적 손상 또는 기능손실로 인해 입은 장애로 하나님의 형상과 하나님 영광의 분량을 잃거나 축소되지 않았음을 말해준다. 하나님의 형상과 영광은 본시 피조물의 몸의 구조나 기능에 따라 좌지우지되는 것이 아닌 존재적 본질이기 때문이다. 결국, 신체적 장애가 하나님의 영광을 훼손하는 조건이 아니라 죄가 하나님의 영광을 가리고 왜곡시키는 주범이라는 사실을 재삼 확인시켜준다.

정상/비정상

정상,normal 표준,standard 이상,理想 ideal 이상異狀 defect 등의 개념은 현대 사회가 만들어낸 테크니컬한 용어이다. 정상을 표준으로 생각하기 때문에 비교가 생기고 비정상이라는 개념이 생긴다. 성경의 표준은 '다른 모양 이다. 다름은 틀림이 아니다. 다름이 표준에서 어긋났다는 뜻이 아니기 때문이다.

고프만Goffman의 낙인이론이 바로 정상/비정상의 개념으로 이해한 사람의 몸과 사회를 반영한다. 고프만의 이론을 통해 가진 자들이 정상이라는 개념을 얼마나 잔인하게 소위 '비정상적 사람들'을 통제하는 수단으로 사용하는가를 알 수 있다. 낙인은 정상이라는 개념 속에 들지 못한 부류를 향하여 정상이 되도록 압력을 가하는 수단이 된다. '정상'이라는 개념이 산업화사회에서 점점 테크니컬하게 코드화되어 사용되기 시작했다. 이 개념은 의학적 재활이라는 관점에서 보면 탁월한 모델로 평가를 받기도 한다. 그러나 이 모델은 정상이라는 표준을 더욱 테크니컬한 코드로 해석하고 이상ideal이 정상이어야 한다는 강박관념을 심어준다. 따라서 사회의 기능성과 효용과 효율성만 지나치게 강조함으로써 다른 모양의 사람들이 살기 어려운 사회구조를 만들어 가고 있다. 사람의 가치를 이런 생산성과 효율성으로만 계산할 수 있을까? 이것이 하나님의 형상에 담긴 인간의 가치일까?

하나님이 사람을 창조하신 후 몸의 모든 기관의 구조가 제대로 갖추어졌는지 모든 기능이 제대로 작동하는지에 따라 정상 또는 비정상이라고 판단하시지 않고 오히려 하나님의 형상이 사람에게 제대로 작동하는지를 정상과 비정상의 기준으로 삼으셨다. 즉 아담과 하와의 신체적 구조나 기능에 따라 그들의 존재를 정상 또는 비정상이라고 판단치 않으셨다. 오히려 그들이 죄를 지은 후 하나님과 비정상적인 관계가 된 것이 최초의 장애이자 최고의 비극적 장애가 되었다고 말하고 있다. 하나님과 함께 있다는 사실 그 자체가 최고의 영광이었으나 죄로 말미암아 그 관계가 비틀어져 버렸기 때문에 하나님이 그들에게 오히려 위협적인 존재가 되어버렸던 것이다. 따라서 둘은 숨게 되었다. 하나님과의 관계가 깨지면 필연적으로 다른 사람과의 관계 그리고 자연과의 관계도 깨어지게 되어 있다. 아담과 하와는 자신들의 잘못을 서로에게 또 뱀에게 전가함으로써 관계성의 깨어짐의 연쇄반응을 일으켰다. 나아가 아담과 하와가 저주를 받음으로 자연도 저주를 받게 되었다.창3:17 이 때문에 인간에게 반영된 하나님의 형상이 지극한 훼손을 입고 인간은 하나님께 의존하는 생활방식을 떠나 자신을 의지하는 쪽으로 나아가게 되었다.

따라서 하나님 영광으로 지음을 받은 창조의 원리는 몸의 구조나 기능으로 이해할 수 있는 것이 아니라 하나님과의 관계로 이해할 수 있다. 그러나 이 세상에 구조나 기능으로 표시되는 정상, 비정상의 개념이 들어온 이후 이런 언약의 관계성마저 물량주의적 수식이나 코드로 이해하는 경향이 하나님 영광의 분량까지 그렇게 생각하게 하였다. 따라서 몸의 구조와 기능에 문제가 없고 생산을 많이 하는 사람이 그렇지 못한 사람보다 하나님께 더 큰 영광을 돌린다고 생각하게 하였다.

창조와 하나님의 영광에 대한 이해는 사람들의 창조에 대한 기대와 관계가 있다. 사람들은 창조에 대한 자신들의 기대로 하나님의 영광을 판단하는 우를 범한다. 즉 사람들은 창조가 자신들에게 얼마나 큰 혜택과 기쁨을 주느냐로 하나님 영광의 분량을 계산하는 못된 버릇이 있다. 장애아를 둔 부모는 장애아로 태어난 아이가 자신의 기대에 미치지 못한 작품이기 때문에 창조의 목적과 하나님 영광의 분량에도 미치는 못하는 부적격 작품이라고 생각하는 경향이 있다. 하지만, 하나님의 피조물은 피조물의 만족을 위해 만들어진 것이 아니라 창조자의 만족을 위해 지어진 것이다. 그렇다면, 창조자가 만족한 피조물을 어떻게 사람이 불만족하다고 할 수 있겠는가? 그러므로 사람이 하나님의 창조에 대해 얼마나 감사하고 사는지에 따라 그 사람의 하나님의 형상에 대한 본질적 태도를 판단할 수 있다.

질그릇과 토기장이

사 45:9~10 질그릇 조각 중 한 조각 같은 자가 자기를 지으신 이와 더불어 다툴진대 화 있을진저 진흙이 토기장이에게 너는 무엇을 만드느냐 또는 네가 만든 것이 그는 손이 없다 말할 수 있겠느냐 아버지에게는 무엇을 낳았소 하고 묻고 어머니에게는 무엇을 낳으려고 해산의 수고를 하였소 하고 묻는 자는 화 있을진저

롬 9:20~21 이 사람아 네가 누구이기에 감히 하나님께 반문하느냐 지음을 받은 물건이 지은 자에게 어찌 나를 이같이 만들었느냐 말하겠느냐 토기장이가 진흙 한 덩이로 하나는 귀히 쓸 그릇을, 하나는 천히 쓸 그릇을 만들 권한이 없느냐

위의 구절들은 하나님을 토기장이로 비유한다. 토기장이가 진흙으로 토기를 만들 때 자신이 필요로 하는 토기를 만드는 것처럼 하나님도 당신의 필요에 의하여 사람을 만드셨다는 것이다. 하나님의 필요는 사람들로 하여금 영광을 받으시는 일이다. 따라서 만든 그릇들이 어떤 모양을 하건 어떻게 쓰이든 상관없이 하나님께는 똑같이 필요한 존재라는 것이다. 하나님의 창조행위가 선하고 완전하기 때문에 그의 창조물도 완전한 것이다. 그러므로 출애굽기 4장 11절이나 로마서 9장 21절에서 하나님이 장애인을 만드시고 또 천히 쓸 그릇을 만들었다는 사실을 두고 불완전한 창조 또는 차별적인 창조라고 불쾌할 이유는 없다. 왜냐하면, 불완전한 사람들이 보기에 불완전할 뿐이고 차별을 만들어 낸 사람들의 눈으로 볼 때 귀한 것과 천한 것이 있을 뿐 하나님이 보시기엔 모두 귀한 것들이기 때문이다.

사람들은 얼마나 예쁘게 생기고 얼마나 자주 쓰이는 가로 그릇의 가치를 매기지만 하나님은 하나님의 때에 쓰임 받는 깨끗한 그릇이면 쓰이는 횟수나 모양에 상관없이 값있다고 말씀하신다.

죄와 하나님 형상

삼위일체의 삼위는 서로 독립인격체로서 서로 다름으로 존재하지만 서로 의존적이다. 따라서 장애인이 다른 사람들에게 의존하는 것은 당연하다. 그것은 꼭 장애인이 아니더라도 존재하는 모든 사물은 서로 의존적이기 때문이다. 그러므로 장애인이 독립적으로 살지 못하기 때문에 비정상이라는 개념도 성립되지 않는다.

하나님이 세상을 창조하실 때 유독 복수로 '우리'를 강조하신 것은 바로 모든 존재의 사회적 의존도를 암시한다고 볼 수 있다. 하나님 '우리'가 만든 피조물도 역시 사회성을 부여받았다는 것을 의미한다. 그러나 사람의 이런 사회적 의존성이 반드시 능력이 비등한 존재끼리의 상호의존을 의미하는 것은 아니다. 오히려 깨어짐과 불안정성을 전제로 한 것이라고 보아야 한다. 왜냐하면, 인간은 본질적으로 절대적으로 완전하신 하나님께 의존하지 않으면 서로 깨어질 수밖에 없는 관계이기 때문이다.

소위 말하는 '정상'이라는 기준으로 볼 때 장애가 비정상이며 비정상은 죄가 된다는 개념은 다분히 헬라 철학과 영지주의적 발상이다. 하나님의 형상이 사람과 하나님과의 관계에서 나타난다면 죄는 이런 관계를 파괴하는 작용을 한다. 따라서 죄가 하나님의 형상을 파괴하는 것이지 장애가 하나님 형상의 파괴된 흔적이 아니다. 창조의 목적이 죄로 말미암아 방해를 받을 때 장애가 발생하는 것이다. 창조의 목적은 사람들이 땅에 충만하고 땅을 다스리면서 그 땅에 거하는 모든 거민들이 다 함께 하나님의 형상에 따라 사는 것이다. 그러나 그 땅에 거할 수 있는 자격으로 어떤 육체적인 조건을 달지 않았다. 장애인이라고 해서 배제되지 않는다. 문제는 죄가 사람과 하나님 사이에 간격을 만들었고 사람과 사람 사이에 차별적 조건을 걸었다. 죄인들은 땅을 가지고 그 땅에 살 차별적인 조건을 내걸었다. 이렇게 해서 하나님의 형상은 일그러져갔다.

그럼에도, 하나님의 형상이 사라졌거나 회복되지 못할 장애를 입었다고 생각해서는 안 된다. 하나님의 형상 자체는 찌그러지거나 훼손당하지 않는다. 다만, 죄로 말미암아 가리어져 있을 뿐이다. 따라서 죄 문제의 해결과 하나님 회복하심의 은혜가 하나님의 형상을 회복게 한다. 그러므로 장애 등 사람의 신체적 조건이나 죄와 같은 도덕적 조건에 따라 하나님의 형상이 정상과 비정상의 모습으로 바뀌는 것이 아니다. 따라서 사람이 육체적 또는 정신적 장애를 입었다고 해서 하나님의 형상이 훼손을 입는 것이 아니다.

하나님의 형상회복과 예수 그리스도

인간에게 부여된 하나님의 형상이 죄로 말미암아 파괴되었다는 사실이 오히려 하나님의 은혜를 입는 모티브가 된다. 예수 그리스도가 하나님 형상회복의 원형으로 오셨기 때문이다. 파괴된 하나님 형상회복의 욕구는 오히려 창조주이신 하나님으로부터 시작되었다. 하나님은 당신의 형상이신 예수 그리스도를 이 땅에 보내심으로 사람들에게 하나님의 형상을 무엇인지, 어떻게 회복되어야 할지, 또 이제 그 형상이 어떻게 유지해나가야 할지를 구체적으로 보여주신 것이다. 이처럼 하나님형상은 형이상학적 관념이 아니라 실체요 구체적 형상이다.

그러나 이런 하나님의 형상은 패러독스다. 무에서 유를 창조하신 무한능력의 창조주 하나님의 형상이 예수 그리스도를 통해 약함과 상함으로 나타났기 때문이다. 하나님은 사람의 연약함을 친히 체휼하시는 그리스도의 모습을 통해 하나님의 형상이 얼마나 실제적이고 구체적이며 또한 감동적인가를 친히 보여 주셨다.

바울도 예수 그리스도가 "보이지 아니하시는 하나님의 형상"골1:15이라고 말한다. 바울은 자신의 모든 생각과 사역을 언제나 그의 십자가와 연관시켜 말하고 있다. 결국, 바울이 말하는 하나님의 형상은 그리스도의 십자가에 초점이 맞추어져 있다. 그렇다면, 하나님의 형상은 예수 그리스도의 십자가 구속으로 정점화 되었다고 말할 수 있다. 예수 그리스도의 구속은 창조주 하나님과 그의 언약백성과의 관계에서 시발한 것이기 때문이다. 예수 그리스도의 구속은 파괴된 하나님의 형상을 하나님의 창조원리로 되돌리는 행위로서 그리스도의 구속은 하나님의 형상의 부서진 원인에 대한 정의의 심판임과 동시에 그의 언약의 백성을 향한 회복이라는 사랑의 표현이기도 하다. 따라서 하나님의 형상은 하나님의 언약이라는 창문을 통해 예수 그리스도의 구속의 관점으로 보아야 한다. 이런 그리스도의 창조적 형상의 회복은 아이러니하게도 창조의 방법과는 달리 약함과 깨짐을 통해서 이루신다. 즉 권능을 발하시기보다 무력해지심으로 그리고 약하고 상하고 갇히고 매 맞는 모습으로 이루신다.

이렇게 그리스도는 자신을 백성의 무력함과 병든 모습과 동일시하심으로 비로소 그의 백성에게도 회복의 출구를 만들어 주신 것이다. 하나님 형상의 회복은 이처럼 주님께서 부르러 오신 사람들로부터 시작되었다. 즉 이사야 61장에 예언된 대로 이 회복은 가난한 자, 병든 자, 갇힌 자, 장애인들로부터 시작되었다.

> 마 25:35~36 내가 주릴 때에 너희가 먹을 것을 주었고 목마를 때에 마시게 하였고 나그네 되었을 때에 영접하였고 헐벗었을 때에 옷을 입혔고 병들었을 때에 돌보았고 옥에 갇혔을 때에 와서 보았느니라

> 마 25:40 임금이 대답하여 이르시되 내가 진실로 너희에게 이르노니 너희가 여기 내 형제 중에 지극히 작은 자 하나에게 한 것이 곧 내게 한 것이니라 하시고

이렇게 하나님 형상의 회복은 개인적 차원이나 육신의 차원이 아니라 하나님나라 차원임을 확실하게 밝히셨다. 이런 뜻은 누가복음 14장에 나오는 천국 잔치를 통해서 더욱더 명확하게 알 수 있다. 천국의 주빈이 유대인에서 이제 이방인으로 넘어갈 것임을 암시해 주는 이 천국 잔치 비유는 이방인을 은유하는 소외층으로 가난한 자, 눈먼 자, 저는 자 등이 등장한다. 이는 이사야 61장 1~2절에 대한 예언 성취이기도 하다. 이들이 이제 변두리 인생으로서가 아니라 하나님나라의 주인공으로 등장한다는 뜻이다. 따라서 사회적으로는 장애인을 포함한 변두리 인생들이 하나님나라에서 극적인 신분변화를 입는다. 이런 변화는 단지 종말론적 소망만을 의미하는 것이 아니다. 실제로 이 땅에서도 실현된 하나님나라의 도덕률이다.

> 눅 14:13~14 잔치를 베풀거든 차라리 가난한 자들과 몸 불편한 자들과 저는 자들과 맹인들을 청하라 그리하면 그들이 갚을 것이 없으므로 네게 복이 되리니 이는 의인들의 부활 시에 네가 갚음을 받겠음이라 하시더라

이렇게 예수 그리스도에 형상화된 하나님의 형상은 이제 하나님의 백성에게 그의 피를 통해서 전해진다. 따라서 하나님의 형상은 그의 피를 통해서 또 다른 사람들에게까지 전해져야 할 과제임을 말해준다. 보이지 아니하시는 하나님의 형상으로서 성육신하신 예수 그리스도는 이제는 보이는 하나님의 형상으로서 사람들에게 구체적으로 현

시된 하나님의 사랑이시다.

> 요 1:18 본래 하나님을 본 사람이 없으되 아버지 품속에 있는 독생하신 하나님이 나타내셨느니라

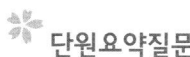 **단원요약질문**

1. 장애인에게 나타나는 하나님의 형상에 대해 말해보라.

2. 정상과 비정상의 논리로 말한다면 장애인은 비정상인이 된다. 이 논리의 모순을 말해보라. 성경이 말하는 정상의 법칙은 무엇인가?

3. 죄는 어떤 영역에서 하나님의 형상을 훼손시켰는가? 그리고 회복되어야 할 하나님의 형상의 영역은 무엇인가?

제 2 장

장애인은 과연 부정한 사람들인가?

1. 엘렌은 시각장애라는 이유로 친모에 의해 길거리에 버려졌다. 그 후 엘렌은 니콜스 부부에게 셋째딸로 입양되었다. 니콜스 부부는 둘 다 시각장애인이다. 한쪽에서는 부정하다고 버리고 다른 한쪽에서는 시각장애인만을 골라 입양을 하고 왜 이렇게 서로 생각이 다를까?
(시각장애인 부부 니콜스 부부는 네 명의 시각장애 아이들을 모두 한국에서 입양하여 잘 키워냈다. 막내 사라는 중한 자폐 장애까지 겸하고 있다.)
버림을 받은 심정이 어떤지 엘렌의 말을 직접 옮긴다.[1)]
때때로 사람들은 나를 낳아주신 어머니가 나를 버렸다는 사실 때문에 괴롭지 않으냐고 묻곤 합니다. 그러면 나는 깊이 생각하지도 않고 "아니오"라고 대답했으며 나의 생모에 대한 어떤 배신감이나 쓰린 감정도 품지 않는다고 말했습니다. 하지만, 오래도록 내가 자각하지 못했을지라도 나를 낳아주신 어머니에 의해 버림받았다는 그 사실이 내게 영향을 주었다는 사실을 깨닫게 되었습니다. 때때로 사람들로부터 거부당하고 있다는 느낌이 밀려오곤 합니다. 그러면서도 나는 그런 느낌의 정확한 원인을 알 수 없었습니다. 내게는 너무나 좋은 가족들과 친구들이 있었지만 그럼에도, 때때로 나는 아주 깊은 슬픔을 느끼곤 하였습니다. 어느 날 저는 그런 모든 부정적인 생각들이 사탄에게서 온다는 것을 깨달았습니다. 사탄은 계속 되풀이하여 내 마음속에 이런 생각을 심어 주었습니다. "너를 낳은 너의 친엄마도 너를 원하지 않았어. 그런데 하물며 너는 왜 다른 사람들이 너를 사랑할 거로 생각하니? 그것은 정말 고통스러운 감정들이 었습니다. 하지만, 하나님은 내 인생의 바로 그 고통스러운 부분도 치유해 주셨습니다.

나는 시편 말씀에 있는 것처럼 눈물이 하룻밤 동안에 머문다 할지라도 아침에는 기쁨이 찾아온다는 사실로 인해 감사합니다. 아직도 나는 자주 의심에 사로잡히곤 하지만 하나님께서는 언제나 나의 탄식을 기쁨의 춤으로 바꾸어 주십니다. 사람들로부터 거부당하고 있다는 느낌이나 낙심에 빠질 때마다 나는 사랑에 가득 찬 부드러운 하나님의 음성을 듣습니다. "내가 너를 사랑한다. 그리고 내가 너를 만들었단다. 딸아, 너는 내게 너무나 소중한 자식이란다."

2. 친구 목사의 경험담이다. 어느 교회가 담임목사를 청빙한다기에 지원을 했다. 최종 후보에 올랐다. 그 교회에 가서 설교도 하고 교인들 앞에 선을 보였다. 예배가 끝나자 교인들이 한결같이 설교가 매우 좋다고 하며 기뻐했다. 따로 당회원들과 인터뷰를 했다. 신상에 관한 정보와 목회 경력 같은 내용은 이미 이력서에 담아 제출했기 때문에 자연히 이야기는 목회 비전과 신앙고백 같은 것에 초점이 맞추어졌다. 평소 그러왔던 목회 소신과 비전에 대해 신나게 이야기했다. 금세 당회원들의 표정이 밝아지면서 교회에 소망이 생긴다고 좋아했다. 공식적인 인터뷰가 끝나고 가족 소개가 있었다. 밖에서 기다리던 아내와 아들이 들어왔다. 아내가 휠체어를 탄 뇌성마비아들을 데리고 당회실에 들어오자 금방까지 밝았던 당회원들의 얼굴이 어두워졌다.

긴 여행으로부터 집에 돌아오자마자 청빙교회 당회서기로부터 연락이 왔다. "목사님 죄송하지만, 목사님을 청빙하려던 계획을 취소했습니다. 말씀드리긴 송구스럽지만, 목회자 가정에 흠이 있는 자식이 있는데 어떻게 교인들 앞에 설 수 있겠습니까? 목사님은 신학교에서 가르치는 일이나 하는 게 좋겠어요."

성경을 읽다 보면 장애인을 부정적으로 말한 것처럼 보이는 부분이 많이 있다. 특별히 구약에서는 장애인들이 대개 부정한 사람들로 비치고 있어서 신앙생활을 오래 하는 신자들까지도 장애인을 여전히 부정한 사람들로 인식하고 있는 형편이다. 이런 성경해석상의 오류는 목회자들에게서도 나타나고 있어서 안타깝기만 하다. 성경에서 말하는 바른 이해 없이 사회복지적인 접근만으로는 장애선교의 길을 바로 인도할 수가 없다.

장애인 과연 부정한 사람들인가?

　장애인이 과연 부정한 사람들인가? 하는 문제를 다루는 이장에서는 결론부터 말한 다음 자세한 논거를 제시하는 방법으로 기술할까 한다.

　레위기 21:16~24을 보면 아론의 자손들제사장에게 명한 규례가 적시되어 있는데 이 구절에 포함된 육체에 흠이 있는 자장애인는 소경,blind 절뚝발이,lame 코가 불완전한 자,disfigured 지체가 더한 자,deformed 발 부러진 자, 손 부러진 자,crippled 곱사등,hunchback 난쟁이,dwarf 백내장,eye defect 괴혈병,festering 버짐,running sores 불알 상한 자damaged testicles가 있다. 이런 사람들을 향하여 "이들은 하나님의 식물의 지성물이든지 성물이든지 먹을 것이나 장안에 들어가지 못할 것이요 단에 가까이 못할지니 이는 그가 흠이 있음이라. 이처럼 그가 나의 성소를 더럽히지 못할 것은 나는 그들을 거룩하게 하는 여호와임이니라"레21:22~23이라고 단호하게 말하고 있다.

　그뿐만 아니라 이 규례는 동물들에게까지 적용하였다. 흠 있는 동물제물로 눈먼 것, 상한 것,injured 지체에 베임을 당한 것,maimed 종기가 있는 것, thing with warts 괴혈병, 비루먹은 것, running sores 지체가 더하거나 덜한 것,deformed, stunted 불알이 상한 것, bruised testicles 치인 것,crushed 터진 것torn or cut 등이다. 레22:21~24

　레위기에 적시된 장애인들은 과연 부정한 사람들인가? 질문에 대한 답을 먼저 한다면 그것은 이스라엘의 모든 백성에게 요구한 규례가 아니라 제사장 직분을 맡은 자에 국한된 엄격한 기준이었다는 것이다. 그렇다고 해도 왜 제사장에게는 그러한 엄격한 기준을 요구하셨는가? 그럼 장애인은 제사장이 될 수 없었는가? 제사장들에게는 왜 장애인을 비하하여 은유하고 있을까? 하는 의문은 여전히 남는다.

그렇다면, 구약에서 제사장에게 왜 그런 요구를 하셨는가? 그 배경을 먼저 이해하여야 한다. 제사장의 직분은 참으로 위험한 직분이다. 땅에 속한 존재로서 하늘의 영역을 만족하게 하는 중간지대의 역할을 해야 하기 때문에 그 자격을 엄격하게 한 것이다. 그래서 "흠이 없고, 혈통이 깨끗해야 하며 시체(죽음)를 만진 적이 없어야 한다"고 의식적 정결을 강조하였던 것이다.

구약에서 제사장의 직분은 하나님과 인간 사이에서 그리고 하나님과 이스라엘(하나님의 백성) 사이에서 중보자의 역할을 했기 때문에 깨끗한 피와 흠 없는 몸을 요구하였다. 그런데 하나님의 거룩하심을 설명하려면 무언가 당시 사람들에게 피부에 와 닿을만한 설명이 필요했다. 따라서 그 당시 문화적으로 사람들이 부정하다고 생각하는 장애인들을 예로 들어 부정함을 설명하게 된 것이다. 물론 그런 설명조차 장애인들에게는 유쾌한 것은 아니지만 제한된 인간의 문화와 언어를 사용하여 하나님의 깊은 뜻을 설명해야 하는 하나님의 고육지책이었던 것이다.

결론부터 말한다면,
1. 레위기의 요구는 모든 백성에게 요구한 기준이 아니었다. 이 요구는 제사장 직분자들에게 요구한 성결한 기준이었다.
2. 흠이 있는 제사장은 제사를 집전하지 못했지만, 성물을 먹는 것에서 제외되지는 않았다. 그러므로 육체적으로 흠이 있는 제사장의 그 인격 자체가 부정하다는 뜻이 아니다. 그래서 그들이 예배와 코이노니아 그리고 공동체에서 배제되지는 않았다.
3. 제사장과 그 가족들은 정결한 음식만을 먹어야 했으며 아울러 피의 순결을 지켜야 했다. 왜냐하면, 이들은 하나님의 거룩하심을

나타내는 사람들이기 때문이다.
4. 기생, 부정한 여인, 이혼당한 여인, 과부가 레위기에서 부정한 사람들로 취급되지만 그렇다고 성경이 그들을 인격적으로 부정하다고 말하지는 않는다.
5. 그러므로 레위기 21~22장의 강조점은 신체부적격에 있는 것이 아니라 예식에 부적합한 의식적인 부정함ritual impurity에 있다. 예를 들면 부정한 것을 만진 제사장이 오히려 신체장애 제사장보다 더 부정한 자가 된다. 왜냐하면, 신체장애 제사장은 의식을 집전할 수는 없어도 성물을 먹을 수 있었으나 의식적으로 부정한 제사장은 아예 성물조차 먹지 못하기 때문이다.
6. 구약에서도 신체 장애인이 예배와 사회로부터 거부된 것은 아니었다.
7. 결국, 하나님의 정결이란 것을 표현하고자 동원된 상징적인 존재(장애인/동물/시체 등등) 그 자체가 부정하다는 뜻이 아니다. 다만, 정결한 의식을 위한 마음의 준비 상태가 중요 하다는 것을 강조하고 있는 것이다.

결론에 대한 논거

이상과 같은 결론을 더 잘 이해하려면 먼저 성경의 제사장 직분에 대해 잘 살펴볼 필요가 있다. 이 제사장 직분은 단지 제사를 집전하는 기능적 존재가 아니라 하나님과 인간의 중보자로서 성전과 이스라엘 그리고 이방인과의 관계를 나타내주는 본질적인 존재이기 때문에 구약의 제사장제도와 성전제도를 잘 이해하여야 한다.

성전

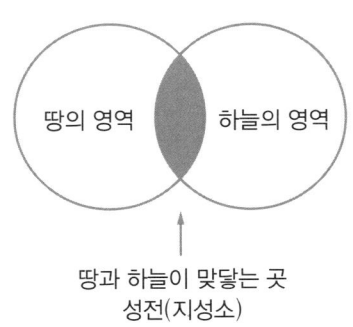

땅과 하늘이 맞닿는 곳
성전(지성소)

성전은 하늘과 땅이 맞닿는 영역으로 이해할 수 있다. 그리고 제사장은 하늘의 영역을 인간들에게 전하는 중보자의 역할을 한다. 성전에서 제사장이 왜 흠 없는 육체를 가져야만 하는가를 알려면 하늘과 땅 그리고 두 영역이 맞닿는 성전의 원리를 먼저 이해할 필요가 있다. 땅은 유한하고 무질서하며 죽음을 지배하는 죄가 머무는 곳이다. 반면에 하늘은 영원하고 거룩하며 질서가 있고 완전한 곳으로서 하나님이 머무시는 곳이다. 그런데 오직 성전만이 하늘과 땅이 맞닿는 곳이다. 더 구체적으로 말하면 지성소가 그런 곳이다. 이 지성소에는 오직 제사장만이 잠깐 들어갈 수 있다. 지성소는 땅에 있지만, 하늘의 장소이기도 하다. 그러므로 이곳에는 아무나 들어갈 수가 없다. 아무리 좋은 동기라 할지라도 그곳에는 함부로 들어갈 수가 없다.

레위기 10장 1~2절을 보자.

> 아론의 아들 나답과 아비후가 각기 향로를 가져다가 여호와께서 명령하시지 아니하신 다른 불을 담아 여호와 앞에 분향하였더니 불이 여호와 앞에서 나와 그들을 삼키매 그들이 여호와 앞에서 죽은지라

도덕적으로 본다면 나답과 아비후가 지은 죄가 즉사할 만큼 크다고 할 수 없다. 하지만, 지성소의 성격상 그것은 도무지 허용될 수 없는

행위였다. 제사장이라 할지라도 죄를 가지고 들어가면 즉사할 것이라고 이미 그들에게 경고하고 있기 때문이다.

하나님은 성막에서 이스라엘백성들을 만나셨다. 성막이 나중에 성전으로 발전하여 하나님을 특별히 만나고 예배하는 장소가 되었고 예수 그리스도가 오신 후에는 성도의 몸이 성전이 되고 하나님 백성의 모임이 성전이 되었다. 이런 맥락에서 제사장에게 요구된 특별한 요건들을 이해하여야 성경, 특히 레위기에 기록된 장애에 대한 이해를 바로 할 수 있다.

부정한 사람들 블랙리스트

레위기 21장 블랙리스트에 부정한 사람들로 적시된 흠이 있는 자장애인는 소경, 절뚝발이, 코가 불완전한 자, 지체가 더한 자, 발 부러진 자, 손 부러진 자, 곱사등, 난쟁이, 백내장, 괴혈병, 버짐, 불알 상한 자가 포함되고 있다.

여기서 유의해 볼 사항은 이 리스트에 청각장애, 정신병 또는 정신장애가 포함되지 않았다는 점이다. 아마 이런 장애는 겉으로 쉽게 나타나는 장애가 아니기 때문이 아닐까 짐작이 된다.[2] 결국 제사장의 실격 여부가 장애의 종류나 장애의 정도에 따라 판정되는 것이 아니라 당시 문화가 어떤 장애를 부정한 것으로 인식하였는가에 따라 리스트에 포함 여부가 결정된 것으로 보인다.

이미 결론적으로 밝힌 대로 이런 기준은 제사장에게만 적용되는 기준이었다. 흠이 있는 제사장이 비록 제사를 집전할 수는 없었어도 그는 여전히 제사장이 누릴 수 있는 모든 특권을 다 누릴 수가 있었다. 이런 요구조건은 하나님의 거룩하심을 인간의 육체적 온전함과 정상이라는 개념으로밖에 표현할 수 없었던 당시의 문화적 요인 때문이었다. 그때는 육체적 장애가 영적 장애를 의미한다는 공식이 지배적인 생각이었다. Philo는 육체의 온전함wholeness이 영혼의 완전함perfection에 대한 상징이라고 당시 문화의 의식을 설명한 바 있다. 즉 레위기는 영적인 거룩함과 정결함을 육체의 온전함wholeness과 정상normality이라는 개념으로 설명하고 있다.[3]

완전함과 온전함

완전함을 온전함으로 이해한 레위기의 배경을 먼저 이해하여야 한다. 레위기는 하나님의 완전하심을 나타내기 위해 제사장들도 하나님의 완전하심을 반영해야 한다고 요구했다. 완전하심은 거룩하심의 전제조건이었다. 그런데 이런 완전함을 온전함으로밖에 설명할 수 없었다. 즉 온전함이란 한 부분이라도 빠진 것이나 부서진 부분이 없는 상태를 말한다. 이런 개념을 적용하다 보니 레 21장에 거론된 장애인들은 온전치 못한 자들이며 온전치 못하기 때문에 완전하지 못한 사람으로 이해하게 된 것이다. 이러한 정상과 온전함의 개념은 나아가 단일성과 순수성으로 설명된다. 즉 이스라엘 백성은 식물의 혼합재배나 혼합한 재료로 만든 의복, 이방 민족과의 혼합결혼까지 금지되었다.

이것은 하나님의 거룩하심을 나타내기 위한 은유적 요구로서 어디까지나 신체적 특정조건이나 의식주의 특정패턴 그 자체가 부정하다는 것을 말하는 것이 아니다. 즉 지금 우리가 즐겨 입는 옷 대부분이 혼방재료이고 국제결혼이 흔한 지금 그런 것들을 부정한 것으로 생각하지 않는 것처럼 장애인들을 부정하거나 비정상이라고 볼 수 없다.

> 레 20:7~8 너희는 스스로 깨끗하게 하여 거룩할 지어다 나는 너희의 하나님 여호와이니라 너희는 내 규례를 지켜 행하라 나는 너희를 거룩하게 하는 여호와이니라

레 20:25~26 너희는 짐승이 정하고 부정함과 새가 정하고 부정함을 구별하고 내가 너희를 위하여 부정한 것으로 구별한 짐승이나 새나 땅에 기는 것들로 너희의 몸을 더럽히지 말라 너희는 나에게 거룩할 지어다 이는 나 여호와가 거룩하고 내가 또 너희를 나의 소유로 삼으려고 너희를 만민 중에서 구별하였음이니라

이런 구별은 이스라엘 공동체가 거룩하게 유지되기를 원하시는 하나님의 거룩한 마음으로부터 시작한 것이다. 이스라엘에 요구한 이런 정과 부정의 구별은 거룩한 이스라엘과 부정한 이방 세계를 구분하는 수단이기도 했다. 그러나 이러한 구분도 베드로에게 보여주신 부정한 음식을 먹으라고 하는 계시를 통해 예수 그리스도께서 단번에 무너뜨리셨다. 이처럼 신약에 들어와서 의식법이 무너졌음에도 초기 기독교 사회에서는 흠 없는 제사장과 제물에 대한 전통이 살아있어서 심지어는 헬라파 크리스천들까지 그런 규율을 요구하는 때도 있었다. 흠 없는 제사에 대한 전통은 다른 문화에서도 찾아볼 수 있는데 예를 들어 고대 이집트, 그리스, 로마 등에서 그 흔적을 찾아볼 수 있다. 히타이트 문화 역시 정결의식이 중요한 과제였다.[4]

나병과 유출병

레 13:44~46 이는 나병 환자라 부정하니 제사장이 그를 확실히 부정하다고 할 것은 그 환부가 그 머리에 있음이니라 나병 환자는 옷을 찢고 머리를 풀며 윗입술을 가리고 외치기를 부정하다, 부정하다 할 것이요 병 있는 날 동안은 늘 부정할 것이라 그가 부정한즉 혼자 살되 진영 밖에서 살지니라

레 15:2~3 이스라엘 자손에게 말하여 이르라 누구든지 그의 몸에 유출병이 있으면 그 유출병으로 말미암아 부정한 자라 그의 유출병으로 말미암아 부정함이 이러하니 곧 그의 몸에서 흘러나오든지 그의 몸에서 흘러나오는 것이 막혔든지 부정한즉

레위기 13~15장에 적시되어 있는 나병과 유출병은 비록 이 질병들이 레위기 21장에 제사장의 흠 있는 육체 리스트에는 들어 있지는 않지만 제사 집전시만 한시적이며 기능적으로 부정한 흠 있는 제사장보다 오히려 더 부정한 사람으로 살아가야 했던 사람들이다. 민수기 5장 2~3절을 보면 이들이 받은 격심한 사회적 소외를 알 수 있다.

> 민 5:2~3 이스라엘 자손에게 명령하여 모든 나병 환자와 유출증이 있는 자와 주검으로 부정하게 된 자를 다 진영 밖으로 내보내되 남녀를 막론하고 다 진영 밖으로 내보내어 그들이 진영을 더럽히게 하지 말라 내가 그 진영 가운데에 거하느니라 하시매

나병환자들과 유출병자들이 비록 발병해 있는 동안만 이라고 할지라도 공동체로부터 쫓겨남을 당해야 했던 것은 다른 장애인들이 사회로부터 받은 소외감과 비교해 볼 때 훨씬 큰 것이라고 볼 수 있다. 나병환자는 병이 나아서 정하다는 판단을 받아도 몸에 흔적이 남아 있기 때문에 사람들은 그것을 두고 아직도 부정하다고 판단한다. 이렇게 정함을 받아들이지 못하는 사회적 인식 때문에 이들이 정하다는 회복선언을 받아도 사회에 복귀할 수 없었다는 점에서 이들은 소외계층 중에서도 가장 극심한 소외계층이라고 말할 수 있겠다. 병으로부터 해방된 나병환자들이 여전히 음성나환자촌에 모여 살아야 하는 서러움은 이루 말할 수 없는 슬픔이다.

하지만, 여기서 분명히 밝힐 점이 있다. 레위기 13~14장에 나오는 피부병을 나병이라고 번역한 한글성경에는 분명히 오류가 있어 보인다. 대부분의 학자와 성경번역은 레위기 13~14장에 나오는 '차라트'로 불리는 피부병이 나병한센씨병이 아니라 악성 피부병이라고 생각한다. 왜냐하면, 본문에 나오는 피부병의 증세들이 나병이라고 간주하

기 어려운 부분이 있기 때문이다. 즉 '차라트'는 피부의 색깔이 변화되거나,13:3,49; 14:37 사람 또는 물체의 형체를 변형시키거나,13:9~13:14:37,42 표면보다 깊이 내려가거나,13:3; 14:37 활성적으로 확산하는13:7; 51; 14:44 특성이 있는데 이 병명은 곰팡이로 말미암은 피부병을 지칭할 때도 사용되었다.

심각한 피부병에 걸린 자는 진 밖에서 홀로 살아야 했다. 이들은 공동체에서 분리되어 고립생활을 해야 하는 이중고와 더불어 그로 말미암아 사회생활과 경제활동을 하지 못함으로 생기는 극심한 가난을 겪어야 하는 삼중 사중의 고통을 짊어지고 살아야만 하였다.

성 밖, 진 밖은 진에서 추방된 죄인과 부정한 자들이 거주하는 곳이며레10:4~5; 민5:1~4; 12:14~15 율법을 어긴 자들이 처형되는 장소였다.민15:35~36 따라서 진 밖에서 산다는 것은 언약의 축복에서 끊어짐을 의미하는 것이었기 때문에 피부병 때문에 부정하다고 선고받는 것은 육체적으로나 영적으로 사형선고나 다름없었다.

한편, 신약에서 사용된 헬라어 '레프라'가 나병을 의미하는지 아니면 레위기에서 언급된 '차라트'를 의미하는지 분명치 않다.

레위기가 아닌 구약에 언급된 나병의 사례를 보자. 레위기에서는 '피부병'이라고 해석하던 성경번역본들도 레위기가 아닌 부분에 쓰인 '차라트'를 대부분 '나병'으로 해석하고 있다. '차라트'가 나병을 포함한 피부병이라는 뜻으로 광의로 쓰였다고 하는 해석이 맞는 것 같다. 따라서 '차라트'가 나병을 지칭할 수도 있고 아니면 정확한 병명이 없는 일반적으로 심각한 급성피부병을 말할 수도 있다.

사무엘하 3:29절에 다윗이 하나님의 명령을 무시한 요압을 향하여 "그 죄가 요압의 머리와 그의 아버지의 온 집으로 돌아갈지어다 또 요압의 집에서 백탁병자나 나병 환자나 지팡이를 의지하는 자나 칼에 죽는 자나 양식이 떨어진 자가 끊어지지 아니할지로다"고 한 저주한 저주의 목록에 나병이 들어 있다. 여기서 짝을 이룬 다른 저주들을 보면, 백탁병, 지팡이 의지하는 신체장애인, 칼에 맞아 죽는 자, 양식이 떨어진 자, 그러니까 이들은 단지 병과 사고로 말미암은 일시적으로 불행을 당한 사람들이 아니다. 이들은 사회적으로 손가락질을 당하고 무시를 당하고 고립을 당하고 더 나아가 놀림의 대상이 되는 소외자들이다. 그러므로 다윗의 저주는 단지 한 번에 장애를 겪어 고통을 당하라는 정도가 아니라 요압이 사는 평생 그리고 자자손손 신체적 고통과 함께 사회적 고통을 당하라는 무서운 저주다.

나아만 장군의 종 게하시가 물건을 훔친 죄로 나아만 장군의 나병이 게하시에게로 옮겨가는 저주를 엘리사로부터 받는다. 모세를 비방하고 그의 리더십에 도전한 미리암이 나병으로 하나님으로부터 징계를 받는다. 왜 같이 대들었던 아론은 나병으로 징계를 받지 않았는지는 그 이유를 알 길이 없다. 이렇게 하나님이 징계의 수단으로 나병을 내렸다는 성경의 기록은 사람들로 하여금 나병은 천벌이라는 생각을 하게 하였다. 이처럼 나병은 성경에서나 일반 사회에서도 저주의 대상으로 여겨져 왔다.

그렇다면, 나병환자는 정말로 모두가 하나님의 저주를 받은 사람들인가. 나병의 출현은 모두 하나님을 거스른 죄의 표상인가? 하는 심각한 질문이 대두된다. 열왕기하 15:3~5에 유다와 아사랴(웃시야) 왕이 하나님으로부터 나병의 징벌을 받는다.

> 아사랴가 그의 아버지 아마샤의 모든 행위대로 여호와 보시기에 정직히 행하였으나 오직 산당은 제거하지 아니하였으므로 백성이 여전히 그 산당에서 제사를 드리며 분향하였고 여호와께서 왕을 치셨으므로 그가 죽는 날까지 나병환자가 되어 별궁에 거하고 왕자 요담이 왕궁을 다스리며 그 땅의 백성을 치리하였더라

이스라엘의 많은 다른 왕들이 웃시아 왕보다 더 심한 악정을 했음에도 산당을 제거하지 않은 것 외에는 하나님 보시기에 정직하게 정치를 한 웃시아 왕은 왜 그런 큰 저주를 받았을까? 이 질문에 대한 답을 얻기 위해서 같은 사건을 기록한 역대하 26장 16~21절까지 기록을 살펴보면 열왕기하 15장의 무난한 평가와는 달리 하나님의 분노 원인을 추측할 수가 있다.

> 그가 강성하여지매 그의 마음이 교만하여 악을 행하여 그의 하나님 여호와께 범죄하되 곧 여호와의 성전에 들어가서 향단에 분향하려 한지라 제사장 아사랴가 여호와의 용맹한 제사장 팔십 명을 데리고 그의 뒤를 따라 들어가서 웃시야 왕 곁에 서서 그에게 이르되 웃시야여 여호와께 분향하는 일이 왕이 할 바가 아니요 오직 분향하고자 구별함을 받은 아론의 자손 제사장들이 할 바니 성소에서 나가소서 왕이 범죄하였으니 하나님 여호와에게서 영광을 얻지 못하리이다
> 웃시야가 손으로 향로를 잡고 분향하려 하다가 화를 내니 그가 제사장에게 화를 낼 때에 여호와의 전 안 향단 곁 제사장들 앞에서 그의 이마에 나병이 생긴지라 대제사장 아사랴와 모든 제사장이 왕의 이마에 나병이 생겼음을 보고 성전에서 급히 쫓아내고 여호와께서 치시므로 왕도 속히 나가니라 웃시야 왕이 죽는 날까지 나병환자가 되었고 나병환자가 되매 여호와의 전에서 끊어져 별궁에 살았으므로 그의 아들 요담이 왕궁을 관리하며 백성을 다스렸더라

웃시아 왕의 죄는 바로 다름 아닌 하나님의 거룩한 지성소를 범한 죄였기 때문이다. 제사장이 할 일을 단지 왕이 했다는 역할분담에 대한 인책이 아니다. 이미 살펴본 대로 제사장도 자신의 죄와 백성의 죄를 씻고 거룩함을 입어 들어가지 않으면 즉사할 수밖에 없는 하늘과 땅의 영역이 맞닿는 곳 지성소 그곳은 하나님께서 특별히 정한 예법을 지키지 않고 들어가면 신분의 고하를 막론하고 죽음을 면키 어렵다. 엘리의 자녀 홉니와 비느하스도 예법을 어겨 죽임을 당한 바 있다. 웃시아 왕이 죽임을 당하지 않고 나병이 든 것만으로도 오히려 감사

해야 할 것이다. 요세푸스는 이렇게 나병으로 징벌한 것 외에 하나님이 이스라엘 나라에 지진을 일으키심으로 웃시아가 하나님의 거룩하심을 범한 것에 대한 노여움을 나타내셨다고 주장하였다. 그 지진은 아마도 아모스 1:1(스가랴 14:5)에 나와 있는 웃시아 왕 재임 시절의 지진이 아닌가 추측된다.

유출병의 경우도 나병과 같은 논리로 일정기간 동안 부정한 사람이 되어 사회로부터 격리되었다. 유출병의 경우 나병과 쉽게 구별이 되지 않는다는 이유로 나병과 같은 죄인으로 취급받는 경향이 많았다. 이런 사회적인 습관에 반하여 레위기의 율법은 정확하게 유출병을 진단하고 그에 상응한 격리, 그러니까 나병보다는 훨씬 짧은 기간 부정함을 선언함으로써 유출병자들의 인권을 보장했다고 본다. 그럼에도, 유출병과 나병 증상의 유사성 때문에 유출병자가 나병에 따른 저주의 고통을 사회로부터 받아야만 했다.

신구약의 패러다임 변화

구약에는 하나님과 그의 백성과의 관계를 설명하고자 법궤, 성막, 성전이라는 시각적인 방법이 동원되었다. 또 하나님께서는 당신의 거룩하심을 설명하고자 역시 시각적인 메타포를 사용하실 수밖에 없었다. 즉 절대적으로 거룩하신 하나님께서 가장 거룩한 장소인 성전에 머무르려면 오직 거룩하고 흠 없는 제사장이 역시 흠 없는 제물을 드려 하나님의 거룩하심을 맞이할 수밖에 없었다. 그러나 예수 그리스도가 오신 후에는 더는 특정한 거룩한 장소와 거룩한 존재가 필요 없어졌다. 예수 그리스도의 십자가 사건으로 모든 의식법이 폐기되었기 때문이다.

의식법의 폐기는 신구약의 패러다임 변화를 가져왔다. 특정한 사람

즉 제사장이 특정한 신체적 조건의 거룩함을 가지고 특정한 장소에 들어갔던 구약의 거룩 의식이 이제 그리스도 안에서 모든 믿는 자들이 제사장이 되어 거룩한 성전의 자격으로 하나님 앞에 당당하게 나아가게 되었다. 죄로 말미암아 제한되고 가려졌던 하나님의 창조적 문화대사명창 1:28이 이렇게 다시 회복되었다.

이러한 개념 역시 하나님나라라는 틀 속에서 이해하여야 한다.

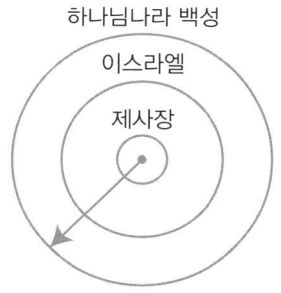

그림.1 제사장의 패러다임 변화

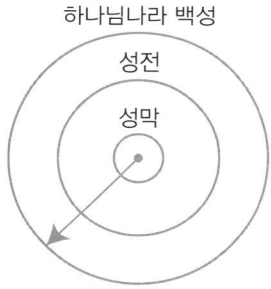

그림.2 성전의 패러다임 변화

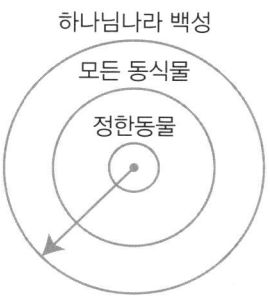

그림.3 제물의 패러다임 변화

그림 1에서 보듯이 하나님나라에서 제사장은 이스라엘로 이스라엘은 그리스도 안에 있는 모든 믿는 자로 확장된다. 이제 모든 믿는 자들

이 거룩한 제사장이 되기 때문에 거룩함의 요구도 개체 제사장에서 믿는 모든 자로 확장된다.

그림 2는 하나님이 머무시는 거룩한 장소가 성막에서 성전으로 확장되고 결국은 하나님의 백성, 즉 교회로 변화됨을 말해준다.

그림 3은 거룩한 하나님의 성전에 드려지는 제물이 특정한 동물에서 전체 동식물로 확장되고 결국에는 모든 믿는 자들이 거룩한 산 제사로 하나님께 드려져야 함을 나타내주고 있다.

정한 제물의 예배 정신

하나님께 드리는 제물은 흠이 없어야 한다. 흠이 없는 제물은 당연히 값이 나간다. 다윗은 "값없이는 하나님 여호와께 번제를 드리지 않을 것"삼하24:24이라고 말하면서 은 오십세겔의 값을 치르고 아라우나에게 타작마당과 소를 사서 여호와께 번제를 드리자 이스라엘에 임한 재앙이 그쳤다. 하나님께 드리는 제물이 흠이 없어야 한다는 것은 하나님의 거룩한 속성을 나타냄과 동시에 예배자의 바른 정신과 태도를 아울러 포함하고 있다. 선지자 말라기 때에 제사장들이 건강하고 좋은 동물들은 자신들이 차지하고 대신 눈이 멀거나 다리를 절거나 병들고 약한 동물들을 하나님께 드렸다. 이는 분명히 하나님의 분노를 자아내기에 충분한 것이었다.

> 말 1:8,13~14 만군의 여호와가 이르노라 너희가 눈먼 희생제물을 바치는 것이 어찌 악하지 아니하며 저는 것, 병든 것을 드리는 것이 어찌 악하지 아니하냐. 이제 그것을 너희 총독에게 드려 보라 그가 너를 기뻐하겠으며 너를 받아 주겠느냐. 만군의 여호와가 이르노라 너희가 또 말하기를 이 일이 얼마나 번거로운고 하며 코웃음 치고 훔친 물건과 저는 것, 병든 것을 가져왔느니라. 너희가 이같이 봉헌물을 가져오니 내가 그것을 너희 손에서 받겠느냐 이는 여호와의 말이니라. 짐승 떼 가운데에 수컷이 있거늘 그 서원하는 일에 흠 있는 것으로 속

여 내게 드리는 자는 저주를 받으리니 나는 큰 임금이요 내 이름은 이방 민족 중에서 두려워하는 것이 됨이니라 만군의 여호와의 말이니라

더 나아가 흠 없고 점 없는 희생은 바로 예수 그리스도를 상징하는 유월절 어린양이기에 더욱 흠 없고 점 없는 깨끗한 제물이어야만 했다.벧전1:18~19 따라서 본문은 장애 자체에 문제가 있다고 말한 것은 아니다. 제사에 흠이 있는 것을 값싸게 드리면서 하나님께 예배를 드렸다고 하는 값싼 형식주의적 예배가 얼마나 가증스러운가를 말하려 하는 것이다.

부정한 음식과 예배자 구분

레위기 11장에서 부정한 동물과 정한 동물을 구별한 것은 하나님 백성의 예배정신을 말한 것이지만 동시에 부정한 음식을 먹는 이방인과 정한 음식을 먹는 이스라엘을 구분하는 기준이 되기도 한다. 정한 음식을 먹음으로써 이스라엘 백성은 식사할 때마다 자신들이 거룩한 하나님의 백성으로 선택을 받았다는 사실을 상기하는 것이다. 따라서 정한 음식과 부정한 음식의 구분은 단지 금지 식품 목록이 아니라 하나님의 백성으로서 거룩함과 온전한 삶을 재는 잣대였던 것이다. 따라서 레위기 11장은 정한 음식과 부정한 음식을 구별한 후 그런 구분의 참된 정신이 무엇인가를 강조한 44~45절의 말씀에 초점이 맞추어져 있다.

나는 여호와 너희의 하나님이라 내가 거룩하니 너희도 몸을 구별하여 거룩하게 하고 땅에 기는 길짐승으로 말미암아 스스로 더럽히지 말라 나는 너희의 하나님이 되려고 너희를 애굽 땅에서 인도하여 낸 여호와라 내가 거룩하니 너희도 거룩할 지어다

즉 음식의 구별을 통해 하나님은 바로 당신의 백성에게 거룩함과 정결함 그리고 온전함을 가르치고 지키도록 요구하신 것이다. 레위기 20장 25~26절은 이러한 결론을 잘 요약해 주고 있다.

> 너희는 짐승이 정하고 부정함과 새가 정하고 부정함을 구별하고 내가 너희를 위하여 부정한 것으로 구별한 짐승이나 새나 땅에 기는 것들로 너희의 몸을 더럽히지 말라 너희는 나에게 거룩할 지어다 이는 나 여호와가 거룩하고 내가 또 너희를 나의 소유로 삼으려고 너희를 만민 중에서 구별하였음이니라

제물로 드릴 수 없는 동물에 대해서는 레위기 22:17~33에 나열되어 있다. 여기에 등재된 동물의 육체적 결함은 흠이 있는 제사장의 신체적인 조건과 평행적 대응이 된다. 이는 하나님께 드려지는 동물 제물과 하나님께 드려지는 산 제사로서의 이스라엘 백성의 가치와 의미가 동일 선상에 있음을 말해준다.

신약에 들어와서도 음식에 관한 율법이 이스라엘과 이방인을 구별하는 상징으로 간주하고 있음이 분명하다. 예수 그리스도로 말미암아 주어진 새 언약 하에서 이러한 구별은 그 효력을 상실하게 되었음에도 여전히 구약 법에 매여있었던 유대인 크리스천들에게는 어려운 숙제처럼 보였다. 이들은 교회 안에서도 음식을 가지고 문제를 일으켰다. 부정한 음식이라고 생각하는 음식을 먹지 않음으로써 스스로 이방인들과 구별하려고 애썼다. 그들에게 있어서 이런 율법을 고수하는 것은 신실한 유대임 됨의 표지였기 때문이다. 이들은 크리스천이 된 이후에도 음식법을 통해 자신들이 여전히 이방인들로부터 구별된 사람들이라는 것을 나타내는 이정표로 삼길 원했다.

구약에서의 음식법의 준수는 거룩한 이스라엘 백성이 이방인으로부터 반드시 구별되어야 한다는 것을 말하려는 것이라면 예수님께서 의식법을 폐지하신 이유는 이제 영적 이스라엘은 유대인과 이방인의

경계가 허물어져야 한다는 하나님나라의 통합원리 때문이다. 유대인에게만 갇혀 있었던 복음이 비로소 이방인들과 땅끝까지 전해지려면 유대인과 이방인을 갈라놓는 모든 제도가 허물어져야 하기 때문이다.

이런 주님의 의도를 고넬료의 이야기에서 분명히 찾아볼 수 있다.^{행 11:1~18; 15:6~21} 로마의 백부장 고넬료가 하나님의 사자의 명령에 따라 베드로를 청하고자 사람을 보낸 동안 베드로는 환상 중에 하늘에서 내려오는 보자기에 놓인 각종 부정한 동물을 잡아먹으라는 명령을 받는다. 베드로는 자신이 한 번도 속되고 부정한 음식을 먹지 않았다는 이유로 이 명령을 거부한다. 베드로는 당시 유대인 크리스천의 태도를 대표한다고 보아야 할 것이다. 이에 베드로는 "하나님께서 깨끗하게 하신 것을 네가 속되다 하지 말라"는 율법의 새로운 해석을 따를 것을 명령받는다. 이 환상 후에 베드로는 "유대인으로서 이방인과 교제하는 것과 가까이하는 것이 위법인 줄은 너희도 알거니와 하나님께서 내게 지시하사 아무도 속되다 하거나 깨끗지 않다 하지 말라 하시기로 부름을 사양치 아니하고 왔노라"고 담대하게 자신이 들은 바를 전하였다. 그리고 베드로는 다른 사도들에게 이 일을 보고하며 하나님이 이방인들에게 성령에 임하게 하신 것은 하나님이 유대인과 이방인의 담을 허무신 증거라고 강조했다. 이처럼 베드로의 환상은 음식법의 폐기에 초점이 있었던 것이 아니라 음식법이 나누어 놓은 유대인과 이방인의 구별을 과감하게 철폐한다는 해방선언이었던 것이다.

베드로의 환상과 장애인

베드로의 환상을 장애인들에게 적용시켜 보자. "하나님께서 깨끗하다 하신 것을 네가 속되다 하지 말라"^{행11:9}고 명하신 명령은 장애인에게 해방을 선언한 혁명적 사건이기도 하다. 물론 살펴본 대로 구약에서조차 장애인 전체를 놓고 부정하다거나 장애 자체를 놓고 부정하다고 하지 않았음에도 일반 민중들의 이해는 사뭇 달랐던 것이다. 성경에 따른 이해가 그 당시 문화적인 이해를 뛰어넘는 혁명적 발상이긴 해도 당시 문화는 전체적으로 장애인들을 여전히 부정한 사람들로 인식하였다. 이런 문화적 인식하에 있는 역사적 현장에 오셔서 예수님은 의식적으로 부정하다고 한 모든 것을 깨끗하다고 선언하심으로 부정한 존재로 인식 받고 사는 장애인들에게도 본질적인 해방선언을 하신 셈이다.

예수님께서는 율법이 가로막아 놓은 담을 친히 허무시고 율법의 조항들 때문에 하나님께 나아갈 수 없는 자를 친히 찾아오심으로 구원의 성역을 과감하게 허물어 버리셨다. 성소에 들어가는 것이 금지되었던 사람이 다시 성소에 들어감이 허락되는 날의 감격을 상상해 보라. 부정하다고 선언 받았던 나병병자가 다시 깨끗함을 입고 신앙공동체로 다시 돌아가는 날의 감격을 무엇으로 비교하겠는가.

> 오호통재라! 돌아갈 희망이라도 있는 부정한 사람들은 그래도 축복받은 자다. 깨끗해져도 돌아갈 수 없는 사람들이 있다. 의식적으로 깨끗함을 입었어도 성소에 나가는 것이 쉬운 일이 아니다. 특히 나병환자들이 그렇다. 다시 돌아가려고 해도 사회는 그들을 도무지 받아주지 않는다. 가족과 고향, 사랑하는 믿음의 공동체로 돌아가려 하지만 이미 그곳의 사람들은 예전의 사람들이 아니다. 나병환자에게 남아있는 상처들과 자신들에게 옮길지도 모른다는 두려움 때문에 이미 나음을 받았다고 선언을 받은 나병환자들마저 거부하는 것이다. 몇몇 용기있는 자들이 자기 마을로 돌아와 소리를 지른다. "나음을 입었다" "고침을 받았다" "깨끗하게 되었다"고 하지만 사람들은 귀를 막고 있다.

주님의 해방 선언은 어느 한 마을 고을의 국지적인 것이 아니라 우주적인 해방선언이었다. 이제 우물쭈물 사람들의 눈치를 보던 사람들이 담력을 얻기 시작한다.

> 히 10:19~22 그러므로 형제들아 우리가 예수의 피를 힘입어 성소에 들어갈 담력을 얻었나니 그 길은 우리를 위하여 휘장 가운데로 열어 놓으신 새로운 살길이요 휘장은 곧 그의 육체니라 또 하나님의 집 다스리는 큰 제사장이 계시매 우리가 마음에 뿌림을 받아 악한 양심에서 벗어나고 몸은 맑은 물로 씻음을 받았으니 참 마음과 온전한 믿음으로 하나님께 나아가자

그럼에도, 이미 2천 년 전에 폐기된 의식법이 많은 한국교회에서는 아직도 폐기되지 않은 채 오히려 더 무거운 조항으로 강화되어 있다. 예수님께서 이미 허물어 버리신 율법의 담을 여전히 높게 쌓는 교회들이 많다. 오늘도 부정하다고 정죄 받는 장애인들의 피맺힌 가슴을 누가 어루만져주랴!

온전한 대제사장과 흠 없는 제물

그리스도는 흠이 없는 완전한 제사장이었을 뿐 아니라 완전한 제물이었다.히7:26; 9:14; 벧전1:19; 2:22 따라서 예수 그리스도의 신부로 부름을 받은 그의 백성도 그리스도의 교회로서 같은 책무를 부여받았다.

> 벧전 2:5~9 너희도 산 돌 같이 신령한 집으로 세워지고 예수 그리스도로 말미암아 하나님이 기쁘게 받으실 신령한 제사를 드릴 거룩한 제사장이 될지니라… 그러나 너희는 택하신 족속이요 왕 같은 제사장들이요 거룩한 나라요 그의 소유가 된 백성이니 이는 너희를 어두운 데서 불러내어 그의 기이한 빛에 들어가게 하신 이의 아름다운 덕을 선포하게 하려 하심이라

예수 그리스도는 이처럼 하나님의 백성을 하나님과 다시 화평케 하기 위한 화목제로 오셨다.롬5:10~11 이 화목제는 주의 만찬과 비교할 수 있다. 즉 구약의 의식법이 예수 그리스도의 살과 피로 완성되게 되었다고 볼 수 있다. 주의 만찬과 화목제 사이의 공통적인 강조점은 각 식사에 참여하는 자가 정결해야 한다는 점이다.[5]

레 7:20 만일 몸이 부정한 자가 여호와께 속한 화목제물의 고기를 먹으면 그 사람은 자기 백성 중에서 끊어질 것이요

고전 11:27 그러므로 누구든지 주의 떡이나 잔을 합당하지 않게 먹고 마시는 자는 주의 몸과 피에 대하여 죄를 짓는 것이니라

의식적인 부정과 도덕적 정죄

의식적인 부정이라고 해서 반드시 도덕적으로 정죄 받아야 하는 것은 아니다. 레위기에 나와 있는 많은 부정한 조건들이 도덕적인 범죄를 의미하는 것이 아니다. 예를 들어 레위기 12장에 여인이 남자아이를 낳으면 7일 동안 부정하고 여아를 낳으면 14일 동안 부정하다고 했다. 그렇다면, 아이를 낳은 여인이 부정하다고 33일 또는 66일간 격리되는 벌을 받는 것일까? 그것은 아기가 부정하거나 또는 아기를 낳은 산모가 부정하다는 뜻이 아니라 출산할 때 아이와 함께 나오는 피와 유출물이 여인을 부정케 한다는 뜻이다. 그러므로 정결의 기한이 차면 산혈이 깨끗해지고 산모도 정하게 된다. 따라서 의식적으로 부정하다는 것이 항상 도덕적인 잘못을 말하는 것은 아니다.레12:4,5,7 여인들이 생리하는 것과 남자가 정액을 유출하는 것은 하나님이 만드신 생식의 원리이지만 성경은 부정하다고 말하고 있다. 그것은 그런 생리현상 자체가 부정하다는 것이 아니라 하나님의 몸과 피 그리고 유출이라는 관점에서 보는 정함과 부정함의 원리이다.레15:19~33

유대인들의 예배의식과 장애 적용

아직도 토라를 성경의 제일 규범으로 믿고 실천하고 있는 유대인들에게 있어서 제사장의 직분이 지금은 어떻게 적용되고 있을까? 엄격히 말하자면, AD 70년에 헤롯 성전이 무너졌기 때문에 더 이상의 제사장 직분이 필요하지 않게 되었다. 따라서 아주 특별한 경우를 제외

하곤 이제는 제사장 직분을 세우지 않는다. 그럼에도, 지금 유대회당에서 예배드릴 때 제사장의 기능을 행할 때가 있는데 그때가 바로 축도를 할 때이다. 축도는 제사장의 고유권한이기 때문에 랍비가 축도로 민수기 6:24~26을 낭독할 때는 그가 제사장의 기능을 하는 것으로 이해한다. 따라서 이때 랍비의 신분도 레위기 21:16~24의 구속을 받는다고 생각한다.6)

미쉬나에 따르면 축도를 할 때 랍비는 반드시 일어서서 손을 들어 축도를 하게 되어 있다. 그러므로 일어설 수 없는 장애를 가졌거나 손에 부정하다고 말할 수 있는 병이 없어야 한다. 더 나아가 손의 색깔도 보통사람의 색과 같아야 한다. 병 때문에 손의 색깔이 변했거나 염색을 하였으면 축도의 자격을 잃는다. 왜냐하면, 청중이 축도자의 손을 보기 때문에 축도자의 손이 변색하였거나 변질이 된 경우는 축도를 받는 청중에게 해가 된다고 믿기 때문이다. 또 청중이 축도 하는 제사장의 손을 보아야 축도가 효력이 있다고 믿기 때문에 맹인은 축도에 참가할 자격이 없다고 미쉬나는 해석하고 있다.

또 다른 미쉬나의 해석으로는 손뿐만 아니라 얼굴과 발에도 장애가 있으면 안 되고 눈에도 이상이 있으면 안 된다고 말한다. 축도자는 또 성경을 암송해서 낭독해야 하기 때문에 말을 하지 못하는 언어장애인이나 성경을 암송할 능력이 없는 지적장애인도 축도를 할 수 없다고 주장하고 있다. 그러나 이런 이유 때문에 축도 자격이 미달한다 할지라도 그들의 예배 참석권마저 박탈되는 것은 아니라고 한다. 특이한 사실은 위에 예를 든 손에 이상이 있는 제사장의 경우라 할지라도 예배참석자가 그 제사장의 손에 익숙해지는 때가 되면 더는 그 손이 예배 참석자로 하여금 예배의 방해요인으로 작용하지 않기 때문에 그 제사장은 축도를 행할 수 있다고 해석하기도 한다. 이렇게 제사장과 예배자가 친숙해지는 기간을 보통 30일 정도로 잡는데 이런 경우는 완전히 실명한 맹인의 경우라 할지라도 축도권을 행사할 수 있다고 이해하기도 한다.[7)]

왜소증 장애인은 물론 키가 너무 작은 제사장도 예배 집전권을 박탈당할 수 있다고 하는데 그 이유는 미성년자도 제사장 직분을 할 수 있다는 잘못된 생각을 넣어줄 염려가 있기 때문이라고 한다. 이렇게 신체적인 조건이 영적인 영향을 미친다고 생각하는 것이 유대인들의 전통적인 생각이다. 미쉬나를 자세히 살펴보면 볼수록 장애인으로서 제사장 직분을 행하는 것은 극히 제한되어 있다는 것을 확인할 수 있다.

장애인 제사장

율법에서조차 장애인이 제사장이 될 수 없다고 말하지 않는다는 점을 유의해야 한다. 즉 장애인이 제사장 직분을 취득하거나 유지하는 데 장애라는 이유로 결격사유가 된다고 말하지 않는다. 단지 제사에서의 하나님의 거룩함을 상징하는 의미에서 장애인 제사장이 제사를 집전하는 것을 금하고 있을 뿐이다. 역사적으로 유대사회에서 장애인 제사장이 존재해 왔으며 제사 집전이라는 의전 이외의 모든 제사장직 역할을 훌륭하게 수행해 왔다.

성경의 초점은 이렇게 신체적인 결격사유보다는 영적인 결격사유에 있다. 제사장이 제사를 집전하는 데 결격사유가 되는 것은 육체적 결함에 있는 것이 아니라 오히려 영적으로 정결치 못한 상태라는 것이다. 예를 들어 제사장이 율법이 금한 행위, 즉 시체를 만졌을 경우, 제사장은 제사를 집전하지 못할 뿐 아니라 제사 음식을 먹는 것조차 허용되지 않았다. 왜냐하면, 그는 부정한 사람이기 때문이다. 반면 장애인 제사장은 제사집전만 하지 못할 뿐 다른 제사장 직분의 의무나 제사 음식을 먹는 것이 금지되지 않았다. 다시 말하면, 부정한 상태의 제사장이 레위기 21장에 열거된 육체적 장애를 가진 장애인 제사장보다 훨씬 예배에 방해되는 조건이라는 것이다.

쿰란에서의 거룩함 보전

쿰란 문서들을 연구해 보면 쿰란 공동체는 자신들이 제사장의 직분을 수행하는 거룩한 사명을 가졌다고 자신들의 공동체를 이해한 듯하다. 즉 쿰란 공동체 식구들은 쿰란이 바로 하나님을 만나는 지성소라고 생각한 것 같다. 따라서 성소인 쿰란에 거하는 하나님의 백성은 레위기가 요구하는 대로 흠이 없어야 한다고 믿은 것 같다. 그래서 쿰란 공동체는 장애인을 허락하지 않았다. 쿰란 공동체는 한 걸음 더 나아가 신체적 장애뿐만 아니라 정신장애까지 공동체 회원의 결격사유로 보았다. 이런 사실은 자신들의 공동체가 하나님의 거룩함을 나타내는 지성소로 이해하였다는 방증이다. 즉 자신들은 성소에 머무는 거룩한 제사장이므로 레위기가 명한 거룩한 덕목을 다 갖추어야 한다고 생각했을 뿐 아니라 마음과 생각까지도 하나님의 거룩함을 반영해야 한다고까지 생각한 것 같다.[8]

구체적으로 쿰란 문서 중 다마스쿠스 문서는 쿰란 공동체에 들어갈 수 없는 장애인을 구체적으로 명기했다.[9] 즉 각종 정신병자, 지적장애인, 맹인, 사지절단, 다리 저는 자, 농아, 그리고 미성년자는 공동체에 입회할 수 없다. 여기에 미성년자가 포함된 것을 보면 쿰란 공동체 역시 일반 유대인과 같은 생각을 공유하고 있음을 알 수 있다. 즉 특정장애가 제사를 드리는 데 걸림돌이 되는 것처럼 미성년자의 생각과 행동도 하나님의 거룩함을 나타내는 데 위험한 요소가 된다는 것이다. 그러나 이것 역시 특정 장애 또는 미성년 그 자체가 부정하거나 더럽다는 뜻이 아니라 그런 조건들이 하나님의 거룩함을 온전히 나타내는 데 걸림돌이 될 수 있기 때문에 금한다는 뜻이다. 쿰란 공동체의 장애인 정책에 대해서는 7장에서 자세히 다루기로 한다.

하나님의 진노와 장애

하나님의 진노로 개인이나 이스라엘 전체에게 장애를 벌로 내리는 경우가 있다. 예를 들면, 소돔 백성이 롯을 해하려 할 때 하나님의 사자가 소돔 백성의 눈을 멀게 했다.창19:11 이런 경우는 그들로 하여금 영적으로 깨닫게 하려 한다거나 또는 장애를 통해 하나님의 영광을 돌리게 한다는 것과는 전혀 상관없이 그들의 죄악에 대한 심판의 결과이다. 그들은 눈이 멀었음에도 계속해서 롯을 찾으려고 곤비했다고 했다. 이 말은 이 경우 장애가 어떤 가르침을 주려는 수단이 아니었음을 말해준다.

모세의 리더십에 도전하였던 미리암에게 하나님은 벌로서 나병을 들게 하셨다.민12:10 그만큼 모세의 리더십은 특별한 리더십이었기 때문이었다. 첫 선지자로서의 역할 그리고 메시아를 예표하는 인물로서의 역할 때문에 그의 리더십에 대한 특별한 간섭이 있으셨던 것이다. 여기서 모든 리더십에 대한 도전에는 하나님께서 반드시 이렇게 벌하실 것이라는 공식을 세우는 것은 지극히 비성경적이다

아나니아와 삽비라의 경우 현장에서 즉사하는 벌을 받았다. 자신의 약속을 번복한 것치고는 너무 가혹한 형벌이었다. 그러나 그것은 그런 종류의 범죄에 대한 형벌로 주어진 것이 아니다. 그것은 사도권에 대한 도전이었고 교회시대의 개막을 막는 구속역사의 중대한 범죄였기 때문이다. 이처럼 하나님나라의 새로운 시대를 여는 데 방해를 하는 경우 하나님이 크게 진노하신 것이다.

또 하나님이 징계하시는 이유로, 언약의 백성으로서 이스라엘이 범죄 하였을 때 하나님께서는 언약하신 계약에 대한 이행으로서 벌을 주신다. 사람들은 언약의 조항 중 받을 축복에만 관심을 두지만, 하나님께서는 언약의 계약에 충실하시어 상과 함께 벌도 주신다. 그러므로 하나님의 징계를 해석할 때는 반드시 언약이라는 관점에서 이해해야 한다. 따라서 하나님이 개인적 죄에 대해서 장애로 치신다고 해석하는 것을 경계해야 한다. 레위기 26:15-16는 이와 같은 언약에 따른 징벌을 말해준다.

> 레 26:15~16 내 규례를 멸시하며 마음에 내 법도를 싫어하여 내 모든 계명을 준행하지 아니하며 내 언약을 배반할진대 내가 이같이 너희에게 행하리니 곧 내가 너희에게 놀라운 재앙을 내려 폐병과 열병으로 눈이 어둡고 생명이 쇠약하게 할 것이요 너희가 파종한 것은 헛되리니 너희의 대적이 그것을 먹을 것이며

신명기 28:28~29 역시 같은 맥락으로 하나님과 그 백성의 언약이란 관점에서 징벌을 말하고 있다.

> 여호와께서 또 너를 미치는 것과 눈머는 것과 정신병으로 치시리니 맹인이 어두운 데에서 더듬는 것과 같이 네가 백주에도 더듬고 네 길이 형통하지 못하여 항상 압제와 노략을 당할 뿐이리니 너를 구원할 자가 없을 것이며

물론 징벌로서 장애를 주시는 것이 비참한 일이긴 해도 그보다 더 비참한 것이 하나님과의 언약을 깨고 하나님을 무시하는 것이라는 것을 장애징벌을 통해서 가르치는 것이다. 또 다윗은 요압의 집에 하나님의 징벌로서 장애를 내릴 것이라고 저주한다.

> 삼하 3:28~29 그 후에 다윗이 듣고 이르되 넬의 아들 아브넬의 피에 대하여 나와 내 나라는 여호와 앞에 영원히 무죄하니 그 죄가 요압의 머리와 그의 아

버지의 온 집으로 돌아갈지어다 또 요압의 집에서 백탁병자나 나병 환자나 지팡이를 의지하는 자나 칼에 죽는 자나 양식이 떨어진 자가 끊어지지 아니할지로다 하니라

이 구절 역시 다윗을 통해 세워지는 하나님나라라는 관점에서 이해하여야 한다. 모든 사역자들이 그들의 입으로 이런 저주를 말할 권한이 있다고 생각해서는 안 된다. 다윗의 왕조는 메시아를 잉태하는 가문이다. 따라서 아무리 원수를 갚는 일이라고 할지라도 요압이 다윗의 왕조에는 해서는 안 될 보복을 한 것이다. 그런 보복은 전쟁 중 얼마든지 일어날 수 있는 일임에도 다윗의 왕조에는 허락되지 아니한 행위였다. 그것은 다윗 왕조가 메시아를 낳는 하나님나라 그 자체였기 때문에 거기에 따르는 하나님나라의 윤리가 요구되었던 것이다. 이런 기준으로 말미암아 요압은 정죄 된 것이다.

단원요약질문

1. 레위기에 나오는 "정함"과 "부정함"의 예를 모두 찾아 적고 이런 구별 됨에 대한 근거를 말하라. "부정함"을 "거룩함"과 연관시켜 말해 보라. 또 부정함이 도덕적인 죄를 말하고 있는지도 알아보라.

2. 레위기 21장에 열거된 소위 "흠 있는 사람들"을 열거해 보고 이들을 포함한 이유와 이 목록에 들어 있지 않은 장애인들과 차이는 무엇이라고 생각하는가?

3. 구약의 음식법이 주는 의미가 어떻게 변화되어 왔는지 설명하고 특히 지금 이 시대에 어떻게 적용하고 살아야 하는지 말해보라.

4. 장애인 제사장의 역할을 말하고 지금 교회에서 목회 리더십에 있어서 장애인의 역할의 실상을 말해보라.

제 3 장

구약에 등장하는 장애인

마이크와 캐티는 자기들이 낳은 자식 없이 미국 아이만 7명이나 입양했다. 티모디, 레이첼, 숀, 레베카, 채드, 대니, 해나가 그들이다. 이들 부부는 처음에는 사실 아이를 갖고 싶은 욕심에서 입양을 시작하게 되었다. 좀 많은 아이를 원했기 때문에 서너 아이 정도 입양하려고 생각했었다. 그런데 건강한 아이들 티모디와 레이첼, 그리고 레베카를 입양하고는 장애아들이 이 가정에 들어오게 되었다. 그 첫 번째가 대니였는데 대니는 양팔이 완전히 없이 태어난 아이다. 그다음에 정서 및 학습 장애를 가진 아이들인 숀과 채드가 들어왔다.

그다음이 여자아이 해나인데 해나는 디죠지 증후군이란 희귀병을 앓고 있다. 디죠지 증후군이란 난자와 정자의 수정 후 어떤 이유로 해서 갑상선을 발달시키는 세포 부분에 이상을 일으키는 선천적 장애인데 그 이유는 정확히 알 수 없다고 한다.

숀과 채드는 친형제 간이다. 이들의 부모는 결혼하지 않고 살고 있었는데 서로 심각한 문제를 가지고 있었다. 아이들이 각각 8살, 9살 되었을 때 어느 날, 별거하던 아이들의 아버지가 갑자기 집에 나타나 아이들이 보는 앞에서 엄마를 총으로 쏘아 죽였다. 아이들의 충격은 너무 컸다. 그때 정서적으로 너무 큰 상처를 입어서 지금도 계속 치료를 받고 있다.

대니가 마이크 집에 입양된 첫 번째 장애아이다. 두 팔이 어깨로부터 완전히 없이 태어난 아이다. 캐티는 어느 날 입양기관으로부터 8개월 된 아이를 임신한 한 여인의 이야기를 듣게 되었다. 산전 검사결과 아이는 두 팔이 없고 턱도 없으며 몸도 많이 부서져 살아 나올 가능성이 5%밖에 되지 않는다는 것이었다. 이 아이의 이야기를 듣고 당시 열 살 된 첫째 아이 티모디가 입을 열었다.
"엄마, 그 아이 태어나면 우리가 입양해요."
"티모디, 그 아이는 산다 해도 우리가 돌볼 수 있는 아이가 아니야."
그러던 어느 날 캐티는 아이의 엄마로부터 편지를 받았는데 이렇게 적혀 있었다.
"캐티, 제가 아이를 낳고 아이가 산다면 우리 아이를 맡기고 싶어요. 캐티 같은 엄마가 필요해요."
캐티는 편지를 받고 고민하며 기도했다. 교회의 친구들에게 기도를 부탁했다. 아이의 출산이 임박할 무렵 몇몇 친구들과 교회에서 아기와 산모를 위해 특별 기도하고 있는데 큰아이 티모디가 불쑥 엄마의 손을 꼭 잡았다.
"엄마, 그 아이는 내 동생이에요. 내 동생이란 말이에요."
"다시 말하지만, 그 아인 두 팔이 모두 없는 아이라고 하잖아."
"상관없어요. 이미 엄마한테 몇 번이나 말했잖아요. 손, 팔 모두 다 없어도 괜찮다고요."
캐티는 이것이 하나님의 응답인 줄 알고 입양기관에 연락했다.
아이의 엄마는 겨우 15세 난 어린 미혼모였다. 아이를 임신했다는 사실을 안 것도 일곱 달 반이나 되어서였단다. 그 이유는 이 소녀가 자궁을 둘 가지고 있어서 아이를 가진 상태에서도 생리를 계속하고 있었기 때문이었다. 이 소녀는 알코올, 마약 중독자였다. 아마도 그것이 태아에 큰 영향을 준 것 같다고 했다.
대니를 키우면서 어렵지 않으냐는 질문에 캐티는 오히려 축복이라고 대답했다.
"아이들을 입양함으로써 받는 축복이 많아요. 아이들이 서로 돕고 살아가며 일찍 사회성을 익히기 때문에 아이들에게도 큰 유익이 있어요. 그리고 어려울 때마다 격려해주시는 하나님의 은혜를 체험하기 때문에 영적으로 큰 축복이 있지요. 저는 대니를 주신 하나님을 크게 찬양합니다. 대니를 통하여 예수 그리스도를 보기 때문입니다. 대니가 주는 이런 영적 축복 때문에 그다음의 장애아도 계속 입양할 수 있었거든요."

마약과 문란한 성생활, 미움과 총질. 그리고 원인도 알 수 없는 장애 때문에 버려진 아이들. 이들을 안고 사는 캐티의 마음이 하나님의 마음이다. 이 장에서는 구약에 등장하는 장애인을 살펴보고 다음 4~5장에서는 구약성경에 나타난 장애라는 이미지와 메타포가 어떤 의미로 쓰였는지 알아보기로 한다.

이삭/시각장애

창세기 27:1~45은 야곱과 리브가가 이삭의 시각장애를 이용하여 의도적으로 이삭을 속이고 이삭의 축복을 야곱으로 돌리는 계략에 성공한 이야기를 적고 있다. 이삭은 분명히 법적 시각장애의 범주에 해당하는 노화로 말미암은 시각장애인이다. 자연적 노화현상으로 말미암은 시각장애인 경우이지만 성경에는 분명히 영적인 의미를 담고 있다. 이삭이 나이가 들어 눈이 어둡고 또 죽을 날이 가까이 왔다는 설명 27:1~2이 이삭의 장애가 죽음과 관계가 있다는 암시로 볼 수는 없다. 그냥 노화의 일반적인 설명이다. 장애가 또 권력을 상실한다는 사회적 의미도 여기서 암시하지 않는다. 이삭이 비록 나이가 들어 눈이 어두워졌지만, 족장으로서 축복권을 여전히 가지고 있었기 때문이다. 당시의 축복권은 영적인 차원을 넘어 가족과 사회적 차원에서의 권력과 관계가 밀접하다. 혹자는 이삭이 한번 잘못 축복한 것을 다시 번복할 수 없었던 이유가 그의 시각장애 때문이라고 보지만 그것은 분명히 장애 때문이 아니었다. 그것은 족장이 한번 거행한 의식의 법적 권위 때문이었다. 이삭의 시각장애가 축복권을 바로 사용할 수 없었던 원인이라고 보는 것은 자연스러운 해석 같으나 아이러니하게도 이삭의 장애가 오히려 하나님 언약의 축복을 이루는 도구가 되었다. 눈이 멀고 속임을 당하고 하는 불행한 사건 속에서도 하나님나라를 운행하시는 하나님의 전적인 섭리를 발견할 수 있다. 어떤 장애(사회적, 신체적, 물리적 장애)도 하나님의 섭리와 구원계획을 막을 수 없다는 것을 강력하게 시사해 준다.

또한, 이삭의 시각장애 때문에 그의 분별력이 흐려졌다고 보기보다는 오히려 그의 시각장애라는 상징을 통해 이삭의 개인적 또는 가정적인 영적인 상태가 이미 부실해 있었다는 사실을 암시한다고 보아야 할 것이다.[1] 다만 이삭의 시각장애를 이용하여 야곱이 속임수를 썼을 뿐이다. 그러므로 이삭이 자신의 의사와 반하여 에서 대신에 야곱을 축복한 것은 이삭으로서는 자신의 장애 때문이었지만 하나님의 구속 역사적 계획으로 본다면 제대로 된 축복이었다. 그러므로 여기서 이삭의 장애는 부정적인 이미지도 아니고(가령 이삭의 장애가 그의 영적 무지 때문에 받은 하나님의 벌이라든가) 그렇다고 늙으면 장애가 온다고 하는 자연법칙도 아니다. 이삭은 자신의 장애 때문에 자신이 계획한 인간적인 계획에는 차질이 생겼고 오히려 하나님의 전적인 구속 계획이 작동하는 도구가 되었다. 다시 말하면 지혜로운 자의 눈을 멀게 하시고 미련한 자의 눈을 여시사 하나님의 지혜를 알게 하시는 은총의 수단이 되었다. 이런 구속역사적 관점을 근거로 페미니스트 가운데 일부는 리브가의 속임수가 오히려 하나님의 의도를 이루게 했기 때문에 리브가의 속임수는 지혜로운 승리라고 주장한다. 따라서 아브라함의 하나님, 이삭의 하나님, 야곱의 하나님이라고 부르는 언약의 호칭을 아브라함의 하나님, 리브가의 하나님, 야곱의 하나님이라고 바꾸어 불러야 한다고 주장하기도 한다.[2] 그러나 이러한 주장은 하나님의 의도를 넘어선 것이다. 리브가의 속임수는 정당화될 수 없다. 실제로 리브가가 이삭이 죽은 후 이삭의 가부장권을 이어받아 영적 권위를 실행했다는 어떤 근거도 없다.

이삭은 자신의 장애를 잘 인식하고 약점 보완을 위해 주의를 기울였다. 즉 그가 보지 못하기 때문에 다른 모든 감각을 최대한 동원하는 노력을 보였다. 즉, 이삭은 청각을 통해서,27:22 촉각을 통해서,27:21 그리고 후각을 통해서27:27 야곱과 이삭을 분별하려고 애를 썼음을 알 수 있다. 그러므로 이삭의 시각장애가 그의 영적 분별력의 상실을 가져왔다고 해석하는 것은 불합리하다. 오히려 야곱의 속임수가 이삭의 이런 노력을 무력화했다고 보아야 할 것이다. 야곱의 속임수가 하나님의 언약적 계획을 이루는 도구가 되었다고 해서 야곱의 속임수를 정당화하거나 속여서라도 하나님의 축복을 강탈해야 한다고 열성적 믿음을 강조해서는 안 될 일이다. 다만, 하나님의 신비한 구속 역사의 비밀은 이성적 판단과 감각적 판단을 넘어선 하나님의 고유한 영역에 속한다는 사실을 보여준다고 말할 수 있겠다. 따라서 문제의 핵심은 이삭의 장애에도, 야곱의 속임수에도 있지 않다. 문제의 해답은 하나님의 축복이 에서에서 야곱으로 이미 옮겨졌다는 것과 하나님의 언약적 계획은 사람의 혈통순서가 아님을 의도적으로 보여주기 위한 하나님의 의도적인 서열 파괴에 있다고 말할 수밖에 없다.

야곱/신체장애

하나님은 야곱을 택하여 이스라엘의 조상이 되게 하셨다. 그 이유는 무엇일까? 그것은 당시 문화가 가장 중요하게 생각하는 장자를 통한 계보를 파괴하고 하나님나라의 계보는 하나님의 절대 주권으로 선택하신다는 구속적 은혜를 말하려 했기 때문이다. 그러기 때문에 야곱의 비인격적 야비함과 속임수가 야곱의 축복을 만들어 낸 것이 절대로 아니라는 점이다. 굳이 야곱이 속임수로 장자권을 승계 받지 않아도 하나님의 계시를 이룰 방법은 얼마든지 있다. 다만, 야곱의 속임수로 인해서라도 장자권이 야곱으로 넘어갔기 때문에 다른 방법을 쓰시지 않았을 뿐이지 결코 하나님은 야곱의 행동을 정당화하신 것이 아니다.

야곱은 아버지 이삭의 시각장애를 이용하여 아버지를 속이는 범죄를 저질렀다. 속임수엔 언제나 대가를 내야 하는 법이다. 야곱은 라반에게 속아 라헬을 얻으려고 많은 세월을 라반에게 노동을 제공하며 보내야 했다. 레아 역시 시각장애가 있어 야곱의 사랑을 받지 못했음이 분명하다. 라반이 야곱에게 일에 대한 대가로 자신의 두 딸 중의 하나를 택하라고 제시했다.^{창29:15} 야곱이 라헬을 연모한 이유가 라헬은 곱고 아리땁기 때문이라고 했다.^{29:17} 굳이 레아가 안력이 좋지 않다는 사실을 라헬의 아름다운 외모와 견주어 기술해 놓은 것을 보면 레아의 시각장애가 야곱의 판단에 영향을 주었음을 암시하는 것이다. 아무튼, 외모의 기준에 의해 라헬을 택한 야곱은 라헬을 얻으려면 7년이라는 기간을 더 노동봉사 해야 하는 자기 꾀에 빠지고 만다. 당시 사회의 풍습으로 언니보다 동생이 먼저 시집을 가는 법이 없다고 하면서 라반은 레아를 몰래 야곱의 침실에 들여보낸다. 시각장애를 이용해 아버지를 속인 바 있는 야곱은 아이러니하게도 자기 눈으로 속임을 당하여 울며 겨자 먹기로 레아를 아내로 맞이하고 사랑하는 라헬을 얻으려고 7년을 더 노력 봉사해야 하는 지경에 이른다.

　이렇게 오랜 세월을 보낸 후에야 야곱은 고향으로 돌아올 수가 있었다. 그러나 그마저도 쉽게 되는 것이 아니었다. 돌아간다 해도 자신이 지은 죄 때문에 에서의 칼이 기다리고 있었기 때문이다. 죽을죄를 지은 야곱이지만 자신이 살길은 오직 하나님의 언약에 있음을 알고 그 언약에 매달린다. 자신이 비록 속임수를 써서 강탈한 축복이지만 그 축복이야말로 하나님의 약속이며 이 약속은 변경할 수 없다는 사실을 알았기 때문이다. 그러므로 야곱은 이제 자신이 살고자 하나님 언약의 신실함에 목숨을 건다. 에서를 만날 준비를 하면서 야곱은 계속해서 하나님이 언약하신 축복을 암송하듯 되뇐다.^{창31:42,53; 32:9,12} 그 길만이 살길이기 때문이다. 자신의 환도 뼈가 탈골되는 장애를 경험하면서까지 언약에 기댄다. 야곱이 일시적인 장애를 겪었는지 영구적 장애를 겪게 되었는지는 알 수가 없다.[3] 아이러니하게도 야곱은 얍복강에서 천사와 싸워 이긴 결과로 장애를 얻었다. 이것은 장애에 관해 중요한 시사점을 던져준다. 즉 이 경우 야곱의 장애는 결코 죄에 대한 형벌로 주어진 것이 아니라 하나님과의 언약 갱신으로 주어진 축복의 사인이었다.[4] 장애는 벌 받는 것으로 생각하는 당시의 부정적인 시각을 불식시키고도 남는다. 오히려 야곱의 장애는 자랑스러운 훈장이다. 영광스런 그리스도의 흔적이라고 볼 수 있다.[5] 장애를 입은 후 야곱은 새사람이 되었다. 그전의 계산 빠르고 비열한 인간 야곱이 이스라엘이라는 영적 지도자로 새로 태어나게 된 것이다.

야곱이 천사와 싸워 이겼다는 말을 야곱의 적이 천사라든가 하나님이 천사를 통해 야곱의 길을 막으려고 했다고 해석할 수 없다. 오히려 하나님의 축복을 확인하는 씨름의 순간으로서 예수님의 골고다 씨름을 연상케 한다. 주어진 축복이라고 해서 그저 주어지는 것이 아니다. 야곱은 푸른 초장에서 하나님의 축복을 거머쥐었지만, 이 초장이 무릉도원의 초장은 아니었다. 시편 1편의 푸른 초장은 사막의 음침한 골짜기와 맞닿아 있는 초장으로서 이리와 같은 맹수가 공격하고 원수들의 참소가 있는 곳이다. 야곱도 푸른 초장에서 하나님을 만났지만, 그 푸른 초장에는 에서의 보복의 칼이 기다리고 있었다. 따라서 야곱의 두려움은 절정에 이르렀고 결국 야곱은 에서의 칼을 피하고자 하나님의 천사와 진검승부를 치러야만 했다. 장애를 입을망정 포기할 수 없는 하나님 언약의 축복에 승부를 건 것이다. 이것이 야곱이 가진 지혜였다. 지혜 없는 사람들은 자신의 신체적 손상을 피하려고 언약의 축복을 포기하는 경향이 있다.

여기서 야곱의 장애를 귀신의 짓이라고 말하는 신학자도 있다.[6] 이런 해석은 성경본문과 전혀 동떨어진 해석이다. 한편, 야곱의 장애를 영적인 승리와 동시에 실패라고 보는 시각이나 또 야곱을 비극적 영웅이라고 보는 시각 역시 불합리하다. 이런 견해는 야곱의 장애가 특별한 영적인 의미가 있음을 인정하긴 하지만 장애를 여전히 부정적인 시각으로 보기 때문이다.[7]

야곱의 장애는 분명히 하나님 언약의 표지다. 축복의 흔적이다. 야곱이 그토록 의지했던 하나님 언약의 재확인이다. 지우고 싶지 않은 하나님 축복의 흔적이자 언약의 표이다. 그러므로 야곱의 장애는 축복의 표다. 이런 의미에서, 야곱의 장애가 일시적이 아니라 영원히 기념할 만한 영구적 장애라고 말하고 싶다.[8]

한편, 야곱은 자신의 장애를 담보로 하나님과의 회복을 경험했을 뿐 아니라 형 에서와도 회복할 기회를 얻게 되었다. 비록 그는 자신의 장애 때문에 절뚝거리며 에서를 찾아 갔지만 창32:32 '속이는 자', '도망자'에서 새로운 정체성으로 형 에서에게 나타난 것이다. 비록 장애를 입고 절뚝거리는 장애인의 모습이었지만 불명예의 사람에서 당당하게 화해자의 모습으로 나타난 것이다. 따라서 여기서 장애가 무능과 무력을 나타내는 것이 아니라 오히려 하나님의 능력을 입는 동인이 되어 새 정체성을 부여해준 동기가 되었다고 말할 수 있다.

야곱의 장애가 주는 두 번째 강력한 모티브는 브니엘과 이스라엘이다. 야곱이 싸워 이긴 후 그곳을 브니엘이라 불렀고 브니엘은 "내가 하나님과 대면하여 보았으나 내 생명이 보전되었다"는 뜻이다. 이스라엘은 하나님과 겨루어 이겼다는 뜻으로 받은 새로운 언약의 이름이다. 그러므로 브니엘과 이스라엘은 새로운 시작을 의미한다. 완전한 변화를 의미한다. 언약의 갱신을 의미한다. 새로운 시대의 개막을 의미한다. 사람이 하나님을 대면하여 보면 죽는다. 출33:20 그의 영광을 직접 볼 수가 없다. 그럼에도, 야곱은 하나님을 대면하여 보았다고 고백한다. 이는 매우 특별한 의미를 포함하고 있다. 하나님의 영광을 대면

하여 본 유일한 인물은 모세다.^{민12:8} 분명히 모세가 하나님을 대면하여 본 것과 야곱이 대면하여 보았다고 하는 것에는 차이가 있다. 그럼에도, 야곱의 이런 경험은 모세의 경우와 여러 면에서 유사한 상징성을 갖는다.

첫째로, 모세는 언어장애를 가지고 있었고 야곱은 신체 장애인이 되었다. 둘 다 장애인의 모습으로 하나님의 얼굴 또는 영광을 보았다. 장애가 하나님의 영광을 보는 도구가 되었다는 점이다. 둘째, 둘의 장애는 언약의 상징을 지닌 장애다. 야곱은 언약을 확인하는 표로 장애를 입었으며 모세는 장애로 말미암아 오히려 하나님의 보내심을 확증을 받았다. 셋째, 둘의 장애가 새로운 사명을 띤 이스라엘의 새 역사를 이끌어냈다. 모세는 출애굽의 시작을, 야곱은 이스라엘 나라의 시작을 이끌었다. 마지막으로, 이들은 종말론적인 이스라엘의 예표가 된다. 모세는 하나님나라의 구원의 예표로, 야곱은 다윗 왕조를 통한 영원한 하나님나라의 예표가 된다.

이스라엘의 족장으로서 야곱의 장애 체험과 변화는 앞으로 이스라엘 나라가 겪을 장애와 변화를 예표 한다고 보아야 할 것이다. 앞으로 탄생할 새로운 국가의 시조로서 야곱의 새로운 삶이 장애로부터 시작되었다는 사실은 무언가 중요한 암시를 주고 있다고 보아야 할 것이다. 즉 야곱의 장애를 통해 이스라엘이라는 이름을 얻었고 이 새 이름을 통하여 국가 이스라엘이 탄생하게 된다. 이 국가 이스라엘은 다시 영적 이스라엘로 재탄생하게 된다. 이런 일련의 사이클을 통하여 하나님은 그의 영원한 나라를 예시하고 있는 것이다. 또 야곱의 삶 속에 등장한 장애들(이삭과 레아의 시각장애, 자신의 신체장애)이 앞으로 이스라엘 나라가 겪어야 할 사회적 고통을 예시하며 또 야곱의 얍복 강에서의 영적 변화는 영적 장애 때문에 고통을 겪을 이스라엘이 하나님 앞에서 회복될 것임을 동시에 암시한다고 볼 수 있다.

    결론적으로 정리하자면, 야곱은 이삭의 시각장애를 이용하여 축복권을 탈취한 파렴치범으로 보이지만 그것은 어디까지나 지상 무대 위의 배우들의 모습이고 작가이자 PD이신 하나님의 의도를 보면 이삭의 장애는 그의 뜻을 이루시는 교묘한 수단이 되었다. 그러므로 이삭의 장애는 그것이 부정적이거나 그렇다고 긍정적인 이미지도 아닌 그저 무대 위 소품 역할을 했다고 보는 것이 좋겠다. 반면 야곱은 장애를 입음으로 그의 장애가 오히려 영적 영웅의 표식이자 새로운 신분으로서의 마패와 같은 것이 되었다. 이제 축복권을 탈취한 사기꾼이 아니라 드디어 하나님으로부터 정식으로 인준 받은 공식 사또가 된 셈이다.

모세/언어장애

    대부분 학자는 모세가 분명히 언어장애를 가지고 있었을 것이라는 데 동의를 한다. 다만, 어떤 종류의 언어장애였는지 그리고 어떤 정도의 장애를 가졌는지에 대해서는 이견이 분분하다. 먼저 모세의 장애에 대한 재미있는 구전을 소개한 미드라시를 인용한다.[9)]

> 모세는 외모가 무척이나 출중했다. 모세를 쳐다보는 사람들은 누구나 그에게서 눈을 떼지 못했다. 바로도 자주 모세에게 키스하고 안아주었다. 모세도 바로의 왕관을 벗겨 자기 머리에 쓰기도 했다. 자신이 마치 미래의 황제로 정해진 것처럼.
> 모세가 바로의 왕관을 벗겨 자기 머리에 쓰는 것을 본 왕궁의 점쟁이들이 바로에게 한마디 했다. "우리는 이 아이가 황제의 머리에서 왕관을 벗겨 자기 머리에 쓰는 저 행동을 지극히 우려하지 않을 수 없습니다. 저 행동은 황제로부터 왕권을 찬탈하겠다는 암시로 보입니다." 결국 그중 몇 사람은 왕에게 모세를 참수해야 한다고 했고 다른 몇 사람은 아이를 불태워 죽이라고 충고했다. 이때 이드로(미래의 모세의 장인)가 왕궁의 참관인으로 있었는데 이드로는 "어린 모

세가 원래 그만한 지적 능력이 없습니다. 아이가 아무것도 모르고 한 행동을 보고 벌하라는 점쟁이들의 말을 들으면 안 됩니다"라고 바로에게 간언했다.
바로는 "그럼 테스트해보자! 각각 금과 빛나는 석탄이 담긴 접시를 가지고 와서 아이 앞에 놓거라. 만일 아이가 금을 집으면 아이가 지적능력이 있다는 증거기 때문에 그를 죽일 것이고 만일 아이가 빛나는 석탄을 집으면 아이가 지적능력이 없다는 증거이므로 죽음에 처하지 않으리라"고 명령했다. 점쟁이들이 모세 앞에 두 접시를 놓자마자 모세가 금을 향해 손을 뻗었다. 그때 천사장 가브리엘이 손을 내밀어 모세를 밀쳐 빛나는 석탄을 잡게 했다. 석탄을 잡은 모세는 어린 아이들이 으레 하는 행동처럼 빛나는 석탄을 입에 집어넣었다. 그래서 모세의 혀가 타버렸다. 이런 이유로 모세의 입이 뻣뻣하고 혀가 둔하게 되었다.출4:10

미드라시의 이야기는 재미있긴 하지만 성경에 따른 뒷받침이 없어서 증거로 채택하기가 어렵긴 하지만 유대 랍비들과 일부 학자들은 이런 배경을 깔고 모세의 장애를 풀어나간다. 모세의 장애에 대해서는 대강 세 가지 주장으로 나뉜다.[10] 첫째 구조적인 문제로 말미암은 언어장애라는 것, 둘째 언어구사능력에 문제가 있다는 것, 셋째는 모세가 애굽의 말을 잊어버렸기 때문이라는 것. 또 어떤 학자들은 모세의 언어장애가 어떤 의학적 장애라기보다는 말을 더듬는 장애로 보기도 한다. 또 어떤 학자들은 모세가 언어장애를 가졌다고 보지 않고 모세가 그의 입을 "할례를 받지 못한 부정한 입술"이라는 뜻으로 입이 뻣뻣하다는 표현을 했다고 주장한다.[11] 한편 70인역은 "말에 능치 못하다"출4:10는 모세의 고백을 "나는 부적절한 사람"이라고 번역함으로써 모세의 장애보다는 그의 수줍음과 겸손한 태도를 말한다고 보고 있다. 모세가 말을 유창하게 하지 못하기 때문이라든가 또는 대중 앞에 나서지 못하는 성품 때문이라고 하는 해석은 설득력이 약하다. 왜냐하면, 사도행전 7장 22절에 스데반이 모세를 말하면서 모세가 애굽 사람의 학술을 배웠기 때문에 "말과 행사"가 능했다고 했기 때문이다.

따라서 모세가 비록 그의 장애 때문에 의사전달 능력에는 문제가 있어 보이지만 결코 자신의 생각을 정확하게 전달하고 그에 따른 책임 있는 행동을 하는 데 문제를 야기 시키지는 않았다는 것을 알 수 있다. 하나님도 모세의 그런 약점을 인정하셨다. 그래서 형 아론을 대변인으로 세우신 것이다. 대변인이란 지도자의 말과 생각을 그대로 전달하는 사람이지 대변인 자신의 생각을 전하는 사람이 아니다. 따라서 모세가 하나님으로부터 받은 메시지를 아론에게 정확하게 전달하는 데는 전혀 문제가 없었다. 이를 비추어 보면 모세는 자신의 의사를 공중 앞에서 전달하는 데 문제가 되는 의학적 장애를 가졌다고 보는 게 좋을 것 같다. 출애굽기 4:11에도 자신의 장애를 이유를 하나님의 부르심에 반항하는 모세를 향하여 하나님께서 각종 장애를 들먹이며 그런 장애도 하나님께서 창조하신 것이고 장애인을 쓰시는 분도 하나님이라는 것을 강조한 것이기 때문에 모세의 장애가 11절에 든 장애와 같은 범주에 드는 의학적 장애라고 보는 게 논리적으로 더 설득력이 있다고 본다.

  이제 모세가 어떤 장애를 가졌었을까 하는 문제에 대해서는 더는 논의가 필요하다고 생각하지 않는다. 왜냐하면, 모세가 어떤 장애를 가졌는가는 중요하지 않기 때문이다. 다만, 그의 장애가 하나님의 뜻을 이루는 데 어떤 역할을 했는가에 초점을 맞추어 생각할 필요가 있다. 결론적으로 말한다면 이스라엘 백성에게 말씀하시는 분은 하나님이시다. 그러므로 하나님이 나타나셔야 한다. 그의 말을 전하는 전달자가 나타나서는 안 된다. 따라서 말 잘하는 모세가 필요했던 것이 아니고 순종하는 종이 필요했던 것이다. 이런 뜻에서 모세의 장애가 오히려 하나님의 말씀을 더욱 선명하게 전하는 도구가 되었다고 말할 수 있다.

삼손/시각장애

삼손의 이야기를 통해서도 육체적인 강함과 능력이 하나님의 뜻을 행하는 데는 오히려 방해가 될 수 있다는 지극히 평범한 진리를 배운다. 물론 삼손의 힘은 하나님이 주신 것이다. 하나님이 쓰시기 위함이었다. 그러나 삼손은 그의 힘을 잘 못 사용하였다. 자신의 힘을 과시하는 데 사용하였고 자신의 정력을 낭비하는 데 사용하였다. 출중한 외모와 강한 힘을 가진 삼손이 나실인이란 타이틀을 가지고 많은 제약 속에 살아가야 했던 현실적인 삶이 삼손에겐 거추장스럽고 힘든 과제였음이 틀림없어 보인다. 여호와의 신이 임해 삼손에게 힘을 내리실 때마다 삼손은 그 힘을 엉뚱하게 발산한다. 그리고는 그 힘을 과시한 후에는 꼭 여자를 찾아 정력을 빼버린다.

삼손 이야기에는 세 명의 여인이 등장한다. 그때마다 삼손은 나실인으로서 실패한다. 첫 번째 여인이 딤나의 여자다. 삼손은 그를 취하여 아내를 삼고자 한다. 나실인으로서는 생각도 할 수 없는 생각이다. 물론 삼손은 결혼을 미끼로 블레셋을 치려고 한다고 부모에게 둘러댄다. 안타까운 일은 삼손의 부모도 삼손의 계략에 찬동해서 딤나로 여자를 얻으러 따라나선다. 삼손의 부모들은 누구인가? 그들은 여호와의 사자로부터 특별한 아이를 얻을 것이라는 계시를 직접 받은 사람들이 아닌가? 그리고 분명히 나실인으로 철저히 양육할 것을 명령받지 않았던가? 그럼에도, 자식의 말에 속아 이방 여인과 결혼을 찬동하고 결혼 잔치까지 배설한다. 어떤 이유가 되었든지 나실인이 이방 여인과 결혼한다는 것은 있을 수 없는 일이다. 사사기 14:4에 삼손의 생각이 하나님에게서 나왔다는 말은 블레셋을 치라는 것이 하나님의 생각이라는 것이지 어디까지나 블레셋을 치고자 블레셋 여자와 결혼을 하라는 말은 아니었다. 그것은 삼손이 꾸며낸 생각일 뿐이다. 삼손은 처음부터 나실인으로 삶을 살기를 포기했다.

딤나에 내려가자 사자가 삼손의 길을 막았다. 이때 삼손은 자신의 정욕적인 생각을 하나님이 막는다고 생각하고 길을 돌이켜야 했었다. 그런데 삼손에게 큰 힘이 내렸다. 그는 그만 자신의 힘을 써서는 안 될 곳에 쓰고 말았다. 여호와의 신이 크게 감동하였다^{삿14:6}고 했지만, 그 힘 가지고 이방 여인을 취하고자 그를 막는 사자를 찢는 데 사용하라고 하진 않았다. 삼손도 자신의 행동이 하나님 보시기에 정당한 것이 아니라고 생각했기에 부모에게 알리지 않았다.^{삿14:6} 그 후에 삼손이 사자의 주검에서 생산된 꿀을 취하여 먹고 부모에게도 갖다 준다. 삼손은 또 한 번 나실인으로서 해서는 안 될 일을 한다. 시체에 손을 대는 것은 부정한 일이다.^{민6:6} 이 사실도 부모에게 말하지 않았다. 결국, 삼손은 자신이 한 일이 나실인의 규율에 어긋난다는 사실을 잘 알고 있었다는 방증이다.

오로지 딤나의 여인에게만 관심이 있었던 삼손은 즉시 내려가서 여인을 취하고 결혼잔치를 배설한다. 삼손은 자신이 낸 수수께끼 때문에 부인도 뺏기고 화가 나서 마을 사람 삼십 명을 때려죽이는 수수께끼 같은 일을 벌인다. 또 한 번 쓰지 말아야 할 곳에 자신의 힘을 쓰고 말았다. 빼앗긴 아내를 되찾아 오고자 여인의 집을 찾았으나 이미 다른 사람의 아내가 되어 있었고 장인도 문전박대했다. 이에 화가 난 삼손은 여우 삼백 마리를 잡아 서로 꼬리를 묶어 불을 붙여 블레셋 사람의 곡식 밭을 불태워 버렸다. 그리고 블레셋 사람들을 마구 살육했다. 그리곤 자신도 바위틈에 숨었다. 이 때문에 블레셋이 유다를 치려고 했다. 놀란 유다 사람들이 이유를 물었다. 삼손 때문이라고 했다. 유다 사람들이 삼손을 찾아가 항의를 했다. "이스라엘이 블레셋의 속국으로 우리가 그들을 섬기는 줄 알지 못하느냐? 어찌 네가 그들을 화나게 했는가?"하며 살려달라고 애걸하는 삼손을 결박하여 블레셋 사람에게 넘기려고 바위틈에서 끌어냈다. 이때 삼손에게 하나님의 권능이 임했다. 삼손에게 항상 큰 힘이 있었던 것이 아니다. 하나님의 권능이 임할 때만 초능력의 힘을 발했다. 성경은 힘의 근원이 하나님이라는 사실을 상기시키려고 했음이 분명하다. 나귀의 새 턱뼈로 블레셋 사람 천명을 죽였다. 유다 사람들이 블레셋을 섬기고 사는 것이 당연하다고 생각하고 있었다는 사실은 이스라엘의 암울한 현실을 잘 반영하고 있다.

삼손에게 블레셋을 붙이신 것은 하나님의 분명한 뜻이었다. 하지만, 블레셋을 치는 전쟁을 하는 데도 정당한 방법으로 해야 하고 분명한 목적이 있어야 한다. 그러나 삼손은 자신의 사사로운 감정에 사로잡혀 블레셋 사람들을 무자비하게 죽였다. 블레셋을 치려는 분명한 목적을 상실한 채. 유다 사람들은 자신들이 블레셋을 당연히 섬겨야 한다고 생각했다. 하나님은 이스라엘을 구원하시고자 삼손을 부르셨다. 삿13:5 그런데 아이러니하게도 유다 사람들은 삼손을 사사로 인정하지도 않았다. 오히려 그를 결박해 블레셋에게 넘기려고 했다. 한마디로 삼손을 우습게 본 것이다. 삼손은 사사로서의 권위를 도무지 인정받지 못한 것이다. 하긴 그의 행적을 보고 누가 그를 사사로 인정하고 섬기겠는가?

이런 처절한 실패에도 삼손은 두 번째 여인을 찾아 나섰다. 이번에는 가사지방 기생이다. "삼손이 가사에 가서 거기서 한 기생을 보고 그에게로 들어갔더니"삿16:1 여기서 삼손의 눈이 또 일을 저지른다. 물론 그의 성적탐욕도 큰 이유이긴 하지만 흔히 남성의 성적탐욕은 눈으로부터 시작한다고 한다. 남달리 시각과 성적탐욕이 예민했던 삼손의 시각적 잘못이 어떻게 영적인 삶에 영향을 미쳤는지를 16:1은 잘 말해 주고 있다.

그러나 기생과 한 밤을 지내지도 못한 채 가사지방 사람들에게 들켜 죽을 뻔하다가 새벽에 겨우 도망했다. 삼손은 이쯤 해서 크게 깨닫고 그의 여성 편력을 중단했어야 했다.

하지만, 삼손은 블레셋 여인 들릴라에게 사랑에 빠진다. 사사 삼손은 철저하게 사사 직분을 잊어버리고 살았다. 사랑해서는 안 될 이방 여인을 찾아다니는 것도 문제지만 이스라엘을 지배하고 있는 블레셋으로부터 이스라엘을 구하라고 하는 사사 직분의 사명을 망각하고 블레셋 여인을 품고 희희낙락한 것은 심각한 문제였다. 들릴라는 집요하게 달려들어 삼손의 비밀을 캐내고 만다. 아이러니하게도 이방 여인 들릴라는 끝까지 자기 민족 블레셋을 위해 일했지만 사사 삼손은 자신의 거룩한 민족을 배반했다. 결국, 삼손은 머리카락이 잘리고 붙잡혀간다. 삼손이 잠이 깨어서도 자신이 여전히 힘을 쓸 줄 생각했으나 완전히 무력한 사람이 되었다. 이는 하나님이 삼손을 떠나가셨기 때문이다.삿16:20 머리카락은 단지 나실인의 표시일 뿐이다. 머리카락에서 힘이 나는 것이 아니라 삼손에게 특별한 능력을 주시는 하나님으로부터 나는 것이다.

그런데 삼손은 왜 힘의 비밀을 말하고 말았을까? 아마도 삼손도 자신의 힘의 비밀을 잘 알고 있었을 것이다. 여호와의 권능이 임할 때만 힘을 쓸 수 있다고 말이다. 하나님의 사자가 삼손 부모에게 아들에게 나실인으로서 머리에 삭도를 대지 말라고 했을 뿐 머리카락에서 힘이 나온다는 말을 했거나 그런 암시를 준 일이 없다. 다만, 나실인으로서 살아야 할 여러 가지 규정을 재차 일러두었을 뿐이다. 삼손은 나실인으로서 지켜야 할 계명을 처음부터 지키지도 않았다.민6:1~21 이방 여인과 결혼을 했고 기생을 쫓아다녔으며 손을 대서는 안 되는 시체에 손을 댔고, 분을 못 이겨 많은 사람을 죽이기까지 한 살인자였다. 이토록 나실인 법과는 동떨어진 삶을 산 삼손이었기에 이제 마지막 나실인의 상징인 머리카락에 손을 대는 것이 비록 꺼림칙하긴 하지만 나실인 법을 어겨도 하늘로부터 벼락 맞는 일이 없었다는 그동안의 경험을 통해 이번에도 들릴라를 얻으려고 모험을 한번 걸었다고 볼 수 있다.

그러나 그것이 삼손으로서는 쓸 수 있었던 마지막 카드였던 셈이다. 삼손이 끝까지 실패한 원인은 머리털까지 밀렸기 때문이 아니다. 물론 머리카락이 잘리자 삼손은 힘을 쓸 수가 없었다. 그러나 힘은 머리카락에 있었던 것이 아니다. 다만, 머리카락이 잘린 후 하나님의 권능이 임하지 않았을 뿐이다. 그 이유는 삼손이 끝까지 자신의 부르심과 사명을 포기했기 때문이다. 민수기 6:7에 나실인으로서 머리에 삭도를 대지 말라고 한 뜻은 "하나님께 드리는 표가 그 머리"에 있기 때문이다. 따라서 삼손이 머리를 밀었다는 뜻은(결코 어쩔 수 없이 밀린 것이 아니다) 삼손이 끝까지 자신을 하나님께 드리는 삶을 포기했다는 뜻이 되기 때문에 이제 하나님의 권능도 그와 더는 함께 하시지 않는다는 뜻이 된다. 하나님의 권능은 사람의 어떤 조건에 따라 좌우되는 것이 아니다. 다만, 하나님의 조건에 따라 움직일 뿐이다. 하나님이 권능이 임하실 조건을 삼손이 스스로 해제했기 때문에 삼손은 힘을 쓸 수가 없었던 것이다. 그래서 오히려 삼손의 눈이 뽑혔을 때 하나님의 권능은 다시 임했다. 물론 나실인인 사사를 통하여 나타나는 하나님의 권능을 말하고자 머리카락이 강조되었고 다시 머리카락이 자람으로 하나님의 권능이 임한 것으로 표현되었을 뿐이다.

그러나 삼손은 끝까지 하나님의 마음과는 거리가 먼 삶을 살다 갔다. 눈이 뽑히고 블레셋 사람들 앞에서 재주를 부리며 목숨을 연명했다. 사사가 당할 수 있는 치욕 중에 가장 심한 치욕이다. 성경에 하나님의 부르심을 입은 종 중에서 이방인으로부터 이런 심한 모욕을 당한 때가 없었다. 마지막으로 삼손은 하나님께 아뢴다. 이제 그도 깨달았다. 그의 힘이 머리카락이나 그 어떤 나실인의 조건 때문에 생기는 것이 아니라는 것을. 따라서 삼손은 하나님께 간절히 부르짖었다. 그럼에도, 삼손은 끝까지 자신의 사명을 망각한다. 나라의 운명이나 이스라엘의 자존심 또는 사사로서 나실인으로서의 자존심을 위해서가 아니라 자신의 자존심을 위해서 하나님께 마지막 호소를 했다.

> 삿 16:28 삼손이 여호와께 부르짖어 이르되 주 여호와여 구하옵나니 나를 생각하옵소서. 하나님이여 구하옵나니 이번만 나를 강하게 하사 나의 두 눈을 뺀 블레셋 사람에게 원수를 단번에 갚게 하옵소서 하고

삼손은 철저하게 자신의 자존심을 위해 원수를 갚게 해달라고 하나님께 간절히 구했다. 하나님은 삼손의 간구를 듣고 삼손에게 힘을 주어 블레셋 사람 3천 명을 몰살하게 하였다.

이렇게 끝까지 사사 삼손은 자신에게 주어진 역사적인 사명을 망각한 채 자신을 위해서 살았다. 그러기에 삼손을 비판하는 사람 중에는 삼손을 팔레스타인 최초의 자살 테러리스트라고까지 말한다.

삼손은 완전히 장애인이 된 후에 3천 명이나 몰살시킬 수 있게 되었다. 하나님의 능력이 그의 참 힘의 근원이었다는 점이 드러난다. 사람의 외적 조건으로부터 힘이 나온다고 믿는 사람들의 오해를 깨시고자 하나님은 철저히 사람의 외적 강함의 조건들을 무참하게 무너뜨리신 후에 역사 하신다. 삼손은 눈이 뽑혔다. 시각적인 죄를 많이 범한 삼손의 눈이 뽑혔다는 점도 흥미있다. 물론 블레셋 사람들이야 가장 잔인한 형벌 중의 하나를 택한 것뿐이었겠지만 하나님께서는 삼손의 눈을 뽑히게 하심으로 영적 시각에 대한 가르침으로 인도했다고 보인다.

삼손도 장애인이 된 후 비로소 참된 의미의 하나님의 능력을 경험한다. 이렇게 보면 시각장애인이 되었다는 사실이 삼손에게는 오히려 축복이 된다. 더는 자신을 유혹하는 또 다른 들릴라가 보이지 않기 때문이다. 본다는 사실은 축복이지만 무엇을 보느냐에 따라 저주가 될 수 있다. 잡다한 것을 많이 보는 게 축복이 아니라 꼭 보아야 할 것을 보는 것이 축복이다!

그렇다면, 특별한 방법으로 사사 삼손을 세우신 하나님은 실패했다고 말할 수 있을까? 아니다. 오히려 삼손의 실패로 하나님의 뜻은 더욱 분명해졌다. 그럼 하나님의 뜻은 무엇이었을까? 사사 삼손의 삶을 통해서 말하려고 한 하나님의 메시지를 요약해 보자. 첫째로 하나님은 끝까지 이스라엘을 블레셋의 손에서 건져야겠다는 아버지의 마음을 가지고 계셨다. 그래서 그 사명을 사사 삼손에게 맡기셨다. 비록 삼손이 사사로운 감정으로 블레셋 사람을 죽이고 마지막에는 자신의 자존심 때문에 보복으로 블레셋 궁중 사람들을 죽였지만, 하나님은 그를 허용하심으로 하나님의 진노가 블레셋에 임했다는 것을 블레셋 심장에서 보여주신 것이다. 두 번째, 사사시대는 어두운 시대라는 것을 강조한다. 사사시대는 사사기에 쓰인 대로 세 마디로 요약된다. 1) "쫓아내지 못하였다"1:19~21, 27~34; 2:3,21,23 2) "이스라엘 자손이 여호와 목전에 악을 행하여"2:11; 3:7,12; 4:1; 6:1; 10:6; 13:1 3) "그때에는 이스라엘에 왕이 없으므로 사람마다 자기 소견에 옳은 대로 행하였더라"17:6, 18:1, 19:1, 21:25 결국, 사사기가 말하고자 하는 중심 내용은 사사시대는 하나님이 통치하지 않는 시대라는 것이다. 따라서 셋째, 하나님은 사사 삼손을 마지막으로 사사시대의 막을 내리시기로 작정하신 것이다. 사람의 눈으로 보면 가장 매력적인 조건을 갖춘 삼손으로도 이스라엘을 구하지 못한다는 것을 보여주려 한 것이다. 그래서 사사기는 철저히 사사로서의 삼손의 실패 장면만을 집중 조명하고 있다.

　마지막으로 블레셋의 손에 의해 삼손의 눈이 뽑혔다는 사실은 그의 사사로서의 자격상실을 의미하며 사사시대의 종말을 암시한다. 결국은 이스라엘의 운명을 암시한다. "사람이 각기 그 소견에 옳은 대로 행하였더라"17:6; 21:25란 말은 또 시력과 리더십의 관계를 보여주는 암시라고 볼 수 있다. 사람들이 각기 자기 눈으로 보는 대로 행했다는 말은 이스라엘의 리더십에 공백을 의미한다.

므비보셋12)/신체장애

　므비보셋 이야기는 성경 전체를 통틀어 사무엘하와 역대상에 나오는 게 전부다.13) 하지만, 므비보셋 이야기는 장애신학 연구에서 아주 중요한 인물로 새롭게 부상하고 있다.14) 따라서 므비보셋의 이야기를 자세히 설명할 필요가 있다. 제레미 스키퍼Jeremy Schipper는 므비보셋의 이야기가 다윗의 왕정 구축에 국가의 정체성을 나타내는 이미지로 설명되고 있다고 주장한다.15) 즉 장애가 다윗의 왕권, 시온 등의 주제와 함께 인사이더와 아웃사이더를 상징하는 이미지로 쓰였다는 것이다. 그래서 이 장애이미지를 통하여 그 시대의 사회적, 정치적 이데올로기를 유추해낼 수 있다고 보았다.16) 이런 주장을 하는 부류들은 성경에 따른 장애관을 이해하려면 성경에 나타난 사회적, 법적 코드를 해석하는 것보다는 성경에 등장하는 장애인들에게 나타난 장애에 대한 이미지를 유추해내는 것이 더 중요하다고 생각한다. 그래서 제레미 스키퍼는 장애연구에 이야기식 연구방법이 중요하다고 강조한다. 즉 "장애는 추상적인 형태로 나타나지 않는다. 장애는 항상 특정한 시대와 장소에서 특정한 사람 속에 구체화하기 때문"이라고 본다.17) 따라서 므비보셋이라는 인물의 특성과 시대적 반응을 통해서 그 시대의 사회적 관념을 읽어낼 수 있다는 것이다. 더 구체적으로 말한다면, 므비보셋의 장애는 므비보셋이라는 개인의 내재적 상태뿐만 아니라 나아가 다윗 왕조의 내적 상태와 장애에 대한 시대적 문화적 이해를 잘 반영하고 있다고 본다.[18]

과연 므비보셋의 이야기가 거기까지 염두에 두고 쓰였는지는 더 많은 연구가 뒤따라야 한다고 생각한다. 그러나 므비모셋을 보는 이런 관점이 장애신학에 중요한 모티브를 제공하고 있기 때문에 이들의 관점을 소개하고자 한다.

다윗이 압살롬의 반역을 피해 잠시 예루살렘을 떠나 있을 때 므비보셋의 종 시바가 다윗을 따라와 므비보셋이 혹 사울의 왕권이 자신에게 계승될 것을 기대하고 예루살렘을 떠나지 않고 그대로 남아있다고 고자질하였고 그 대가로 시바는 므비보셋의 분깃을 가로챘다.삼하16:1~4 다윗이 다시 예루살렘에 돌아왔을 때 므비보셋은 시바가 거짓말을 한 것이며 자신은 다윗을 따라가길 원했으나 시바가 오히려 자신을 따돌렸다고 변명하며 자신의 충정을 이해해달라고 간청했다.삼하19:25~31 여기서 누가 거짓말을 했는지 성경은 분명하게 말하고 있지 않으며 다윗도 시바에게 주었던 땅을 반분함으로써 누가 진실을 말하고 있는지에 대해 확신이 없어 보인다. 그러나 전통적으로 이 부분은 므비보셋을 옹호하는 해석이 주를 이룬다. 즉 시바가 장애를 가진 므비보셋을 모함하여 므비보셋의 분깃을 가로채려고 했으며 므비보셋은 오히려 자신의 장애로 말미암아 우직한 충성심으로 예루살렘을 지켰으며 기쁨으로 다윗을 맞이했다고 본다.

삼하 9장 6절 해석

다윗이 왕으로서 권위를 가지고 일하는 데 방해가 되는 요소들을 다

제거하면서 사울의 혈육과 추종세력들을 다 정리하였다. 그러다가 문득 요나단과의 언약삼하21:7이 생각이 나서 혹시 사울의 가문에 남은 자가 있는지를 묻는다. 다윗은 이때 시바를 통하여 므비보셋이 남아 있다는 말을 듣고 므비보셋을 왕궁으로 불러 자신의 궁에 머물게 하고 식탁을 함께 하도록 하는 파격적인 특혜를 베푼다. 다윗이 여부스 사람들로부터 '다리 저는 자와 맹인'도 그들을 이기지 못할 것이라는 모욕을 당한바 다리 저는 자와 맹인을 미워해서 예루살렘에 이들을 들어오지 못하게 하는 금령을 내린 바 있었는데삼하5:6~8 다리 저는 자인 므비보셋을 궁으로 받아들인 것은 큰 결단으로 보인다. 왕 앞에 부름을 받은 므비보셋은 다윗의 발 앞에 엎드려 절을 한다. 이 부분을 놓고 일부 학자들은 므비보셋의 극도의 충성심을 나타내며 충성심은 그의 장애로 말미암아 더욱 심화하였다고 본다. 즉 두 다리를 모두 심하게 저는 므비보셋이 땅에 넙죽 엎으려 절을 할 때 얼마나 고통스러웠을까? 그럼에도, 그런 자세를 보인 것은 그의 특별한 충성심을 나타낸다는 것이다.[19] 반대로 므비보셋이 그런 태도를 보인 것은 므비보셋의 두려움 때문이며 그 두려움은 사울 가문의 남은 자신마저 죽이려는 의도로 생각했기 때문이라고 말하는 학자들도 있다. 7절에 다윗이 므비보셋에게 "두려워말라"고 말한 것을 보면 므비보셋이 심히 두려워했다는 사실을 알 수 있다. 그것은 아마도 므비보셋이 사울의 일곱 아들의 죽음을 알고 있었기 때문일 것이다.삼하21:1~14 [20] 아무튼, 므비보셋의 장애가 그의 충성심을 나타낸 것이든 또는 두려움을 나타낸 것이든 그 사실이 중요한 것이 아니라 그의 장애가 그의 행동에 영향을 미쳤다는 사실이 중요하다. 이처럼 장애는 개인의 행동양식을 결정하는 요소가 되기도 하고 또 사회적 행동양식을 결정하는 요인이 되기도 한다.

다윗이 므비보셋을 불러들인 동기에 대해서는 크게 세 가지로 해석된다. 하나는 약자에 대한 그의 사랑 때문이라는 것과 다른 하나는 요나단과 맺은 언약 때문이라는 것이다. 그리고 또 하나는 정치적인 행위라는 것이다. 다윗은 므비보셋에게 "요나단으로 말미암아" 삼하9:1 자비를 베푼다고 말했다. 요나단은 다윗에게 사울의 가문을 영원히 끊지는 말아 달라고 간청한바 있다. 삼상20:15 다윗은 요나단에게 그렇게 하겠다고 언약을 맺었다. 이제 다윗이 므비보셋에게 사랑을 베푼 것은 요나단과 맺은 언약임을 상기시켰다. 칼빈은 다윗이 므비보셋을 자신의 상에 참여시킨 것을 놓고 굳이 므비보셋을 자신의 상까지 들일 필요가 없었음에도 그를 자신의 궁에 들인 것은 요나단을 사랑한 지극한 사랑의 마음과 다윗이 불쌍한 절름발이 장애인을 부끄러워하지 않고 보여준 친절 때문이라고 보았다. 결국, 칼빈은 중도적인 해석을 취한 셈이다.[21]

다윗이 므비보셋을 궁으로 들인 것은 정치적인 목적이었다고 보는 학자들도 많다. 즉 새로운 왕정이 가난한 백성, 힘없는 약자들에 대한 배려를 잊지 않는다는 행위였다는 것이다.[22] 또는 므비보셋이 사울 왕가의 혈통을 잇는 인물로서 언제든지 다윗 왕가를 무너뜨릴 가능성이 있는 위험인물이기 때문에 가까이서 지켜보기 위함이라는 것이다.[23] 또 어떤 이는 다윗이 므비보셋을 궁정에 둠으로써 사울의 가문을 남겨두었다는 증거와 다윗 자신이 이제 사울의 계승자라는 것을 백성에게 나타내기 위함이었다고 평가하였다.[24]

므비보셋의 장애가 다윗이 가진 강력한 힘과 대조를 이루면서 사울 왕조의 몰락과 다윗 왕조의 두각을 나타내는 두 운명을 대조하여 부각시켰다고 보는 견해도 있다.[25] 므비보셋의 절름발이란 묘사가 다윗이 권좌에 오르는 클라이막스 장면인 삼하5장 직전에 나오고 6장에는 사울의 가문을 이을 자의 절름발이 신세삼하4:4가 대조를 이루고 삼하 5:8에 절름발이를 다윗의 성에 들어오지 못하게 했다는 사실과 6장에 다윗이 하나님 앞에서 "뛰고 춤추고" 한 사실이 극명하게 대조를 이루고 있다는 점을 든다.[26]

다윗과 맹인과 다리 저는 자

몇 학자들은 삼하 5:8에 다리를 저는 자가 다윗을 조롱한다는 말을 두고 므비보셋에 빗대어 하는 말로 해석하기도 한다.[27] 사울 왕가의 유일한 생존자인 저는 자 므비보셋이 다윗의 위를 찬탈할 것이라고 비아냥했다는 것이다. 따라서 다윗의 심기가 그토록 불편했다는 것이다. 이런 해석에는 분명히 무리가 있어 보인다.

다윗이 여부스 사건 이후에도 맹인과 다리 저는 자를 정말로 싫어했는지는 알 수가 없다. 여부스 사건으로 말미암아 맹인과 다리 저는 자에 대한 감정이 좋을 리는 없었겠지만, 그것은 어디까지나 여부스 사람들이 다윗을 비하하고자 비아냥대며 구사한 어법이었을 뿐이다. 그렇다고 거기에 대항하려고 그들이 한 말을 그대로 받아 맹인과 다리 저는 자들을 죽인 것은 다분히 비난받아야 마땅한 일이다. 이런 비난은 그가 "맹인과 다리 저는 자는 집에 들어오지 못하리라"라는 속담으로 남아 그의 행동이 역사적으로 계속 비난받게 되었다고 볼 수도 있다. 따라서 이 속담은 그 후에 맹인과 다리 저는 자가 주의 전에 들어가지 못했다는 역사적 사실에 대한 증거가 아니라 다윗의 여부스 사건에 대한 우화로 남아있다는 것을 말한다. 다윗이 계속해서 마음에 두 종류의 장애인에 대한 앙금을 가지고 적대하였다는 증거는 없다. 오히려 다윗은 다리 저는 므비보셋을 극진히 돌보고 사랑했다.

사무엘하 9장은 다윗이 므비보셋에게 은총을 베풀었다고 세 번씩이나 강조하고 있다. "은총을 베풀었다"는 말은 원어로 '헤세드'로 표현되어 있다. 이 헤세드는 언약의 용어이다. 하나님이 그의 백성과 언약을 맺고 그 언약에 충실한 조건 없는 사랑을 말한다. 다윗이 므비보셋을 사랑한 것은 그가 요나단과 맺은 언약 때문에 나온 헤세드의 사랑이었음을 강조하고 있다. 결국, 사무엘하를 통해서 다윗은 므비보셋을 헤세드의 사랑으로 극진하게 돌본 휴머니스트임과 동시에 순간적 분을 이기지 못해 장애인을 대거 학살한 엄청난 살인자임을 동시에 보여주고 있다.

시바와 므비보셋에 대한 다른 해석

전통적으로 유대 랍비들과 루터를 비롯한 중세신학자들은 므비보셋의 땅을 빼앗아 시바에게 준 것은 다윗의 중대한 범죄행위이며 정의에 어긋한 행위라고 보고 있다. 루터는 "다윗이 거룩한 하나님의 도움을 받아 정치한 성군이었으나 우리아의 아내를 빼앗은 것과 불쌍한 고아 므비보셋의 땅을 빼앗는 불의도 함께 행하는 우를 범했다"라고 지적했다.28) 전통적인 해석으로는 시바가 거짓말을 하여 장애인인 므비보셋의 땅을 탈취한 것으로 생각한다. 반면 므비보셋은 끝까지 다윗에 충성을 다했다고 생각한다. 그렇지만 므비모셋이 결코 다윗에 충성한 사람이 아니라고 추론하는 학자들도 많다. 그 논거로 시바가 나귀를 가로챘다면 다른 사람에게 부탁했었어야 했다 라든가 다윗이 땅을 반분한 것으로 보아도 므비보셋의 말을 신임하지 않았다는 증거라고 주장한다.29)

어떤 학자들은 므비보셋의 행세19:24가 '속이는 행동'이었다고 부정적으로 보지만 다른 학자들은 오히려 그의 그런 행세가 그의 충성심을 나타내는 것으로 본다.30) 그러나 많은 학자는 므비보셋의 장애나 외적 모습에서 충성심을 판단할 근거가 없고 오히려 19:30을 근거로 해석한다. 즉 다윗이 므비보셋의 변명을 다 듣고 난 후 자신의 이전 결정을 수정하여 땅을 반으로 나누라고 했다. 이때 므비보셋은 오히려 시바에게 전부를 다 주라고 사양을 한다. 이것은 마치 솔로몬의 재판을 연상케 하는 진정성과 충성심을 반영한 것이다. 그러므로 사양을 한 므비보셋에게 진실성이 있다는 해석이다.[31]

결론적으로 이야기는 므비보셋의 장애보다는 그의 충성심에 초점을 맞추고 있다고 본다.[32] 하지만 이런 결론도 므비보셋의 충성심에 대하여 직접적으로 언급한 성경에 따른 근거가 빈약하다는 약점이 있다. 오히려 다윗의 신중하지 못한 결정이 그의 원래 의도(므비보셋을 도와주려는 마음)에 흠집을 낸 것 같다. 즉 므비보셋의 진지한 대답에 대하여 다윗은 므비보셋의 말을 가로막으며 누구의 말이 진실한가에 대해서는 무관심한 듯 그저 땅을 반 나누는 것으로 결론을 내려버렸다. 삼하19:24~30

이상과 같이 살펴본 대로 학자들 간의 해석상의 차이는 있으나 므비보셋의 장애를 이스라엘 국가의 운명의 모티브로 보지 않고 충성심이라는 모티브로 접근하는 또 다른 부류의 해석도 있음을 알 수 있다.

므비보셋의 왕위계승과 장애

대부분의 많은 학자는 므비보셋이 왕위를 계승하는 데 그의 장애가 실격사유가 되었다고 본다. 왕은 용모가 준수해야 한다는 일반적인 백성의 기대와 요구가 있는 것은 사실인 듯 보이지만[33] 장애가 결정적인 결격사유가 된다고 단정하기엔 성경에서 말하는 근거가 빈약하다. 왜냐하면, 레위기에서 "다리를 저는 자"가 제사장 직분 중 일부 과제를 수행하는 데는 실격사유가 되지만 제사장 직분 자체가 거부되지 않았으며 또 "다리를 저는 자"가 왕권을 수행하는 데 있어서 부적격하다는 단서를 찾을 수 없기 때문이다. 물론 어떤 학자들은 그 당시 고대 근동에서 왕이란 존재는 제사장의 기능을 함께 수행했다고 보기 때문에 왕의 신체적 조건이 제사장의 조건에 따른다고 보기도 한다.[34] 예를 들어 "여호와께서 왕을 치셨으므로 그 죽는 날까지 나병환자가 되어 별궁에 거하고 왕자 요담이 궁중 일을 다스리며 국민을 치리 하였더라"왕하15:5는 구절을 들어 왕의 신체적인 조건이 제사장의 것과 일치한다고 보았다. 하지만, 아사랴 왕이 나병으로 말미암아 왕위가 폐위된 것이 아니고 나병이라는 병의 특성상 격리해야 한다는 조건 때문에 실질적으로 왕권을 수행할 수 없었기 때문이었다. 그러므로 이 구절도 신체적인 장애가 왕의 조건에 부적격하다는 결정적인 성경에 따른 근거가 될 수 없다. 이런 사실은 고대 근동의 다른 나라의 경우를 보더라도 왕이 장애를 이유로 폐위된 사실을 찾을 수 없고 오히려 장애를 가진 왕이 직접 통치를 했다는 증거는 여럿 있기 때문이다.[35]

그럼에도, 므비보셋이 신체적인 조건 때문에 왕위계승으로부터 멀어졌을 개연성은 충분히 있다고 본다. 이미 살펴본 대로 장애라는 신체적인 조건이 왕위계승에 법적인 실격조항은 아니지만 따르는 이가 없었을 것으로 추정된다. 비록 므비보셋이 왕권에 대한 욕심이 있어 모반을 꾸미려 해도 그의 신체적인 조건 때문에 추종자가 없었으리라 생각한다. 그뿐만 아니라 이미 다윗에게 넘어간 왕권을 찬탈하는 일은 전쟁에 능한 재주를 갖추어야 하는데 므비보셋은 자신의 장애 때문에 찬탈의 기회를 포기했을 개연성도 있다.

예루살렘, 시온 그리고 장애

예루살렘은 인사이더와 아웃사이더로 나누는 바로미터가 된다. 사무엘하 5:6~8을 보면 므비보셋은 시온성으로 들어올 수 없는 존재였다. 그런 그가 다윗의 배려로 예루살렘에 들어왔고 9:6 거주하기까지 9:13 되었다. 한편, 다윗도 여부스 족속이 막았지만 예루살렘에 입성했고 5:7 거기서 살게 되었다. 5:9 게다가 지금 므비보셋이 앉은 그 자리는 압살롬의 반역으로 잠시나마 쫓겨났던 기억이 생생한 비운의 자리였다. 다윗이 쫓겨나 있었던 시절 므비보셋은 오히려 예루살렘에 있었다. 다윗이 시바에게 므비보셋의 안부를 물었을 때 시바는 "그는 지금 예루살렘에 있다"라고 대답했다. 그 대답은 두 사람 모두에게 예루살렘이 주는 운명적 의미를 바로 시사하고 있다고 말할 수 있다.[36]

성경이 다윗이 예루살렘으로부터 망명을 떠나게 되었을 때 오히려 므비보셋은 예루살렘에 있었다는 사실을 두 번이나 강조한 점은 므비보셋의 신체적 불행이 오히려 영적 축복이었음을 암시한다고 볼 수 있다.[37] 므비보셋이 비록 세상의 왕권은 차지하지 못했다 하더라도 다윗과 함께 종말론적 왕위에 오르게 된 것을 암시한다고 본다. 이것이 므비보셋이 받을 수 있는 최고의 영광이 아닐까 한다.

흥미있는 사실은 처음에는 다윗이 므비보셋을 예루살렘에서 환영했지만 9장 나중에는 므비보셋이 다윗을 예루살렘에서 맞이했다는 점이다. 19장 그러므로 다윗의 나라는 장애인이나 왕의 신분 같은 육적인 조건에 따라 그 출입이 정해지는 것이 아니라는 점을 말해준다. 사무엘하를 통해서 므비보셋의 장애에 대해서는 4번 언급이 되지만[38] 왕의 테이블에서 먹는다는 사실은 5번이나 언급되었다는 사실만을 보아도[39] 므비보셋의 장애보다 다윗의 나라의 왕권에 더 강조를 둔 것을 짐작할 수 있다.

결론적으로 지금까지 논의를 정리해 보자.

첫째, 겨우 왕손의 혈통을 유지한 므비보셋은 그 장애가 암시하는 것처럼 사울 왕조의 운명도 다리가 끊기는 운명을 맞을 것을 암시한다. 반면 다윗은 그의 아름다운 용모와 건강함을 통해 왕조가 든든히 서갈 것임을 암시한다. 건강과 장애가 나라의 운명을 상징하는 데 쓰였다고 본다.

둘째, 므비보셋과 다윗의 예루살렘성에서의 반전을 통해 결국 영원한 나라 다윗왕국을 예시한다고 본다. 여부스 사람들이 다윗에게 절대로 예루살렘성을 빼앗지 못할 것이라고 조롱했으나 결국은 다윗이 예루살렘을 차지하고 성에 들어가 다윗성을 세웠다. 그 성에 머물 수조차 없었던 다리를 저는 자인 므비보셋이 당당히 그 성에 입성하여 살면서 주인의 자리를 차지했다는 것은 누가복음 14장의 천국 잔치에 들어온 장애인의 반전을 암시한다고 볼 수 있다.[40]

셋째, 그러나 므비보셋의 생존은 전적으로 다윗과 요나단의 언약 때문이라고 보아야 할 것이다. 이처럼 하나님의 언약이 다윗 성 입성의 조건이다. 이것을 하나님 언약의 반전이라고 말할 수 있다. 이처럼 아웃사이더가 인사이더가 되는 것이 언약 안에 있는 킹덤 모티브이다. 그것은 다윗과 시온성이라는 이미지가 주는 시온의 영광이 암시하고 있는 주제가 된다.[41] 이처럼 므비보셋의 시온성 입성은 신체적 조건에 의한 것이 아니라 하나님의 언약하에 있는 은혜였다. 이 은혜는 하나님의 헤세드 사랑을 반영하는 것이다. 그뿐만 아니라 이렇게 시작한 다윗의 나라는 영원한 나라로 서게 될 것이라는 메시아적 예언을 내포하고 있다.

넷째, 다윗의 말년도 이스라엘의 암울한 장래를 암시한다. 압살롬의 반역으로 예루살렘에서 쫓겨 나와야 했던 다윗과 예루살렘을 지키고 있었던 므비보셋이 묘한 대조를 이룬다. 그리고 예루살렘으로 돌아온 후에도 다윗의 건강상태를 통하여 나라가 점점 약해짐을 암시한다.^{16:14; 17:29; 21:15} 하지만 이런 '피곤한' 상태는 아직 장애를 의미하지는 않는다. 나라가 장애의 상태까지 가지는 않았음을 의미한다. 그러나 시드기야가 눈을 뽑히는 장면으로 이스라엘의 운명은 완전히 꺼져가게 된다.^{왕하25장} 이런 일련의 시각적인 이미지를 통해 이스라엘의 운명을 암시했다고 본다.

아히야/시각장애

열왕기상 14장은 여로보암 왕의 아들 아비야가 병든 것을 두고 하나님께서 여로보암의 악정 때문에 분노했기 때문이라고 말한다. 여로보암 왕이 자신의 부인더러 선지자 아히야에게 가서 그 아들에 대한 예언을 부탁하라고 했다. 이에 부인은 여로보암의 분부대로 아무도 알지 못하도록 변장을 하고 나선다. 여로보암은 이미 아히야가 자신을 저주한 전력이 있었기 때문에 직접 나서지는 못하고 부인을 변장시켜 보내기로 한 것이다.

하지만, 하나님은 선지자 아히야에게 여로보암 왕의 처가 변장을 하고 나타날 것이라고 미리 알려주신다. 이때 선지자 아히야는 눈이 어두워 사물을 구별할 수가 없었다. 선지자 아히야는 비록 노환으로 말미암은 시각장애를 가지고 있었음에도, 선지자 직분을 훌륭하게 수행하고 있었던 것 같다. 특별히 구약에서 선지자 직분은 하나님의 대변자다. 스스로 자신의 말을 하는 자가 아니다. 그러므로 사실 시각장애가 선지자 직분을 수행하는 데 있어서 장애 요소는 아니다. 그럼에도, 시각장애는 제사장들에게는 흠 있는 사람이 된다. 아히야가 선지자로서 제사장과는 직분이 다르다 해도 사람들로부터는 배척을 받았을 것이 분명하다. 하나님도 그 점이 불안했을 것이다. 혹시 아히야가 그의 장애 때문에 선지자의 역할에 결정적인 실수를 할까 걱정이 되었던 것이다. 그래서 하나님이 아히야에게 미리 알려주신 것이다. 그렇다면, 왜 하나님께서 그토록 다급하게 개입하시면서까지 말씀하시고자 한 메시지는 과연 무엇이었을까? 그것은 여로보암의 저주를 끊으시겠다는 아버지 하나님의 결심 때문이다.

사실 여로보암은 왕이 되어서는 안 될 인물이었다. 솔로몬의 신복으로 있었지만, 마지막에 솔로몬을 대적한 배반자다.^{왕상11:26} 끝내 모반에 성공하여 여로보암은 열 지파를 추슬러 왕이 된다. 이때 선지자 아히야가 나타나 심히 꾸짖는다. 그리고 그를 통해 시작될 나라가 대대로 하나님을 대적할 것이라고 예언한다.^{왕상11:31,40} 왕이 된 여로보암은 결국 자기 멋대로 나라를 다스린다. 악정을 계속했다. 그러나 가장 큰 악행은 우상을 섬기는 것이었다. 금송아지를 만들어 절을 하는 것은 물론 벧엘의 제단에서 스스로 분향까지 하려 했다. 벧엘의 제단은 하나님의 제단이기 때문에 하나님이 세운 제사장이 아니면 아무나 분향을 할 수 없다. 그럼에도, 여로보암은 벧엘에 레위지파가 아닌 사람들을 제사장으로 임명하기까지 했다. 아히야를 만난 여로보암의 처는 그로부터 하나님의 분명한 의지를 들었다. 그것은 대대로 여로보암의 가문을 즉시 끊어 버리시겠다는 것이었다.^{왕상14:14} 예언대로 즉시 아들이 죽었다. 이런 의미에서 여로보암 아들의 죽음은 계시적인 죽음이다. 그 후 여로보암도 죽고 그 가문은 대대로 저주를 받는다.

그런데 문제의 심각성은 여로보암의 대를 이어 왕이 된 이스라엘의 왕들이 한결같이 여로보암의 악정을 되풀이했다는 데 있다. 결국, 성경에 "그 열조의 행위대로 여호와 보시기에 악을 행하여 이스라엘로 범죄케 한 느밧의 아들 여로보암의 죄에서 떠나지 아니한지라"란 패러다임이 만들어졌다. 이 패러다임은 다윗의 왕조와 비교된다. 여로보암의 왕조는 끊어 없어져야 할 왕조이며 다윗 왕조는 세워야 할 왕조라는 것을 말한다.

결론적으로 말한다면, 선지자 아히야의 눈이 어두워졌다는 사실과 여로보암 시대의 영적 어둠과 종말과 대비된다. 따라서 아히야의 시각장애는 결국 선지시대의 종말을 예표하며 다윗을 통해 참 선지자가 나타날 것임을 강하게 시사한다고 볼 수 있다.

사울/정신장애

사울 왕이 하나님의 명령에 따라 아말렉 전쟁을 치르면서 전쟁에 대승했으나 하나님의 명령을 온전히 지키는 것을 거부하고 전리품을 챙김으로써 하나님으로부터 버린 바가 된다.삼상15 그리고 사무엘은 다윗에게 기름을 붓는다. 이어 여호와의 신이 사울 왕을 떠나고 사울은 악신에 시달리게 된다.16:14 소위 말하자면 정신병자가 된 것이다. 사울이 악신이 든 것과16:14 바로 전 절에 기술된 다윗 왕이 여호와의 신에 크게 감동된 사실16:13이 좋은 대비가 된다. 아이러니하게도 사울은 자신의 왕위가 옮겨갈 다윗의 수종을 받아 악령을 쫓아내는 의식을 받게 된다.

사무엘상 21:10~15은 다윗이 미친 척하는 모습을 그리고 있다. 여기서 미친척한 다윗의 적나라한 모습이 정신장애의 전형적인 모습을 그린 듯하다. 그것은 가드 왕 아기스의 판단과도 같은 것이다. 아기스도 다윗을 보고 "미치광이"가 "미친 짓"을 한다고 표현하였다. 다윗이 어떻게 그렇게 정확하게 정신장애를 잘 표현할 수 있었는지 모르나 그의 연기력은 출중하여서 아기스의 손으로부터 빠져나올 수가 있었다. 다윗이 흉내 낸 미친 짓 중에 "대문짝에 끼적거리며 침을 수염에 흘리며"라는 행동묘사가 있다. "대문짝에 끼적거린다"는 행동은 대문을 손톱으로 할퀴거나KJV, ASV 손가락으로 무언가를 쓰는 행동NIV, RSV

을 말하는 듯하다. 침에 수염을 흘리는 행동 역시 자기 행동이나 감각에 통제력을 상실한 상태를 말하는 것으로 정신장애인이 흔히 보이는 모습 중의 하나다. 여기서 흥미 있는 관찰중의 하나는 마소라 텍스트의 "대문짝에 끼적거리며"라고 묘사되어있는 부분을 70인경에는 "대문을 계속 두드리며"라는 단어로 해석했다는 점이다. 이런 행동을 두고 어떤 이는 자폐증의 증상이라고 보았다.[42] 즉 계속 같은 행동을 반복하여 사람들의 시선을 끌려고 하는 행동, 문을 계속 두드리는 행동이 자폐증과 같다고 본 것이다. 손가락으로 무언가를 쓰거나 또는 할퀴거나 하는 행동 역시 자폐장애의 특징 중의 하나이다. 그때는 분명히 자폐증이라는 장애명이 존재하지 않았을 때이므로 자폐증을 정신병으로 이해했을 수도 있다. 자폐증이라는 장애명이 생기기 전에는 자폐장애가 정신병의 범주로 취급받아온 것도 사실이다. 하지만, 여기서 굳이 이 모습을 자폐증으로 세분화할 필요는 없을 것 같다. 다만, 텍스트를 통하여 그 당시 사회가 정신장애 또는 지적 장애인에 대하여 얼마나 부정적인 시선으로 바라보았는지 하는 사회적 분위기를 유추할 수 있다. 즉 다윗이 미친척함으로 위기를 피하려고 했던 사실을 통해 정신장애인들을 쫓아냈던 당시 사회적 행동 패턴을 알 수 있고 다윗이 의심을 피하고자 아둘람 굴로 피신했다는 사실 삼상22:1도 그 당시 정신장애인들이 사회와 격리되어 굴 같은 곳에 살았다는 간접증거가 된다.

　사무엘상 16:14~23에 나타난 사울의 상태를 보면 의학적으로 정신장애의 범주에 포함할 수 있겠다. 그러나 성경에 나오는 악령이 들었다거나 귀신이 들린 경우는 일반 정신장애의 경우와는 다른 형태다. 정신분열증 같은 정신장애의 증세와 악령 또는 귀신이 들린 경우의 증세가 매우 유사하기 때문에 치료에 혼선을 가져오는 경우가 많다.

다윗이 정신장애의 흉내를 잘 낼 수 있었던 것도 사울의 잦은 정신장애의 병력을 관찰하면서 얻은 지식이 아닌가도 생각해 볼 수 있다.

　사울이 미친 병에 걸렸다는 것은 하나님의 손이 그를 떠났다는 증거로 해석할 수 있다. 왜냐하면, 하나님이 악신을 내리셨다고 했기 때문이다. 그러므로 단순한 의학적 문제가 아니라 장애 속에 담은 하나님의 메시지가 있는 경우라고 하겠다. 사울은 악신 때문에 겪는 정신장애지만 하나님이 사울을 다루시려는 방법의 하나라고 하겠다. 악신에 든 사울 곁에 다윗을 등장시켜 치료를 돕게 한 것은 단지 다윗이 음악 치료를 동원하여 사울의 증세를 호전시키는 모습이 아니라 사울을 다윗의 손에 맡긴다는 하나님의 의지가 담겨있고 악신이 부리는 사울의 모습과는 대조적으로 하나님의 신이 부리는 다윗을 대비한다고 볼 수 있다.

　신명기 28:28에 나오는 정신장애가 하나님과 맺은 언약을 불순종하여 받는 저주로 말미암은 정신장애라고 한다면 사무엘상 16:14의 경우는 하나님이 사울을 퇴위시키는 징벌로서 정신장애를 사용하였다. 신명기 28장에는 하나님의 언약을 어긴 자에게 내리는 징계 중에 여러 종류의 질병과 장애가 망라되어 있는데 그 가운데 정신병이 들어 있는 것으로 보아 정신장애로 징벌하는 어떤 특정한 이유가 따로 있다기보다는 징계를 위한 하나의 수단으로 보는 것이 좋을 듯 싶다. 그러므로 어떤 특정 장애가 저주라는 사실을 강조하는 것이 아니라 하나님의 진노가 불순종으로 말미암아 임할 수 있다는 경고에 그 강조점이 있다.

　구약에 나오는 정신장애의 또 하나 예는 열왕기하 9:11에 나오는 "미친 자"다. 그 배경을 살펴보면 엘리사 선지자의 제자 청년 선지자가 예후를 이스라엘 왕으로 삼을 때다. 청년 선지자가 예후에게 급히 나아가 예후의 다른 장관들이 알지 못하게 조용하게 그러나 급히 기름을 붓고 그를 왕으로 선포한다. 아합을 긴급히 처리하라는 명령도 그대로 시행한다. 그리고 그는 급히 도망간다. 예후의 신하들이 무슨 일이냐고 청년 선지자를 "미친 자"라고 지칭하면서 그 미친 자가 무슨 일로 왔는지 예후에게 묻는다. 여기서 예후의 신하들이 선지자가 어떤 행동을 했기에 "미친 자"라고 표현했는지 성경은 그 이유를 직접적으로 언급하고 있지 않다. 열왕기하 9장에 청년 선지자는 어떤 비상식적인 행동을 한 것으로 나타나있지도 않다.[43]

아마도 선지자가 하나님의 기름을 붓는 의식을 치르면서 신의 감동을 받아 어떤 묘한 의식적 행동을 하는 것을 신하들이 엿보았든가 아니면 예레미야 29장 26절,[44] 또는 호세아 9장 7절[45]에 설명된 것처럼 선지자란 흔히 미친 사람처럼 행동하는 사람으로 알려진 사회적 통념 때문에 그렇게 말했는지도 모른다. 사실 미친 사람의 행동이나 선지자의 의식에서 나오는 행동이 유사한 점이 많아 가짜 선지자들이 선지자를 흉내 내는 일이 비일비재했던 것도 역사적인 사실이다. 이런 일 때문에 사람들이 선지자들을 미친 사람으로 비하하는 사회적 통념이 있었으므로 예후의 신하들이 선지자가 방문한 것을 보고 "미친 자"라고 불렀을 가능성이 크다.

지적장애

구약에서 신체장애인은 매우 자세하게 그 장애의 정도나 의미에 대해서 밝혔지만, 지적장애와 정신장애에 대해서는 아주 애매하고 모호하게 표현하고 있어서 이 장애그룹에 대한 예와 그 의미를 성경에서 찾는 것은 매우 테크니컬 한 일이다. 이것은 지적장애에 대한 분류가 현대에 들어 구체화하였기 때문이다. 그리고 오늘날 규정하고 있는 지적/정신장애의 정의가 너무 테크니컬 하기 때문에 현재의 정의를 가지고 성경에 나오는 지적장애를 판단하는 데도 무리가 있다. 굳이 찾자면 성경에 "어리석은" 사람이라는 표현을 들어 이들을 지적장애로 분류하는 학자가 있다.

"어리석다"는 단어와 "단순하다"는 단어의 뿌리가 같다.[46] 여기서 의문은 이 단어가 지금의 정의처럼 지적장애를 가리킬 때 쓰였는가 하는 질문이다. 잠언에 나오는 어리석은 사람의 특징을 보면, 지식이 부족하고, 분별력이 없으며, 훈련이 되지 않고 잘못된 선택을 하는 사람이며 판단력이 부족하기 때문에 잘못된 선택을 할 때가 잦다. 이런 사람을 지적장애인이라고 부를 수 있을까?

> 렘 4:22 내 백성은 나를 알지 못하는 어리석은 자요 지각이 없는 미련한 자식이라 악을 행하기에는 지각이 있으나 선을 행하기에는 무지하도다

어리석은 사람(우매자)를 성경에서 표현한 대로 찾아보면 위에서 말한 지식부족, 분별력 없음, 판단력 부족 등외에 다음과 같은 사람으로 표현되어 있다. 어리석은 자,잠9:13 말이 많고 크게 떠드는 자,전10:14 자신의 말로 인해 손해를 보는 자,전10:12 지식을 미워하는 자,잠1:22 단순한 자,잠8:5 [47] 자기의 행위가 바른 줄 아는 자,잠12:15 분노를 당장에 나타내는 자잠12:16 등등.

과연 이런 사람들을 지적장애인의 부류에 포함할 수 있을까? 전체적으로 보면 잠언은 하나님의 말씀에 지혜가 없는 사람을 어리석은 사람으로 지칭하고 있다. 잠언은 어리석은 사람과 지혜로운 사람을 대비해 설명하면서 지혜로운 사람은 하나님 말씀을 경외하는 사람이며 어리석은 자는 하나님의 말씀을 무시하는 사람이라고 했다. 그렇다면, 어리석은 사람을 지적장애인으로 분류한다는 것은 분명히 무리

가 된다. "어리석다"는 말이 나오는 성경본문의 문맥을 보면 대체로 지적능력에는 문제가 없지만, 영적 분별력이 없고 하나님의 말씀을 주의 깊게 생각지 않아서 잘못된 선택을 하는 사람으로 규정할 때가 잦기 때문이다.

단원요약질문

1. 이삭, 야곱, 모세의 장애를 하나님나라와 연결하여 풀이해 보라.

2. 삼손의 장애를 사사시대의 종말과 연계하여 설명해 보라.

3. 므비보셋의 장애를 하나님나라의 언약이라는 관점으로 풀이하라.

4. 사울의 정신장애가 주는 시대적 의미를 말해보라.

제 4 장

장애나라 이스라엘

몇 년 전 내가 쓴 『애덤 킹 희망을 던져라』 책의 서문에 다운신드롬이란 장애를 입고 태어난 우리 딸 조이를 두고 "하나님은 천사를 내 곁에 두게 하시려고 세상에서 가장 예쁜 천사의 날개를 부러뜨려 우리 집 위에 떨어뜨렸다"라고 표현했었다. 벌써 조이가 12살이 되었다. 12살이 되기까지 이 천사는 해마다 조금씩 이상한 행동(?)을 했다.

조이가 5살 때, 어느 날 학교에서 전화가 왔다. 조이가 책상 밑에 들어가서 한 시간이 지나도 나오지 않고 있다고 나더러 와서 데리고 가라는 것이었다. 조이에게 전화를 바꾸어 달라고 부탁한 후 한마디 속삭였다. "조이야 책상 밑에서 나와. I love you." 그 한마디에 조이는 책상 밖으로 기어 나왔다. 교사는 너무 어이없어 하며 조이를 책상 밖으로 나오게 한 비밀코드가 무엇이냐고 물었다. 자신은 한 시간 동안 별방법을 다 동원해도 실패하였는데 어떻게 전화 한마디에 조이가 벌떡 일어설 수 있느냐는 것이었다. 그다음에도 조이는 자기가 마음에 들지 않으면 교실 한복판에 누워 한 시간이고 일어나지 않았다. 속 시원하게 자신의 마음을 말로 표현할 수 없는 장애아이의 살아가는 방법이라 생각하니 우습기도 하고 한편으론 대견스럽기까지 했다. 조이는 내적으로 쌓인 스트레스를 손가락을 물어뜯는 방법으로 해결하는 듯하다. 손에서 피가 나기까지 손가락을 물어뜯는 습관은 지금도 계속되고 있다.

하루 종일 찬송을 부르며 사는 너무나 행복하게 보이는 조이에게도 이 세상을 살아가는 데는 힘이 많이 드는가 보다. 언제부터인가 새로운 환경에 가면 자기보다 작고 약해 보이는 아이를 밀거나 꼬집거나 때론 손가락을 무는 행동을 하곤 했다. 이런 행동은 용납해서는 안 될 성질의 것이기에 아주 따끔하게 혼내곤 한다. 닭똥 같은 눈물을 흘리며 다시는 그런 일을 하지 않겠다고 약속을 하지만 얼마 가지 않아 똑같은 행동을 했다. 다른 사람들로부터 받은 스트레스를 자신보다 약하게 보이는 아이에게 풀어버리는 조이를 보며 "천사도 이 땅에 오래 살면 타락한다"라며 너털웃음을 짓고 말았다.

우스갯소리로 조이를 타락한 천사라고 해도 조이는 여전히 나의 천사이다. 내가 짓는 엉큼한 죄와는 거리가 먼 아이. 죄를 지어도 천사 수준(?)으로 짓는 아이니까 나보다 낫지 않은가! (천사가 타락하면 루시퍼가 되지 않느냐고 괜히 딴죽 걸지 마시라.)

하나님은 이스라엘과 길고도 긴 줄다리기를 하신다. 비록 이스라엘이 타락했을지라도 이스라엘은 당신의 택함을 받은 백성이라는 것과 땅에 소속된 자들이 아니라 하늘나라에 속한 하나님의 백성이라는 사실을 계속 상기시켜 주신다. 아울러 영적 타락이 얼마나 심각한 결과를 낳는지 장애 메타포를 사용하여 설명하신다. 이스라엘이 바벨론으로 끌려가서 종살이하는 것을 두고 이스라엘이 장애나라가 되었다는 이미지로 설명한다. 이스라엘이 장애나라가 되어 국가 기능은 마비되고, 백성이 신음하게 된 것은 정치와 외교의 실패 때문이 아니라 영적인 부패 때문이었다. 따라서 자연히 하나님 형상의 소지자로서 이스라엘의 이미지는 일그러지게 되었다. 그러나 하나님 언약의 사랑은 장애나라 이스라엘을 영구적 장애나라로 만드시지 않으시고 장애 나라 이스라엘을 고치고 회복하는 데로 이끄신다.

렘 31:7 보라 나는 그들을 북쪽 땅에서 인도하며 땅끝에서부터 모으리라 그들 중에는 맹인과 다리 저는 사람과 잉태한 여인과 해산하는 여인이 함께 있으며 큰 무리를 이루어 이곳으로 돌아오리라

장애나라 이스라엘

장애나라 이스라엘이 회복하는 과정에서 맹인과 다리 저는 사람 같은 육체적 장애인과 잉태한 여인과 해산하는 여인과 같이 육체적 장애는 없지만 먼 거리를 이동하는 데 치명적인 장애가 있는 사람들이 바벨론으로부터 귀환하는 이스라엘 무리 중에 포함되어 있다는 사실은 중요한 시사점을 던져준다. 즉 장애나라 이스라엘이 곧 회복된다는 생생한 메타포로서 장애인을 귀환의 첫 무리 중에 포함한 것이다. 또한 이제는 그들이 더는 사회의 변두리 신분이 아니라 주빈으로서 등장한다는 뜻이기도 하다. 그러나 가장 중요한 의미는 이스라엘이 더는 장애나라로 머물지 않고 장애인이 치유되는 것처럼 장애나라 이스라엘도 회복될 것이라는 뜻이다. 이 회복의 과정에 장애인이 사회에 통합됨을 보여줌으로써 더욱 발전한 사회적 시스템을 이룬다는 것을 의미한다.

장애를 경험한 이스라엘이 결국 더욱 건강한 이스라엘로 회복될 것임을 암시함으로써 장애가 결코 국가나 인생을 파멸로 몰아넣는 어두운 그림자가 아니라 회복의 신호탄임을 암시하고 있다. 그러므로 장애나라 이스라엘의 회복을 전제로 하나님은 이스라엘로 하여금 뼈저린 장애를 경험하게 하셨다. 이 교훈을 위해서 하나님은 이스라엘 백성 가운데 장애인을 두시고 그 뜻을 헤아리게 하셨다. 이런 계획하에서 장애나라가 된 이스라엘은 비록 죄 때문에 가혹한 형벌을 받는 형국이 되었지만, 하나님의 언약백성으로서 반드시 회복이 있음을 기대하며 그 가운데 있는 장애인들이 고침을 받는 것을 봄으로서 이스라엘의 회복에 대한 기대를 구체화하게 되었다.

성경에서 사람의 몸이 분명하게 또는 암시적으로 국가나 사회의 가치관을 은유하는 메타포로 자주 사용된다. 사람의 몸의 기능을 사회나 국가의 기능에 빗대어 설명하기도 한다. 또 사람의 몸을 통해서 하나님의 몸을 은유적으로 나타낼 때가 있다. 예를 들면, 바울은 고린도전서 12:12~31에서 교회를 사람의 몸으로 비유하여 설명하고 있다. 문화인류학적으로도 나라를 사람의 몸으로 비유하여 말하는 문화들이 많이 있다.

반면에 이렇게 몸을 사회적 또는 국가적 기능과 연계하여 생각하는 은유법은 장애인은 사회에 제 기능을 하지 못하는 불량품이라는 뉘앙스를 주기 때문에 결국 장애인들을 사회로부터 더욱 고립시키는 부정적인 역할도 한다. 또 성경은 이스라엘을 어떤 특정한 장애를 가진 장애인으로 은유하기도 한다. 이스라엘을 사람의 몸으로 비유하여 몸에 나타나는 장애를 통해 바로 이스라엘의 도덕적 영적 죄를 지적하였다. 더 나아가 이스라엘의 도덕적, 영적 장애가 신체적 장애보다 크다는 것을 말하고 있다. 이사야 42:18~20에 이런 뜻이 분명하게 들어있다.

> 너희 못 듣는 자들아 들으라 너희 맹인들아 밝히 보라 맹인이 누구냐 내 종이 아니냐 누가 내가 보내는 내 사자 같이 못 듣는 자겠느냐 누가 내게 충성된 자 같이 맹인이겠느냐 누가 여호와의 종같이 맹인이겠느냐

이스라엘의 듣지 못함과 눈멂은 어떤 특정 기관이 기능을 다 하지 못하는 데서 오는 것이 아니라는 것이다. 본문은 시각장애는 눈에 이상이 와서 생기는 것이고 청각장애는 귀에 이상이 와서 생긴다는 원리로 이스라엘의 기능적 장애를 말하려 하는 것이 아니다. 오히려 하나님은 영적인 원리로 말씀하신다. 즉 하나님의 백성 이스라엘은 볼 수 있는 눈이 있고 들을 수 있는 귀가 있는 존재로 지은 바 되고 부르신 바 되었음에도 이스라엘이 자신의 고집대로 살기 때문에 이제 그

들의 눈과 귀로는 다시는 하나님 진리의 말씀을 보지도 못하고 듣지도 못하는 상태가 되었음을 탄식하신다고 있는 것이다.

> 사 42:6~7 나 여호와가 의로 너를 불렀은즉 내가 네 손을 잡아 너를 보호하며 너를 세워 백성의 언약과 이방의 빛이 되게 하리니 네가 눈먼 자들의 눈을 밝히며 갇힌 자를 감옥에서 이끌어 내며 흑암에 앉은 자를 감방에서 나오게 하리라

본문은 하나님이 이스라엘을 부르신 이유를 분명하게 말한다. 여기서 눈먼 자의 눈을 밝힌다는 말은 맹인의 눈을 뜨게 한다는 뜻보다는 하나님의 진리로 인도한다는 뜻이다. 오히려 이스라엘은 영적으로 장애가 된 사람들을 하나님 앞으로 인도하려고 부르신 이방의 빛이라는 것이다. 그럼에도, 지금은 맹인이 맹인을 인도하는 격이 되었다고 탄식하신다. 이스라엘이 영적 맹인이 된 것이다.

이사야 43:7~8은 더욱 분명하게 하나님이 이스라엘을 부르신 이유와 사명을 말한다. 그러나 이스라엘이 지금 장애나라가 되었다고 탄식하신다.

> 내 이름으로 불려지는 모든 자 곧 내가 내 영광을 위하여 창조한 자를 오게 하라 그를 내가 지었고 그를 내가 만들었느니라 눈이 있어도 보지 못하고 귀가 있어도 듣지 못하는 백성을 이끌어 내라

한편, 사람 몸의 기관을 사회의 기능과 연관시켜 말한 부분도 있다. 예를 들어 출 23:8에 "너는 뇌물을 받지 말라 뇌물은 밝은 자의 눈을 어둡게 한다"고 비유했다. 뇌물 자체가 물리적으로 눈을 어둡게 만드는 것이 아니지만, 뇌물을 주는 행위는 사람의 눈 즉 판단을 흐리게 한다는 것이다. 즉 여기서 눈은 사회의 정의에 대한 판단을 의미한다.

고자와 이스라엘

고대 이스라엘에 있어서 남자가 생산할 능력이 없다는 것은 개인의 신체적 장애를 넘어 가문을 잇지 못하는 족보단절의 절대적 사회적 장애이다. 그러므로 족보사회인 이스라엘에서 이들은 사람 취급을 받지 못하고 살았다. 이스라엘에서 고자는 저주받은 자다. 이스라엘 백성은 생육하고 번성하도록 하나님으로부터 명령을 받았기 때문이다. 그래서 생육을 하지 못하는 사람은 하나님으로부터 저주를 받은 것으로 취급받았다. 예를 들면, 성경에 타락한 이스라엘을 가리켜 "구로하여도 생산하지 못하는 여인"으로 정죄하고 있다.사54:1 이렇게 생산하지 못하는 이스라엘이야말로 장애나라라는 것이다.

레위기 21장에 육체에 흠이 있는 제사장으로 "고환이 상한 자"를 들고 있다. 눈에 보이지 않는 많은 장애 중에 유독 "고환이 상한 자"가 부정한 자가 되는 이유는 바로 그가 생육하고 번성하라는 하나님의 명령을 지키지 못하는 자이기 때문이다. 고환이 상한 자나 고자라는 장애 자체가 부정한 것이 아니라 하나님의 언약을 재생산하지 못하기 때문에 흠 있는 자라는 것이다. 따라서 개인적인 신체상의 고자나 장애로 말미암은 고자 자체를 정죄하는 것이 아니다.

> 사 56:3~5 고자도 말하기를 나는 마른 나무라 하지 말라. 여호와께서 이처럼 말씀하시기를 나의 안식일을 지키며 내가 기뻐하는 일을 선택하며 나의 언약을 굳게 잡는 고자들에게는 내가 내 집에서, 내 성 안에서 아들이나 딸보다 나은 기념물과 이름을 그들에게 주며 영원한 이름을 주어 끊어지지 아니하게 할 것이며

하나님은 그의 언약을 붙드는 고자는 오히려 그의 이름을 영원히 기념할 것이라고 약속하셨다. 따라서 하나님의 관심이 개인적 가문의 흥망성쇠에 있는 것이 아니라 하나님의 언약의 백성이 영원히 끊어지

지 않기를 원하신다. 그래서 하나님은 이스라엘과 맺은 언약이 대대로 전해지지 않는 것에 대해 그렇게 분노하시는 것이다.

태의 닫힘

태의 닫힘은 이스라엘에 있어서 남자는 고자와 마찬가지로 이것 역시 생육하고 번성하라는 하나님의 명령에 정면으로 어긋나기 때문에 여자의 최대 수치요 장애다. 성경에 태가 열리지 못해 아이를 잉태하지 못하는 여인이 여럿 등장한다. 아브라함의 아내 사라,창16:1 이삭의 아내 리브가,25:21 야곱의 아내 라헬,29:31 삼손의 어머니,삿13:2 사무엘의 어머니 한나삼상1:2가 그들이다.

사라

사라는 자신의 태를 하나님이 열지 않으셨다고 이해했고,창16:2 아브라함도 하나님이 씨를 주시지 않았다고 담담하게 생각했다.15:3 이런 아브라함 부부의 이해는 자신들의 불임의 원인을 하나님께 돌리는 불경건한 생각이라기보다는 오히려 하나님의 언약을 이해하는 데 있어 믿음이 모자랐다고 보아야 할 것이다. 적어도 하나님이 아브라함에게 나타나 아이를 주시겠다는 약속을 주시기 전까지는 무자함이 아브라함 부부에게 그리 심각한 장애가 된 것 같지 않다. 왜냐하면, 아브라함 부부가 자식이 없어 한탄했다거나 부부간에 문제가 생겼다는 기록이 없고 또 자식이 없어 사회적인 불이익을 당했다는 암시가 없기 때문이다. 성경은 그냥 아브라함 부부에게 자식이 없었다는 사실적 기록만 남기고 있다.창11:30 생육을 중요시하는 족장 시대에 이들에게 아들이 없음 때문에 사회적으로 좋지 못한 편견과 심리적 압박이 왜 없었겠는가? 이런 배경 속에서 하나님의 집을 떠나라는 명령이 그들로 하여금 즉시 집을 떠날 수 있었던 동인으로 작용했을 것이라 짐작이 된다.

아브라함이 75세 때 뒤늦게 하나님으로부터 받은 황당한 약속(?)을 따라 즉시 집을 떠났으나 10년이 넘게 기다려도 하늘의 별과 같은 큰 민족은커녕 아이 하나 생길 기미도 보이지 않았다. 하나님의 약속을 철석같이 믿었던 아브라함 부부는 많이 실망은 했겠지만, 하나님의 약속 자체를 불신한 것 같지는 않다. 다만, 하나님께서 자식을 주실 방법이 다를 것이라고 이해를 한 듯하다. 그래서 사라는 아브라함더러 하갈과 동침하여 아이를 얻으라고 권유했고 아브라함도 순순히 동의를 했다. 아브라함 부부가 둘 사이에서 난 아이가 아닌 아브라함의 씨를 통해 자식을 주실지도 모른다고 생각한 것은 분명해 보인다. 그러나 이런 행동은 하나님의 언약에 대한 무지요 불신앙의 표현이었다. 결국 이런 어처구니없는 행동은 부부갈등과 자식 간의 원초적 갈등을 넘어 민족적 갈등의 원인이 되었고 영적 전쟁의 커다란 불씨를 낳았다. 이는 하나님께서는 하갈의 신음을 불쌍히 여기사 이스마엘을 통해서도 큰 민족을 이루게 하시겠다고 축복을 하셨다. 그 후 아브라함은 이삭을 낳음으로써 언약은 성취되었지만 그들의 영적 분별력 부족은 이스마엘과 이삭이 영원히 갈등을 가져오는 단초가 되고 말았다.

그러나 아브라함 부부의 불신앙은 아이러니하게도 오히려 언약의 성취자는 하나님이시라는 점을 돋보이게 하는 역할을 하였다. 그들의 불임 장애가 하나님나라의 언약을 성취하는 데 걸림돌이 아니라 오히려 안전핀으로 작용하였다는 점이 놀랍다. 아직도 살아있었던 아브라함의 정자를 통해 언약을 이루겠다고 시도한 아브라함 부부의 인간적 꾀보다도 굳게 닫힌 사라의 태를 통해 반드시 생산을 하시겠다는 하나님의 의지가 승리한 것이다. 따라서 사라의 장애가 오히려 하나님의 언약을 성취하는 승리의 문이 되었다. 그리하여 사라의 태는 하나님의 약속대로 큰 무리를 이루는 열린 문이 되었다. 이처럼 이스라엘은 태생적으로 장애나라였다. 하나님의 언약이 아니었으면 시작도 할 수 없었던 장애나라였지만 사라의 태를 여심으로 이스라엘이 탄생하게 되었다. 장애는 사람에게 있어서는 불능한 상태이지만 하나님에게 있어서는 그의 뜻을 펴시는 최대의 무기인 셈이다.

리브가

이삭 부부는 자신들의 무자함이 너무 괴로우므로 리브가의 태를 열어달라고 하나님께 간청한다. 이삭 부부는 합심해서 아이를 달라고 기도했음이 분명하다. 이삭은 이미 아버지 아브라함으로부터 자신이 어떻게 태어난 존재인지를 명심하고 있었다. 그리고 하나님이 아브라함에게 주신 언약을 생생하게 기억하고 있었고 또 자식에게 전해 주어야 할 사명임을 굳게 상기하고 있었을 것이다. 그런데 문제는 언약을 승계시킬 아이가 생기지 않는 것이다. 이삭부부의 답답함은 아마도 아브라함 부부의 답답함보다 훨씬 컸으리라고 짐작된다. 이삭부부는 아버지로부터 전해 받은 언약. 무엇보다도 자기 자신이 언약의 산물이자 언약의 지계석이었기에 자식이 없다는 것은 천형과도 같은 것이었다. 그러나 언약을 받은 이삭에게도 해답은 있었다. 그것은 이 문제를 풀 열쇠를 가진 하나님께 매달리는 길이다.

하나님의 입장으로 돌아가 보면 사라에 이어 리브가의 태까지 닫아 놓으신 이유가 분명해 보인다. 하나님의 질투라고 할까. 사람은 결코 하나님나라를 운행하는 주체가 아니라는 점을 분명히 밝히어두고 싶은 것이다. 역사 속에서 역사를 구성하고 있는 존재들이 사람들이긴 하지만 결코 역사를 만들어 가는 주체가 아니라는 것이다. 따라서 하나님께서는 만물을 창조하신 것처럼 동시에 창조의 운행도 당신이 하시겠다는 것이다. 그래서 심술 같지만 사라의 태도 리브가의 태도 잠시 닫아 놓으셨던 것이다. 그렇다고 이 세상 모든 여인의 태를 닫아 놓았다가 기도해야만 여시는 폭군은 아니시다.

라헬

어차피 야곱을 통하여 열두 지파를 계획하신 하나님이시라면 닫아 놓았던 레아의 태를 라헬보다 먼저 여신 것은 언약의 사랑이라는 관점에서 볼 때 더욱 돋보인다. 레아와 라헬 모두 하나님께서 태를 의도적으로 닫아놓으셨다고 보아야 할 것이다. 이는 아마도 아브라함의 하나님, 이삭의 하나님, 야곱의 언약적 호칭과도 밀접한 관계가 있는 것 같다.

레아가 야곱으로부터 사랑을 받지 못하는 것을 하나님도 불쌍하게 보시고 레아의 태를 먼저 열어 주셨다. 시력도 좋지 않은 레아가 아이까지 생산하지 못한다면 당시 사회에서는 장애인 중의 장애인으로서 아무에게도 사랑받을 수 없는 비참한 조건이 되기 때문이었다. 장애라는 이유로 사랑받지 못하는 것이 세상의 이치일지라도 하나님으로부터 사랑받는 것이 더 중요한 언약의 본질이라는 것을 하나님은 레아를 통해 보여준다. 라헬은 무자하였다창29:31는 말은 라헬이 아이를 낳을 수 없는 불임여인이라는 뜻이다. 레아가 남편으로부터 받지 못한 사랑을 하나님으로부터 듬뿍 받고 계속해서 하나님 언약의 자식을 낳음으로써 최고의 기쁨을 누리는 동안 라헬은 자식이 없음을 슬퍼하면서도 무자함의 책임을 야곱에게 떠넘기며 채근한다. 자식이 없음은 여자의 책임이라는 사회적 통념으로 보면 라헬의 그런 주장은 야곱으로는 도무지 용납할 수 없는 주제넘은 주장이지만 재미있게도 라헬의 주장은 하나님 언약의 입장으로 보면 맞는 말이다. 이스라엘은 아브라함의 씨로 말미암아 대를 이어야 하기 때문에 야곱의 씨가 문제였던 것이다. 이런 라헬의 주장에 그 본질을 깊이 깨달아야 할 야곱은 그 책임을 이제 하나님께 전가한다. 물론 하나님이 태를 여시지 않았다는 점을 제대로 보긴 했지만, 라헬에게 화를 내고 하나님께 신경질을 부렸다는 점으로 보아 하나님께서 자신이 그토록 사랑하는 라헬의 태를 열지 않는다고 매우 불쾌하게 생각했음이 틀림없다. 이것이 야곱에게 콤플렉스로 작용했던 것 같다.

한 가지 재미있는 사실은 야곱과 라헬 커플이 자신의 조부모 아브라함과 사라 부부가 범한 잘못을 그대로 따라하고 있다는 점이다. 즉 자신의 태를 하나님이 여시지 않으니까 여종 빌하를 통해 언약을 이루자는 라헬의 청을 야곱이 그대로 따르고 단이라는 아들을 낳았다. 이스마엘 때문에 엄청난 시련을 겪고 있으면서도 그리고 왜 그런 문제가 생겼는지 야곱 부부가 잘 알고 있을 법한데 야곱 부부는 왜 똑같은 잘못을 되풀이했을까? 이처럼 사람들은 하나님의 언약을 한 세대도 제대로 대물림할 수 없는 존재인가 보다. 그럼에도, 하나님은 줄기차게 언약을 갱신해 가면서까지 언약을 대물림해 주신다. 헤세드 사랑의 극치를 본다.

꽤 많은 야곱의 이야기는 계속해서 잔꾀 부리는 가문의 이야기로 이어진다. 그럼에도, 하나님은 잠잠히 당신의 언약 가문을 당신의 생각대로 진행해 가신다. 레아와 라헬이 모두 자신의 태의 문이 닫히자 이들은 자신의 자녀를 통해 야곱의 사랑을 쟁취하겠다는 욕심으로 자신의 종들을 통해 야곱의 자녀 낳기 시합을 한다. 명백한 하나님의 언약 위반이다. 이미 하나님께서 자신들의 태의 문을 닫으셨기 때문이다. 기능이 정지한다고 해서 장애가 아니다. 레아와 라헬은 자신들의 자녀생산 기능정지를 장애로 보고 자녀 생산의 다른 방법을 강구했으나 하나님이 태를 조절하심으로서 당신의 계획을 이루어 나가셨다. 따라서 그들의 자녀생산 기능중지는 하나님 언약을 위한 계획적 기능정지였던 것이다. 그 후 하나님은 다시 레아의 태를 여심으로 그가 계획하신 열두 지파의 머리들을 모두 만드셨다. 레아와 라헬의 사랑싸움으로 줄 생산된 것 같은 자녀를 통해 열두 지파를 만드신 하나님의 언약 계획 성취는 코믹하기까지 하다.

라헬은 레아가 줄줄이 자식들을 낳자 자신의 여종 빌하를 통해서라도 기어코 자식을 얻었다. 그렇게 해놓고는 하나님이 자신의 억울함을 풀어주시고자 아들을 주셨다고 기뻐했다.^{창30:6} 다시 라헬의 시종 빌하가 둘째 아이를 낳자 라헬은 의기가 충천하여 "내가 형과 크게 경쟁하여 이기었다"고 기뻐 어쩔 줄 몰라 했다. 이렇게 레아와 라헬이 자식 생산 싸움에 빠져있는 동안에도 하나님은 이스라엘을 통한 열두 지파 계획을 차근차근 진행하고 계셨다. 이미 넷이나 아들을 얻은 레아는 라헬이 시종을 통해 두 아들을 얻자 위협을 느껴 자신도 시종을 통해 아이를 더 얻는다. 여담이지만 야곱은 무슨 생각으로 두 여인의 권고를 조금도 주저함이 없이 받아들이고 시행하였을까? 더욱 재미있게도 왜 하나님께서 레아의 태를 다시 여셔서 다섯째 여섯째 아들까지 얻게 하셨을까? 게다가 또 라헬이 불쌍하다고 해서 그녀의 태도 여시고 요셉과 베냐민을 낳게 하셨다. 두 여자의 질투심에 불을 지르시고 그들이 경쟁적으로 낳은 자녀를 통해 열두 지파를 삼으신 하나님은 도대체 무슨 생각을 하신 것일까?

아브라함의 경우 낳지 말아야 할 이스마엘에게는 하나님이 비록 그를 인간적으로는 축복하셨지만, 언약의 선에 넣지는 않으셨는데 야곱에게는 인간적 욕심으로 시종들까지 동원해 생산한 자녀까지 언약의 선에 세우신 이유가 무엇일까? 이쯤 되니까 하나님나라의 언약 선에는 어떤 공식도 성립하지 않는다는 것밖에는 모르겠다. 그럼에도, 한 가지 분명한 사실은 하나님께서 레아와 라헬의 태의 문을 닫고 열고를 반복하심으로 그가 언약의 백성을 친히 택하셨다는 점이다. 그러므로 결국 그들의 장애가 하나님의 뜻을 드러나게 하는 데 쓰인 절대적인 은혜의 도구가 되었다는 점밖엔 없다.

그랄 왕 아비멜렉 사건

아브라함이 그랄에 이주하여 거할 때 그랄 왕 아비멜렉이 아브라함의 아내 사라를 취한다. 물론 아브라함이 거짓말을 함으로서 일어난 사건이지만 하나님께서는 죄가 없는 아비멜렉을 크게 징벌하여 아비멜렉의 집에 거하는 모든 여자들의 태의 문을 닫으셨다. 아브라함이 차지한 하나님나라라고 하는 언약과 구속 역사적 틀에서의 위치를 생각하지 않는다면 도덕적인 판단으로는 결코 이해할 수 없는 하나님의 진노 하심이다. 그뿐만 아니라 아비멜렉 가문의 여인들의 닫힌 태를 아브라함의 기도로 다시 열게 되었다^{창20:17~18}는 점은 성경에서 생물학적 기능 장애가 영적인 의미를 내포하고 있음을 다시 한 번 확인시켜 준다. 그렇다고 해서 모든 불임이 다 그런 의미가 있는 것은 아니다.

삼손과 사무엘 어머니

사무엘은 어머니 한나의 간절한 서원기도를 통해 태어났지만, 삼손은 하나님의 사자가 일방적으로 나타나 아이를 생산할 것이라고 일러주고 삼손의 모친의 닫힌 태의 문을 열어 주었다. 이를 통해 분명히 알 수 있는 것은 성경은 우리에게 아이를 낳는 방법을 가르치려고 하는 것이 아니라는 점이다. 여기서 하나님은 여인의 닫힌 태를 여셔서 삼손과 사무엘을 주시는 특별하신 이유가 있다는 것을 분명히 밝히고 싶은 것이다. 이렇게 삼손과 사무엘은 이스라엘 구속역사의 중요성을 안고 태어났다. 삼손은 허물어지는 이스라엘의 운명을 끌어안고 함께 쓰러져야 하는 운명적 사명을 받았고 사무엘은 사사시대를 끝내고 왕정국가를 준비하며 다윗을 왕으로 세우는 시대적 사명을 부여받았기 때문이다.

사무엘은 한나의 서원기도를 통해 나실인이 되었고 삼손은 하나님 사자의 명령에 의해 나실인이 된다. 부르심을 받는 방법이 다를 뿐 모두 하나님의 작정 하심에 따른 부르심이다. 그러므로 삼손 모친의 기도가 삼손을 나실인과 사사로 만들었고 한나의 서원기도가 사무엘을 선지자로 만들었다고 주장하는 것은 구속역사의 주인공을 바꾸는 일이다. 오히려 하나님이 마노아의 아내와 한나의 태를 미리 닫으시고 그들로 하여금 기도를 하게 하신 것이다. 그만큼 그들을 통해 태어날 인물이 담당해야 할 임무가 막중했기 때문이다. 서원기도를 했기 때문에 훌륭한 인물이 태어난다면 하나님의 구원 계획도 그때 시작된다고밖에 볼 수 없다. 그렇다면, 하나님께서는 이스라엘의 구속역사를 임기응변적으로 즉흥적으로 운행하신다는 결론에 이른다. 하나님이 미리 삼손과 사무엘을 계획하시고 그들을 땅에 보내시고자 마노아의 아내와 한나를 택하셨으며 하나님께서 두 선지자를 극적으로 보내시려고 두 여인의 태를 미리 닫아두었다가 서원기도와 하나님의 사자 방문이라는 극적인 방식을 택하신 것이다.

미갈

하나님의 궤가 다윗 성으로 들어올 때 다윗은 매우 기뻐 춤을 추었다. 이때 사울의 딸 미갈이 다윗의 춤 추는 것을 보고 마음으로 업신여겼다.6:16 왕이 채신없이 행동한다는 것이었다.6:20 그러나 다윗은 사람 앞에서 춤을 춘 것이 아니라 하나님 앞에서 춤을 춘 것이므로 부끄러울 것이 없다고 항변하면서 하나님 앞에서는 천하게 보여도 괜찮지만, 계집종에게서는 존경을 받아야 할 것이라 말했다. 그런 가운데 23절의 설명이 부연 된다.

> 삼하 6:23 그러므로 사울의 딸 미갈이 죽는 날까지 그에게 자식이 없으니라

한글성경은 "그러므로"(개역개정/개역한글), "이런 일 때문에"(표준새번역/쉬운성경), "이 일로 해서"(우리말성경)라고 번역하면서 미갈이 자식이 없는 이유가 다윗을 무시한 결과로 받은 하나님의 벌 때문이라고 해석하고 있다. 다만, 공동번역은 "그 뒤"라고 번역을 하여 그런 연관성보다는 시간적인 설명으로 보았다. 한편 영어성경을 보면 NIV는 "and"로 King James는 "therefore"로, NASV는 아예 부사를 빼버리고 아무런 연관성을 맺지 않았다. 킹제임스는 한글성경처럼 미갈의 불임이 그의 죄로 말미암은 것이라고 해석했지만 NIV나 NASV는 그런 연관성을 염두에 두지 않았다.

미갈의 불임이 다윗을 업신여긴 죄 때문이라는 해석이 전통적으로 주류를 이루지만 단지 다윗이 화가 나서 그 이후부터 미갈과 관계를 맺지 않았기 때문에 자식을 낳지 못했다고 주장하는 학자들도 있다.[1] 하지만 성경은 미갈이 죄 때문에 불임이 되었다든지 죄로 말미암은 것이라면 어떤 죄 때문에 벌을 받았다고 주장할 만한 어떤 힌트도 주지 않는다. 한편, 미갈의 불임 때문에 더 이상의 다윗의 자식이 생산되지 않음으로 인해 이스라엘 정치사에 어떤 영향이 미쳤는가에 대해서 연구하는 학자들의 의견도 있다.[2]

고난받는 종

이사야 52장에 기술된 "고난받는 종 메시아" 사상을 보면 앞으로 오실 메시아는 고난받고 상처입고 괴롭힘을 당하는 것으로 설명되어 있다. 사람의 몸으로 비유한다면 그런 상태로는 사람의 능력이 상실된 '장애의 몸'을 입은 상태가 됨을 의미한다. 고난받는 종 메시아사상으로부터 위대한 구원의 진리를 캐낼 수 있지만, 장애신학과 관련하여서도 몇 가지 중요한 원리를 아울러 찾아낼 수 있다. 그것은 육체적인 조건이 영적인 조건을 수행하는 데 필수조건이 아니라는 점이다. 오히려 육체적인 연약함이 하나님의 뜻을 수행하는 데 좋은 조건이 될 수도 있다는 사실을 암시한다고 볼 수 있다. 메시아가 슈퍼맨 이미지로 오지 않고 굳이 매 맞고 고난받는 종으로 오신 이유는 무엇일까를 생각하면 더욱 그렇다.

이사야 52장은 하나님의 뜻을 선포하는 메신저로서 가장 적절한 형태가 '장애인' 형상이라고 말한다고 보아도 무방할 것이다. 왜냐하면, 하나님의 뜻을 수행하는 메신저 또는 메시아는 육체적인 모습이나 능력으로 그 임무를 수행하는 것이 아니기 때문이다. 그뿐만 아니라 만일 메시아가 강한 육체를 가지고 올 경우 사람들은 육체적인 힘을 기대할 수 있기 때문이다. 물론 메시아가 맹인이나 농아 또는 휠체어 장애인으로 그려지지는 않았다. 그렇게 특정한 장애인으로 묘사될 경우는 또 구체적 장애의 이미지가 가지는 독특성 때문에 메시아 사상 개념에 혼선이 올 가능성이 있어 메시아가 특정장애인의 이미지로 묘사되는 것은 적절치 않다. 이렇게 볼 때 장애 메타포는 그리스도와 하나님나라를 이해하는 데 가장 중요한 도구가 된다고 볼 수 있다.

고난받는 종 메시아의 핵심 사상은 역시 사랑이다. 하나님의 백성이 고난을 받을 때 메시아도 고난받는 종으로 나타난다는 것이다. 죄로 말미암아 백성이 스스로 자초한 고난이지만 하나님은 백성의 고난을 외면하시거나 고소해 하지 않으시고 당신이 지실 죄지음으로 생각하시고 친히 백성의 고난에 친히 참여하심으로 그의 깊은 언약의 헤세드 사랑을 나타내신 것이다. 이렇게 이스라엘을 육체적인 장애인으로 묘사한 것은 하나님께서 이스라엘을 극진히 사랑하시는 그 사랑의 지극한 마음 때문이다. 즉 매를 맞고 장애를 입어 생긴 상처를 보면서 마음이 아프고 동시에 그 상처를 낫게 해 주려는 아비의 마음 때문에 짠한 것이다.

포로와 절름발이

이스라엘이 포로로 잡혀간 상태를 장애로 이해한다. 즉 '저는 자'와 '쫓겨난 자'를 포로 이스라엘로 해석한다.

> 습 3:19~20 그때에 내가 너를 괴롭게 하는 자를 다 벌하고 저는 자를 구원하며 쫓겨난 자를 모으며 온 세상에서 수욕 받는 자에게 칭찬과 명성을 얻게 하리라 내가 그때에 너희를 이끌고 그때에 너희를 모을지라 내가 너희 목전에서 너희의 사로잡힘을 돌이킬 때에 너희에게 천하 만민 가운데서 명성과 칭찬을 얻게 하리라 여호와의 말이니라

이 구절은 이사야 35:6과 미가 4:6~8과 일맥상통하다.

> 사 35:5~6 그때에 맹인의 눈이 밝을 것이며 못 듣는 사람의 귀가 열릴 것이며 그때에 저는 자는 사슴 같이 뛸 것이며 말 못하는 자의 혀는 노래하리니 이는 광야에서 물이 솟겠고 사막에서 시내가 흐를 것임이라

> 미 4:6~8 여호와께서 말씀하시되 그날에는 내가 저는 자를 모으며 쫓겨난 자와 내가 환난 받게 한 자를 모아 발을 저는 자는 남은 백성이 되게 하며 멀리 쫓겨났던 자들이 강한 나라가 되게 하고 나 여호와가 시온 산에서 이제부터 영원까지 그들을 다스리리라 하셨나니 너 양 떼의 망대요 딸 시온의 산이여 이전

> 권능 곧 딸 예루살렘의 나라가 네게로 돌아오리라

미가 4:7은 분명하게 발을 저는 자가 "남은 자"라고 말하고 있다. 이스라엘에서 남은 자는 그루터기를 말하는 것으로서 다윗의 뿌리를 말하며 그리스도를 예표하기도 한다. 결국 저는 자는 예수 그리스도의 예표로서 상처 입은 자가 메시아로 등장할 것을 암시하는 것이다. 이 메시아가 영원히 다스릴 나라는 저는 자를 그루터기로 해서 쫓겨난 자를 모으셔서 왕성한 하나님나라를 만드신다는 것이다. 이 사상은 이사야 61:1~2과 누가복음 4:18~19을 뒷받침해주는 또 하나의 기둥이라고 말할 수 있겠다.

장애나라 이스라엘의 회복에 대해서는 다음 장(5장) 예언서에서의 장애의 의미에서 자세히 다루기로 한다.

보는 것과 듣는 것

성경 전체를 보면 사람의 감각기관 중에서도 보는 것과 듣는 것이 유독 강조되어 있다. 이것은 단지 육체적으로 두 기관이 다른 기관과 비교해볼 때 더 우월하다거나 중요하다는 뜻은 아니다. 듣고 보는 것이 실제로 이스라엘의 영적인 삶에서 매우 중요한 기능으로 요구되기 때문이 아닌가 한다. 예를 들면 쉐마[신6:4]는 듣는 기능을 강조하고 있고 실제로 유대인들은 듣는 기능을 상실한 사람은 쉐마 암송과 듣는 의무를 지키지 못하는 사람이 된다고 생각한다. 또 유대인들은 여호와 하나님은 볼 수가 없어서 그의 말씀을 귀로 들어야 한다고 강조한다.

> 신 4:12 여호와께서 불길 중에서 너희에게 말씀하시되 음성뿐이므로 너희가 그 말소리만 듣고 형상은 보지 못하였느니라

선지자를 "선견자"seer, 삼상9:9로 지칭한 것은 아마도 선지자의 육적인 눈이 영적 분별력이라는 믿음과 결부되는 것 같다. 예를 들면 엘리 제사장이 눈이 흐려 보지 못한다고 여러 번 강조되고 반복되고 있는 삼상 3장에서 엘리 제사장의 시력상실이 영적 분별력 상실을 암시한다. 이렇게 이스라엘의 보는 기능 역시 듣는 기능 못지않게 강조되고 있다. 그러나 이런 보는 기능은 결국 영적으로 보는 능력을 말하는 것이다. 사울이 왕이 되는 과정과 그가 버림을 받는 과정에 대한 성경의 기록을 보면 이점이 두드러지고 있다.

> **삼상 10:24** 사무엘이 모든 백성에게 이르되 너희는 여호와께서 택하신 자를 보느냐 모든 백성 중에 짝할 이가 없느니라 하니 모든 백성이 왕의 만세를 외쳐 부르니라

사실 사울은 자신의 용모 때문에 백성의 흠모와 존경을 받았다. 전쟁을 필수적으로 수행해야 하는 왕의 직책 때문에 신체적인 조건이야말로 직책수행 능력과 함께 리더로서 인정을 받는 데 가장 중요한 역할을 했음은 분명한 것 같다. 삼상 10:17~24에 사울이 왕으로 추대되는 과정의 기록을 보면 제비뽑기를 통해 사울이 뽑혔으나 그가 숨는다. 사울을 다시 찾는 사무엘이 "여호와께서 택하신 자를 보느냐"고 말하는 일련의 시각적 과정이 상술되어 있는 점이 흥미롭다. 이런 사울의 시각적인 장점은 그의 영적인 시각의 결여 때문에 오히려 하나님으로부터 버림을 받는 악재가 되게 된다.

> **삼상 16:7** 여호와께서 사무엘에게 이르시되 그의 용모와 키를 보지 말라 내가 이미 그를 버렸노라 내가 보는 것은 사람과 같지 아니하니 사람은 외모를 보거니와 나 여호와는 중심을 보느니라 하시더라

결국, 하나님은 외적 기준이 아니라 영적인 기준을 보신다. 즉 외적 기준의 훌륭함이나 장애가 결코 영적 판단의 기준이 아니라는 점이다. 오히려 영적 기준을 설명하려고 외적인 조건을 들어 은유적으로 설명할 때가 있을 뿐이다.

욥 9:11 그가 내 앞으로 지나시나 내가 보지 못하며 그가 내 앞에서 움직이시나 내가 깨닫지 못하느니라

욥은 자신이 육신적으로 보지 못하는 것, 인식하지 못하는 것과 하나님을 아는 것 사이에 큰 간격이 있음을 한탄하고 하나님을 보기를 간절히 원한다. 하나님을 육안으로 본다는 것은 불가능한 것이고 설령 본다 할지라도 죽음에 이른다는 것을 익히 아는 욥이기에 그가 하나님 보기를 사모했다는 것은 하나님에 대한 영적인 깊은 이해와 특별한 영적인 체험을 말한다고 보아야 할 것이다.

욥 19:26~27 내 가죽이 벗김을 당한 뒤에도 내가 육체 밖에서 하나님을 보리라 내가 그를 보리니 내 눈으로 그를 보기를 낯선 사람처럼 하지 않을 것이라 내 마음이 초조하구나

이런 욥의 고민은 더욱 구체적으로 형상화하여 나타난다.

욥 23:8~9 그런데 내가 앞으로 가도 그가 아니 계시고 뒤로 가도 보이지 아니하며 그가 왼쪽에서 일하시나 내가 만날 수 없고 그가 오른쪽으로 돌이키시나 뵈올 수 없구나

한편, 욥기에서는 보는 것과 듣는 것이 짝을 이루어 욥의 영적 갈급함을 나타내는 도구로 사용된다.

욥 28:20~28 그런즉 지혜는 어디서 오며 명철이 머무는 곳은 어디인고 모든 생물의 눈에 숨겨졌고 공중의 새에게 가려졌으며 멸망과 사망도 이르기를 우리가 귀로 그 소문은 들었다 하느니라 하나님이 그 길을 아시며 있는 곳을 아시나니 이는 그가 땅끝까지 감찰하시며 온 천하를 살피시며 바람의 무게를 정하시며 물의 분량을 정하시며 비 내리는 법칙을 정하시고 비구름의 길과 우레의 법칙을 만드셨음이라 그때에 그가 보시고 선포하시며 굳게 세우시며 탐구하셨고 또 사람에게 말씀하셨도다 보라 주를 경외함이 지혜요 악을 떠남이 명철이니라

욥은 사람과 생물의 눈으로 보는 것과 귀로 들리는 소리로는 하나님의 지혜를 깨달을 수 없다는 진리를 깨달은 것이다. 그러다가 욥기 마지막 장에 와서 욥은 무릎을 치고 고백한다.

욥 42:5 내가 주께 대하여 귀로 듣기만 하였사오나 이제는 눈으로 주를 뵈옵나이다

드디어 영적 진리에 도달한 셈이다. 눈으로 보는 것이 듣는 것보다 우월하다는 뜻이 아니라[3] 사람의 모든 감각이 이제 하나님의 뜻을 헤아리는 진정한 도구가 되었다는 뜻이다.

이스라엘의 왕권 교체와 장애 메타포

이스라엘의 왕권 그리고 리더십과 장애를 연계해 살펴본 제레미 스키퍼의 관찰은 매우 흥미롭다.[4] 제레미는 사울 왕가와 다윗 왕가가 왕권을 놓고 긴장관계에 있을 때 장애 메타포가 왕권교체의 암시로 등장한다고 생각한다. 이 메타포는 이미 3장 므비보셋을 이야기하면서 다룬 바 있다. 제레미는 모세로부터 리더십의 모형을 찾고 그 이후에 등장하는 이스라엘의 리더들과 장애 메타포가 그들의 왕권교체를 은유하고 있다고 본다.

> 신 34:7 모세가 죽을 때 나이 백이십 세였으나 그의 눈이 흐리지 아니하였고 기력이 쇠하지 아니하였더라

모세가 120세에 죽을 때도 기력이 쇠하지 않았다는 말은 모세가 하나님이 정한 천수를 다하긴 했지만, 그의 죽음이 육체적 한계 때문은 아니라는 말과 같다. 하지만 이 말을 34장 10절, "그 이후에는 모세와 같은 선지자가 일어나지 못했다"는 설명을 통해 유추하자면 결국 모세는 이스라엘을 위해 하나님이 세우신 리더의 모델이자 표준인 셈이다. 이러한 리더의 표상을 말하고자 모세는 장애나 병이 없는 건강한 상태로 죽음을 맞이했다고 말한 것이다. 따라서 그 이후에 이스라엘의 리더의 건강상태를 거론한 것은 리더의 정치적 입지라든가 영적 컨디션을 암시하는 바로미터로 쓰였다는 것이다. 특별히 우리가 3장에서 이스라엘의 영적 상태를 시각장애로 견주어 상징적으로 사용했음을 살펴본 바 있다.

가나안 정복 후 여러 사사가 카리스마를 가지고 나라를 한동안 잘 다스렸지만, 사사제도의 시스템도 사사 삼손에 가서 붕괴한다. 기존의 다른 사사와는 달리 삼손은 이스라엘 군대를 이끌고 전투에 참여하지 않았다. 홀로 블레셋과 맞싸웠다. 블레셋은 삼손을 생포한 후 그의 눈을 빼버렸다. 결국, 삼손은 실명한 채 죽었다. 그가 죽은 후 사사기의 마지막 장은 다음의 사사에 대해서는 분명한 언급을 삼간 채 리더십의 변화가 있을 것을 암시하는 구절을 반복해서 삽입했다. 즉 "그 때에는 이스라엘에 왕이 없었으므로 사람마다 자기 소견에 옳은 대로 행하였더라"17:6; 18:1; 19:1; 21:25 삼손의 실명이 사사시대의 종말을 암시한다고나 할까.

그 후 사무엘이 등장하고 엘리 제사장은 몰락한다. 이런 리더십 교체를 암시할 때 "엘리의 나이는 구십팔 세이고 눈이 어두워서 보지 못

한다"삼상4:15고 설명했다. 이미 두 아들 홉니와 비느하스가 죽임을 당했고 이제 노령 때문에 엘리의 생명도 다할 것이라는 나이로 암시했다. 동시에 노령 탓에 눈이 보이지 않는다는 사실을 통해 그의 영적인 생명도 다했음을 암시하고 그 때문에 그의 직분도 나라의 운명도 비극적이 될 것임을 지문으로 밝힌 것이라고 볼 수 있다. 즉 엘리가 목이 부러짐으로 죽었다는 사실은 그의 사인자체가 비록 나이 많고 비둔한 때문이라고 했지만, 그의 죽음이 의미하는 바는 따로 있다는 것을 말한다.

> 삼상 3:2~3 엘리의 눈이 점점 어두워 가서 잘 보지 못하는 그때에 그가 자기 처소에 누웠고 하나님의 등불은 아직 꺼지지 아니하였으며 사무엘은 하나님의 궤 있는 여호와의 전 안에 누웠더니

이 구절은 엘리의 때도 사사의 시대도 끝이 나고 리더십의 교체시기가 되었다는 것과 영적으로 희미한 시대적 상황을 암시하는 지문이다. 그리고 왕정시대에 대한 예고이다. '등불'이란 이미지가 하나님께서 다윗 왕조에 대한 신적 권위를 말하는 메타포로 사용되었다고 본다.삼하21:7; 22:29; 왕상11:36; 15:4; 왕하8:19

엘리의 뒤를 이은 사무엘 때에 비록 백성은 거룩한 목적으로 왕을 요구한 것은 아니었지만, 하나님은 이 기회에 다윗을 통한 거룩한 이스라엘을 세우기로 계획하셨다. 사울 왕이 이스라엘의 첫 왕으로 선임되었지만 엘리의 두 아들과 같이 사무엘의 두 아들도 똑같이 영적으로 타락했음을 기록하고 있다. 그것은 시대적으로 여전히 이스라엘의 영적 건강이 좋지 않다는 것과 이스라엘의 운명이 그리 평탄할 것 같지 않다는 암시로 보인다. 이윽고 사무엘은 사울의 때가 다 되었음을 선포하고 그의 불행한 퇴임을 예고한다. 그 후 다윗 왕조로의 권력

4장. 장애나라 이스라엘

이동의 긴 시간과 긴장이 시작된다. 사울의 정신병, 딸 미갈의 불임, 손자 므비보셋의 사고로 말미암은 장애가 사울 왕조에 불행한 몰락이 있을 것임을 암시한다.

다윗이 권력을 잡은 후 이스라엘은 한동안 태평성대를 누리게 된다. 하나님이 계획하신 다윗 왕조이기에 하나님의 절대적인 도움을 받아 나라가 번영과 안전을 누린다. 하지만, 다윗도 왕의 신분이 아닌 영적인 신분으로 말하자면 모세와 같은 레벨의 선지자적 정체성을 확인받지는 못했다. 다윗 왕이 그의 생물학적 연수가 다 되었을 때 "이불을 덮어도 따뜻하지 않았다"는 상태는 모세의 경우와 비교해 보면 좋은 대조가 된다. 그렇게 볼 때 다윗 왕의 경우가 모세와 가장 근접한 리더십의 모형이라고 말할 수 있다. 그럼에도, 다윗은 하나님께서 메시아 라인을 계획하셨다는 점에서 모세와 또 다른 길을 간다.

그 후 왕정은 "이스라엘로 범죄케 한 여로보암의 길을 따랐다"고 반복해서 기록하고 있다. 여로보암이 불순종의 패러다임이 된 것이다. 이런 패러다임은 여로보암이 제단에서 하나님의 사자를 만나 왕조의 예조를 본 것과 맥을 같이한다. 여로보암의 손 장애를 나라의 운명의 예표로 삼으신 것이다.

> 왕상 13:3~6 그날에 그가 징조를 들어 이르되 이는 여호와께서 말씀하신 징조라 제단이 갈라지며 그 위에 있는 재가 쏟아지리라 하매 여로보암 왕이 하나님의 사람이 벧엘에 있는 제단을 향하여 외쳐 말함을 들을 때에 제단에서 손을 펴며 그를 잡으라 하더라 그를 향하여 편 손이 말라 다시 거두지 못하며 하나님의 사람이 여호와의 말씀으로 보인 징조대로 제단이 갈라지며 재가 제단에서 쏟아진지라 왕이 하나님의 사람에게 말하여 이르되 청하건대 너는 나를 위하여 네 하나님 여호와께 은혜를 구하여 내 손이 다시 성하게 기도하라 하나님의 사람이 여호와께 은혜를 구하니 왕의 손이 다시 성하도록 전과 같이 되니라

그리고 마지막 왕 시드기야 왕이 바벨론의 침공을 받아 생포를 당하

고 눈이 뽑힘을 당했다. 삼손의 눈이 뽑혀 사사시대의 종장을 닫았듯이 시드기야의 눈이 뽑힘을 당해 이스라엘 왕정시대의 종장을 닫았다는 암시로 해석할 수 있다.

  이상은 제레미 스키퍼가 본 이스라엘의 리더십 교체와 장애 메타포의 사용이다. 상당히 흥미 있는 관찰이다. 필자는 이런 관찰에 공감하면서도 하나님께서 이런 메타포를 가지고 매번 의도적으로 장애인을 등장시키셨을까? 하는 의문은 남는다. 그럼에도, 성경에 등장하는 장애인에 대한 사실적 기록 수준을 넘어 장애 메타포가 국가의 운명에 대한 암시 또는 구속역사적 의미가 있음을 확인했다는 점에서 큰 의미가 있다고 본다. 결론적으로 말한다면 성경에 등장하는 장애인이나 장애 메타포가 성경의 수많은 사건 중에 등장하는 들러리가 아니라 구속역사의 중요한 파트너로 당당하게 등장한다고 말할 수 있다.

단원요약질문

1. 고자와 불임이라는 관점으로 이스라엘의 영적 상태를 진단해 보라.

2. 레아와 라헬을 통해서 생산된 자녀를 나열해 보고 하나님이 이들을 통하여 이스라엘 열두 지파를 만드신 이유를 생각해 보라.

3. 이스라엘 왕권교체에 장애 메타포가 어떻게 사용되었는가?

4. 메시아가 고난받는 종으로 오셔야 할 이유를 장애 메타포와 연결 지어 말해 보라.

제 5 장

예언서에서의 장애의 의미

중국에 장애선교를 갈 때마다 잊지 않고 들리는 농아교회가 있다. 이 교회는 예배를 찻집에서 드린다. 농아들의 집합소라고 말할 수 있는 찻집이긴 하지만 찻집이라고 해 봐야 시장의 상점과 상점 사이의 좁은 길에 의자를 몇 개 펴놓고 차를 파는 그야말로 초라하기 짝이 없는 찻집이다. 그런데 주일만 되면 찻집은 예배당으로 바뀐다.

확성기를 들고 호객을 하는 옆집상인들의 화차 같은 목소리나 경적을 울리며 지나가는 자동차 소리, 앞집 전축에서 쿵작쿵작 들려오는 유행가 소리에도 아랑곳없이 이들은 온몸으로 예배에 집중한다. 정작 나는 정신이 하나도 없어 예배에 집중할 수가 없다.

비록 예배 처소가 없어서 길거리에서 예배를 드려도 그들에겐 기쁨이 있다. 옆에서 떠드는 소리를 들을 수 없는 것이 오히려 축복이 된다. 아직은 공공연하게 예배를 드리는 것이 허용되지 않는 나라에서 마음껏 찬송을 드리는 농아교회. 들을 수 없기에 복이 되고 말할 수 없어 수화를 사용하기에 복이 되는 때가 바로 이때이다.

한번은 공안원이 이상한 낌새를 느끼고 예배현장을 급습했다. 수화를 알아듣지 못하는 공안들이 농아들에게 무엇하냐고 물었다. 통역을 통해 건강 기체조를 한다고 대답을 했더니 그러냐고 돌아갔다. 하긴 수화찬양하는 모습이 중국의 기체조를 빼닮긴 했다.

아무리 시끄러워도 하나님 말씀에 집중할 수 있는 침묵이 복이 된다. 이처럼 왁자지껄한 길거리에서도 예배에 집중할 수 있는 무리가 있지만 세련된 성가대의 찬양과 최고의 음향시설로 깨끗하게 들려오는 설교는 들리지 않고 마음 속으로 유행가를 흥얼거리는 사람들도 있다. 잡소리 때문에 하나님의 음성을 듣는데 방해가 된다면 차라리 귀가 들리지 않는 게 복이 된다.

말로 할 수 없기에 더욱더 열정적으로 몸을 던져가며 말씀을 전하는 농아인 전도자에게서 뜨거운 십자가 보혈이 전해지는 듯했다. 눈을 똑바로 떠서 한순간도 놓치지 않으려는 농아인들의 눈이 부지런하다. 눈으로 예배를 드리기에 한눈을 팔다가는 수화를 보지 못해 문맥을 놓치기가 일쑤기 때문이다.

중국에 농아가 2천7백만이나 된다. 중국 농아가 지금 미전도 종족으로서 최대의 집단인 셈이다. 말할 수 있기 때문에 정상이라고 생각하는 우리는 입 다물고 있어야 하고 우리가 장애인이라고 말하는 농아들은 마음껏 찬양하고 전도한다. 복음의 역전현상이다. 예언서는 장애 메타포를 통해 하나님나라에서의 이런 역전현상이 일어날 것을 이미 예언하고 있다.

예언서는 장애가 이스라엘의 영적 도덕적 부패지수라는 관점에서 출발한다. 하나님과 이스라엘은 언약관계에서 출발하는 데 장애는 이스라엘이 하나님과 맺은 언약을 파기함으로써 일어나는 불행이다. 예언서에서의 '장애'는 이스라엘이 하나님으로부터 버림을 받은 상태 또는 이스라엘이 불순종함으로 인해 발생한 하나님의 언약 백성으로서의 기능마비를 의미한다. 그런 가운데 하나님은 이스라엘을 회복할 것이며 이스라엘의 회복은 곧 장애가 제거됨으로써 완성된다고 말한다. 이런 회복의 비전 속에 등장하는 예언서에서의 장애인은 하나님의 대리자로서 역할을 한다.

예언서에서는 다음과 같은 네 가지 관점에서 장애 이미지가 사용되고 있다.

첫째, 이스라엘의 영적 건강성을 나타내는 표지로서, 둘째, 언약을 파기한 이스라엘에 대한 하나님의 진노와 징계로서, 셋째, 하나님의 진노와 징계는 이스라엘의 회복을 전제로 한 사랑의 행위로서, 마지막으로, 남은 자를 그루터기로 한 종말론적 회복의 예고로서 장애 메타포를 사용하고 있다. 이 네 가지 관점으로 예언서에 나오는 장애 메타포를 자세히 관찰해 보자.

1. 이스라엘의 영적 건강성 표지

이사야 1:2~6은 하나님과의 언약관계에서 이스라엘의 영적 건강에 심각한 문제가 생겼음을 말하고 이런 이스라엘의 영적 건강상태를 장애 이미지를 들어 설명하고 있다.

> 사 1:2~6 하늘이여 들으라 땅이여 귀를 기울이라 여호와께서 말씀하시기를 내가 자식을 양육하였거늘 그들이 나를 거역하였도다 소는 그 임자를 알고 나귀는 그 주인의 구유를 알건마는 이스라엘은 알지 못하고 나의 백성은 깨닫지 못하는도다 하셨도다 슬프다 범죄한 나라요 허물 진 백성이요 행악의 종자요 행위가 부패한 자식이로다 그들이 여호와를 버리며 이스라엘의 거룩하신 이를 만홀히 여겨 멀리하고 물러갔도다 너희가 어찌하여 매를 더 맞으려고 패역을 거듭하느냐 온 머리는 병들었고 온 마음은 피곤하였으며 발바닥에서 머리까지 성한 곳이 없이 상한 것과 터진 것과 새로 맞은 흔적뿐이거늘 그것을 짜며 싸매며 기름으로 부드럽게 함을 받지 못하였도다

본문은 영적으로 부패한 이스라엘이 결국 하나님으로부터 매를 맞아 온몸이 상하고 터져서 만신창이가 된 모습을 그리고 있다. 에스겔 12:1~16은 이스라엘이 바벨론으로 끌려갈 것임을 예언하는데 그 이유가 이스라엘의 영적인 눈과 귀의 기능이 마비되었기 때문이라고 말한다.

> 겔 12:2 인자야 네가 반역하는 족속 중에 거주하는도다 그들은 볼 눈이 있어도 보지 아니하고 들을 귀가 있어도 듣지 아니하나니 그들은 반역하는 족속임이라

이처럼 예언서는 이스라엘의 영적 건강을 육체의 상태로 은유하고 있는데 에스겔 12:1~16에서 이스라엘의 눈과 귀는 마비되어 장애를 일으키고 있는데 반하여 적국 바벨론의 눈은 이스라엘을 잡아들이고 압제를 하는 데 그 기능을 다할 것임을 대조적으로 설명해주고 있다. 즉 이스라엘은 대낮에 두 눈을 멀쩡히 뜬 채 끌려가고 바벨론은 그들의 눈을 부릅뜨고 이스라엘을 끌고 간다. 본문에서는 무려 7번씩이나 "그들의 목전에서"라는 말이 강조되어 나오는 데 이는 영적으로 눈이 어두워진 이스라엘이 바벨론으로부터 받는 수치를 강조하는 말이다.

2. 하나님의 진노와 징계

예언서에서 장애가 하나님의 진노를 표현하는 데 자주 사용된다. 한편, 백성의 완악한 마음으로 고치지 못할 죄의 상태를 말하기도 한다. 호5:1~15; 렘51:9 하나님의 진노는 언약을 깨뜨려버린 이스라엘에 대한 분노이자 회복을 전제로 한 사랑의 표현이다. 스바냐 1:14~18는 하나님의 징계를 장애로 표현하는 대표적 예언서 구절이다.

> 여호와의 큰 날이 가깝도다 가깝고도 빠르도다 여호와의 날의 소리로다 용사가 거기서 심히 슬피 우는도다 그날은 분노의 날이요 환난과 고통의 날이요 황폐와 패망의 날이요 캄캄하고 어두운 날이요 구름과 흑암의 날이요 나팔을 불어 경고하며 견고한 성읍들을 치며 높은 망대를 치는 날이로다 내가 사람들에게 고난을 내려 맹인 같이 행하게 하리니 이는 그들이 나 여호와께 범죄하였음이라 또 그들의 피는 쏟아져서 티끌같이 되며 그들의 살은 분토 같이 될지라 그들의 은과 금이 여호와 분노의 날에 능히 그들을 건지지 못할 것이며 이 온 땅이 여호와의 질투의 불에 삼켜지리니 이는 여호와가 이 땅 모든 주민을 멸절하되 놀랍게 멸절할 것임이라

스가랴 11:15~17에 나타난 하나님의 분노는 이미 영적 분별력을 잃어버린 이스라엘에게 이중 장애를 일으킨다. 하나님은 아이러니하게도 백성에게 가짜 목자를 보내어 그로 하여금 각종 사회적 장애를 유발시켜서 이스라엘을 혼란에 빠지게 한다. 가짜 목자를 보낸다는 것은 양과 목자의 관계에 있는 하나님과 이스라엘의 언약관계가 깨졌다는 뜻이다. 따라서 가짜 목자가 양들을 인도한다는 것은 파멸을 의미한다. 이스라엘의 총체적 위기를 말한다.

> 슥 11:15~17 여호와께서 내게 이르시되 너는 또 어리석은 목자의 기구들을 빼앗을지니라 보라 내가 한 목자를 이 땅에 일으키리니 그가 없어진 자를 마음에 두지 아니하며 흩어진 자를 찾지 아니하며 상한 자를 고치지 아니하며 강건한 자를 먹이지 아니하고 오히려 살진 자의 고기를 먹으며 또 그 굽을 찢으리라 화 있을진저 양 떼를 버린 못된 목자여 칼이 그의 팔과 오른쪽 눈에 내리리니 그의 팔이 아주 마르고 그의 오른쪽 눈이 아주 멀어 버릴 것이라 하시니라

반면에, 하나님의 진노를 장애를 고치지 않겠다는 결심으로 나타나기도 한다. 이런 표현은 하나님의 진노는 결국 회복을 전제로 하는 것인데 하나님의 진노가 극에 달해 고치지 않겠다고 표현할 만큼 하나님의 불쾌감이 높다는 것을 나타낸 것으로 보아야 할 것이다.

> 렘 30:15~16 어찌하여 네 상처를 인하여 부르짖느뇨. 네 고통이 낫지 못하리라 네 죄악의 큼과 죄의 수다함을 인하여 내가 네게 이 일을 행하였느니라

> 사 6:10 이 백성의 마음으로 둔하게 하며 그 귀가 막히고 눈이 감기게 하라 염려컨대 그들이 눈으로 보고 귀로 듣고 마음으로 깨닫고 다시 돌아와서 고침을 받을까 하노라

징계를 받은 이스라엘은 결국 장애나라가 되고 만다. 스가랴 14장에 경고된 심판의 날에는 하나님의 재앙으로 말미암아 이스라엘이 겪을

고통을 말한다. 즉 "그들의 살이 썩으며 그들의 눈동자가 눈구멍 속에서 썩으며 그들의 혀가 입속에서 썩을 것이요"14:12라고 장애 메타포를 사용하여 이스라엘의 징계를 예고한다. 말라기 1:6~2:9도 흠 있는 제사를 드리는 이스라엘의 제사장들의 영적 타락을 꾸짖으면서 얼마나 이스라엘이 총체적으로 부패했는지를 탄식하고 있다. 에스겔 12:2에는 하나님의 영광이 성전을 떠나신 이유를 설명하는 데 그것은 이스라엘 백성이 영적 장애인이 되었고 이스라엘 나라가 장애나라가 되었기 때문이라고 말한다.

> 겔 12:2 인자야 네가 반역하는 족속 중에 거주하는도다. 그들은 볼 눈이 있어도 보지 아니하고 들을 귀가 있어도 듣지 아니하나니 그들은 반역하는 족속임이라

바벨론 유배

이스라엘의 바벨론 유배는 이스라엘에 대한 하나님 진노의 표시이자 이스라엘 나라가 장애나라가 되었다는 사실을 말해주는 것이다. 전장에서도 살펴본 바와 같이 이스라엘의 가장 심각한 장애는 다름 아닌 나라를 잃는 일이다. 단지 국가적 불행이라는 것보다 하나님과의 관계가 단절되었다는 의미이며 하나님으로부터 버림을 받았다는 뜻이다. 이것이야말로 이스라엘이 겪을 수 있는 가장 큰 심각한 장애다.

> 렘 25:11 이 모든 땅이 폐허가 되어 놀랄 일이 될 것이며 이 민족들은 칠십 년 동안 바벨론의 왕을 섬기리라

하지만, 하나님의 징계는 이스라엘을 영원히 버리시기 위한 것이 아니라 새로운 나라로 회복하시기 위한 것이다.

렘 29:10 여호와께서 이와 같이 말씀하시니라 바벨론에서 칠십 년이 차면 내가 너희를 돌보고 나의 선한 말을 너희에게 성취하여 너희를 이곳으로 돌아오게 하리라

고난받는 종의 필요성

이스라엘의 징계가 하나님의 회복을 보장하는 것은 아니다. 이스라엘이 받는 징계가 언약에 계약된 징계 조건을 만족할 만큼 충분한 것은 아니기 때문이다. 따라서 이스라엘의 징계 자체로는 하나님의 진노를 만족할 수 없기에 어떤 다른 계획이 필요했다. 아담과 하와가 언약을 깸으로써 에덴에서 쫓겨났지만, 하나님이 세우신 또 다른 계획 속에서 영원한 언약이 계속된 것과 마찬가지이다. 결국 하나님은 메시아가 이스라엘의 징계를 대신 받고 고난을 받도록 하는 고육지계를 쓸 수밖에 없었다.

> 사 53:2~5 그는 주 앞에서 자라나기를 연한 순 같고 마른 땅에서 나온 뿌리 같아서 고운 모양도 없고 풍채도 없은즉 우리가 보기에 흠모할 만한 아름다운 것이 없도다. 그는 멸시를 받아 사람들에게 버림받았으며 간고를 많이 겪었으며 질고를 아는 자라 마치 사람들이 그에게서 얼굴을 가리는 것 같이 멸시를 당하였고 우리도 그를 귀히 여기지 아니하였도다.
> 그는 실로 우리의 질고를 지고 우리의 슬픔을 당하였거늘 우리는 생각하기를 그는 징벌을 받아 하나님께 맞으며 고난을 당한다 하였노라. 그가 찔림은 우리의 허물 때문이요 그가 상함은 우리의 죄악 때문이라 그가 징계를 받으므로 우리는 평화를 누리고 그가 채찍에 맞으므로 우리는 나음을 받았도다

메시아의 고난은 개인적, 육체적, 사회적, 영적, 심리적, 의학적 모든 부분에 걸친 장애를 다 포함하고 있다. 이는 메시아가 그런 모든 분야의 장애를 회복시키실 것을 암시하고 있다고 볼 수 있다. 메시아의 고난은 하나님나라 공동체 치유를 위한 고난이기도 하지만 영원한 다윗의 나라를 세우기 위한 속죄양으로서의 희생이기도 하다.

3. 이스라엘의 회복

하나님이 이스라엘을 징벌하시고 또 회복하시는 과정 역시 하나님과 언약관계에 있는 이스라엘을 향한 하나님의 헤세드 사랑이라는 관점에서 이해해야 한다. 즉 하나님이 이스라엘을 징벌하시는 것도 언약에 충실한 행위요 언약을 갱신하시면서까지 다시 회복시키시는 것도 이스라엘을 향한 하나님의 헤세드 사랑의 표현이다. 이스라엘의 입장에서도 징계를 받아 생긴 장애의 흔적이 하나님께로 다시 돌아가게 하는 은혜의 흔적이 될 것임을 예언서는 강조하고 있다.

> 사 19:22 여호와께서 애굽을 치실지라도 치시고는 고치실 것이므로 그들이 여호와께로 돌아올 것이라 여호와께서 그들의 간구함을 들으시고 그들을 고쳐 주시리라

하나님의 징계 목적이 그들을 고치기 위하심이라는 것이다. 이사야 57:15~19 역시 회복의 관점으로 하나님의 징계를 말하고 있다. 고치겠다는 결심 하에서 징계를 결심하신 아버지의 마음을 본다.

> 사 57:15~19 지극히 존귀하며 영원히 거하시며 거룩하다 이름 하는 이가 이와 같이 말씀하시되 내가 높고 거룩한 곳에 있으며 또한 통회하고 마음이 겸손한 자와 함께 있나니 이는 겸손한 자의 영을 소생시키며 통회하는 자의 마음을 소생시키려 함이라 내가 영원히 다투지 아니하며 내가 끊임없이 노하지 아니할 것은 내가 지은 그의 영과 혼이 내 앞에서 피곤할까 함이라 그의 탐심의 죄악으로 말미암아 내가 노하여 그를 쳤으며 또 내 얼굴을 가리고 노하였으나 그가 아직도 패역하여 자기 마음의 길로 걸어가도다 내가 그의 길을 보았은즉 그를 고쳐 줄 것이라 그를 인도하며 그와 그를 슬퍼하는 자들에게 위로를 다시 얻게 하리라 입술의 열매를 창조하는 자 여호와가 말하노라 먼 데 있는 자에게든지 가까운 데 있는 자에게든지 평강이 있을지어다 평강이 있을지어다 내가 그를 고치리라 하셨느니라

예레미야 30:1~24과 31장 14~17도 같은 맥락이다. 결국 하나님이 이스라엘을 회복시키시고 갱신하는 과정을 육체적 정신적인 장애를 고치시고 회복시킨다는 메타포를 사용하였다.

장애의 제거와 회복

하나님께서 이스라엘의 장애를 제거해주시는 것으로 이스라엘의 죄를 용서하시고 진노를 거두신다는 그의 마음을 은유적으로 나타냈다. 따라서 장애의 제거를 통해 육체의 회복과 함께 영적 회복이 온다는 것을 말한다.

습 3:15 여호와가 네 형벌을 제거하였고 네 원수를 쫓아냈으며 이스라엘 왕 여호와가 네 가운데 계시니 네가 다시는 화를 당할까 두려워하지 아니할 것이라

습 3:19 그때에 내가 너를 괴롭게 하는 자를 다 벌하고 저는 자를 구원하며 쫓겨난 자를 모으며 온 세상에서 수욕 받는 자에게 칭찬과 명성을 얻게 하리라

사 29:18~19 그날에 못 듣는 사람이 책의 말을 들을 것이며 어둡고 캄캄한 데에서 맹인의 눈이 볼 것이며 겸손한 자에게 여호와로 말미암아 기쁨이 더하겠고 사람 중 가난한 자가 이스라엘의 거룩하신 이로 말미암아 즐거워하리니

사 35:5~6 그때에 맹인의 눈이 밝을 것이며 못 듣는 사람의 귀가 열릴 것이며 그때에 저는 자는 사슴 같이 뛸 것이며 말 못하는 자의 혀는 노래하리니 이는 광야에서 물이 솟겠고 사막에서 시내가 흐를 것임이라

위의 구절들에서 보는 것처럼 이스라엘이 언약파기에 대한 징벌로 받았던 장애를 하나님께서 제거 또는 치유해 주심으로서 이스라엘은 회복을 얻게 되었음을 말해준다.

맹인과 농아인의 치유를 통한 이스라엘 회복

사 29:18~19 그날에 못 듣는 사람이 책의 말을 들을 것이며 어둡고 캄캄한 데에서 맹인의 눈이 볼 것이며 겸손한 자에게 여호와로 말미암아 기쁨이 더하겠고 사람 중 가난한 자가 이스라엘의 거룩하신 이로 말미암아 즐거워하리니

귀머거리가 책의 말을 들을 것이라는 말은 이스라엘이 회복 후에는 하나님의 말씀을 더욱 잘 들을 것이라는 뜻이고 맹인이 어둡고 캄캄한 데서도 잘 볼 수 있게 된다는 말은 이제 영적으로 어두운 세상에서도 이스라엘이 하나님의 뜻대로 정도를 걸어갈 것을 말한다. 이는 하나님의 자녀가 하나님의 말씀을 잘 듣고 이해하는 것이 그 무엇보다 중요한 일이라는 사실을 상기시켜 주는 것이다.사29:24 더 나아가 맹인과 농아인이 가난한 자와 함께 짝을 이루어 그들이 소외된 층으로서 사회로부터 받았던 억압이 하나님 구원의 손으로 해방 받음에 대한 기쁨을 노래한다.[1]

또 한 가지 중요한 관점은 여기에서도 맹인과 농아인이 가난한 자와 압제당하는 자들과 함께 짝을 지어 하나님의 은혜를 입는 그룹으로 등장하고 있다는 점이다. 이는 이사야 61:1~2의 메시아의 역할을 그대로 반영해 준다. 아울러 사회적 약자들을 괴롭히고 압제하던 폭군들을 내어 쫓으심으로사29:20 사회적 정의를 실현하시겠다는 하나님의 공의에 대한 의지를 밝힌다.

성경에서 농아인도 맹인의 경우와 같이 영적 분별력이 없는 무능한 존재의 의미로 사용된 곳이 많다.

시 38:14~15 나는 듣지 못하는 자 같아서 내 입에는 반박할 말이 없나이다. 여호와여 내가 주를 바랐사오니 내 주 하나님이 내게 응답 하시리이다

또 성경에서 농아deaf and mute인은 맹인들과 또 다른 장애인들과 함께 언급될 때가 많이 있다. 그러면서 맹인이 시사하고 있는 상징적 의미를 함께 공유하고 있음을 말해준다. 예를 들면 이사야 42:18~19이 좋은 예이다.

> 사 42:18~19 너희 못 듣는 자들아 들으라 너희 맹인들아 밝히 보라 맹인이 누구냐 내 종이 아니냐 누가 내가 보내는 내 사자 같이 못 듣는 자겠느냐 누가 내게 충성된 자 같이 맹인이겠느냐 누가 여호와의 종같이 맹인이겠느냐

이사야 43:8과 예레미야 5:21도 맹인과 농아인이 짝을 이루어 이스라엘의 영적 상태를 나타내는 상징으로 쓰이고 있다. 영적 장애를 입은 이스라엘이 회복하는 단계 역시 장애가 고침을 받는 것으로 표현된다.

> 사 35:5~6 그때에 맹인의 눈이 밝을 것이며 못 듣는 사람의 귀가 열릴 것이며 그때에 저는 자는 사슴 같이 뛸 것이며 말 못하는 자의 혀는 노래하리니 이는 광야에서 물이 솟겠고 사막에서 시내가 흐를 것임이라

한편 '듣는 것과 보는 것'은 '앎과 이해'라는 뜻으로 또 '맹인과 농아인'는 '무지와 몰이해'의 뜻으로 쓰이기도 한다. 그 직접적인 예가 바로 이사야 6:9~10이다.

> 사 6:9~10 여호와께서 이르시되 가서 이 백성에게 이르기를 너희가 듣기는 들어도 깨닫지 못할 것이요 보기는 보아도 알지 못하리라 하여 이 백성의 마음을 둔하게 하며 그들의 귀가 막히고 그들의 눈이 감기게 하라 염려하건대 그들이 눈으로 보고 귀로 듣고 마음으로 깨닫고 다시 돌아와 고침을 받을까 하노라 하시기로

시편 115편 4~8은 사람의 모든 기능을 상실한 총체적 장애의 경우

를 우상과 빗대어 말하였다. 우상은 은과 금으로 만든 수공물에 불과하고 모든 기관이 존재하지만 죽은 것이라는 것이다. 따라서 어떤 구조보다 기능이 훨씬 중요하다는 것을 암시한다. 즉 하나님을 기쁘게 하는 존재인가로 존재의 평가를 받는다는 것이다.

> 시 115:4~8 그들의 우상들은 은과 금이요 사람이 손으로 만든 것이라. 입이 있어도 말하지 못하며 눈이 있어도 보지 못하며 귀가 있어도 듣지 못하며 코가 있어도 냄새 맡지 못하며 손이 있어도 만지지 못하며 발이 있어도 걷지 못하며 목구멍이 있어도 작은 소리조차 내지 못하느니라. 우상들을 만드는 자들과 그것을 의지하는 자들이 다 그와 같으리로다

전인적, 총체적 치유

이런 이스라엘의 영적 회복은 하나님나라의 창조질서의 총체적 회복을 가져온다. 이사야 29:17~21은 이스라엘의 회복으로 저주받은 땅까지 비옥한 땅으로 회복되며 그렇게 됨으로써 가난한 자가 즐거워할 것이라고 말한다. 비록 유다의 지도자들은 하나님의 무한하신 능력을 믿지 못하여도[16] 하나님의 치유능력을 볼 것이며 그런 후에 자연의 회복이 뒤따르며[17] 동시에 장애인들이 치유 받을 것임[18]을 예언한다. 이스라엘의 치유 영역을 말해주고 있다. 즉 압제 받고 눌린 자, 가난한 자들이 큰 기쁨을 경험할 것이며 교만한 지도자는 겸손케 되고 장애인은 고침을 받고 눌린 자와 가난한 자는 웃음을 되찾고 하나님을 찬양한다는 반전의 노래이다. 사회적으로 소외된 그룹과 사회적으로 군림하는 그룹을 비교하면서 이들의 위치가 반전될 것임을 선언한 이사야 29장 17~21절의 말씀은 소외된 자들에게는 그야말로 혁명의 노래임이 틀림없다. 그러나 이것은 무력한 이들이 스스로는 이룰 수 없는 꿈의 노래일 뿐이다. 오직 메시아만이 이룰 수 있는 종말의 노래이다.

그러기에 소외된 자들에게는 결국 오직 메시아만이 복음이요 소망이요 생명의 노래가 된다.

에덴에서 아담의 죄로 말미암아 땅이 저주를 받았던 것처럼 하나님의 징계를 받고 저주를 받은 땅에서는 가시와 엉겅퀴를 낼 수밖에 없다. 따라서 거민은 가난과 굶주림에 시달리고 군주와 지주들은 포악과 착취로 다스리는 땅이 된다. 그러나 하나님이 다시 다스리시는 땅으로 회복될 때 극적인 반전이 일어난다. 이런 반전을 장애인이 치유되는 것과 자연이 회복되는 것으로 은유하고 있다. 요약하면, 이스라엘과 땅이 회복함에 따라 떠났던 동물들이 돌아오고 이스라엘의 영적 기능이 회복됨에 따라 떠나신 주의 영광도 다시 돌아오는 그야말로 총체적인 회복이 일어난다는 것이다. 결론적으로 이스라엘의 징계를 통한 회복의 목적은 언약의 백성이 다시 하나님의 품 안으로 돌아와서 그들을 위한 창조목적을 더 잘 깨닫고 그 사명을 잘 감당하도록 하는 데 있다.

또 하나 흥미 있는 관찰은 스바냐 3장의 이스라엘의 회복 과정에 장애를 고쳤다는 언급이나 암시가 없다는 점이다. 오히려 장애인을 다른 소외된 그룹과 함께 주류사회에 포함한다는 주제로 말하고 있다. 즉 여기서는 공동체적 연합을 더욱 강조한 것으로 보인다. 더 나아가 이들 소외된 계층들이 영적인 회복을 먼저 맛봄으로써 예언서의 회복의 초점은 영적 회복과 더불어 공동체 회복이 궁극적인 목표라는 것을 분명히 밝히었다. 스바냐 3장 17절의 영적 회복은 하나님과의 언약의 관계회복을 말하는 것으로 이 회복은 하나님의 임재하심으로 실현된다. 17절 "너의 하나님 여호와가 너의 가운데 계시니"에서 "너의 하나님"은 언약의 하나님을 말하며 "너희 가운데 계시니"는 언약의 중심 내용이며 축복으로서 그 임재를 다시 경험함으로써 회복이 이루어짐을 말하고 있다.

이사야 35장

이사야 35장은 장애신학의 중요한 뼈대다. 35장 전장이 메시아를 노래하고 있기 때문이다. 메시아가 오셔서 하시는 일이 엉클어진 창조질서를 회복하시는 일이다. 이 일에 장애가 메타포로 사용되었다. 이사야 35장은 이스라엘의 회복을 예언한 것으로서 시온에 돌아오는 길에 장애인들이 고침을 받음으로써 회복의 기쁨이 절정에 달할 것임이라고 예고한다.

> 사 35:5~6 맹인의 눈이 밝을 것이며 못 듣는 사람의 귀가 열릴 것이며 저는 자는 사슴같이 뛸 것이며 말 못하는 자의 혀는 노래할 것이다

즉 회복의 나라에서는 장애인의 장애가 고침을 받고 자연환경도 회복될 것임을 말한다. 광야에서 물이 솟겠고 사막에서 시내가 흐르고, 메마른 땅이 변하여 원천이 되며35:6,7 광야와 메마른 땅이 기뻐하며 사막이 백합화같이 즐거워할 것35:1이라고 극적인 반전을 예고하고 있다. 이런 변화는 더 나아가 새 예루살렘으로의 완전한 회복을 예표하기도 한다.

이사야 35장의 장애이미지를 좀 더 구체적으로 살펴보면 하나님의 백성을 그들이 사는 환경과 대비하여 설명하고 있음을 알 수가 있다. 하나님의 백성이 타락하였기 때문에 땅도 저주를 받았다. 따라서 사람들이 장애인(맹인, 못 듣는 사람, 말 못하는 사람)과 같이 되었다. 그들이 다스려야 할 땅도 저주를 받아 황폐하게 되었다. 즉 광야, 사막, 메마른 땅과 같이 생산을 못 하는 상태가 되었다. 이는 이스라엘의 총체적 장애를 말한다. 이처럼 이스라엘의 장애는 신체적, 물리적, 자연

적, 사회적, 영적 등 모든 차원의 장애를 포함한다. 영적 장애는 이런 다차원의 장애를 유발한다. 이런 총체적 장애가 하나님의 회복 능력으로 말미암아 원래의 창조의 아름다운 상태로 돌아올 것이라는 게 이사야 35장의 주제이다.

이스라엘의 영적인 상태와 회복에 대한 메타포로 사용된 장애는 약한 손,3 떨리는 무릎,3 맹인의 눈,5 귀머거리의 귀,5 저는 자,6 벙어리,6 등이며 또 자연의 파괴된 상태를 뜨거운 사막,7 메마른 땅7으로 표현하고 있다. 이렇게 파괴된 상태에서 희망의 노래가 들려온다.

> 사 35:3~8 그때에 맹인의 눈이 밝을 것이며 못 듣는 사람의 귀가 열릴 것이며 그때에 저는 자는 사슴 같이 될 것이며 말 못하는 자의 혀는 노래하리니 이는 광야에서 물이 솟겠고 사막에서 시내가 흐를 것임이라 뜨거운 사막이 변하여 못이 될 것이며 메마른 땅이 변하여 원천이 될 것이며 승냥이의 눕던 곳에 풀과 갈대와 부들이 날 것이며 거기에 대로가 있어 그 길을 거룩한 길이라 일컫는 바 되리니 깨끗하지 못한 자는 지나가지 못하겠고 오직 구속함을 입은 자들을 위하여 있게 될 것이라 우매한 행인은 그 길로 다니지 못할 것이며

하나님 백성의 하나님과의 관계회복은 신체의 기능 회복으로 은유된다. 시각의 회복-맹인의 눈이 밝을 것이며,5 청각의 회복-못 듣는 사람의 귀가 열릴 것이며,5 신체적 회복-저는 자는 사슴같이 뛸 것이며,6 언어의 회복-말 못하는 자의 혀는 노래하리니6-이 일어난다. 이사야 61:1~2이 예고한 변화와 맥을 같이한다. 이런 회복은 메시아의 본질사역을 의미한다.

> 사 35:7~8 사람들의 변화는 또 환경의 변화를 수반한다. 뜨거운 사막이 변하여 못이 되고 메마른 땅에서 샘이 솟고 생산치 못하던 땅이 많은 생산을 하며 거기에 대로가 생겨날 것이다

그러나 이러한 총체적 변화는 메시아만이 일으킬 수 있는 성질의 것이다. 이 변화는 몇 사람에게 일시적으로 일어나는 변화가 아니라 마지막 때에 일어날 위대한 영광의 변화를 말한다. 뜨거운 사막이 못이 되고 메마른 땅에 샘이 솟는다는 것은 생명수 되시는 메시아를 암시하는 말이다. 맹인과 못 듣는 사람, 저는 자, 말 못하는 자들에게 혁명적인 변화가 일어나는 것도 광야에서 물이 솟고 사막에서 시내가 흐르기 때문에 가능한 것이라고 말한다.6 물의 근원 되시는 메시아가 가져다주는 근본적 변화를 말한다.

> 렘 2:13 내 백성이 두 가지 악을 행하였나니 곧 그들이 생수의 근원 되는 나를 버린 것과 스스로 웅덩이를 판 것인데 그것은 그 물을 가두지 못할 터진 웅덩이들이니라

> 사 32:15 마침내 위에서부터 영을 우리에게 부어 주시리니 광야가 아름다운 밭이 되며 아름다운 밭을 숲으로 여기게 되리라

이런 회복으로 말미암아 대로가 생긴다.8 대로는 메시아의 길이다. 구원의 길이다. 생명의 길이다. 이 길은 거룩한 길이다.8 따라서 깨끗지 못한 자는 지나지 못한다.8 히브리어로 '타메'는 종교적으로 부정한 사람을 가리킨다. '타메'는 언약의 백성이 아니거나 언약의 백성이라도 의식적으로 부정한 자를 의미한다. 하지만 여기서 '타메'는 레위기의 부정한 자를 의미하지 않는다. 메시아가 다스리는 나라는 겉이 아니라 속이 더러운 자가 부정한 자이기 때문이다.

결국, 하나님의 구원은 전인격적인 구원임과 동시에 우주적인 회복임을 강조하고 있다. 이렇게 하나님의 백성이 다시 그 성소에 돌아옴으로써 기쁨과 즐거움이 되고 슬픔과 탄식을 물리치게 된다.10 기쁨과 즐거움 그리고 슬픔과 탄식의 대비는 잃어버림과 회복을 상징하는 말

로서 잃어버린 건강의 요소들^{장애}이 회복됨으로써 하나님나라도 회복되고 하나님나라에 거하는 백성의 기쁨도 회복된다는 지극히 킹덤 퍼스펙티브적인 주제가 예언서에서의 장애에 깔린 메타포이다.

여기서 한 가지 짚고 넘어가야 하겠다. 이사야 35장 8절에 "대로가 생기면 우매한 행인은 그 길을 범치 못할 것"이라는 한글성경 해석은 전체 문맥상 적절치 못하다. 히브리어 '에빌림'을 '우매한 자'라고 표현한 것은 오히려 고상한 표현이다. '에빌림'은 중증 정신장애 또는 지적장애에 해당할 만큼 거리감각과 방향 감각이 전혀 없는 사람을 말한다. 이런 행인이 대로를 다니지 못할 것이라는 말은 앞뒤가 맞지 않는 말이다. 이것은 메시아가 오셔서 변화된 모습이 아니라 그런 사람들은 본래 그렇게 대로라고 할지라도 길을 분별하지 못하는 자들이다. 그러나 메시아가 오시면 위대한 변화가 일어난다. 메시아의 길이 그들에게도 이제는 너무나 쉬운 길이 된다는 뜻이다. 원문의 바른 해석은 그토록 우매한 행인이라고 할지라도 그 길은 너무나도 분명해서 절대로 길을 잃어버릴 수 없다는 뜻이다.[2]

개인적 치유와 이스라엘 공동체 치유

하나님의 관심은 이스라엘의 총체적 치유에 있다. 그러나 이런 총체적 치유는 이스라엘에 속한 백성이 개별적으로 치유를 받으면서 시작된다. 하나님께서 이스라엘을 회복하는 과정에서 죽은 자를 일으키고 맹인의 눈을 뜨게 하시고 농아인의 귀를 듣게 하시는 것은 이스라엘의 영적 회복과 더불어 사회적, 경제적, 정치적인 질서회복을 포함한 하나님의 통치하심 회복에 대한 신호탄이다. 그러므로 예언서에 나타나는 개인적 치유는 이스라엘 전체의 치유를 전제하고 있다.^{사29:17~19; 35:3~6; 렘31:7~9; 미4:6~8; 습3:19~20} 이렇게 개인적 치유와 공동체적 치유가 함께 일어남으로써 이스라엘에 진정한 평화가 오는 것이다.

이 평화는 단지 전쟁이 없고 상처가 아물게 된다는 수동적 수준이 아니라 원수 되었던 자들이 함께 식탁을 마주 대하는 적극적인 수준을 의미한다. "이리와 어린 양이 함께 먹을 것이며 사자가 소처럼 짚을 먹을 것이며 뱀은 흙으로 식물을 삼을 것이니 나의 성산에서는 해함도 없고 상함도 없으리라"사65:25는 묘사는 바로 하나님의 치유가 개인적인 차원과 사회적인 영역을 넘어 자연과 우주적인 영역을 포함한다는 뜻이다. 이리와 어린양이 함께 먹는다는 것은 에덴동산으로의 회복을 의미하는 것으로서 치유의 온전한 의미는 원래의 창조질서로 돌아가는 것을 말한다.

바벨론에서 돌아온 장애인의 위상 변화

렘 31:7~9 여호와께서 이처럼 말씀하시니라 너희는 여러 민족의 앞에 서서 야곱을 위하여 기뻐 외치라 너희는 전파하며 찬양하며 말하라 여호와여 주의 백성 이스라엘의 남은 자를 구원하소서 하라. 보라 나는 그들을 북쪽 땅에서 인도하며 땅끝에서부터 모으리라 그들 중에는 맹인과 다리 저는 사람과 잉태한 여인과 해산하는 여인이 함께 있으며 큰 무리를 이루어 이곳으로 돌아오리라. 그들이 울며 돌아오리니 나의 인도함을 받고 간구할 때에 내가 그들을 넘어지지 아니하고 물 있는 계곡의 곧은 길로 가게 하리라 나는 이스라엘의 아버지요 에브라임은 나의 장자니라

예레미야 31:7~9은 30장 1절부터 31장 40절까지 소위 말하는 "위로의 장"의 일부분이다. 여기서 이스라엘과 유다가 바벨론 유배에서 돌아올 것이며,30:10; 31:4~6,8~9 다윗왕국을 다시 세울 것이며,30:9 하나님께서 이스라엘을 다시 받아들이실 것30:22; 31:1,33과 예루살렘을 재건할 것30:18; 31:38~40을 말하고 있다. 이런 배경하에서 31:7~9에 예루살

렘으로 돌아오는 사람 중에 거론된 네 부류의 사람들을 눈여겨볼 필요가 있다. 즉 맹인, 다리 저는 자, 임신부, 산모. 이들은 여행하는 데 있어서 매우 힘들고 불편한 사람들이다. 그럼에도, 바벨론 유배에서 예루살렘으로 돌아가는 명단에 포함된 것은 매우 중요한 의미가 있음을 시사하는 것이다. 하나님께서 포로들을 고향으로 돌아가게 하실 때 이런 부류의 사람들도 고향으로 돌아갈 수 있도록 그리고 즐겁고 쉬운 여행이 되도록 세심한 배려를 아끼지 아니하셨다. 그들의 가는 길에 물을 내시며 넘어지지 않도록 지켜주신다고 하시며 당신께서 친히 아버지가 되어 주시겠다고 약속했다.[3] 이는 하나님께서 잉태한 여인과 해산한 여인까지 뒤엎으시던 진노렘4:31를 상기해 보면 극적인 반전이라고 하겠다. 아버지의 관심이 장애를 제거하는 것보다 언약의 자녀와 함께 가는 일에 있음을 보여준다. 그러므로 이 시점에서 하나님은 장애인들의 장애를 제거하지 않으셨다. 장애를 제거해 주시지 않는다고 해서 하나님의 사랑 치유가 일어나지 않았다고 보아서는 안 된다. 예루살렘으로 돌아오는 것 자체가 더 큰 치유의 시작이기 때문이다.

  이스라엘의 회복 공동체에 이런 장애인들과 연약한 자들이 포함되어 있다는 사실은 그들도 회복 공동체의 리더로 당당하게 나아갔음을 의미한다. 소외자가 리더로 탈바꿈한 것이다. 회복공동체의 변화를 볼 수 있는 중요한 척도다. 바벨론 유배를 당하기 전에는 이런 장애인들과 소외계층은 완전히 변두리 존재였으나 바벨론 유배를 겪고 나서는 주류의 일원으로 나온 것이다. 고향으로 돌아가는 귀향행렬에 이들을 강조하여 명단에 포함한 것을 통하여 하나님의 아버지적 사랑(탕자를 기다리는 마음)을 본다. 아마도 여기 앞장선 장애인들은 바벨론으로 유배되어 갈 때 하나님으로부터 징계를 받아 장애인이 된 사람들일 것이다. 이스라엘이 바벨론으로 끌려갈 때 이스라엘의 영적 장애 때문에 징계의 매를 맞아 각종 장애를 입은 희생양들이었음이 분명하다. 그렇다면, 이들의 귀환은 그들 개인의 회복을 의미하는 것 뿐 아니라 이스라엘 나라의 회복을 의미하는 것이다. 매 맞아 장애인이 된 사람들이 앞장서 귀환을 하는 바벨론 포로를 바라보는 아버지의 마음을 본다.

우리나라가 해방을 맞이했지만, 고향으로 돌아오지 못한 수많은 사람과 이스라엘이 회복되었지만, 고향으로 돌아가지 못한 수많은 사람을 생각해보라. 이 세상의 정치논리로 말하자면 고향으로 돌아가는 첫 귀향행렬에서 분명히 장애인들과 임신부, 산모는 제외되었을 것이다. 그러나 하나님은 그들을 가장 먼저 불러 포함하셨다.

정결법의 반전

사 56:2~8 안식일을 지켜 더럽히지 아니하며 그의 손을 금하여 모든 악을 행하지 아니하여야 하나니 이와 같이 하는 사람, 이와 같이 굳게 잡는 사람은 복이 있느니라. 여호와께 연합한 이방인은 말하기를 여호와께서 나를 그의 백성 중에서 반드시 갈라내시리라 하지 말며 고자도 말하기를 나는 마른 나무라 하지 말라. 여호와께서 이와 같이 말씀하시기를 나의 안식일을 지키며 내가 기뻐하는 일을 선택하며 나의 언약을 굳게 잡는 고자들에게는 내가 내 집에서, 내 성 안에서 아들이나 딸보다 나은 기념물과 이름을 그들에게 주며 영원한 이름을 주어 끊어지지 아니하게 할 것이며 또 여호와와 연합하여 그를 섬기며 여호와의 이름을 사랑하며 그의 종이 되며 안식일을 지켜 더럽히지 아니하며 나의 언약을 굳게 지키는 이방인마다 내가 곧 그들을 나의 성산으로 인도하여 기도하는 내 집에서 그들을 기쁘게 할 것이며 그들의 번제와 희생을 나의 제단에서 기꺼이 받게 되리니 이는 내 집은 만민이 기도하는 집이라 일컬음이 될 것임이라. 이스라엘의 쫓겨난 자를 모으시는 주 여호와가 말하노니 내가 이미 모은 백성 외에 또 모아 그에게 속하게 하리라 하셨느니라고자는 레위기의 정결법에 의하면 부정한 사람에 속한다.^{레21:20} 앞장에서 살펴본 대로 고자는 그 자체가 장애라기보다는 생산을 하지 못해 언약의 대를 잇지 못한다는 의미에서 저주받은 사람이다. 그런데 고자에게 자신의 몸에서 낳은 자녀보다 나은 영원한 이름을 주어 영원히 그 이름이 끊어 지지 않게 하겠다고 약속하신다. 이런 축복은 자신의 몸으로 낳은 자녀가 대를 잇는 것보다 훨씬 큰 축복이다. 고자가 고침을 받아 자식을 얻는다 치더라도 자신의 육체적 자손이 대대로 하나님을 섬길지도 의문이기 때문이다.

본문은 이스라엘이 영적으로 고자가 되어 하나님의 정결한 자식을 낳지 못하는 불임 국가가 되었다가 하나님의 은혜로 다시 제 영적 기능을 다 할 것을 예시하고 있다. 여기서 유의해 볼 점은 고자가 고침을 받아 하나님께 나아간 것이 아니라는 점이다. 즉 육체적인 장애를 고치는 것보다도 예배공동체의 회복이 더 시급하고도 중요한 궁극적 목적이라는 점을 가르쳐 주고 있다.

정의실현의 관점에서 본 장애의 회복

스가랴 11:4~17은 장애를 정의의 실현이라는 관점으로 본다. 정의가 불의로 바뀐 땅에서 양을 돌보지 않고 오히려 잡아먹는 불의한 목자들을 정의의 칼로 치겠다고 공언하시는 하나님의 공의를 말하고 있다. 이런 하나님의 공의의 칼로 불의를 사르는 이미지로 장애가 메타포로 사용되고 있다. 즉 공의의 칼을 맞은 불의한 목자들의 팔이 잘리고 눈이 빠지는 모습으로 그들이 받을 심판을 그리고 있다.

> 슥 11:16~17 보라 내가 한 목자를 이 땅에 일으키니 그가 없어진 자를 마음에 두지 아니하며 흩어진 자를 찾지 아니하며 상한 자를 고치지 아니하며 강건한 자를 먹이지 아니하고 오히려 살진 자의 고기를 먹으며 또 그 굽을 찢으리

라. 화 있을진저 양 떼를 버린 못된 목자여 칼이 그의 팔과 오른쪽 눈에 내리리니 그의 팔이 아주 마르고 그의 오른쪽 눈이 아주 멀어 버릴 것이라 하시니라

에스겔 34:1~5도 이러한 관점을 지지하고 있다.

겔 34:1~5 여호와의 말씀이 내게 임하여 이르시되 인자야 너는 이스라엘 목자들에게 예언하라 그들 곧 목자들에게 예언하여 이르기를 주 여호와께서 이같이 말씀하시되 자기만 먹는 이스라엘 목자들은 화 있을진저 목자들이 양 떼를 먹이는 것이 마땅하지 아니하냐 너희가 살진 양을 잡아 그 기름을 먹으며 그 털을 입되 양 떼는 먹이지 아니하는도다 너희가 그 연약한 자를 강하게 아니하며 병든 자를 고치지 아니하며 상한 자를 싸매 주지 아니하며 쫓기는 자를 돌아오게 하지 아니하며 잃어버린 자를 찾지 아니하고 다만 포악으로 그것들을 다스렸도다 목자가 없으므로 그것들이 흩어지고 흩어져서 모든 들짐승의 밥이 되었도다

목자는 양떼를 돌보는 책무를 맡고 있다. 그럼에도, 이스라엘의 지도자들은 양떼를 돌보기는커녕 살진 양을 잡아먹고 털을 뽑아 옷을 입는 삯군이 되었다. 이런 목자와 대비하여 본문은 참된 목자의 사명을 본문은 지적하여 보이고 있다. 참된 목자는 연약한 자를 강하게 해주고 병든 자를 고치며 상한 자를 싸매어 주고 쫓기는 자를 도와주며 잃어버린 자를 찾는다. 그럼에도, 삯군은 이런 일에 관심이 없다. 결국, 본문은 이스라엘에 목자가 없다고 단정을 한다. 있기는 있는 데 없다는 것이다. 따라서 참 목자이신 메시아가 오셔야 한다는 암시가 들어 있다고 볼 수 있다. 이사야 58:6~12 역시 장애의 이미지를 정의의 실현이라는 관점으로 설명한다.

사 58:6~12 내가 기뻐하는 금식은 흉악의 결박을 풀어 주며 멍에의 줄을 끌러 주며 압제당하는 자를 자유하게 하며 모든 멍에를 꺾는 것이 아니겠느냐 또 주린 자에게 네 양식을 나누어 주며 유리하는 빈민을 집에 들이며 헐벗은 자를 보면 입히며 또 네 골육을 피하여 스스로 숨지 아니하는 것이 아니겠느냐 그리

하면 네 빛이 새벽 같이 비칠 것이며 네 치유가 급속할 것이며 네 공의가 네 앞에 행하고 여호와의 영광이 네 뒤에 호위하리니 네가 부를 때에는 나 여호와가 응답하겠고 네가 부르짖을 때에는 내가 여기 있다 하리라 만일 네가 너희 중에서 멍에와 손가락질과 허망한 말을 제하여 버리고 주린 자에게 네 심정이 동하며 괴로워하는 자의 심정을 만족하게 하면 네 빛이 흑암 중에서 떠올라 네 어둠이 낮과 같이 될 것이며 여호와가 너를 항상 인도하여 메마른 곳에서도 네 영혼을 만족하게 하며 네 뼈를 견고하게 하리니 너는 물 댄 동산 같겠고 물이 끊어지지 아니하는 샘 같을 것이라 네게서 날 자들이 오래 황폐된 곳들을 다시 세울 것이며 너는 역대의 파괴된 기초를 쌓으리니 너를 일컬어 무너진 데를 보수하는 자라 할 것이며 길을 수축하여 거할 곳이 되게 하는 자라 하리라

본문은 이스라엘의 회복은 성전에서 예배의식이 회복되었다고 가능한 것이 아니라고 꼬집고 있다. 진정한 예배정신의 회복은 예배의 사회적 책임을 다하는 데 있다고 본문은 강조하고 있다. 이스라엘 백성이 하나님을 기쁘시게 하려고 금식을 하고 절기를 지키지만 진정 하나님이 기뻐하시는 예배는 삶에 나타나는 변화와 변혁이라는 것이다. 그러므로 진정한 예배와 금식은 그것을 통하여 사회에 하나님의 정의가 나타나는 것이다. 이러한 정의의 실현을 위해 예배자들을 부르신 것이다. 우리가 하나님께 고아와 과부를 돌보아 달라고 기도할 때 바로 우리를 통해 그들을 돕기를 원하시는 하나님의 거룩한 부르심을 깨닫는 것이 예배의 바른 정신이자 예배의 회복이라는 것이다. 바로 이런 삶이 하나님이 진정 원하시는 예배의 사회적 책임 있는 삶이다.

4. 종말론적 회복

예언서는 종종 장애인들에게 자신을 제한하였던 장애가 제거되거나 때론 신체적인 변혁이 일어나기도 하고 결국 가장 이상적인 환경에서 살 것을 말한다. 예언서에서 가장 중요한 말은 아마도 '마지막

날, '그날'일 것이다. 마지막 날에 일어날 영광스런 반전이 예언서의 중심 주제이므로 이 극적 반전의 표현으로서 자주 장애인의 극적인 변화를 말하고 있다. 이사야 33:17~24은 앞으로 재건될 영원한 다윗의 나라 새 예루살렘을 노래하면서 그곳의 완전한 모습을 고통도 없고 질병도 없는 모습으로 그리고 있다.

> 사 29:18 그날에 못 듣는 사람이 책의 말을 들을 것이며 어둡고 캄캄한 데에서 맹인의 눈이 볼 것이며

> 사 33:24 그 거주민은 내가 병들었노라 하지 아니할 것이라 거기에 사는 백성이 사죄함을 받으리라

> 사 42:6~7 나 여호와가 의로 너를 불렀은즉 내가 네 손을 잡아 너를 보호하며 너를 세워 백성의 언약과 이방의 빛이 되게 하리니 네가 눈먼 자들의 눈을 밝히며 갇힌 자를 감옥에서 이끌어 내며 흑암에 앉은 자를 감방에서 나오게 하리라

또한, 이사야 52:13~53:12의 내용은 메시아의 상함이 이스라엘의 치유를 가져온다는 종말론적 예언을 말하고 있다. 결국, 종말론적 회복은 메시아가 담당할 몫이다. 결국, 메시아의 약속은 이스라엘을 넘어선 이방인에 대한 구원의 약속이기도 하다.

> 사 19:18~22 그날에 애굽 땅에 가나안 방언을 말하며 만군의 여호와를 가리켜 맹세하는 다섯 성읍이 있을 것이며 그 중 하나를 멸망의 성읍이라 칭하리라. 그날에 애굽 땅 중앙에는 여호와를 위하여 제단이 있겠고 그 변경에는 여호와를 위하여 기둥이 있을 것이요 이것이 애굽 땅에서 만군의 여호와를 위하여 징조와 증거가 되리니 이는 그들이 그 압박하는 자들로 말미암아 여호와께 부르짖겠고 여호와께서는 그들에게 한 구원자이자 보호자를 보내사 그들을 건지실 것임이라 여호와께서 자기를 애굽에 알게 하시니 그날에 애굽이 여호와를 알고 제물과 예물을 그에게 드리고 경배할 것이요 여호와께 서원하고 그대로

행하리라. 여호와께서 애굽을 치실지라도 치시고는 고치실 것이므로 그들이 여호와께로 돌아올 것이라 여호와께서 그들의 간구함을 들으시고 그들을 고쳐 주시리라

본문은 하나님께서 그의 헤세드 사랑에서 나온 치유의 손길을 애굽에까지 뻗으셨다고 말해준다. 물론 애굽도 그들의 죄악 특히 이스라엘을 괴롭힌 죄에 대해 하나님으로부터 징벌을 받는다. 이런 심판적 징벌임에도 하나님은 애굽을 고치시겠다고 약속하셨다. 고치시는 이유가 그들로 하나님께 돌아오도록 하기 위해서라고 밝힌다. 본문을 통해서 하나님께서 전면적인 이방인에 대한 구원을 이미 확실하게 구상하고 계셨음을 알 수 있다.

결론적으로 이방인에 대한 구원 그리고 하나님의 선교계획은 신약에서 시작된 것이 아니고 이미 창조 때부터 하나님의 계획안에 있었고 구약을 통해서도 면면히 흐르는 하나님의 선교계획이었다. 다만, 메시아를 통해 시작되는 종말적 하나님나라에서 정점에 이를 것을 예언한 것이다.

남은 자remnant로서 장애인: 새 시대의 주역

지금까지 살펴본 대로 장애가 하나님나라 백성의 운명을 상징하는 메타포로 사용되었다면 종말론적 하나님나라에서도 장애인이 어떤 역할을 할지 궁금해진다.

미 4:6~7 여호와께서 말씀하시되 그날에는 내가 저는 자를 모으며 쫓겨난 자와 내가 환난 받게 한 자를 모아 그 저는 자로 남은 백성이 되게 하며 멀리 쫓겨났던 자로 강한 나라가 되게 하고 나 여호와가 시온산에서 이제부터 영원까지 그들을 치리하리라 하셨나니

미가 4:6~7에서 특기할 만한 내용은 장애인을 남은 자에 포함했다

는 사실이다. 예언서에서의 남은 자^{remnant} 사상은 매우 중요한 사상이다. 따라서 저는 자를 남은 백성으로 쓰시겠다는 말씀은 아주 비장한 말씀이다. 저는 자를 모으고 저는 자로 남은 백성이 되게 하시겠다는 말씀은 다시 시작하는 하나님나라의 새로운 씨앗으로서 장애인을 사용한다는 뜻이 된다. 이는 이사야 61:1~2의 예언과 맥을 같이하는 것이며 이 예언을 따라 예수님은 갈릴리에서 가난한 자, 병든 자, 장애인을 파트너로 하여 메시아 사역을 시작하셨다.

   예언서에서의 남은 자 사상은 일차적으로는 이스라엘을 남은 자를 통해 회복하시겠다는 국가적 재건의 의미가 있지만, 궁극적으로는 종말론적 하나님나라의 회복을 의미한다. 특별히 이사야서에서 예루살렘의 멸망과 회복에 대한 예언은 국가 이스라엘과 종말론적 하나님나라 회복에 대한 예언이 같은 비중으로 들어 있다고 본다. 남은 자 사상의 중요한 모티브는 첫째 이스라엘의 회개와 돌이킴에 있다. 즉 멸망이 있을 것이고 살려면 돌이키라는 것이다. 둘째는 이스라엘의 소망이다. 완전히 멸망시키지는 아니하시고 남은 자를 통해서 이스라엘을 회복시키시겠다는 하나님의 약속이 있기 때문이다.[4]

   요약하면 이스라엘 공동체에 있어서 배제요인이었던 장애인이 예언서에서는 포로귀환과 남은 자에 당당히 포함되어 있다는 사실은 가히 혁명적 반전이라 할 수 있겠다. 이것은 이사야가 예언한 메시아 공동체의 주역이 장애인을 포함한 소외된 자가 될 것이라는 예언과 맥을 같이하는 것이다. 장애인이 더는 변두리 인물이 아니라 이제 하나님나라의 주역으로 등장한다는 사실을 말한다. 남은 자들이 새로 일으켜 세울 이스라엘 나라의 핵심 세력이 된 것처럼 장애인들도 새 시대, 그리고 종말론적 하나님나라에서 이런 핵심세력이 된다는 뜻이다.

단원요약질문

1. 이스라엘 나라의 영적 건강 표지로서 장애 메타포가 몇 단계로 사용되었는지 각 단계는 무엇을 말하는지 말해보라.

2. 이사야 35장을 메시아와 장애 메타포라는 관점으로 해석해 보라.

3. 이스라엘이 바벨론에서 귀환할 때 장애인이 포함되어 있었다는 사실을 이스라엘 공동체 회복과 종말론적 회복의 관점에서 설명해 보라.

4. 예언서에서 정결법이 어떻게 반전이 되었는가?

5. 장애인이 "남은 자"에 포함된 이유와 그 의의를 말해보라.

제 6 장

소외층과 낙인

농아를 자녀로 둔 한 어머니를 만나 이야기를 나눌 기회가 있었다. 어머니는 예쁜 딸아이를 낳고 기쁨의 시간을 채 누리기도 전에 아이가 급성 폐렴의 후유증으로 그만 농아가 되었다고 한다. 그러니 이 어머니는 선천적인 장애 아이가 태어났을 때의 아픔과는 또 다른 아픔과 죄의식이 깊이 자리하고 있다고 했다. 그러나 듣는 귀와 말할 수 있는 언어를 잃었다고 해서 인간의 본질을 잃는 것이 아니라는 생각이 들면서 어머니는 아이의 가능성에 도전하기로 했다. 지금으로부터 30여 년 전 당시 한국의 장애인들을 위한 교육환경이 너무 열악했던 관계로 교육은 전부 어머니의 몫이었다. 다행히도 딸은 꿋꿋하게 어머니의 교육을 잘 따라 주었고 어머니는 더 욕심을 내어 아이를 미국에 유학시켰다. 청각장애인을 위한 최고 명문대학교를 우수한 성적으로 졸업한 딸은 좋은 사람을 만나 결혼을 하여 지금 행복한 삶을 살고 있다고 했다.
그러면서도 지난날을 회상하며 눈물을 쏟아냈다. 농아 자녀를 둔, 한 많은 어머니의 마음이 진하게 전달되었다.
"아이가 말을 알아들을 수 없으니 책을 읽어 줄 수도 없고 또 무슨 생각을 하는지 듣고 싶어도 들을 수도 없고. 그저 눈만 껌뻑껌뻑 거리면서 가슴을 칠뿐이었어요."
"딸과 오순도순 이야기하며 사는 사람들이 그렇게 부러울 수가 없었어요."
"이런 답답함에 내 가슴이 까맣게 타들어 가고 있을 때 문득 딸의 처지는 어떨까 하는 생각이 떠올랐어요. 말하고 싶은 생각이 있어도 말할 수 없고 다른 사람들의 말도 전혀 알아들을 수 없는 딸은 얼마나 더 답답할까. 그럼에도, 불평

한마디 없는 딸아이를 생각하니 내 고민은 차라리 사치스러운 것이었어요."
사람들은 청각장애인들의 불편한 정도가 장애인들 가운데 가장 경할 것이라는 생각을 하는 것 같다. 청각장애인들은 시각장애인들과 달리 가고 싶은 곳에 어느 곳이나 스스로 갈 수가 있기 때문에 불편 정도가 가장 약하다고 생각한다. 그러나 이는 청각장애인이 겪는 불편을 잘 알지 못하고 하는 말이다. 청각장애인들은 일반인들과 결코 함께할 수 없는 결점을 안고 살고 있다. 언어가 다르므로 서로 대화를 할 수 없어서 군중 속에 섞여 있어도 그들은 언제나 외톨이다. 일반인 중에 그들의 언어인 수화를 사용하는 사람이 거의 없기 때문이다. 수화교실이 수화 찬양하는 데 쓰는 손 무용쯤으로 생각하는 현실에 그들은 더욱 마음이 아프다고 했다.

어머니는 이렇게 말하면서 꺼억 목 놓아 울었다.
"제 딸이 지금은 결혼하고 좋은 직업을 가지고 잘살고 있고 저하고는 수화로 못하는 말이 없지만, 딸이 다른 친구를 사귀고 싶어도 대화가 되지 않아 사귀지 못하는 것을 보면 속이 상해 죽겠어요."
"심지어는 하나님께 이렇게 기도한 적이 있어요. '하나님 우리 딸이 장애아로 꼭 살아야 한다면 맹인이 되게 하시지요. 맹인은 속 시원하게 말이라도 하잖아요.'"

구약에서 대표적으로 등장하는 소외그룹이 가난한 자, 병든 자, 과부, 고아, 장애인들이다. 그중에서도 '가난한 자'가 소외그룹 전체를 대변하는 대표격으로 사용되었다고 본다.[1] 이들 소외그룹이 구약시대에서 사회적으로 받은 기본 인식은 한결같이 약함과 깨어짐, 의존성, 무지와 같은 말이다.

욥 29:11~17 귀가 들은즉 나를 축복하고 눈이 본즉 나를 증언하였나니 이는 부르짖는 빈민과 도와줄 자 없는 고아를 내가 건졌음이라 망하게 된 자도 나를 위하여 복을 빌었으며 과부의 마음이 나로 말미암아 기뻐 노래하였느니라 내가 의를 옷으로 삼아 입었으며 나의 정의는 겉옷과 모자 같았느니라 나는 맹인의 눈도 되고 다리 저는 사람의 발도 되고 빈궁한 자의 아버지도 되며 내가 모르는 사람의 송사를 돌보아 주었으며 불의한 자의 턱뼈를 부수고 노획한 물건을 그 잇새에서 빼내었느니라

욥기 29:11~17에 등장하는 소외그룹들을 보면 빈민, 고아, 과부, 맹인, 다리 저는 자, 나그네 등이다. 이들에 대한 이미지는 누군가 도와주지 않으면 홀로 살 수 없는 사람들로 그려지고 있다. 즉 사회적 약자이다. 사회적 소외계층이다. 이사야 56:10에는 사회적 약자에 대한 부정적 사회적 인식이 강하게 나타나 있다.

이스라엘의 파수꾼들은 맹인이요 다 무지하며 벙어리 개들이라 짖지 못하며 다 꿈꾸는 자들이요 누워 있는 자들이요 잠자기를 좋아하는 자들이니

여기서 사회의 장애인들에 대한 사회의 시대적 전형적인 인식을 볼 수 있다. 즉 장애인들은 무지한 사람들, 게으른 사람들, 과대망상에 빠진 사람들이라는 인식, 게다가 신체장애인들 임에도 그들은 지적 능력까지 떨어지는 무지하고 무능력한 사람들이라고 인식되고 있다. 다른 성경구절에서와 이 구절에서도 마찬가지로 맹인의 이미지가 분별력 없음과 부패로 인식되고 있다. 그러나 하나님은 이런 사회적 약자를 돌보실 뿐 아니라 악인들을 정의로 심판하시고 징계하심으로 사회적 약자들을 사회로 복귀시키시는 일을 하신다.

시 146:5~9 억눌린 사람들을 위해 정의로 심판하시며 주린 자들에게 먹을 것을 주시는 이시로다. 여호와께서는 갇힌 자들에게 자유를 주시는도다. 여호와께서 맹인들의 눈을 여시며 여호와께서 비굴한 자들을 일으키시며 여호와께서 의인들을 사랑하시며 여호와께서 나그네들을 보호하시며 고아와 과부를 붙드시고 악인들의 길은 굽게 하시는도다

소외층에 대한 사회적 인식

이처럼 성경에서 나타난 이런 소외계층에 대한 이미지는 그들에 대한 그 당시의 사회적 인식을 반영하고 있다. 이스라엘을 교훈하시고자 그들이 가진 사회적 인식과 문화적 배경 속에서 말하다 보니 하나님마저 그런 시각으로 사회적 약자를 보는 듯하지만, 절대 그렇지 않다. 오히려 정반대다. 그래서 구속사의 관점으로 성경 전체를 관통해 보아야 올바른 답을 얻을 수 있다.

예를 하나 들어보자. 열왕기상 14:1~18에는 아히야 선지자의 시각장애에 얽힌 일화가 소개된다. 이스라엘의 악한 왕 여로보암의 아들 아비야가 병들어 죽게 되자 여로보암은 자신의 아내를 아히야 선지자에게 보내면서 사람들의 눈을 속이고자 변장을 해서 보낸다. 하나님께서는 아히야 선지자의 시각장애 때문에 그들에게 속임을 당하지 않도록 여로보암의 아내가 찾아올 것을 미리 알려주면서 말할 메시지까지 일러두었다. 물론 아히야의 시각장애는 나이가 많아 찾아온 자연발생적인 것이다. 아히야가 나이가 많아 눈이 어두워졌다는 지문은 부정적인 암시가 아니다. 문제는 선지자가 눈이 어두워졌다는 사실이다. 그것은 다분히 사람들로부터 선지자의 권위에 상처를 입을만한 구실이 된다. 육체적 장애는 지적 장애를 수반한다고 믿는 사회적 인식이 걸림돌로 작용할 만하기 때문이다. 이런 위험에서 하나님이 직접 개입하셔서 아히야의 선지자직의 권위를 세워주신 것이다. 오히려 시각장애 때문에 100퍼센트 정확한 계시를 받은 셈이다. 사실 시각장애보다는 나이가 많은 것이 예언에 더 큰 위험요소가 있다. 고령이 되면 신체적 정신적 약함이 뒤따르기 때문에 엄청난 에너지가 드는 선지자 직분 특별히 예언을 하는 능력에 큰 제약이 뒤따르기 마련이다. 이런 위험부담을 안은 아히야를 대신해서 하나님께서 대신 당신의 강함을 나타내신 것이다. 아히야의 시각장애가 오히려 하나님 계시의 절대성을 담보한 격이 되었다.

앞으로 자세히 살펴보겠지만, 성경에 등장하는 많은 장애인과 장애 이미지들이 이런 사회적인 낙인을 배경으로 하고 있지만, 하나님께서는 오히려 약함을 통하여 하나님의 강함을 나타내시는 도구로 사용하신다. 이것이 장애신학이 지니는 사회학적 장애이론에 대한 극적 반전이라고 해야 할 것이다. 언뜻 보기에는 성경도 장애와 장애인에 대해 부정적인 이미지를 담은 것처럼 보이지만 자세히 들여다보면 성경은 오히려 장애와 약함의 반전으로 끝을 맺음을 알 수 있다. 한번만의 반전이 아닌 영원한 반전으로 남아 있는 것이다. 예수 그리스도의 십자가 승리가 바로 그런 것이다.

장애를 보는 또 다른 시각이 있다.

> **렘 10:5** 그것이 둥근 기둥 같아서 말도 못하며 걸어다니지도 못하므로 사람이 메어야 하느니라. 그것이 그들에게 화를 주거나 복을 주지 못하나니 너희는 두려워하지 말라 하셨느니라

여기서 손으로 만든 우상이 말도 못하고 걸어다니지도 못하니까 두려워하지 말라고 한 것은 말을 하고 걸어다녀야 정상적인 사람 구실을 한다고 생각하는 사회적 인식의 반영이다. 그러나 이 구절은 그런 부정적 인식을 부각시키는 말이 아니라 오히려 우상, 즉 죽은 신과 대비시켜 이스라엘의 하나님은 살아계신 하나님이요 이스라엘과 소통하시는 하나님임을 강조하고 있는 것이다.

> **시 115:4~8** 그들의 우상들은 은과 금이요 사람이 손으로 만든 것이라 입이 있어도 말하지 못하며 눈이 있어도 보지 못하며 귀가 있어도 듣지 못하며 코가 있어도 냄새 맡지 못하며 손이 있어도 만지지 못하며 발이 있어도 걷지 못하며

목구멍이 있어도 작은 소리조차 내지 못하느니라 우상들을 만드는 자들과 그
것을 의지하는 자들이 다 그와 같으리로다

여기서 "입이 있어도 말하지 못하고 눈이 있어도 보지 못하고 귀가 있어도 듣지 못하고"란 말은 다른 성경구절에서 이스라엘의 영적 장애를 일컫는 말과는 뜻이 다르다. 여기서는 조각으로 만든 우상들이 비록 눈, 귀, 코, 입이 있다 해도 그 기능은 원초적으로 불가능하다는 것을 말한다. 따라서 육체적인 기관의 유무가 중요한 것이 아니라 '과연 하나님의 형상이 그 속에 존재하는가?'의 문제가 하나님 백성을 판단하는 조건이라는 것이다. 그렇다면, 우상처럼 모든 외적인 조건이 다 갖추어졌다 할지라도 그것은 본질적 장애라는 것이다. 육체적인 장애를 가졌어도 하나님의 형상을 지닌다면 그것은 무흠한 하나님 백성이라는 것을 강조하고 있다고 말할 수 있다.

지금까지 살펴본 성경구절들을 보면 가난한 자, 병든 자, 고아, 과부, 장애인, 나그네와 같은 소외층은 사회적으로나 문화적으로 그들이 가진 외적인 조건과 신분상의 구분에 의해서 본질이 결정되고 있다는 사실을 알게 된다. 그러나 하나님의 백성은 비록 그들이 이런 소외층의 낙인을 가지고 있다 할지라도 하나님나라에서는 이들에게 극적인 반전을 주시겠다고 약속하신다는 사실도 아울러 알 수 있다.

못난 것도 장애가 되나?

레위기에서 정함과 부정함으로 사람을 구별하듯이 때로는 아름다움과 추함이라는 공식으로 사람을 판단하는 때도 있다. 사람들로부터 아름답지 못한 사람이라고 낙인이 찍힌 사람들은 그 사람이 가진 장애 때문이 아니라 사회가 붙인 부정적인 라벨 때문에 장애 아닌 장애인이 된 사람들이다. 물론 성경의 인물들을 통해서 볼 수 있는 신체적

미적 기준이 하나님의 절대 미적 기준이라든가 그런 미적 기준이 하나님이 뽑으신 일군들의 삶에 결정적인 가치를 지닌다는 뜻은 아니다. 다만, 사람이 그 당시 사회적 미적 기준에 의하여 어떤 평판과 영향을 받았으며 하나님은 그런 미적 기준을 어떻게 사용하셨는지 살펴볼 필요가 있다. 더 나아가 하나님은 어떤 미적 기준을 가지셨는지 또 어떻게 사람들이 가진 육체적 미적 기준을 영적 기준으로 승화시켰는지 하는 질문을 해보아야 한다.

아름다움

성경에 신체적인 아름다움을 찬양한 가장 좋은 예로 사울과 다윗을 들 수 있다. 사울에 대해서는 "기스에게 아들이 있으니 그의 이름은 사울이요 준수한 소년이라 이스라엘 자손 중에 그보다 더 준수한 자가 없고 키는 모든 백성보다 어깨 위만큼 더 컸더라"삼상9:2고 말하고 있다. 여기서 "준수하다tob"는 말은 핸섬하다는 말이다. 이스라엘 자손 중에서 가장 핸섬한 사나이였다면 그는 용모가 빼어나게 출중했음이 틀림없다. 삼상 10:23~24도 그가 백성 중에 필적할만한 용모를 가진 다른 사람이 없다는 점을 강조하고 있다. 이는 당시 사회에서는 외적 조건 특별히 큰 키가 지도자로서 큰 덕목임을 시사해주는 것이다. 한편 다윗은 "그의 빛이 붉고 눈이 빼어나고 얼굴이 아름답더라"삼상16:12 하고 그의 외적인 아름다움을 칭찬하고 있다. 한편, 다윗의 이런 여성적 용모가 전쟁을 수행하기에는 단점으로 보인다.

> 삼상 17:42 그 블레셋 사람이 둘러보다가 다윗을 보고 업신여기니 이는 그가 젊고 붉고 용모가 아름다움이라.

다윗을 사울과 비교할 때 사울이 키가 크고 건장한 근육질의 남성이라면 다윗은 키가 작고 아담하며 피부가 곱고 생김새가 아름다운 꽃미남 스타일의 남성이라고 말할 수 있다. 사울의 아름다움이나 다윗의 아름다움 둘 다 남성으로서 출중한 아름다움을 소유했다고 말할 수 있다. 압살롬의 경우도 그의 외모가 뛰어났다고 칭송을 받고 있다.

> 삼하 14:26 온 이스라엘 가운데에서 압살롬 같이 아름다움으로 크게 칭찬받는 자가 없었으니 그는 발바닥부터 정수리까지 흠이 없음이라

구체적으로 머리카락이나 수염, 피부색 같은 것들에 대한 남성적 아름다움을 말한 것도 성경 여러 곳에서 그 예를 찾아볼 수 있다. 성경은 이렇게 남자는 대체로 '핸섬하다' tob라는 말과 '아름답다' yapeh라는 말로 외모의 아름다움을 나타내고 있다.

한편, 여성의 경우를 보자. 아비가일은 총명하고 용모가 아름답고삼상25:3 라헬은 곱고 아리땁다창29:17라고 같은 말로 칭찬을 했다. 한글성경이 '아름답다' 와 '아리땁다' 의 표현상 차이를 둔 것이 이채롭지만, 사실은 같은 단어다. 여성의 아름다움을 나타낼 때는 더욱 섬세한 부분까지 칭찬하는 것이 보통이다. 즉 눈, 머리카락, 피부색, 속눈썹, 치아, 목소리, 의상 등에 대한 아름다운 미를 구체적으로 칭찬한다. 특히 아가서 4:7은 "나의 사랑 너는 어여쁘고 아무 흠이 없구나"4:7라고 말하면서 여인의 외모에 흠이 없고 완전한 상태6:9를 칭송하고 있다. 아가서에서 솔로몬은 술람미 여인의 육체의 부분 부분을 모두 완벽하다고 말하고 있다. 영적인 의미를 나타낸다고 하기 전에 일차적으로 육체적 완벽함을 나타낸다고 보아야 하기 때문에 아무튼 솔로몬의 미적 기준이 신체적 외적 기준에 있었다고 보는 것은 무리가 없을 것 같다.

반면, 아름다움에 반대되는 개념으로는 어떤 말들이 사용되었을까? 성경에는 아름답지 못함을 탓하는 말이 아름다움을 칭송하는 말보다

훨씬 적게 나타나고 있다. 아름답지 않음을 나타내는 말들이 동물들을 지칭할 때 많이 나타난다. 창 41장에 요셉의 꿈속에 나오는 소들을 두고 흉하고 파리하다는 표현을 썼다. 즉 제사에 드리기에 흠이 있는 동물들을 지칭하여 "흉하고 하나님께 가증한 것"^{신17:1}으로 보았다.

창 29:17은 레아의 안력이 부족한 것과 라헬의 아름다움을 대비함으로써 시력이 좋지 않은 것을 아름다움의 결격사유로 보았다. 엘리사가 대머리라는 이유로 소년들의 놀림을 당한 것도 아름다움에 대한 그 당시 사회적인 정서를 반영했다고 볼 수 있다.^{렘16:6} 근동 문화에서 수염이나 털은 남성을 상징하는 중요한 상징이기 때문에 머리털이나 수염이 깎인다는 것은 수치를 나타낸다.

> 미 1:16 너는 네 기뻐하는 자식으로 인하여 네 머리털을 깎아 대머리 같게 할지어다. 네 머리가 크게 벗어지게 하기를 독수리 같게 할지어다. 이는 그들이 사로잡혀 너를 떠났음이라

이처럼 신체적인 조건이나 외모 때문에 사회로부터 부정적인 인식을 받고 그로 말미암아 불이익을 당하며 사회로부터 격리되는 결과를 낙인stigma이라고 한다. 지금 소위 말하는 집단따돌림현상^{왕따}과 같다고 볼 수 있다. 낙인이론은 고프만이 처음 주창한 것으로 다수가 이끄는 사회에서 그 표준에 미치지 못하는 소외그룹들이 받는 편견을 말한다. 소외그룹이 느끼는 낙인의 정도는 개인마다 다르고 또 사회와 문화에 따른 가치관의 차이가 있기 때문에 그 정도가 다르다.

낙인과 낙오자, 장애인

레위기에 21장이 다룬 흠 있는 육체를 가진 제사장은 그들이 비록 흠이 있다는 낙인을 받긴 했지만, 그 낙인으로 말미암아 제사장 직분

에서 낙오된 것도 아니었기 때문에 전반적인 사회생활에 제약을 가져올 만큼 큰 낙인은 아니었다. 물론 제사를 집전해야 할 때라든가 지성소에 들어갈 때는 동료 제사장으로부터 낙오자 신세를 면할 수는 없었다. 그럼에도, 이들은 성소에 바친 거룩한 음식을 나누는 식사공동체에는 함께 할 수가 있었다. 마치 신체장애 학생이 체육 시간에 혼자 교실에 남아 있다가 수업이 끝나고 돌아오는 다른 학생들과 함께 점심을 먹을 때의 기분과 같다고나 할까. 그러나 장애인 중에 맹인과 다리를 저는 자는 오히려 부정한 사람보다도 더 심한 낙인이 찍혔고 사회로부터 완전히 낙오자가 되는 처지로 전락하게 되었다. 왜 유독 맹인과 다리 저는 자가 더 심한 낙인이 찍히게 된 것일까?

> 삼하 5:8 그날에 다윗이 이르기를 누구든지 여부스 사람을 치거든 물 긷는 데로 올라가서 다윗의 마음에 미워하는 다리 저는 사람과 맹인을 치라 하였으므로 속담이 되어 이르기를 맹인과 다리 저는 사람은 집에 들어오지 못하리라 하더라

여기서 제사장이 아닌 맹인과 다리 저는 자들이 궁전 또는 성전에 들어오는 것조차 금지되었다면[2] 레위기에 기록된 다른 부정한 장애인들보다 더 큰 제약이었으며 결국 이들은 사회의 최대 낙오자들이 되었다는 것을 말해준다. 실제로 그 이후로 맹인과 다리 저는 자들이 왕궁과 성전에 들어가는 것이 금지되었었는지 아니면 한글성경의 번역대로 속담으로만 전해오는 구전이 되었는지는 확실하지가 않다. 다윗과 다리 저는 자에 대해서는 이미 살펴본 바 있다.

농아인이라고 해서 예외는 아니다. 농아인 역시 이미 살펴본 바와 같이 맹인과 똑같은 처지에 놓여있었다. 농아인 역시 이스라엘의 영적인 무지한 상태를 나타내기 위한 존재로 상징되었는데 그로 말미암은 낙인 때문에 농아인들이 사회적으로도 철저히 소외되는 삶을 살아

야만 했던 것이다. 성경에 맹인이 여러 다른 장애인들 또는 다른 소외 계층들과 함께 짝을 이루어 나타난 것처럼 농아인도 다른 소외계층과 함께 짝을 이루어 등장할 때가 많이 있다. 이것은 결국 그 사회에서 농아인이 다른 소외계층과 마찬가지로 사회적 낙인이 찍힌 소외층이었음을 나타내는 방증이다.

잠 31:8 너는 말 못하는 자와 모든 고독한 자의 송사를 위하여 입을 열지니라

고환이 상한 자, 음경이 베인 자, 그리고 사생자 역시 사회의 공식적 낙오자였다. 이들은 공식적으로 하나님의 총회에 들어오지 못하도록 명기되어 있기 때문이다. 신23:1~2 고환이 상한 자나 음경이 베인 자를 이렇게 심하게 다루는 이유는 이들이 생산할 수 없다는 이유 때문이다. 이스라엘이 생산하지 못한다는 것은 거룩한 백성의 대가 끊긴다는 것이고 결국 하나님의 거룩한 지상명령인 생육하고 번성하지 못하기 때문에 저주받은 자가 되는 것이다. 이런 이유로 해서 이들은 사회적으로부터 또 종교적 공동체로부터 낙인이 찍혀 평생 불행한 사람으로 살아가야만 했던 것이다.

신명기 28:27~29은 좀 심각성이 있는 구절이다. 하나님의 징계를 받은 장애인들이 받는 낙인은 그 무엇보다도 처절했다.

> 여호와께서 애굽의 종기와 치질과 괴혈병과 피부병으로 너를 치시리니 네가 치유 받지 못할 것이며 여호와께서 또 너를 미치는 것과 눈머는 것과 정신병으로 치시리니 맹인이 어두운 데에서 더듬는 것과 같이 네가 백주에도 더듬고 네 길이 형통하지 못하여 항상 압제와 노략을 당할 뿐이리니 너를 구원할 자가 없을 것이며

스바냐 1:17과 예레미야 애가 4:14도 같은 맥락의 표현이다.

습 1:17 내가 사람들에게 고난을 내려 맹인 같이 행하게 하리니 이는 그들이 나 여호와께 범죄하였음이라. 또 그들의 피는 쏟아져서 티끌같이 되며 그들의 살은 분토 같이 될지라

애 4:14 그들이 거리 거리에서 맹인 같이 방황함이여 그들의 옷들이 피에 더러워졌으므로 그들이 만질 수 없도다

맹인은 또 "무지하다" 또는 "판단력이 흐리다"는 뜻의 상징으로도 쓰였다. 이사야 56:10이나 이사야 6:9~10이 한 예다.

사 56:10 이스라엘의 파수꾼들은 맹인이요 다 무지하며 벙어리 개들이라 짖지 못하며 다 꿈꾸는 자들이요 누워 있는 자들이요 잠자기를 좋아하는 자들이니

이사야 6:9~10은 보지 못하는 사람과 듣지 못하는 사람을 보는 사람과 듣는 사람과 대비시켜 보지 못하고 듣지 못하는 사람들은 무지한 사람들이요 보고 듣는 사람들은 깨달을 수 있는 능력을 소지한 사람들이라는 메타포를 사용하고 있다.

사 6:9~10 여호와께서 이르시되 가서 이 백성에게 이르기를 너희가 듣기는 들어도 깨닫지 못할 것이요 보기는 보아도 알지 못하리라 하여 이 백성의 마음을 둔하게 하며 그들의 귀가 막히고 그들의 눈이 감기게 하라 염려하건대 그들이 눈으로 보고 귀로 듣고 마음으로 깨닫고 다시 돌아와 고침을 받을까 하노라

이처럼 맹인이 저주와 무지의 상징으로 계속 등장함으로써 맹인이 성경에서 가장 큰 낙인이 찍힌 소외층의 대표 명사가 되었다. 오늘날도 여전히 이런 구절을 잘못 해석해서 특정장애를 가진 모든 장애인들이 하나님이 내리신 저주의 표현이라고 낙인을 찍기도 한다. 또 일반적으로 장애는 모두 하나님이 내리신 벌이라고 생각하는 오해를 낳게 했다.

눈에는 눈, 이에는 이

레 24:19~20 사람이 만일 그의 이웃에게 상해를 입혔으면 그가 행한 대로 그에게 행할 것이니 상처에는 상처로, 눈에는 눈으로, 이에는 이로 갚을지라 남에게 상해를 입힌 그대로 그에게 그렇게 할 것이며

함무라비 법전에도 이와 비슷한 조항이 있는 걸 보면 당시 사회에서 몸에 상해를 가하는 행위가 얼마나 심각한 범죄행위인가를 가늠하게 한다. 그렇다면, 함무라비 법전과 레위기의 조항이 같은 법정신을 가진 것일까? 함무라비 법전이 어떤 법정신을 담고 있었는가에 대해서는 여기서는 논외로 하기로 한다. 레위기의 법정신은 분명히 함무라비 법정신을 한 단계 뛰어넘은 용서와 사랑이 함께 깃든 처벌조항이라고 할 수 있다. 사회법 함무라비법이 허용한 보복에 대해서는 사람들은 그것이 정당한 권리라고 생각했기 때문에 보복을 한다는 것 자체가 문제가 되지는 않았다. 그러나 그러한 사회법은 계속 부작용을 낳고 있었던 것이다. 사람의 죄성은 언제나 또 다른 죄를 유발하는 것이다. 한쪽 눈에는 한쪽 눈으로만 갚아야 하는데 피해자가 가해자를 보면 흥분하기 마련이어서 두 눈을 다 뽑아야 직성이 풀리는 법이다. 이빨 두 개를 잃어버린 피해자가 가해자를 보고 화가 나서 주먹으로 쳐 앞니 전부를 상하게 하는 일이 비일비재해졌다. 이빨 하나를 잃어버린 자가 가해자를 찾아가 자신의 잃어버린 치아에 해당하는 이빨을 찾아 그 이빨만 빼고자 정교한 연장을 사용하여 다른 이빨은 다치지 않도록 조심할 사람이 어디 있겠는가! 이렇게 보복의 법에는 항상 더 큰 보복으로 이어지는 악순환을 조장할 뿐이다. 가령, 처음부터 상해할 의도가 없는 어처구니없는 실수로 다른 사람을 상해한 경우는 어떠한가. 그럼에도, 피해자는 이제 의도적으로 앙갚음하게 된다. 실수

에 의해 갑자기 상해를 입는 경우와 의도적으로 보복을 당할 때 입는 심리적 육체적 압박에는 엄청나게 차이가 나는 법이다. 함무라비 세상법전은 결코 공평한 법이 아니었다.

레위기 법전은 함무라비 법전에 비해 엄청나게 승화된 법전이다. 징계 이상의 행위를 하지 말고 징계의 목적만큼만 시행하라는 것이다. 눈에는 눈으로만 갚으라는 것이다. 눈도 빼고 귀도 베지 말라는 것이다. 손에는 손으로만 갚아라. 다리까지 자르려 하지 말라는 것이다. 절대 쉽지 않은 법이다. 사랑의 용서가 담긴 책임 있는 징계로서 레위기 법전은 출발한다. 이렇게 율법의 책임 있는 징계의 목적은 죄는 반드시 벌을 받을 것과 따라서 피해자와 같은 수치를 경험하게 하는 것이었다. 상해를 입은 사람들은(가해자이건 피해자이건) 사회생활을 할 때 수치를 당하며 살아야 하기 때문이다. 사회는 신체 일부분이 손상된 사람들을 볼 때 다른 사람의 신체에 해를 가한 나쁜 놈이라는 낙인을 찍는다. 피해자임에도 그들은 그런 오해와 편견을 벗어날 수 없었다. 일일이 나는 피해자였을 뿐이라고 변명하고 다닐 수도 없기 때문이다.

더욱이 그런 형사상의 문제 때문에 입은 상해가 아닌 장애인의 경우, 사고나 질병으로 말미암아 신체 일부분이 상실된 사람들이 받아야 했을 상처는 이루 말할 수 없었으리라. 그들 역시 다른 사람을 해친 흉악범 취급을 받기도 했기 때문이다. 결국, 장애인들은 이런 율법적인 선의적 해석으로부터도 보호받지 못하고 오히려 낙인이 찍히는 이중 고초를 당해야만 했다.

여성=장애인?

우리가 주지하는 바와 같이 어느 나라 어느 문화를 막론하고 여성이 남성과 비교하면 차별을 받고 살아온 것도 사실이다. 아리스토텔레스는 여성을 남성장애인과 동일시했다. 즉 여성을 장애인으로 본 것이다. 이런 사회적인 시각을 반영하여 여성의 사회적 신분을 회복하려면 장애인의 시각으로 접근해야 한다는 페미니스트의 주장도 있다.[3] 아무튼 역사적으로 여성들이야말로 소외계층 중 가장 다수를 차지할 뿐 아니라 가정이나 사회 속에서 자신의 모든 기능이 중지당한 채 살아야 했던 장애인 중의 장애인이었다. 성경 역시 당시 문화를 반영하고 있기 때문에 여성의 존재가 그리 뚜렷하게 드러나고 있지는 않지만, 분명히 성경은 여성을 비하하거나 또는 존재적으로 남성보다 열등하다고 말하지 않는다. 그럼에도, 여성은 분명히 동등한 수적인 비중에도 소수 취급을 받으며 능력이 동등한데도 그 능력이 감추어져 있다.

여성 신학자들은 곧잘 삼상 4:9절을 예로 들면서 이스라엘 백성의 머릿속에 남성우월주의가 팽배했다고 주장하며 히브리 성경이 성적 차별로 가득 찬 불공평한 책이라고 공격한다.

> 삼상 4:9 너희 블레셋 사람들아 강하게 되며 대장부가 되라 너희가 히브리 사람의 종이 되기를 그들이 너희의 종이 되었던 것 같이 되지 말고 대장부 같이 되어 싸우라 하고

본문의 역사적인 배경은 이스라엘이 블레셋과 전쟁을 할 때다. 싸움이 시작되자마자 이스라엘은 곧 패배를 맛보게 된다. 이때 이스라엘 장로들은 언약궤를 앞세우지 않았기 때문에 전쟁에 패했다고 생각한다. 따라서 그들은 실로에 있던 언약궤를 가져와 그것을 앞세우고 다시 블레셋을 치러 나간다. 이들은 언약궤를 전쟁에서 이기는 수호신으로 생각한 것이다. 하지만, 언약궤는 이스라엘과 함께 모욕을 당하

게 된다. 이는 이스라엘 백성이 크게 오해한 데서 기인한다. 언약궤 그 자체가 수호신이 아니라 언약궤를 통해 나타나시는 임마누엘이 동력임을 잊었던 것이다. 아이러니하게도 오히려 블레셋 사람들이 언약궤 힘의 비밀을 알았다. 물론 비록 그들이 하나님이 유일신이라는 걸 인정하지는 않았지만 적어도 하나님이 이스라엘과 함께 하는 능력의 신임을 알았기에 능력의 근원인 언약궤를 무서워 한 것이다.

> 삼상 4:8 블레셋은 말하기를 우리에게 화로다 누가 우리를 이 능한 신들의 손에서 건지리요. 그들은 광야에서 여러 가지 재앙으로 애굽인을 친 신들이니라

정작 이스라엘은 언약궤 자체에 승부를 걸고 블레셋 사람은 오히려 언약궤의 실제능력인 신의 실체를 이해하고 있었으니 매우 아이러니하다. 이때 블레셋은 싸움을 독려하고자 "너희 블레셋 사람들아 강하게 되며 대장부가 되라"고 외치며 전의를 북돋운다. 대장부, 즉 남자다운 남자가 되라는 뜻이다. 이 말을 두고 히브리 성경이 남성 우월주의라고 말하는 것은 논리가 모자란 주장이다. 그것은 이스라엘이 외친 것도 아닌 블레셋의 문화를 반영한 블레셋의 구호일 뿐이다. 심지어 이스라엘이 그런 구호를 외쳤다 하더라도 그것은 어디까지나 그 당시 문화를 반영한 것이지 하나님의 마음을 담은 구호라고 볼 수가 없기 때문이다. 더욱이 남자다운 남자가 되라는 구호가 여성을 차별했다고 말하는 것은 논리의 비약이다. 남자로만 구성된 군대에서 군인들에게 남자다운 남자가 되라고 주문한 것은 남자와 여자를 비교해서 나약한 여자처럼 되지 말라는 당부가 아니라 전쟁 수행에 합당한 용맹을 가져달라는 표현이기 때문이다. 신체적으로는 여자가 남자와 비교해서 연약하다는 것은 비하나 차별이 아니라 사실이기 때문에 사실적인 비교를 두고 차별적인 발상이라고 말하는 것은 논리의 비약이

다.⁴⁾ 성경에 소개된 장애인은 대부분 남성이다. 이런 사실을 근거로 하나님이 유독 남성들에게만 장애를 벌로 내린다는 증거라고 말할 수 있을까?

나훔 3:13도 같은 맥락에서 이해하여야 할 것이다. 장정과 여인을 비교해 장정이 여성보다 낫다는 뜻이 아니라 장정의 힘이 빠져 여인들처럼 되었다는 것은 남자의 기능을 잃어버렸다는 것을 강조하기 위한 말이다.

> 나 3:13 네 가운데 장정들은 여인 같고 네 땅의 성문들은 네 원수 앞에 넓게 열리고 빗장들은 불에 타도다

다만, 고대 이스라엘 족장 시대가 남성을 통해 대를 이어가는 남성 주도문화였기 때문에 하나님도 이 시대를 통한 하나님의 뜻을 나타내고자 남성적인 이미지를 많이 사용하셨을 뿐이다. 하지만, 뒤집어놓고 보면 성경이 당시 사회적인 인식에 비하면 얼마나 엄청나게 개선된 시각으로 여성을 대하고 있는지를 금방 알 수 있다.

단원요약질문

1. Goffman의 낙인이론을 정리해 보라. 그리고 낙인이론을 한국사회에서의 장애인들의 시대적 상황에 대입해 보라.

2. 아름다움과 못남에 대한 사회적 정의를 성경에 따른 개념으로 비판하라.

3. 함무라비 법전과 율법의 법정신의 차이를 말해보라. 아울러 율법이 예수님의 새 계명으로 어떻게 바뀌었는가?

4. 여성 장애인들의 겪는 이중 낙인과 고통에 대해 그들에게서 직접 들어보라.

제 7 장

쿰란 공동체와 유대인의 장애 정책

1933년 나치 정부는 소위 '단종법'sterilization law이라는 어이없는 법을 통과시키고 정신병과 유전병이 있는 장애인들을 강제 불임수술 시켰다. 사실 이런 발상은 나치 정부가 창안한 것은 아니었다. 미국도 1907-1939년 사이 29개 주에서 3만 명 이상을 강제불임수술 시켰고 이중 절반 이상은 캘리포니아 주에서 자행되었는데 주로 정신병동에 격리된 환자들에게 사전 동의 없이 실시하였다. 이렇게 하게 된 동기는 다윈의 우성형질 유전이론에 근거를 두고 사람 중에 열성형질을 가진 사람들은 도태시켜야 한다는 생각 때문이었다. 나치가 법으로 강제수술을 명한 장애인들은 1) 유전이 되는 어떠한 신체적 또는 정신적 장애 2) 지적장애 3) 정신분열 4) 다른 정신병 5) 유전적 간질 6) 유전적 무도병 7) 유전적 시각장애 8) 유전적 청각장애 9) 모든 유전적 장애 10) 알콜중독 등이다. 이런 목록을 보면 겉으로는 유전되는 열성형질을 막겠다는 구실을 내세웠으나 모든 종류의 장애인을 타겟으로 했음을 추측할 수 있다.

나치는 1934년에만 30~40만에 이르는 사람들을 강제 불임시켰으며 이중 상당수가 수술 등의 후유증으로 목숨을 잃기도 했다. 이 단종법은 특정 인종을 표적으로 삼지는 않았지만, 집시는 반사회적 형질을 가졌다는 이유로 이 법의 철퇴를 맞았고 동성연애자들도 이 법의 적용을 받았다. 이렇게 단종법은 나치 정부에 도움이 되지 않는 사람들을 가려 단죄하는 수단으로 사용되었다.

급기야는 1939년에 히틀러는 정신병자들과 지적장애인들을 아예 죽여 없애는 소위 말하는 '자비법'을 몰래 시행하였다. 단종법은 공식적으로 시행했지만, 이 자비법은 작전명 T4라는 이름으로 비밀리에 시행했다. 나치의 주장은 심한 장애로 고생할 바에야 죽는 게 낫다는 논리로 그들에게 자비를 베풀어 죽여준 다는 히틀러의 광적 살인법이었다.

이런 명령에 의해서 피해를 본 사람들은 주로 나이가 많은 노인이었는데 정신 병자들과 지적장애인들 이외에 생산성이 없고 정부에게 귀찮은 노인들을 싸잡아 죽여 버렸다.

나치 정부의 광기가 극에 달하면서 T4 작전은 독가스 살인실을 만들어 장애인들을 닥치는 대로 죽여 버렸다. 1939-45년 사이 T4 작전에 의해 죽은 장애인들이 20~25만 명으로 추산한다. 히틀러는 유대인들을 전멸하려는 소위 인종청소를 시도했으며 그의 이런 광기는 지금도 세계도처에서 살아나 그 도를 더하고 있다.

이 장에서는 구약 시대 이후 초기 크리스천의 삶을 가장 잘 반영하고 있다는 쿰란 공동체의 장애 이해와 유대인들의 장애에 대한 율법 해석과 적용을 살펴봄으로써 성경 율법의 해석과 적용이 어떻게 흐르고 있는가를 알아보기로 한다. 그렇게 함으로서 오늘 개신교가 간과하는 점은 없는지, 예수 그리스도가 혁명적으로 무너뜨리신 의식법의 힘이 오늘날 교회와 공동체에 제대로 반영되고 있는지, 또 그 혜택을 오늘날 장애인들이 받고 누리고 있는지, 하는 문제에 대한 의문을 풀고자 한다.

쿰란 공동체의 장애 이해

쿰란 공동체는 쿰란을 지성소로 생각하고 공동체 한 사람 한 사람을 제사장으로 보았던 것 같다.[1] 이렇게 공동체 자체를 지성소의 개념으로 생각했다면 당연히 레위기 21장이 요구한 흠 없는 사람만이 쿰란에 들어갈 수 있다고 생각했을 것이다. 따라서 왜 쿰란 공동체가 장애인을 배제하였는가 이해할 수 있을 것 같다. 그것은 공동체에 속한 개개인이 흠 없는 제사장이 되어야 했기 때문이다. 아울러 그들은 공동체의 정결함을 유지하고자 레위기가 요구한 정결의식을 철저히 지키도록 요구되었을 것임이 틀림없다. 쿰란 문서들이 이런 사실을 뒷받침한다. 더 나아가 쿰란 공동체는 육체적으로 흠이 없어야 하는 조건 외에도 정신적인 장애도 공동체에 가입하는 결격사유임을 분명히 밝히었다. 즉 사해문서의 하나인 다마스쿠스 문서는 정신병자, 정신지체장애, 시각장애, 청각장애, 미성년자 등 구체적인 조건을 공동체 가입조건으로 적시하고 있다.[2] 또 하나의 문서는 이스라엘 백성이 마지막 때 어떻게 행동할 것인가 하는 종말론적 행동지침을 소개하고 있는데 이 문서를 보면[3]

> 회원들이 나이가 들어가면서 자신이 가진 힘에 따라 공동체에 대한 임무를 책임 있게 수행하여야 할 것이다. 정신지체를 가진 사람에게는 이스라엘 공동체에서 어떤 직책도 맡길 수 없으며 동시에 어떤 책임 있는 의무도 부과하지 못한다. 전쟁을 수행할 때도 전투에 참여하지 못한다. 다만, 전쟁이 날 경우 가족들은 이런 장애인을 전쟁군인명부에 등록은 하고 능력에 따라 국가를 위해 할 수 있는 다른 임무를 주어 자신의 몫을 담당하게 한다.

반면 쿰란의 종말론적 마지막 때에 대한 규율은 그 범위가 더욱 확장된다. 몸에 어떤 부정한 표라도 있으면 하나님의 성회에 들어갈 수가 없다. 그들은 공회의 책임 있는 어떤 직분도 맡을 수 없다. 몸에 어떤 장애가 있거나 손발이 마비된 경우, 맹인이나 농아인인 경우, 발을 저는 경우, 몸에 분명하게 보이는 흠이 있는 경우. 비틀거리거나 불안정한 사람. 이런 사람들은 성회에 자리를 함께할 수가 없다. 왜냐하면, 거룩의 천사가 회중 가운데 있기 때문이다. 만일 이런 사람들이 성회의 장로모임에 할 말이 있거든 개인적으로 물을 것이며 공식적인 성

회에는 들어가지 못하게 할 것이라고 규정하고 있다.[4]

> 몸에 장애를 가진 사람은 악과 싸워야 하는 마지막 종말의 싸움터에 참여할 수가 없고 메시아 잔치에도 들어갈 수 없다.[5]

이처럼 쿰란 공동체는 장애인이 마지막 천국 잔치에도 배제되는 것으로 해석하여 예수님의 마음과 완전 반대로 이해하고 있다.눅14:21~24

쿰란 공동체는 구약의 거룩한 정결법이 육체의 혈통보다 더 중요하게 생각한 듯하다. 아마도 쿰란 공동체의 성격상 레위 가문만을 골라 공동체 회원으로 받아들일 수 없었던 한계 때문인 듯하다.

쿰란 문서와 장애관련 구절

여러 쿰란 문서에서도 이스라엘 믿음의 공동체의 영적인 타락상을 두고 하나님의 진리에 눈이 어두운 '맹인' 이라는 표현이 자주 나온다. 성경에서와 마찬가지로 쿰란 문서에서도 '눈이 어둡다' 라는 말은 육체적 장애를 뜻하기보다는 '무지', '판단력 부족', '영적 분별력 상실' 등 상징적으로 쓰일 때가 더 많다.

쿰란 문서에서는 성경의 '흠 없는 육체'의 개념을 훨씬 비약해서 적용하고 있다. 예를 들면, 눈이 먼 것을 '그릇된 영'으로 말하는데 '목이 곧음'이라든지 '패역한 혀', '교만', '악함' 등이 이 '그릇된 영'에 속한다고 구체적으로 나열하고 있다. 따라서 시각장애는 신적인 영역에 반대되는 개념, 즉 하나님의 영역을 파괴하는 세력으로 소개된다.[6] 결국 시각장애는 쿰란 공동체에서 사악함을 상징하는 부정적 이미지로 나타난다.

또 다른 예는 성전 문서Temple Scroll에서 찾아볼 수 있다.

어떤 맹인도 그 평생에 성소에 들어갈 수가 없다. 나 여호와가 머무는 도성을 오염시키지 말지어다. 왜냐하면 나 여호와는 이스라엘과 함께 영원히 그 도성에 머물기 때문이다.[7]

여기서 시각장애는 오염의 근원으로 간주한다. 이런 시각은 성경에서도 찾아볼 수 없는 쿰란 문서의 독특한 시각으로서 쿰란은 시각장애에 대해 성경보다 훨씬 부정적인 이미지를 갖고 있다. 성경에서는 시각장애라는 이유로 하나님의 도성에 머무는 것 자체가 금지되지 않았다. 레위기 21장에 언급된 장애인이라 할지라도 성전에 들어가는 것 자체, 그리고 제사 음식을 함께 나누는 것 자체가 금지되지는 않았기 때문이다.

그런가 하면 쿰란의 또 다른 문서 4QMMT B 49-54에는 맹인 제사장과 농아인 제사장은 그들이 제사 음식을 먹으면 안 된다고 못 박고 있다. 그 이유는 이들이 정결법이 무엇인지 그리고 그런 음식에 대한 예법에 대해 듣지도 못하고 보지도 못하기 때문에 정결의식에 대한 무지로 말미암아 제사의식을 범법할 가능성이 크기 때문이라는 것이다. 더 나아가 이 문서는 거룩한 제사 음식이 아니더라도 이들이 다른 예배자들과 함께 먹는 것조차 금지해야 한다고 주장한다. 이렇게 쿰란 문서는 장애에 대해 훨씬 부정적인 이미지를 가지고 있다.

전쟁문서War Scroll는 종말론적 전쟁에 참가하는 사람은 신체적으로나 영적으로 '완전'하고 '온전'해야 한다고 강조한다. 이 전쟁문서는 성전문서와는 달리 맹인을 영적 오염원이라고 말하지는 않는다. 흠이 있는 사람이 왜 전쟁에 참가할 수 없는지에 대해서는 문서가 자세히 설명하고 있지 않다. 그러나 전쟁터에 거룩한 천사가 전사들과 함께 하고 있음을 강조함으로써 전장이 성소가 되기 때문에 흠 있는 육체는 함께 할 수 없음을 강력하게 암시하고 있다.

정신장애 또는 지적장애

쿰란 공동체는 맹인과 농아인을 하나님의 진리를 수용하고 이해하는 데 부족한 사람들이라고 생각했다. 마찬가지로 정신장애인 또는 지적장애인들도 공동체에 부적합한 사람들이라고 낙인을 찍었다. 쿰란 문서에는 정신병자 즉 정신장애인에 대한 기술이 많다. 이들 역시 맹인, 농아인, 다리 저는 자들은 공동체에서 배제되어야 한다고 기록되어있다. 이는 쿰란 공동체가 하나님이 머무는 곳 또는 거룩한 천사가 머무는 곳으로 공동체 자체를 지성소로 이해하고 있기 때문이다. 이러한 신학적 이해는 장애인들이 쿰란 공동체를 무너뜨리는 위협적인 존재로 드러남으로써 신앙공동체에서 쫓겨났으며 동시에 사회 전체로부터도 쫓겨나는 부도덕하고 악한 신세로 전락하게 하였다.

유대인들의 장애 의식

유대인들의 장애 인식은 그들이 가장 중요시하고 있는 율법서인 토라, 그리고 탈무드, 미쉬나, 미드라쉬 그 외의 해석서, 유대전승, 그리고 랍비들의 해석과 같은 데서 찾아볼 수 있다. 이미 2장에서 살펴본 바 있기 때문에 여기서는 그 외 기록자료에서 찾아볼 수 있는 유대인들의 장애인에 대한 의식에 대해 간단하게 언급하고자 한다.

토라의 해석에 대해서는 우리가 이미 살펴본 해석과 거의 동일하다. 다만, 랍비들에 따라 약간의 해석 차이가 있지만 기본적인 해석은 같다. 다만, 레위기에 기록된 제사장의 육체적 기준에 이외에 토라는 그들의 지적인 기준도 제시한다고 이해하기 때문에 지적인 기준에 대해 약간 살펴보기로 한다.

다아트 Da'at

유대인들은 제사장이 그 기능을 잘 수행하려면 육체적으로 흠도 없어야겠지만 일정한 수준의 지적 능력 즉 '다아트'가 있어야 한다고 생각한다. '다아트'란 단어는 단지 '지식'이라고 번역된 뜻 그 이상의 뉘앙스를 지니고 있다. 이 단어는 주로 잠언, 욥기, 전도서와 같은 지혜서에 많이 등장하는데 '다아트'는 단지 지적능력을 넘어 도덕적 판단력 그리고 목적을 가진 행동양식 등을 포함한다.[8] 예를 들면 창세기 2:9와 2:17에 선과 악을 "알게 하는"$^{da'at}$ 나무를 말할 때 처음 쓰인 것처럼 '다아트'는 분별력을 나타낼 때 쓰이는 말이다. 여기서 '다아트'는 성숙함을 의미하며 도덕적 성숙함과 선과 악을 분별할 줄 아는 능력을 포함한다. 이 단어는 신명기 1:39에도 같은 뜻으로 쓰이고 있다. 그러므로 제사장은 이러한 분별력이 있어야 한다고 유대인들은 생각한다.

'다아트'는 또 목적 있는 행동을 포함한다. 이 단어는 초태생의 동물에 적용된다고 말한다. 미쉬나의 한 해석에 의하면 제사에 사용될 초태생은 흠이 없어야 하기 때문에 사람들이 그 동물에 해를 가하거나 상처를 입혀서는 안 되는 데 의도적이 아닌 실수로 말미암은 상처일 경우는 제사에 쓸 수 있다고 해석한다. 그러므로 분명한 목적을 가진 행동이라는 뜻으로 '다아트'가 쓰인다.

쇼테 Shoteh

'다아트'와 반대되는 말이다.[9] 즉 한글성경에 "어리석은 자"로 해석되는 부류들이다. 이 '쇼테'의 부류에 정신병, 정신장애, 지적장애를 모두 포함하고 있다. 즉 사회학적으로는 '정상'과 반대되는 개념으로 사용된다. 유대인들은 율법 진리를 깨닫지 못하거나 우상을 숭배하는 사람을 말할 때 이 단어를 사용한다. 이렇게 살펴볼 때 유대인은 신체적인 기준뿐만 아니라 지적 기준까지 제사장의 기준에 추가하여 생각하고 있음을 알 수 있다.

Imitatio Dei

유대인들은 제사예법을 제외하면 장애인이라고 해서 어떤 차별을 두어서는 안 되고 그들이 살아가는 데 불편을 주지 말고 잘 돌보아야 한다고 레위기 19장 14절 같은 말씀을 들어 강조한다.

> 너는 귀먹은 자를 저주하지 말며 맹인 앞에 장애물을 놓지 말고 네 하나님을 경외하라 나는 여호와이니라

유대인들이 가져야 할 장애인에 대한 태도는 그들의 사상, imitatio Dei에 근거를 둔다고 이해한다.[10] 즉 선하시고 자비하신 하나님께서 사람을 돌보시는 사랑과 방법을 우리가 모방해야 한다는 뜻이다. 이런 자비사상은 장애인이라고 해서 배제되어서는 안 된다는 것이다. 신명기 10:17~19이 그 근본사상이 된다.

> 너희의 하나님 여호와는 신 가운데 신이시며 주 가운데 주시요 크고 능하시며 두려우신 하나님이시라 사람을 외모로 보지 아니하시며 뇌물을 받지 아니하시고 고아와 과부를 위하여 정의를 행하시며 나그네를 사랑하여 그에게 떡과 옷을 주시나니 너희는 나그네를 사랑하라 전에 너희도 애굽 땅에서 나그네 되었음이니라

유대사상은 근본적으로 하나님의 언약의 백성이라는 관점에서 하나님의 백성은 모든 사람들에게 골고루 관심을 둬야 한다고 말한다. 특정한 사람을 좋아하거나 싫어하거나 하는 호불호의 원리로 행동을 결정해서는 안 된다고 가르친다.[11] 더 나아가 유대사상은 이렇게 도움

이 필요한 사람들에게 무관심하다는 것은 우상숭배나 다름없는 것으로 이해한다. 이런 이유로 해서 유대인들은 기본적으로 장애인들이나 소외계층을 위한 사회복지 또는 교육제도를 제공하고 있다. 이런 이론적 배경에도 다른 선진국과 비교해서 유대인이라고 해서 특별하게 소외계층을 위한 복지에 투자가 월등하다는 증거는 없으며 오히려 유대인 사회가 장애인이나 소외계층에 대해서 소홀했다는 자성의 목소리가 높다.

미쉬나의 유대인 예배 이해

이미 2장에서 살펴본 것과 같이 유대인에게 성전이 더는 존재하지 않기 때문에 제사장도 더 이상 필요하지 않다고 생각하므로 제사장의 장애 여부가 지금의 유대인 사회에서 그리 중요한 관심거리가 아니다. 하지만, 유대인 예배에서 요구되는 제사장의 기능에 대해서는 여전히 제사장에 해당하는 기준을 적용한다. 이에 대해 미쉬나는 여러 해석을 내놓고 있다.

토라 낭독

원리적으로 토라 낭독은 개인이 아닌 이스라엘 공동체가 하나님 앞에서 말씀을 읽는 거룩한 행위이다. 따라서 토라를 암송하여 읽는 것이 금지된다. 그 이유는 일점일획이라도 잘 못 암송할 때 하나님 말씀에 대한 불경건한 행위라고 생각하기 때문이며 또 율법을 낭독할 때 두루마리를 펴고 서서 읽으라는 구체적인 지시가 있기 때문이다. 동시에 토라를 읽을 때도 정확한 발음과 쉼표가 요구된다. 그렇다면, 맹인이라든가 토라를 읽는 데 어려움이 있는 언어 장애인들은 이 종교적 의식을 어떻게 수행할 수 있을까?

맹인 예배자가 토라를 읽을 수 있는가 하는 문제가 먼저 대두된다. 맹인은 토라를 눈으로 읽을 수가 없어서 예배에 참석할 수가 없다는 보수유대주의자들이 있는 반면 맹인이 비록 토라를 읽을 수는 없지만 들을 수 있기 때문에 예배참석에는 지장이 없다고 주장하는 온건주의자들도 있다. 반면 맹인예배자가 토라를 읽을 방법이 있고 맹인도 제사장의 직분을 감당할 수도 있다고 주장하는 개혁파도 있다.

유대인의 역사를 통해 보면 맹인이 유대인 공동체에 일반인과 똑같은 회원으로 받아들여졌고 영적이나 사회적 지도자로 활동한 예도 많다. 미쉬나의 다양한 해석을 종합해 보면, 맹인들 역시 토라의 율법을 다 지켜야 한다고 가르치고 있다. 그러나 눈으로 토라를 직접 보고 읽어야 한다는 해석이 주류를 이루기 때문에 토라를 볼 수 없는 맹인은 예배에서 토라 읽는 의무가 면제되기도 한다. 하지만, 현대에 와서는 맹인의 토라를 낭독할 수 있는가 하는 근본적 질문이 아니라 어떤 방법으로 가능한가 하는 문제로 미쉬나는 토의를 거듭하고 있다.

반면에 토라를 암송해서 낭독하는 것은 철저히 금하고 있다. 특별히 맹인이 토라를 암송해서 낭독하는 것이 금지된다. 토라를 듣는 청중은 반드시 예배인도자가 토라 두루마기를 들고 읽는 말씀을 듣도록 규정되어 있기 때문이다. 반면에 맹인이 정확하게 암송하는지 전문서기가 모니터를 할 경우 가능하다고 주장하는 해석도 있다. 이처럼 미쉬나에서 맹인이 토라를 읽지 못하도록 한 것은 토라를 암송하지 말라는 뜻일 뿐 맹인을 예배에서 완전히 배제한다는 뜻은 아니라는 것이다. 그렇다면, 맹인이 토라를 공식적으로 읽을 방법은 없을까? 새로운 미쉬나의 해석으로는 맹인이 다른 사람을 청해 토라를 읽게 하고 자신은 그 옆에 서서 토라를 들으면 공식적으로 토라를 읽은 것으로 간주한다고 본다. 왜냐하면, 말씀낭독은 예배자가 하나님과 토라에 대한 경외감을 보이는 행위이기 때문에 진정한 태도가 있으면 맹인이 듣는 것도 인정할 수 있다는 것이다. 이런 태도를 '알리야' aliyah라고 부른다.[12] 이런 근거로 맹인은 반드시 토라를 읽을 수 있는 사람과 예배에 동행하여야 하며 맹인은 기도로 청중을 인도할 수 있다고 말한다.

지금 유대회당에서는 대체로 맹인이 토라를 읽는 방법으로 세 가지를 제시한다. 첫째로 다른 사람이 읽어주는 토라를 또박또박 따라 읽는 방법, 둘째, 토라의 동시통역자로 봉사하며 토라를 읽는 방법, 셋째, 점자 성경을 통해 다른 사람이 노래하며 읽는 토라의 일부분을 점자를 따라 함께 노래하는 방법이 있다. 이 방법은 최근에서야 채택된 방법이다.[13]

쉐마 암송

유대인들은 하루에 두 번씩 쉐마를 암송하게 되어 있다.[14] 신명기 6장 4절은 "이스라엘아 들으라"고 시작한다. 그러므로 유대인들은 말씀을 직접 귀로 듣지 않으면 효력이 없다고 생각한다. 따라서 청각장애인들은 이 명령을 준수하지 못하는 사람들로 간주하는 것이다. 심지어는 들을 수 있는 귀가 있어도 똑바로 듣지 못하는 경우나 입이 있어도 똑바로 발음하지 못하는 경우 모두 실격사유가 된다. 그러나 개혁파 유대주의자들 가운데는 꼭 쉐마를 소리 내어 낭송하거나 듣지 않아도 그 의무를 준수할 수 있다고 보는 랍비들도 있다.

기도

전통적으로 유대인은 하루에 세 번, 안식일이나 특별한 절기에는 더 많은 횟수의 기도를 한다. 유대인의 기도는 우리 개신교의 기도와 달리 18개의 축복기도가 담긴 기도문을 일어서서 낭독하는 것이기 때문에 일어설 수 없다든지, 글을 읽을 수 없다든지, 소리를 낼 수 없는 경우에는 기도할 수 없는 것으로 간주할 수 있다. 그러나 미쉬나의 해석은 매우 완곡하게 장애인들에게 긍정적으로 해석을 내놓는다.

기도를 할 때 유대인들은 예루살렘을 향하여 기도하게 되어 있다. 이런 규정을 환경적인 이유나 신체적인 이유로 해서 지키지 못할 때는 "마음을 다하여" "하늘에 계신 거룩하신 하나님을 향하여"라고 기도하면 의식에 합당한 기도를 드리는 것으로 간주하기 때문에 맹인은 볼 수 없기 때문에 예루살렘을 향할 수 없다면 마음을 다하여 기도하면 된다고 해석한다. 맹인이나 농아인이 예배에서 공적인 기도인도를 인도할 수 있느냐 하는 문제는 지금도 많은 토론을 일으키고 있다.

휠체어장애인의 기도 인도

유대인들이 예배에 있어서 또 중요하게 생각하는 것 중의 하나가 예배 참여자들의 존엄성을 지키는 일이다. 그러므로 집전하는 자나 예배 참여자가 일체의 공동체 의식을 느끼도록 하는 것이 중요한 과제이다. 따라서 집전하는 제사장만큼이나 예배 참여자가 예배의 규칙을 잘 지키도록 요구되는 것이 바로 이런 이유에서다. 더 나아가 예배를 집전하는 랍비나 제사장이 율법을 소홀히 하는 것은 바로 예배 참가자를 경홀히 대하고 그들의 존엄성을 해치는 것으로 간주한다. 따라서 전체 공동체에 큰 상처를 입히는 행위라고 이해한다.

휠체어장애인이 기도를 인도할 수 있는가? 토라를 낭독할 수 있는가? 하는 문제도 공동체의 존엄성을 해치는 일인가 하는 문제로 접근하고 있다. 보통 공식석상에서 기도를 인도할 때 기도자는 법궤를 향하고 서서 기도하게 되어 있다. 다만, 병이 중한 환자나 유아는 면제된다. 그렇다면, 휠체어에 앉아있는 장애인은 어떠한가? 어떤 랍비는 휠체어장애인도 기도인도가 가능할 뿐 아니라 오히려 장려해야 한다고 주장한다. 그 이유는 장애인의 기도가 일반 예배자들의 마음을 움직이는 기도이기 때문이라는 것이다. 고통을 안고 살아가는 장애인이 기도할 때 오히려 더 권위가 있는 기도가 된다는 것이다. 유대인의 예배에서 기도할 때는 보통 기도자는 기도단에서 기도 시작할 때와 끝맺을 때 앞으로 세 발짝 뒤로 세 발짝씩 움직이게 되어 있다. 그러므로 휠체어 기도를 옹호하는 랍비들은 똑같은 원리로 휠체어 장애인도 휠체어를 앞뒤로 움직이면 된다고 기준을 제시한다. 반면에 또 한 부류의 랍비들은 휠체어 장애인은 예배자들의 존엄성을 손상하기 때문에 금지해야 한다고 주장한다. 물론 이렇게 주장하는 랍비들은 맹인이 예배를 인도하는 것도 같은 이유로 반대한다.

농아인

고대 그리스 로마 문화에서는 장애아가 태어나면 바로 죽였다. 유대사회는 장애아라는 이유로 살인을 허용하지는 않은 것으로 보이는데 그것은 생명을 살인하지 말라는 토라의 명령이 너무나 분명하기 때문이다. 주디스 에이브람스Judith Abrams은 다음과 같이 유대사회의 인식을 소개하였다.15)

> 아이가 태어날 때 장애가 없고 잘 자라다가 나중에 장애가 생기면 그것은 하나님으로부터 받은 심판으로 본다. 하지만, 아이가 태어날 때부터 장애가 있다면 그것은 그저 하나님의 창조물 중의 나로 본다.

아리스토텔레스 철학은 듣는 것, 말하는 것과 지적능력을 연관 지어 생각하였다. 아마도 유대사회가 아리스토텔레스 철학의 영향을 많이 받지 않았나 생각한다. 미쉬나는 농아인이 하나님 말씀의 '다아트'를 가졌는지 분별해야 한다고 주장한다. 농아인이 지적 능력에 문제가 있다는 것은 현실이기도 하다. 그들이 듣지 못함에 따라 지적 능력을 향상시킬 기회를 상실함으로써 지적 능력향상에 문제를 일으킨다는 연구와 조사발표가 많이 나와 있다. 그럼에도, 이것은 교육의 기회를 갖지 못해 발생하는 환경적인 요인에 의한 것일 뿐 농아인이 하나님의 말씀을 분별하는 데 기능적으로 문제를 가지고 있다고 생각하는 것은 분명히 잘못된 시각이다. 만일 유대인의 의식 가운데 그런 생각이 있다면 그것은 분명히 토라의 바른 이해라고 볼 수 없으며 그것은 다분히 아리스토텔레스적인 철학에 영향을 받았다고 말할 수밖에 없다.

탈무드는 농아인을 말을 할 수 있지만 듣지는 못하는 '헤레쉬' heresh, deaf-mute [16]와 말은 못하지만 들을 수는 있는 '일렘', ilem, mute 그리고 듣지도 못하고 말도 못하는 '피크힘' pikhim으로 구별한다. 이중에 듣지도 말하지도 못하는 '피크힘'의 경우는 지적능력, 즉 '다아트'가 부족한 사람으로 간주하여 제사장 직분자로서의 기능을 박탈당하며 예배에서의 특정 의무가 면제되기도 한다. 반면에 '헤레쉬'와 '일렘'의 경우는 주어진 의무를 다해야 한다고 해석한다.[17]

유대인들은 레위기 21장에 흠이 있는 제사장 리스트에 농아인이 포함되지 않은 것에 유의한다. 따라서 현재도 농아인에 대해서는 세심한 주의와 세밀한 규칙을 따로 세워 그들을 세우려고 노력을 하고 있다. 하지만, 레위기에 직접 기술된 장애에 대해서는 여전히 매우 부정적인 태도를 견지하고 있다.

보는 것을 중요시하는 미쉬나는 역시 듣는 것과 소리를 내서 토라를 읽는 것을 매우 중요시한다. 즉 들을 수 없고 분명하게 말할 수 없는 사람이 어떻게 쉐마를 암송하라는 의무를 지킬 수 있을까 하고 의문을 제기한다. 그러나 현대의 유대사회에서는 농아인에 대한 의식과 태도가 발전하여 수화를 사용하여 토라를 이해하는 것을 허용하고 있다. 즉 소리를 내서 토라를 암송하여야 한다는 의식을 수정하여 농아인들에게 적용하는 포용력을 보이는 것이다. 더 나아가 듣는 것도 읽는 것과 같다는 새로운 미쉬나의 해석이 나와 농아인이 예배의식에 적극적으로 참여할 기회를 제공하고 있다.

이처럼 다행히 발전해 나가는 미쉬나의 해석들 덕분에 장애인들이 예배에 참석하거나 장애인 제사장이 그 직분을 수행해 나가는 범위를 점차 넓혀 나가고 있다. 미쉬나는 두창이 있는 사람을 보면 "모든 창조물을 다르게 창조하신 하나님을 송축하라"고 가르치고 있다. 그럼에도, 미쉬나의 해석이 따로따로이고 장애인에 대한 왜곡이 여전히 심하다는 것을 알 수 있다. 미쉬나와 다른 해석을 해놓은 바라이타 baraita의 해석을 보자.[18]

> 만일 흑인이나 홍인 또는 백인을 보거나 곱사등, 난쟁이, 수종병 환자를 보거든 그는 "모든 창조물을 다르게 창조하신 하나님을 송축하라" 할 것이요, 사지 절단 장애인이나 맹인 또는 머리가 납작한 사람, 절뚝발이, 끓는 물에 화상을 당한 사람, 두창이 있는 사람을 보면 그때는 "진실하신 심판자를 송축하라" 할지니라.

여기서 선천적 장애인과 후천적 장애인을 '서로 다르게 만든 피조물'과 '심판을 받은 사람'으로 구분하여 설명하기도 한다. 그렇다면, 나중에 장애인이 된 사람은 모두 저주를 받은 사람이 된다. 획득된 후천적 장애는 죄로 말미암아 받은 벌이라고 생각하는 문화적 이해가 유대사상에 깊이 뿌리가 내려진 것을 알 수 있다.

유대인들이 아침마다 기도하는 기도문에 다음과 같은 감사의 표현

이 나온다.[19)]

> 그대가 암탉이 우는소리를 들을 때 암탉에게 낮과 밤을 구별할 능력을 주신 하나님을 송축할 것이요
> 그대가 눈을 뜰 때 맹인의 눈을 뜨게 하시는 하나님을 송축할 것이요
> 그대가 팔을 펴고 앉을 때 몸을 편안하게 하신 하나님을 송축할 것이요
> 그대가 길을 걸을 때 사람의 걸음을 반듯하게 하시는 하나님께 송축할 것이라

이 감사의 찬송은 들을 수 있고, 볼 수 있고, 손과 몸을 움직일 수 있고, 발로 걸을 수 있음에 대한 구체적인 감사의 내용이다. 그러나 거꾸로 보면 각종 장애를 입지 않은 것에 대한 감사이다. 그렇다면, 다분히 장애는 하나님께 감사할 수 없는 조건이 된다. 그렇다면 "각각 다르게 창조하신 하나님"을 찬송할 수 없다는 뜻이 된다. 유대인의 토라의 이해와 해석에 모순들이 많이 발견된다.

장애인과 증인

역사적으로 시각장애인, 농아인, 지적 장애인, 정신장애인들의 증언을 증거로 채택하지 않아 왔다. 지금도 법정에서 이들의 증언을 신뢰하지 않는 편이다. 미국에서조차 장애인들이 성폭행 등의 피해를 보고도 그들의 증언을 신뢰하지 않는다는 법정 판결이 속출하고 있다. 그들의 증언을 받아들일 수 없다는 논리를 가지고도 반대로 장애 때문에 자신을 잘 변호하지 못하는 지적 장애인들의 변호권을 이용하여 사형을 선고하는 사례도 여럿 있다.

물론 법적으로는 장애인들이 재판과정을 이해할 수 있다면 증인으로 설 수 있다고 규정하고 있지만 그들의 증언에 무게를 두지 않는 편이다.

지적 장애

정신지체라든가 지적 장애에 대하여 미쉬나의 해석이 통일되어 있지 않다. 그러나 대체로 이스라엘이 하나님의 택하신 거룩한 백성이라는 전제하에서 지적장애는 그러한 속성을 반영할 수 없다고 생각한다. 장애인들이 장애를 이유로 일정한 종교의식에 참여할 수 없다는 사실은 그 권리를 박탈해서가 아니라 종교적인 의무를 면제해주는 것이라고 미쉬나는 해석한다.

장애에 대한 유대인 사회의 또 하나의 어처구니없는 토론을 소개하자면 생명이 위협을 받을 경우는 안식일 법을 어겨도 된다는 탈무드의 가르침에 대해서 장애인도 거기 해당하는가에 대한 토론이 그 중의 하나이다. 생명에 위협을 받는 경우 안식법을 어겨도 좋다는 논리의 배경은 안식법을 잠시 어길지라도 생명을 구하는 것이 생명을 건진 사람이 남은 평생 계속해서 예배를 드릴 수 있도록 해주기 때문에 더 가치가 있다는 것이다. 그런데 예배를 스스로 드릴 수 없는 장애인이 만일 안식일에 생명의 위협을 받는 경우에 처한다고 한다면 과연 그를 위해 안식법을 어기는 것이 가치 있는 일인가에 대한 논의이다.[20] 물론 결론은 토라가 생명 자체를 놓고 장애와 비장애인의 가치에 차이를 두지 않는다는 이유로 장애인도 생명의 위협을 받을 때 안식법을 어길 수 있다고 결론을 내리고는 있지만 이런 유의 질문을 놓고 큰 토론을 벌이고 있다는 사실 자체가 매우 슬픈 일이다.

결론적으로 정리하면 맹인과 농아인 그리고 정신지체 장애에 대한 유대인의 해석이 정리되어 있지 않음을 알 수 있다. 다만, 장애인들의 예배 참여에 테크니컬 한 문제가 생길 때마다 집중적으로 토론을 함으로서 새로운 해석을 만들어 내고 있는 실정이다. 유대인과 장애인이라는 연구에 가장 권위 있는 랍비 Tzvi Marx 박사도 유대인들이 전통적으로 예배자를 인지능력과 말하는 능력과 결부하여 생각하지만, 이사야 55:8을 근거로 이제는 총체적으로 보아야 한다고 자성의 소리를 높였다. [21] 그럼에도, 유대인 사회가 친장애인 사회라고 보기는 어렵다. 미드라쉬가 허용하는 새로운 해석에도 실제적으로는 유대인 회당에서 장애인들의 활동이 극히 제한된 것이 사실이다. 그것은 전통적으로나 문화적으로 장애인에 대한 편견이 있을 뿐 아니라 무엇이든지 마음에서 우러나와야 진정한 예배행위라고 강조하는 유대인 공동체 의식 때문에 이러한 새로운 해석들을 실제로 적용하는 데 그리 적극적이지 않다. 따라서 지금 유대사회는 교육을 매우 강조하고 있다. 교육을 통해서만 개혁할 수 있고 교육을 통해서만 바른 가르침이 가능하다고 믿기 때문이다.

나치와 장애인

나치가 왜 유대인을 그토록 증오했는지에 대한 원인분석은 매우 다양하긴 하지만 결정적인 원인으로 동의하는 학설은 없다. 하지만, 히틀러가 유대인들이 자국 독일인에게 해가 된다고 생각했음은 분명한 것 같다. 유대인의 종교 또는 경제력, 아니면 그들의 머리 또는 자생력 등 이런저런 특출한 유대인의 자질 때문에 시기와 위협을 느껴서 유대인을 그토록 증오했다는 점도 한 이유이긴 할 것이다. 1차 세계대전에서의 패배로 의기소침해 있던 백성을 선동할 희생양으로 유대인이 필요했다는 해석도 또 하나의 분명한 이유로 보인다. 그럼에도, 히틀러가 독일 밖에 있는 유대인까지 철저히 학살한 것을 보면 단순히 유대인들이 독일에 미치는 존재적 위협 때문만은 아닌 것 같다. 그렇다면, 게르만 민족을 최우량민족으로 보는 그가 게르만 민족을 기죽이기에 충분한 자질을 가진 유대인들을 말살해야겠다는 역사적 사명을 가졌는지도 모르겠다.

히틀러는 게르만족의 우수성이라는 생각에 지나치게 집착하고 있었던 것 같다. 정말로 그가 게르만족의 우수성을 믿고 그렇게 밀고 나갔는지 아니면 전쟁에 단합을 목적으로 한 정치적 구호였는지는 알 수 없지만 하여간 그 구호가 독일국민의 정서를 자극한 것만은 사실이다. 그러나 슬프게도 이러한 게르만 민족의 우수성에 대한 호소가 매우 엉뚱한 재난을 만들어내고야 말았다. 여기서 매우 엉뚱한 재난을 만들었다는 말은 나치가 게르만 민족의 우수성을 선동하면서 게르만 민족 유전자의 우성형질보존차원에서 장애인을 학살한 것을 말한다. 나치에 의하여 학살된 장애인의 수가 적게는 20만에서 많게는 백만 명에 이른다고 추정한다.[22] 이렇게 나치가 장애인들을 대량학살한 것은 장애인들이 사회에 이바지하는 것은 고사하고 오히려 짐이 된다는 지극히 유물사관적인 생산이론에 의한 것이며 또한 이들의 존재는 게르만 민족의 얼룩이 된다고 생각한 삐뚤어진 민족주의 때문이다. 이런 나치의 게르만족 우월의식으로 장애인의 학살을 불러온 대참극과 유대인들의 선민의식으로 말미암은 장애인에 대한 부정적인 생각과 태도가 오버랩되면서 묘한 감정을 일으킨다.

평양과 장애인

적어도 평양에서 장애인을 보기가 쉽지는 않다. 그 이유는 지상의 낙원이라고 말하는 북한에 장애인이 있을 리 만무하다는 황당한 이유로 장애인들을 평양 외곽으로 다 내쫓았기 때문이다. 평양이 북한정부의 심장이자 외국 방문객들이 주로 머무는 곳이기 때문에 그들의 시야에 장애인들이 나타나지 않도록 하려는 조처이다. 이런 생각은 장애인이 사회의 얼룩이라는 일반적인 생각을 넘어 위대한 조선이라는 구호에 흠집이 간다고 생각하는 일인통치의 또 하나의 어두운 면이라고 말할 수 있다.

지금은 북한도 장애인의 존재를 인정하고 있지만, 장애인 시설이 거의 없고 그나마 몇 개 되지 않는 장애인 시설도 공개하기를 지극히 꺼리고 있다. 나치와 북한 같은 유물사관에 의한 사고체계에서는 장애인은 생산성 없는 존재이므로 차라리 존재하지 않는 것이 낫다는 결론을 내리고 있음이 분명해 보인다.

단원요약질문

1. 쿰란이 장애인을 공동체에서 배제한 근본적 이유가 무엇이었는지 말하라.

2. 유대인들의 장애정책은 결국 그들의 예배의식의 무엇을 강조하기 위함인가? 레위기 22장의 흠 있는 장애인 정책이 오늘날 교회에 끼친 부정적 영향을 말해보라.

3. 나치의 단종법과 유대인 말살 정책이 현대국제정치사에 끼친 악영향을 말해보라.

제 8 장

신약성경에 나오는 장애인들

○○아! 엄마가 너에게 난생처음으로 편지를 쓴다.
먼저 꼭 이 말부터 들려주고 싶구나. 엄마가 얼마나 너를 사랑하는지 모른단다. 나의 모든 것을 다 주어도 아깝지 않을 만큼 너를 사랑해.
너의 귀여운 두 볼과 너의 향기를 사랑해.
나는, 어쩌면 하나님보다 너를 더 많이 사랑하기 때문에 네가 장애를 가지게 되었는지도 모른다고 생각도 했단다.
그만큼 너를 사랑하는데도 엄마는 그만큼이나 큰 상처를 또 너에게 준 것 같아. 너를 원망할 때도 많이 있었고, 네가 왜 우리 가정에 태어났는지 속이 상할 때도 잦았어. 창피하기도 하고 부끄럽고 짜증이 나기도 했단다.

○○아!
네게 미안하다고 말하고 싶구나. 정말 너무 미안하구나.
엄마가 네게 퍼부어댔던 악한 말들과 악한 생각들.
누가 보고 들었다면, 나는 아마도 다시는 고개를 들고 다니지도 못할 거야.
내가 너를 참아내며 사는 게 아니라 네가 엄마를 참으며 살고 있다는 생각이 드는구나.

○○아!
엄마와 지내온 날들을 기억하니? 엄마는 정말 무엇이든지 해보려고 했었단다.
금식도 해보고, 소리치며 울부짖으며 기도도 하고, 새벽기도도 다니고…. 너를 낫게만 할 수 있다면 무엇이라도 하겠다고 다짐하며 살았어.
그렇지만, 정작 내게는 낙심과 실망. 그리고 나아지지 않는 너의 모습만 다가오더구나. 나는 하나님이 너를 고쳐주지 않을까 봐 무서웠어.
나는 욥이 아닌데 욥처럼 더 큰 시련을 받게 될까 봐 걱정되기도 하고, 네가 나이가 들면서도 더 나아지지 않으면 어떻게 하나 하며 두려움 속에 살았단다.
그리고 엄마의 틀 안에 너를 맞추고 싶어 했단다. 엄마의 욕심 안에 너를 가두려고 했어. 사랑하는 만큼이나 또 너를 미워하기도 했어.
사랑하는 아들아!
이제 엄마를 용서해 주기를 바란다. 네가 아닌 나를 위해 달려온 나의 집념을 용서해다오.
엄마는 소원이 있단다. 너와 대화해 보는 것이 소원이야.
네가 엄마에게 무엇을 물어보든 대답 한번 해주는 것이 소원이야.

○○아!
이제 엄마가 다시 너를 생각하며 다짐한다. 너의 모습을 있는 그대로 사랑할게! 너의 그 미소를 사랑하며 너의 그 눈망울을 그대로 사랑할게. 다시는 죽겠다고, 같이 죽자고 하지 않을 거야. 엄마는 너에 대한 진정한 감사를 하나님께 드려보지 못했었는데 이제 감사할 거야.

○○아!
우리의 인생이 언제 어디에서 끝날지 모르지만, 우리 모습 이대로 하나님께 영광을 돌리도록 하자!
너의 예쁜 입술로 하나님을 찬양할 날을 기대해 본다.
그 일이 우리의 삶 속에서든지 아니면 천국에서라도 반드시 이루어지겠지.

○○아!
너를 아주 많이 사랑한다.
엄마가.

　위의 편지는 자폐아들을 둔 엄마가 쉴만한 물가 캠프에서 아들에게 쓴 편지다.[1)]

예수님의 족보는 장애 계보다. 예수님의 족보는 유대인의 족보로서 상식적으로 정상족보가 아니다. 예수님의 족보에는 유대 정통 계보에는 낄 수 없는 여자, 창녀, 이방인 그리고 율법을 범한 부정한 여인들이 끼어 있기 때문이다.

이미 4장에서 살펴본 바와 같이 이스라엘은 나라 자체가 장애나라가 되었지만, 메시아의 등장으로 극적 회복이 되고 결국은 영적 이스라엘로 전환되었다. 징계를 받던 장애나라 이스라엘이 회복의 사인으로 바벨론 유배에서 고향으로 돌아올 때 장애인들이 앞장서 돌아옴으로써 종말론적 영적 이스라엘의 회복을 예고한 대로 메시아를 통한 영적 이스라엘 회복 사역에 당연히 장애인들이 한몫하게 된다. 이렇게 볼 때 예수님의 족보는 당연히 탈정통유대족보이여야 한다. 그렇기 때문에 정통유대족보의 관점으로 볼 때는 장애족보이지만 하나님 나라의 관점에서 보면 비로소 온전한 족보가 된다.

복음서에 등장하는 장애인들

예수님의 메시아 사역의 본질상 예수님께서 병자들과 장애인을 치유하는 기사가 복음서에 많이 등장한다. 본 장에서는 복음서에 등장하는 장애인들을 장애별로 대표되는 기사를 선별하여 그 본문이 내포하고 있는 장애신학을 도출하는 시도를 하고자 한다.

시각장애

복음서에 시각장애인은 총 다섯 번 등장한다. (1) 마 9:27~31 두 맹인; (2) 마 12:22 귀신들려 눈멀고 말 못하는 사람; (3)막 8:22~26 베데스다에서 온 맹인; (4) 맹인 바디매오, 막 10:46~52; 마 20:30~34; 눅 18:35~43; (5) 요 9:1~41 날 때부터 맹인 된 사람. 그 외에도 예수님께서 맹인의 눈을 뜨게 하셨다는 기록은 여럿 있다. 여기서 마가복음에 나오는 맹인 바디매오와 요한복음에 날 때부터 맹인 된 사람, 이 두 경우를 장애신학적 관점에서 살펴보기로 한다.

 요한복음의 날 때부터 맹인 된 사람의 이야기는 예수 그리스도와 바리새인 간에 벌어진 변론 중의 하나로서 맹인의 치유를 먼저 기록한 후에 나머지 부분은 안식일 날 병을 고친 사람이 누군지 그런 일이 어떻게 일어났는지 추궁하는 바리새인들의 논란을 기술했다. 이런 논박의 과정은 결국 맹인의 고백, 즉 예수가 "인자"임을 믿는 고백으로 이끈다. 반면 마가복음 이야기는 결국은 치유를 이끌어 낸 맹인 바디매오의 행동에 초점을 맞추었다.

요한복음 9장 날 때부터 맹인 된 사람

 요한복음 9장은 장애신학을 구성하는 가장 중요한 구절 중의 하나이다. 이 구절은 많은 의미를 내포하고 있기 때문에 다음 장에서 "죄와 장애"라는 주제를 논할 때 이 부분을 집중 조명할 것이다. 따라서 여기서는 본문이 내포하고 있는 장애신학의 중요한 포인트를 집어내고 그 포인트가 주는 적용 점을 찾아내고자 한다.

 v. 1. 태어날 때부터 맹인이 되었다는 점을 들어 불완전하게 태어났다고 보는 관점은 팔레스타인 문화적 관점이다. 온전한 것wholeness을 완전성perfect으로 이해하는 당시 팔레스타인 유대문화에 살았던 제자들마저 이런 생각에 사로잡혔던 것 같다.

 v. 2. 죄 때문에 장애가 생긴다는 생각 역시 장애에 대한 당시 문화적 이해였는데 사람이 태어나기 전에 언제 어떻게 죄를 지을 수 있는가 하는 질문을 유발한다. 이런 생각 역시 영의 선재설과 그 영이 모태 속에서도 죄를 지을 수 있음을 믿는 당시 팔레스타인 문화를 반영하

는 것이라고 하겠다.

v. 3. 누구의 죄 때문도 아니라고 답하시면서 예수님은 제자들의 엉뚱한 질문에 쐐기를 박았지만, 장애와 죄에 대한 신학적 답을 내놓은 것은 아니다.

v. 4-5. 낮/빛/보는 것과 밤/어둠/보지 못함을 대비하여 영적인 진리를 밝히겠다는 요한의 의도를 엿보게 한다.

v. 6. 바디매오와는 다르게 이 맹인은 고쳐달라고 매달리지 않았다. 그리고 맹인의 믿음과 치유를 연결하지 않았다.

v. 7. "실로암 못에 가서 씻어라"는 예수님의 지시가 사실 이 맹인의 믿음을 테스트한 것이라고 볼 수 있다. 눈에 진흙을 잔뜩 바른 채 "못으로 가서 씻으라"는 말은 맹인에게 있어서 더 없는 굴욕 중 굴욕일 것이다. 맹인 그 자체로도 사람들로부터 멸시를 당하는 처지인데 눈에다 진흙을 잔뜩 바르고 실로암 못까지 가면서 당할 모욕을 생각했다면 순종할 수 없는 지시였음에는 분명하다. 여기서 중요한 사실은 실로암이 주는 의미이다. 실로암이란 "보냄을 받았다"라는 뜻이다. 예수님도 보냄을 받으신 분이다. 이 맹인도 주님으로부터 지금 보냄을 받았다. 군소리 없이 순종했다. 순종에 따라 치유가 선물로 주어졌다.

v. 8. 당시에는 맹인이나 장애인이 구걸밖에는 다른 생계의 수단이 없었다.

v. 9-10. 이웃들은 치유를 받고 돌아온 맹인을 축복하지 않았다. 환영하지도 않았다. 오히려 의심을 했다. 사회로부터 여전히 소외자로 남아있다.

v. 13. 이웃들은 여전히 맹인이었던 사람의 말을 믿지 아니하였다.

v. 14-15. 맹인의 증언을 청취하고 있는 바리새인들. 그들 역시 맹인의 증언을 신빙성 있게 듣지 않았다. 유대전통으로 맹인의 증언은

신뢰하지 않는다. 그들이 눈으로 보는 '증인'이 될 수 없기 때문이다. 지금도 맹인의 증언을 신뢰하지 않는 법정이 많다.

v. 18-23. 유대인들이 맹인의 부모에게 진실을 묻는다. 부모들은 자신들이 공회당에서 출교를 당할까 두려워 즉답을 피한다. 하지만, 이런 부모의 태도는 장애인의 부모로서 바람직한 것이다. 당시나 지금이나 장애인을 어린아이 취급하는 경향이 있다. 본문의 맹인 역시 이미 장성한 청년이었음에도 그와 대화하지 않고 부모와 대화를 하는 유대인들의 태도를 본다.

v. 27. 본문의 맹인은 매우 지혜로운 사람이었다. 27절의 대답은 질문하는 바리새인들을 난처하게 만들었다. 그의 이런 지혜, 위트, 지적 능력, 담대함, 의사전달 능력은 시각을 다시 찾은 후 생긴 것이 아니다.

v. 34. 여전히 바리새인들은 날 때부터 맹인이 된 것은 분명히 죄 때문이라고 정죄하며 눈뜬 맹인을 내어 쫓는다. 눈을 떠도 여전히 정죄받는 것이다. 이것은 치료가 반드시 치유를 가져오는 것이 아니라는 좋은 증거이다. 사람들의 편견, 즉 장애는 죄 때문에 생긴다는 생각 때문에 장애가 제거되었음에도 그 사람은 중죄를 지었던 사람이라는 낙인과 굴레가 여전히 벗겨지지 않고 있다. 유대인들은 계속해서 맹인이었던 사람의 증언을 믿지 않는다. 그의 증언을 채택할 수 없다는 고집이다. 그리고 거지에게서 배울 것이 없다고 단정하는 것이다. 이미 살펴본 대로 이 사람은 맹인의 사회적 편견 때문에 하는 수 없이 빌어먹을 수밖에 없는 존재가 되었을 뿐 지적 능력과 지혜는 탁월한 사람이다. 그런 사람이 다시 눈을 뜬 후 사회적인 경제활동을 하려고 해도 그를 거부하는 사회 때문에 여전히 장애인으로 남아있어야 했던 것이다. 따라서 신체적 장애가 장애가 아니라 사회적 장벽이 장애라는 장

애의 사회적 정의를 상기시켜 준다.

매우 아이러니하게도 본문의 맹인은 눈을 뜨게 된 결과로 사회로부터 축출을 당한다. 복음서의 다른 치유기사에서는 육체적 치료가 영적 사회적 치유를 가져오는 결과로 귀결되지만[2] 이곳에서는 오히려 맹인의 치료가 사회에 복귀를 막는 요소가 되었다. 이것은 맹인이 고침을 받고 영적인 눈까지 떠서 예수 그리스도를 만났지만, 아직 영적인 비밀을 알지 못하는 사회에서 오히려 걸림돌이 되고 만 것이다. 본문에서 맹인은 육체적으로 그리고 영적으로 동시에 눈을 떴지만, 종교지도자들과 사회는 오히려 영적인 눈이 멀어 버렸다는 상태를 잘 대비하고 있다.

장애사역과 장애신학의 목적도 이 점을 잘 이해해야 한다. 장애사역과 신학의 목표가 장애인에게만 국한될 때 장애인의 회복은 요원하다는 것이다. 장애사역과 장애신학의 목적은 장애인과 비장애인 모두 함께 변화되는 것이다.

v. 39-41. 예수께서는 이제 바리새인을 향하여 마지막 결정타를 날리심으로 논란에 종지부를 찍으셨다. 예수님이 하신 말씀을 쉬운 지금 말로 풀어서 써본다.

> 너희가 생각하는 것처럼 태어날 때부터 맹인으로 태어난 사람이 죄 때문이라고 한다면 너희 바리새인들은 눈이 멀쩡한 걸 보니 죄가 없단 말이지? 그러나 내가 말했지만, 저 맹인은 죄 때문에 그렇게 태어난 것이 아닐세. 이런 이치로 따져본다면 죄가 없다고 주장하는 너희가 맹인이 되어야 맞는 말일세. 그러니까 내 말은 너희가 맹인이 되었다면 저 맹인처럼 죄가 없다는 증거가 되는데 너희가 자꾸 본다고 우기는 걸 보니 그건 바로 너희의 죄가 가득하다는 걸 말해주는 증거일세. 알기라도 하고 자꾸 우기란 말이야!

전통적으로 이 본문은 다양한 관점으로 해석됐다. 즉 맹인의 믿음향상, 빛으로 오신 예수님의 어둠과 싸움의 승리, 장애와 죄의 관계 등등. 초대교회사에 따른 해석으로는 요한복음 9장을 세례의 근거로 해석하기도 한다. 터툴리안은 눈이 먼 것과 원죄와 연관시켜 보았다. 즉 날 때부터 맹인으로 태어났다는 것은 모든 사람이 죄 가운데 태어났음을 의미한다고 해석을 했다. 이 맹인이 실로암에 가서 씻고 눈이 밝아졌다는 의미는 죄로 태어난 사람이 이제 세례를 받고 새사람이 됨을 의미한다는 것이다.[3] 이런 우의적 해석도 여전히 존재한다.

본문이 주는 장애신학의 몇 가지 포인트
1. 죄 때문에 장애가 생긴다는 논리는 성립되지 않는다.
2. 믿음이 있어야 장애를 치유할 수 있다는 논리도 성립되지 않는다.
3. 장애의 제거가 항상 사회적인 치유를 가져오는 것은 아니다.
4. 장애의 문제는 육체적인 결함보다 사회적인 장벽(불신, 정죄, 가난, 소외 등)이 더 큰 문제가 된다.
5. 맹인의 눈을 뜨게 한 그분이 바로 메시아로서 영적인 눈을 밝히심이 더 큰 목적이다.

마가복음 10:46~52 맹인 바디매오

맹인 바디매오 이야기는 마가복음 8:22~26에 이어 나오는 맹인치유사건이다. 마가복음에서는 바디매오 치유기사가 마지막으로 더는 치유기사가 나오지 않는다. 바디매오 치유기사까지 예수님의 순회사역을 기술한 마가는 예수님의 예루살렘 사역으로 초점을 옮긴다. 이 기사는 맹인 바디매오의 치유에 포인트를 맞추었다기보다는 바디매오란 인물의 특징에 더 관심을 둔 것처럼 보일 만큼 상황설명이 매우 사실적이다. 다른 치유기사와는 다르게 바디매오의 치유기사는 예수님께서 침이나 진흙 등 일체 물리적인 수단을 쓰지 않으셨고 또 바디매오를 만지지도 않으셨다. 다만, 그는 말씀으로 구원을 선포하셨을 뿐이다.

또 하나의 특징은 장애인의 이름이 기록된 유일한 장애인 치유기사라는 점이다. 그리고 치유 후에 바디매오가 예수의 제자가 되었다고 기록한 점이 독특하다. 요한복음 9장과 비교해 볼 때 예수님께서 맹인을 찾으신 것이 아니라 바디매오가 결사적으로 예수님을 찾았다는 점이 다르다. 이때 예수님은 길을 가시는 중이셨다.

v. 46. 바디매오의 이름과 배경이 설명되어 있다. 맹인이고 거지로서 다른 사람들의 동정을 구하고자 온종일 길거리에 앉아 구걸하는 사회적으로 천한 신분임을 말하고 있다.

v. 47. 바디매오는 결사적으로 예수님을 찾는다. 바디매오는 분명히 예수님이 누구인지 듣고 알고 있었던 것 같다. 왜냐하면, 바디매오가 예수님을 "다윗의 자손"이란 이름으로 불렀기 때문이다. 바디매오가 그의 이름이 함포하고 있는 메시아적 존재임을 알고 있었는지는 의문이지만 "다윗의 자손"이란 이름이 마가복음에 쓰인 것은 매우 이례적이다. 복음서에서 마가는 주로 "인자"라는 이름을 썼고 마태가 주로 "다윗의 자손"이란 이름을 즐겨 사용했기 때문이다. 하여간 "다윗의 자손"이란 이름은 바디매오에게 임할 하나님나라의 권능을 미리 암시하고 있다고 볼 수 있다.

v. 48. 사람들은 소리치는 맹인 바디매오를 꾸짖는다. 사람들의 이런 태도는 장애인이 사회에서 발언할 권리를 박탈하고 있는 현실을 말해준다. 장애인들이 소리 없이 가만히 있어주기를 바라는 사회적 압력이 바로 그것이다. 그러나 바디매오는 더욱 심히 소리를 지른다. 이미 사회적으로 처절하게 고립되어 아무도 자신을 도와줄 사람이 없

는 외로운 처지에서 자기가 듣고 아는 구세주인 예수님께 긍휼을 얻을 수 있는 유일한 방법이라고 생각했을 것이다. 장애인이 권익을 옹호 받으려고 스스로 외치는 처절한 모습이라고 할까? 그런 점에서 바디매오는 장애인 권익 옹호를 위한 첫 모델이라고 말할 수 있겠다. 비록 사회의 반응은 냉담할지라도 바디매오는 자신이 기댈 곳을 알았던 것이다. 여기서 다시 "다윗의 자손이여"하고 부른 것을 보아도 바디매오는 예수 그리스도가 자신의 눈을 뜨게 해 줄 메시아적 존재임을 확실하게 믿고 있었던 것 같다.

v. 49. 예수님이 가시던 길을 멈추시고 사람들에게 바디매오를 데리고 오라고 부탁을 하셨다. 사람들은 맹인을 사람들 앞에 나타나지 못하도록 하려 했지만, 예수님은 바디매오를 사람들 앞에 서게 하셨다. 이렇게 바디매오가 예수님으로부터 그의 존재가 인정을 받자 사람들도 태도를 돌변하여 바디매오에게 최소의 예우를 갖추어 예수님의 말씀을 전달한다. 장애인에 대한 사회적 인식변화가 어떻게 올 수 있는지를 말해준다.

v. 50. 바디매오가 겉옷을 벗어버렸다. 겉옷은 그의 전 재산이다. 아마도 동냥을 받을 때에는 수금대이자 잘 때는 덮고 자는 이불역할을 했을 것이다. 그런 귀한 물건을 냅다 집어던졌다. 바디매오의 확신이 있었기 때문일 것이다.

v. 52. 예수님의 치유방법으로 물리적인 요소가 개입되지 않았다. 예수님은 바디매오의 믿음이 구원하였다고 선포하셨다. 요한복음 9장과는 달리 치유에서 믿음이 어떤 관련이 있음을 암시하고 있다. 치유에서 믿음은 필수적이라는 어떤 교리적 공식은 성립되지는 않지만, 치유에서 믿음이 중요한 역할을 하는 것 또한 사실이다. 그럼에도, 믿음이 치유를 가져온다는 도그마를 만들 때 치유가 일어나지 않는 많

은 사람들의 믿음을 파괴하는 역작용을 할 것이다.[4] "너를 구원하였다"는 말에 쓰인 단어 "소제인"이란 헬라어는 '치유하다', '낫게하다', '구원하다', '보호하다' 등의 뜻으로 쓰인다. 이 단어는 치유와 죄사함의 상황에서 함께 쓰이기 때문에 눈이 먼 상태는 죄 또는 믿음의 부족을 나타내고 또 보는 것은 믿음 또는 구원을 나타내는 것처럼 오해를 유발하기도 한다. 이미 말한 대로 예수님이 고치신 다른 병자와는 달리 바디매오는 고침을 받은 후 예수님의 적극적인 제자가 되었다. 즉 바디매오는 '길가'에서 발견되어 '제 길로' 들어선 축복받은 사람이다. 하나님나라의 소외된 자에서 주축 멤버로 변화된 것이다.[5]

본문이 주는 장애신학의 몇 가지 포인트

1. 바디매오가 보여준 치유의 의지를 높이 살 수 있다. 그 의지는 단지 육체적인 치료와 사회로의 복귀차원을 넘어 예수님의 제자로 살겠다는 놀라운 목표의식이 있었다.
2. '보는 것'이 곧 '구원'과 관계된다는 사회적 인식이 그대로 살아 있음을 본다. 그리고 장애인을 냉대하는 사회적 인식과 태도는 고금을 막론하고 존재하는 사회악이다.
3. 예수님은 바디매오의 육체적인 치유를 통해 즉시 사회적 영적 회복을 가져오게 했다.
4. 사회적 편견에 반하는 예수님의 태도는 사람들의 장애인에 대한 태도까지 변하게 했다.

청각장애

복음서에서 청각장애인은 마가복음 7:31~37에 단 한 번 등장한다. 또 다른 두 군데, 즉 마태복음 11:4~5과 누가복음 7:22에 나타나는 청각장애 이야기는 이사야 35:5~6의 예언에 대한 성취를 말하면서 인용되고 있다. 이렇게 청각장애인은 단 한 번 등장하지만, 그가 장애신학에 차지하는 비중은 절대 가볍지 않다.

마가복음 7:31~37 귀먹고 어눌한 사람

이 사건은 마가복음에만 기록되어 있는 고유한 사건이다. 예수님은 이 사람의 치유에 침을 사용하셨다. 치유에 침이나 진흙 같은 물리적인 요소를 가미한 것은 헬라 문화의 기적 스토리에서 자주 등장하는 형태이기도 하다. 32절에 "귀먹고 어눌한" 상태가 청각장애의 어떤 형태인가에 대한 논란이 있다. 본문의 청각장애인이 언제 어떻게 청각장애를 입었는지는 알 수가 없다. 보통 농아인[6]이라고 하면 귀먹고 말 못하는 경우를 지칭한다. 듣기는 하지만 말을 하지 못하는 경우를 장애법에서는 '언어장애인'으로 따로 분류를 하기도 한다. 또 언어장애는 '말 장애'와 '언어장애'로 세분한다. 소리를 내지 못하는 경우와 언어구사능력이 모자라는 경우도 구별된다.

또 들을 수 있는 정도에 따라 완전히 청력을 상실한 '농'과 부분적으로 청력을 상실한 '난청'으로 구분할 수 있다. 따라서 본문의 청각장애인의 "귀먹고 어눌한" 상태는 청력은 완전히 손실되었고 말과 언어능력이 매우 제한적이나마 남아 있기 때문에 청각장애인이기도 하면서 언어장애인이라고 말할 수 있을 것이다. 듣지 못하고 말하는 데도 심한 장애가 있으므로 이 경우 농아인으로 불러도 무방할 것 같다. 본문의 장애인을 청각장애인의 범주에 넣어 살펴보기로 한다.

본문에 나오는 청각장애인은 후천적으로 장애를 입었을 가능성이 크다. 선천적인 농아인인 경우는 듣지도 못하고 말도 하지 못하는 경우가 대부분이기 때문이다. 후천적일 경우는 듣는 기능이 상실된 후에 말하는 기능을 상실하는 경우가 보통이기 때문에 본문의 청각장애인은 듣지는 못하지만 어눌하게 말을 하는 상태라고 했으므로 후천적으로 청력을 상실한 경우일 것이다.

v. 32. 사람들이 이 장애인을 예수님께 데리고 왔다는 사실을 보면 아무도 베데스다 못에 넣어줄 사람이 없었던 중풍병자의 경우처럼 가족이나 친지로부터 완전히 소외된 경우는 아닌 듯하다.

v. 33. 예수님이 청각장애인을 따로 데리고 무리를 떠나신 이유에 대해서는 해석이 구구하다. 주석가 바클레이는 청각장애인들이 시각장애인들보다 오히려 더 수치심을 느끼기 때문에 많은 사람이 지켜보는 가운데 치유행위를 할 때 그가 느낄 수 있는 어떤 수치감을 막아주려는 예수님의 따뜻한 배려에서 따로 만났다고 해석했다.[7] 가능성 있는 해석이다. 늘 외로움에 처해있는 청각장애인에게 개인적으로 다가가신 예수님의 접근으로 이 장애인에게 이미 치유는 시작되었다고 볼 수 있다. 다른 치유사건에서는 찾아볼 수 없는 예수님의 개인적 친밀함의 표시이며 청각장애인에게 베푼 세심한 배려임을 알 수 있다. 예수님께서 장애인을 그저 말로만 사랑하신 것이 아니라 사랑하는 세심한 방법까지 몸으로 보여주신 좋은 예라고 말할 수 있겠다. 예수님께서 손가락을 그의 양 귀에 넣고 침을 뱉고 그의 혀에 손을 대신 정확한 이유는 알 수가 없다. 어떤 이는 이것은 예수님께서 치유하실 때 쓰신 의식이라고 말하기도 하고 어떤 이는 청각장애인이 들을 수가 없으니 이제 치유를 한다는 의미에서 보내는 대화신호로 보기도 한다. 그러나 손가락을 귀에 넣고 침을 뱉어 그의 혀에 손을 대셨다는 사실로 보아 그것은 의례적 행동이라고 보기도 어렵고 또 대화신호로 보기도 어렵다. 분명히 어떤 의도가 있는 구체적 행동이었을 것이다. 보통 사람들이 이해하기에는 참으로 무례한 행동이기 때문에 의식적인 뜻에

서 이런 행동을 했다고는 볼 수가 없기 때문이다.

침을 뱉어 치료한 것은 이 경우 말고도 베데스다의 맹인을 치료하실 때도 사용하신 방법이다. 맹인의 치료 시에 진흙을 이기고 눈에 침을 발랐다는 사실을 가지고 침과 진흙의 효과를 설명하는 학자도 있지만, 혀에다가 침을 발랐다는 사실은 그런 동양의학적 사고마저도 이해를 불가능하게 만든다. 그렇다면, 주님은 도대체 무슨 뜻으로 그런 행동을 하셨을까?

침은 '부정함'을 뜻한다고 볼 수 있다. 레위기에서는 사람에게서 분비되는 체액을 부정한 것으로 간주했다. 따라서 예수님께서 다른 사건에서도 여러 번 율법의 의식법을 의식적으로 어김으로서 하나님 말씀의 새로운 질서를 가르치신 것처럼 여기에서도 의식적으로 레위기의 부정함에 대한 코드를 어기신 것이다. 부정함의 코드에 따르자면 침을 손에 뱉음으로써 예수님도 부정하게 되고 또 침을 바른 청각장애인도 부정한 사람이 된다. 그렇게 되면 본문의 청각 장애인은 이중적으로 부정하게 된다. 이런 것을 염두에 두고 예수님은 부정함과 정함의 정의를 완전히 뒤집으려고 일부러 침을 뱉었다고 볼 수 있다.

한 가지 재미있는 사실은 이런 침을 뱉는 행위를 따라 교회의 의식으로 만든 초대교회사가 있었다는 점이다. 세례식을 집전하는 사제가 손가락에 침을 뱉고 그 손가락으로 세례를 받는 사람의 눈과 귀, 그리고 입에 찍어 바른다. 이렇게 함으로서 하나님의 말씀을 듣고 이해하고 증거하는 새사람이 되었음을 상징적으로 나타냈다고 한다.8) 성경에 따른 근거가 전혀 없을뿐더러 참으로 비위생적인 행위였음이 분명하다.

지금 은사로 행해지는 치유행위에 과연 이런 액션이 필요할까? 많은 시각장애인과 청각장애인들이 집회에서 이런 유의 치유행위로 시달리고 있다고 불평한다. 소위 신유은사자라고 하는 사람들이 시각장애인이나 청각장애인들에게 예수님이 쓰신 방법이라고 하면서 그들의 눈을 찌르거나 귀를 찌르는 행위를 서슴없이 하고 있다. 그렇게 해서 눈이 뜨고 귀가 열렸다는 소식을 들어보지 못했다. 오히려 그런 행위 때문에 상처를 입고 교회에 다시는 발을 들여놓지 않겠다고 하는 장애인들이 주위에 너무나 많다. 그렇다면 그 행위를 잘했다고 할 수 있을까? 예수님은 치유를 통해 하나님 백성 삼는 것을 목적으로 하셨다. 그런데 지금의 치유행위는 많은 사람을 교회 밖으로 내어 쫓고 있으니 말이다.

v. 34. 어떤 사람은 예수님의 탄식을 악한 영들과 싸움하면서 내는 소리라고 말하기도 한다. 이들은 본문의 청각장애인의 장애가 악령 때문이라고 믿기 때문이다. 이들은 말을 못하게 하는 마귀가 있다고 생각한다.마9:32~33, 12:22; 눅11:14; 막9:17 그러나 본문에는 그런 암시가 전혀 없다. 에바다. 예수께서 아람어로 "열려라"고 말씀하시며 귀를 여시고 혀를 푸셨다. 이 본문은 청각장애인들에게 치료와 치유가 있을 것이라는 소망을 하게 함과 동시에 치료를 받지 못하고 살아야 하는 대부분 청각장애인에게는 괴로운 말씀이기도 하다. 왜 나에겐 "에바다"하지 않으시는지 하고 말이다. 수화를 사용하는 사람들은 장애인이라는 말도 듣기 싫어한다. 자신들은 다른 언어를 사용하는 사람일 뿐 고침을 받아야 할 대상이 아니라고 강변한다. 그런 청각장애인들에게는 "열려라"로 상기되는 청각장애인을 바라보는 시선에 반감을 품는다.

v. 36. 다른 치유사건에서도 "아무에게도 이르지 말라"는 예수님의 권고가 여러 차례 있었지만 여기서는 더욱더 강하게 느껴진다. 지금까지 말을 하지 못하던 사람이 고침을 받고 이제 겨우 자유자재로 말하게 되었는데 "말하지 말라"는 권고는 차라리 고문에 가까운 것이었

을 것이다. 하지만, 이런 예수님의 권고는 그의 겸손함 때문이 아니라 하나님나라의 시간카이로스때문이었다. 따라서 그것은 권고가 아니라 명령이었다.

본문이 주는 장애신학의 몇 가지 포인트
1. 믿음이 치유에 결정적인 요인이라는 암시를 이 본문에서도 발견할 수 없다.
2. 믿음은 들음에서 나며롬10:17 란 구절을 들어 반드시 들을 수 있어야 구원을 받을 수 있다는 전통적 해석은 구원을 사람의 감각에 의존케 하는 것이기 때문에 잘못된 해석이다. 예를 들어 종교개혁자 루터는 이 구절을 해석하면서 듣는다는 것은 바로 믿음을 의미하는 것이기 때문에 손과 발 등 다른 기관이 없어도 오직 귀는 필요하다고 역설하였다. "귀만이 크리스천들을 나타내는 기관이다. 왜냐하면, 행위가 아닌 오직 믿음으로만 구원을 받기 때문이다"라고 루터는 이해했다. 물론 신체적인 귀만을 의미한 것은 아니라고 인정하더라도 실제로 당시 청각장애인들에게 세례를 베풀지 않았다는 증거를 보아도 이 본문, "에바다"가 역설적으로 청각장애인들이 주님께 나아가는데 걸림돌이 되었다는 점이 아이러니하다. 예수님의 마음과는 정반대로 움직여온 교회 역사의 한 장면이다.
3. 가장 중요한 포인트는 예수님의 치유사역 하나하나가 이사야 35장 5~6과 이사야 61:1~2의 예언을 성취하는 메시아의 본질사역 일환이었다는 점이다.
4. 마가는 예수님의 치유행위가 영적으로 눈이 멀고 귀까지 먹은 사람들에게 영적인 눈과 귀를 뜨라고 하신 예수님의 영적 액션임을

강조하고 있다.

신체장애

한글성경에 중풍으로 소개된 사지마비장애는 신체장애 중의 하나다. 복음서에 중풍병자가 구체적으로 다루어진 사례가 세 번이다. 한 번은 백부장 하인의 경우이고^{마8:5~13; 눅7:1~10} 다른 한 사례는 네 사람이 메고 온 중풍병자다.^{막2:1~12; 마 9:1~8; 눅5:17~26} 또 한 경우는 요한복음 5장 1~18에 나오는 38년 된 중풍병자다. 이 사례들 이외에 신체장애인이 복음서에 소개된 경우로는 불구자, 절뚝발이, 저는 자로서 많은 병자 가운데 주님께 나아온 무리 중의 한 부류로 설명하는 정도다.^{마 15:30~31, 21:14}

중풍병자로 소개된 사람들이 어느 정도의 신체장애를 입었는지에 대해서는 성경이 자세히 언급하지 않는다.

일반적으로 신체장애인은 척추의 몇 번째 마디가 손상을 입었는가에 따라 장애의 종류와 정도가 달라진다. 그러나 중풍병자와 같은 마비는 척추의 손상이 아닌 뇌손상 때문에 생기기도 한다. 그 외에 신체장애를 일으키는 원인은 수도 없이 많다. 성경은 장애의 종류를 기술적으로 분류하거나 장애의 원인에 대한 규명을 하고 있지 않다. 따라서 현대의 의학 상식과 장애법의 기준으로 성경에 등장하는 장애인이나 장애를 해석하는 것은 적절하지가 않다.

마가복음 2:1~12 네 사람이 메고 온 중풍병자

이 본문은 마가가 다룬 예수님께서 종교지도자들과 벌이신 논쟁 8가지^{2:1~3:35} 중의 하나다. 본문에서는 예수님이 바리새인들과 죄를 사할 권세에 대해 논쟁을 벌이신다. 이런 논쟁 가운데 중풍병자가 소재로 등장한 것이다. 이 본문에 대해서는 다음 장에서 장애와 죄라는 관점에서 그리고 14장에서는 장애인의 통합 원리와 접근권이라는 관점에서 자세히 다루기 때문에 여기서는 장애신학에 관련된 개략적인 포인트만 짚고 넘어가고자 한다. 본문은 장애와 죄가 그리고 죄 사함과 치유가 밀접한 관계가 있는 것처럼 보인다. 또 전통적으로도 그렇게 이해했다. 사실 "네 죄가 사함을 받았느니라"는 선언은 치유사건 기록 중 네 사람이 메고 온 이 중풍병자의 경우가 유일하다. 그럼 죄와 장애를 원인과 결과라는 공식으로 설명할 수 있을까? 이 문제는 다음 장에 자세히 다루기로 한다. 하지만, 이러한 생각은 팔레스타인에 만연하였던 생각이었음에는 분명하다. 예수님의 제자들까지 그런 믿음을 가진 것 같다.요9:2

어떤 구체적인 죄가 직접적으로 장애를 일으키는 것은 아니라고 생각하는 사람들도 죄가 결국은 장애나 질병으로 몰고 가게 하는 주범이라고 생각을 하는 사람들도 많다. 즉, 죄인인 사람이 죄를 지음으로써 점점 세상과 자신을 망가지게 한다는 것이다. 이런 점에서 죄는 장애나 질병의 원인이 된다는 주장이다. 이런 주장 역시 모든 질병과 장애를 죄의 결과로 해석하기는 마찬가지다. 이런 주장 때문에 얼마나 많은 환자가족과 장애인가족들이 오늘도 죄의식에서 헤어 나오지 못하고 있는지를 생각해야 한다. 오늘날 유행처럼 내적 치유사역이니 하는 치유사역이 봇물처럼 터져도 정작 가장 중대한 상처를 지닌 장애인가족들의 상처에 대해서는 여전히 무관심하다는 점을 간과해서는 안 된다.

v. 3. 네 사람이 들고 올 정도면 이 중풍병자의 장애가 오래되고 중함을 암시한다. 그리고 이런 신체적 장애는 다른 사람에게 자신의 몸을 의탁해야 하기 때문에 무력감을 느낀다. 여기 등장하는 중풍병자

는 걸인이 아니었을 수도 있다. 그리고 네 사람이 중풍병자를 메고 온 것을 보면 가족이나 보호자의 경제적 여력이 있었던 것 같다. 여기 등장한 네 사람이 평소 중풍병자의 친한 친구가 아니라고 해도 중풍병자를 예수 그리스도께 접근시킨 사실 한가지만을 가지고도 중풍병자의 가장 절실한 문제를 해결해 준 친구 중의 친구라고 부를 수 있을 것이다.

v. 4. "무리를 인하여" 중풍병자가 예수께 접근할 수 없었다고 설명함으로써 중풍병자가 예수님께 접근할 수 없었던 이유가 그의 장애나 시설의 문제 또는 휠체어 같은 도구의 문제가 아니라 종교적인 이유에 있었다고 암시하고 있다. 이 문제에 대해서는 다음 장에서 더 자세히 설명하고자 한다. 또 4절이 주는 중요한 포인트는 장애인 접근권에 대한 문제이다. 예수님이 강론하고 있었던 장소가 중풍병자를 네 명의 사람들이 들고 왔다는 점과 분명히 장애인이 들어가기에는 쉽지 않은 건물구조 등을 보아 결코 친 장애인 환경이 아니었다는 것을 알 수 있다. 그럼에도, 네 사람은 장애인 접근에 대한 좋은 대안을 찾은 것이다. 물론 모험이 따르는 행동이었지만. 따라서 장애사역에서 시설과 여건이 되지 않는다고 주저앉아 있는 것 또한 답이 아니라는 사실을 말해주는 좋은 예라고 하겠다.

v. 5. 중풍병자의 믿음이 아닌 그를 데리고 온 사람들의 믿음을 보시고 중풍병자의 죄를 사해주셨다는 사실은 논리적으로나 신학적으로 앞뒤가 맞지 않는 말이다. 따라서 믿음이 치유를 가져온다는 공식이 성립될 수 없다. 그렇다면, 사람들의 믿음이 어떤 작용을 한 것일까? 그들의 믿음이 중풍병자의 죄에 대한 회개를 대신한 것은 아니지만 그들의 믿음이 예수님의 마음을 움직인 요인이 된 것만은 분명해 보인다. 중풍병자를 메고 온 네 사람의 열정, 담대함, 위험을 감수하기까

지 한 형제에 대한 간절한 사랑이 예수님의 마음을 움직이는 동인이 되었을 것이다. 비록 중풍병자나 네 사람 모두 예수께 "살려 달라"든가 "고쳐 달라"고 소리치지는 않았지만, 목소리보다 더 간절하고 절박한 간청과 믿음의 행동 때문에 예수님은 그들의 믿음을 칭찬하신 것이라고 볼 수 있다.

또 중풍병자를 "소자"라고 부르신 호칭에 유의해 보자. 소자라는 호칭은 "아들아" 하는 뜻이다. 이 중풍병자는 예수님이 "아들아"하고 부르는 순간 치유를 받은 것이다. 이름도 없이 그저 중풍병자란 정체성으로 살아가야 했던 인생에서 그리고 사회로부터 완전히 버림을 받은 존재에서 일약 "somebody"가 된 것이다. 예수님이 "아들아"하고 부른 부름은 예수님이 보여주신 최대의 사랑 표현이며 그 가운데 이미 장애를 고쳐주시겠다는 마음을 담은 것이다. 사람들은 장애인을 부를 때 그가 가진 장애로 그 사람의 정체성을 나타낸다. 장애인이 제일 고통스러워하는 것 중의 하나가 바로 자신의 정체성이 자신의 이름이나 인격이 아닌 장애로 나타나는 것이다. 이렇게 중풍병자로 알려진 자신에게 예수님께서 "아들아"하고 부르셨으니 그 얼마나 몸이 전율할 정도로 감격스러운가! 그 순간 이미 치유는 온 것이다.

v. 6–10. 이 부분은 바리새인들이 예수님의 죄 사하는 권세에 대해 집중적으로 의문을 제기하고 있다. 이 질문에 대한 논의는 다음 장에서 하기로 한다.

v. 10–11. 예수님께서 죄를 사할 수 있는 권세가 있다는 것을 보여주시고자 중풍병자를 일으키셨다. 죄 사함은 오로지 하나님만 하실 수 있다. 그리고 그가 보내신 메시아만이 할 수 있다. 그러므로 죄 사하는 권세가 자신에게 있다고 입으로 말해봐야 계속 논쟁이 계속될 것은 뻔하므로 인간적인 방법으로는 불가능한 장애인을 일으키심으로 그

가 메시아임을 보이신 것이다.

　v. 11. 이 구절이 본문의 클라이맥스다. 다른 치유기사와는 달리 치유를 위해 어떤 물질적 도구를 사용함이 없이 말씀으로만 치유하셨다. 아마 이것도 혹시 침이나 진흙 같은 물질적인 도구가 치유에 절대적인 영향을 끼쳤으리라 의심할 수도 있는 반대자들을 염두에 두고 오로지 말씀으로만 그 능력을 행사한 것이 아닌가 추측할 수도 있다.

　v. 12. 이 구절이 치유의 목적을 말해준다. 예수님의 치유사역도 하나님께 영광을 돌리는 일이다. 중풍병자가 치유를 받는 것도 하나님께 영광을 돌리는 일이다. 그것을 보고 놀라고 예수 그리스도를 메시아라고 믿는 것도 하나님께 영광을 돌리는 일이다.

본문이 주는 장애신학의 몇 가지 포인트

1. 본문은 죄와 장애가 연관되었다는 도그마를 주려고 쓰인 기사가 아니다. 하나님과 멀어진 상태를 죄라 하여 모든 불행과 고통은 하나님과의 관계가 멀어지면 생긴다는 광의적 해석도 교리로 삼을 수 없다. 왜냐하면, 장애인을 포함하여 고통을 받는 모든 사람들이 하나님으로부터 멀어졌기 때문에 고통을 받고 있다고 말할 수 없기 때문이다.
2. 장애인의 접근권은 모든 영역에 열려 있어야 한다.
3. 장애인의 회복 사역은 새로운 정체성을 찾아주는 일이다. 예수님을 만난 중풍병자는 고침을 받고 새사람이 되어 돌아갔다. 새로운 정체성을 찾은 것이다. 새로운 정체성이 꼭 고침을 받아야만 얻을 수 있는 것은 아니지만, 사회가 받아들이지 않을 것이 뻔하니까 예수님은 그를 고쳐서 보내신 것이다. 이렇게 중풍병자는 신체적인 회복과 더불어 부서진 자아상을 고침 받음으로써 새로

운 정체성으로 살아가게 되었다. 이것이 주님의 재활방법이다.
4. 장애를 제거해 주는 것보다 더 중요한 것은 장애인의 사회복귀를 가로막는 사회적 장벽들을 제거하는 일이다.
5. 장애인을 포함한 모든 사람이 죄인이라는 사실이다. 따라서 모든 죄인이 구원을 받아야 할 대상이다.

한센씨병(나병)

나병에 대한 언급이 복음서에 여러 번 나오지만마10:8, 11:5; 눅7:22, 마26:6; 막14:3 구체적인 이야기 형태로 등장하는 나병환자는 두 사례가 대표적이다. 그 하나는 마가복음 1:40~45(마 8:1~4; 눅 5:12~14)에 나오는 나병환자와 누가복음 17장 11~19에 나오는 열 명의 나병환자다. 나병과 함께 부정한 사람으로 인식되는 열두 해 동안 혈루증 앓는 여인의 이야기는 마가복음 5:25~34(마 9:20~22; 눅 8:43~48)에 나온다.

나병환자와 혈루증 여인의 이야기는 구약의 정결법레11~17; 민19과 관련하여 해석해야 한다. 레위기에 규정된 "부정한 사람"의 존재는 전체 공동체를 오염시키는 주범이기 때문에 반드시 격리해야 한다. 이미 2장에서 자세히 살펴본 것처럼 레위기에서 나병은 몇 가지 악성피부병과 함께 부정한 것으로 간주한다. 또 몸에서 비정상적 유출이 있는 경우도 부정한 것으로 간주한다. 이런 사람들은 몸에서 피부병의 발진이 완전히 멈추거나 몸의 유출이 완전히 멎을 때까지 부정한 사람으로 간주하고 그리고 멎고 난 후에도 일정기간 확인 작업을 거쳐야 한다. 부정한 기간에 만진 모든 물건도 함께 부정하게 되기 때문에 태우거나 깨버려야 한다. 부정한 기간에 부정한 사람은 몸을 계속 씻어야 한다. 문제는 부정한 사람으로 판정을 받고 이후에 다시 정한 상태로 환원된다 하더라도 병의 특성상 남은 상처들 때문에 사회가 그들을 받아들이지 않는다는 데 있다. 따라서 한번 부정한 사람은 죽을 때까지 사회로부터 완전히 소외되고 천민으로 추락하고 마는 결과를 낳는다.

이런 종교적인 의식과 관습이 시퍼렇게 살아있던 시대의 삶의 현장에서 정결법 코드를 의식적으로 뒤엎으신 예수님의 행동은 그야말로 혁명적이었다. 그의 이런 몸부림은 얼마나 그가 불쌍한 영혼을 사랑했는가를 보여준 확실한 증거이기도 하다. 하지만, 이 역시 구속사적 관점으로 결론을 내리지 않는다면 그의 사랑을 온전하게 풀어낼 수 없다. 나병환자의 치유기사 역시 메시아적 예언의 성취라는 관점으로 보고 결론을 맺어야 한다. 예수님은 분명히 구약의 정결법에 대해 잘 알고 계셨다. 예수께서 안식일법을 의도적으로 범하셨던 것처럼 정결법도 의도적으로 위반하심으로 정결법을 코드란 개념에서 소속이라는 개념으로 바꾸신 것이다. 그는 죽은 나사로의 몸을 만지셨다. 혈루증을 앓는 여인이 몸에 손대는 것을 허용하셨다. 나병환자의 몸에 손을 대셨다. 이 모든 것이 정결법을 어기는 일이었다. 따라서 이런 일들은 결코 우연한 해프닝이 아니었다. 다분히 의도적인 목적을 가지신 행동이었다. 즉 정결함이란 율법의 코드가 아니라 그리스도께 소속하는 것임을 가르치신 것이다. 예수 그리스도 안에는 그의 피로 말미암은 정결함이 있기 때문이다.

나병환자는 자신이 부정하다는 사실을 다른 사람에게 알려야 하는 책임이 있었다. 따로 살아야 하는 고통도 크거니와 많은 사람이 있는 곳으로 이동하려면 많은 제약이 뒤따랐다. 다른 사람들과 마주치기라도 할 때면 나병환자는 윗입술을 가리고 "부정하다, 부정하다"고 소리쳐야만 했다. 레14:45 마치 주홍글씨의 주인공처럼 만인들 앞에 부정한 사람임을 공포하고 다녀야만 했다. 그러므로 나병환자들은 그들이 병 때문에 받는 고통보다도 이런 사회적 격리와 꼬리표로 말미암은 더 큰 고통을 받아야만 했다.

> 레 14:8~10 정결함을 받는 자는 그의 옷을 빨고 모든 털을 밀고 물로 몸을 씻을 것이라 그리하면 정하리니 그 후에 진영에 들어올 것이나 자기 장막 밖에 이레를 머물 것이요 일곱째 날에 그는 모든 털을 밀되 머리털과 수염과 눈썹을 다 밀고 그의 옷을 빨고 몸을 물에 씻을 것이라 그리하면 정하리라 여덟째 날에 그는 흠 없는 어린 숫양 두 마리와 일 년 된 흠 없는 어린 암양 한 마리와 또 고운 가루 십 분의 삼 에바에 기름 섞은 소제물과 기름 한 록을 취할 것이요

이런 의식을 거친 후 몸을 제사장에게 보이고 정결하다는 선언을 받아야만 했다. 그러나 그 이후를 생각해보라. 다시 정결하다고 선언 받은 나환자들이 다시 가족의 품으로 돌아가는 것이 얼마나 어려운 것인지를. 사회에 복귀하는 것이 거의 불가능하다는 것은 역사가 말해준다. 이처럼 나병환자들에게 있어서 재활의 길은 멀고도 멀었다. 그들의 몸에 평생 지어진 무거운 사회적 형벌의 십자가였다.

마가복음 1:40~45 예수께 나온 나병환자

본문은 나병환자가 먼저 예수님을 찾아왔다고 기록하고 있다. 나병환자가 먼저 사람을 찾아온다는 것은 매우 이례적인 일이다. 더구나 이 나병환자는 정결법이 지시한 대로 "부정하다, 부정하다"고 외치며 자신의 부정을 경고하지도 않았다. 상당한 거리를 두고 말하려 하지도 않았다. 예수님 바로 발 앞까지 나왔다. 갑자기 예수께 달려나온 이 나환자의 행동은 분명히 사회적으로는 용납되지 않는 돌출행동이었음에는 분명하다.

v. 40. 나환자는 예수님께 자신을 깨끗하게 해달라고 간절히 구한

다. 여기서 그는 예수께 자신을 고쳐달라고 하지 않고 깨끗하게 해달라고 했다. 깨끗해지는 것 그것은 나병환자들에게 있어서는 꿈같은 소원이다. 깨끗하게 해달라는 소원에는 물론 치유가 전제되어 있다. 본문의 나병환자가 예수님께 자신을 깨끗하게 해달라고 하는 소원에는 육체적인 치유차원을 넘어 많은 의미를 담고 있다. 그는 지금 몸의 치유를 받고 "정결하다"는 선언을 받고 싶은 것이다. 나병환자들에게 있어서 꿈에도 소원은 "깨끗하다"는 소리를 듣는 것이다. 오랫동안 씻지 못해 깨끗해지고 싶은 욕망과는 비교도 되지 않는 것이다.

이곳 미국에 살면서 많은 흑인이 청소년 시절 자신의 검은 몸을 하얗게 만들려고 몸을 매일 피가 나도록 수세미로 밀었다는 이야기와 심지어는 표백제를 발라 피부를 희게 만들려다 몸을 다 망쳐버렸다는 이야기를 수도 없이 많이 들었다. 흑인에게 있어서 그들의 몸 색깔이 구약시대의 '부정한 몸' 이상의 사회적 낙인이기 때문이다. 이처럼 몸의 색깔이나 상태로부터 오는 신체적 고통보다 사회적 낙인과 차별이 몸서리쳐지도록 괴로운 것이다.

본문의 나병환자가 예수 그리스도가 메시아적 권세를 가진 것을 몰랐다면 예수께 나아와 자신을 깨끗하게 해달라고 했을 리는 만무하다. 왜냐하면 "깨끗하다"라고 선언할 권리가 예수께는 없었기 때문이다. 공식적으로 제사장만이 깨끗함을 선언할 권리가 있었기 때문이다. 자신을 깨끗하게 해달라고 한 나병환자의 간청은 차라리 절규였다. 가족의 품에 돌아가고 싶은 것이다. 자신이 살던 고향에 돌아가고 싶은 것이다. 자신도 남들과 똑같이 살고 싶은 것이다. 이 나병환자가 이토록 절규한 것은 단지 자신의 병이 저주스러운 것 때문이 아니었다. 병 때문에 자신이 받고 있었던 사회적 저주가 끔찍이도 무서웠기 때문이다.

v. 41. 예수님은 손을 내밀어 나환자의 몸에 대시며 말씀으로 그를 고치셨다. 다시 말하지만 정결법에 의하면 예수님은 나환자의 몸에 손을 대심으로 자신도 부정한 존재가 된다는 사회적 위험을 안고 나병환자를 고치셨다. 계속해서 예수님을 따라다니며 그를 고소할 꼬투리를 잡을 궁리만 하는 많은 종교지도자 앞에서 예수님도 사실 위험부담이 있는 이런 행동을 하시는 것이 매우 피곤한 일이었을 것이다. 그럼에도, 예수님이 나병환자의 몸에 손을 대신 순간 당신께서 부정하게 된 것이 아니라 나병환자가 나음을 입고 깨끗해지는 모습을 그들 앞에 통쾌하게 보이신 것이다.

v. 44. 정결법을 의도적으로 깨시면서까지 나병환자의 몸에 손을 대신 예수님께서 나병환자를 치유하신 후에는 정결법대로 "제사장에게 가서 보이라"고 하신 이유는 무엇일까? 율법을 폐하러 오신 예수님이 또 율법을 완성하러 오신 것처럼, 본문에서도 비록 정결법이 폐기되었지만, 여전히 통용되고 있는 사회법을 준수함으로 나음을 입은 나병환자가 가족과 사회로 잘 복귀할 수 있도록 하신 예수님의 세심한 배려를 본다. 치유를 하신 후에 그에게 정결법을 더는 지키지 않아도 된다고 말할 수도 있었을 것이다. 사실 처음부터 나병환자나 예수님이나 정결법을 지키지도 않았다. 그러나 문제는 치유를 받은 이후의 삶이다. 따라서 치유를 받은 후에 가정과 사회로 원상 복귀되는 것이 진정한 회복이요 치유이기 때문에 예수님은 그에게 제사장에게 가서 몸을 보이고 사회적인 공식회복절차를 밟으라고 권고하신 것이다.

v. 45. 나음을 입은 나병환자가 바로 제사장에게 가지 않았다. 자신에게 처음부터 가장 절실한 문제는 깨끗하다고 선언 받는 일이었다. 그는 깨끗하게 치유를 받은 후 이제 마지막 공식회복절차인 제사장에 가는 일만 남았다. 사실 공식선언이 있을 때까지는 아직 그는 공식적

으로 부정한 사람이다. 그러기 때문에 일분일초라도 빨리 공식절차를 밟는 게 상식이다. 그럼에도, 자신이 그토록 바랬던 공식선언을 받는 것보다도 동네에 가서 예수 그리스도가 누구인지를 증거해 버렸다. 사실 예수님도 원하지 않았던 일이지만 나음을 입은 나병환자는 도무지 참을 수가 없어 소문을 내버린 것이다. 이로 말미암아 예수님은 활동에 제약을 받게 되었다.

본문이 주는 장애신학의 몇 가지 포인트
1. 예수님께서 새로운 정결법을 세우심으로 치유를 받는 당사자는 물론 사회의 모든 영역에 이르는 변혁을 일으키셨다.
2. 이런 변화는 거절을 수용으로, 배타를 통합으로, 소외를 관계성으로, 절망을 소망으로 바꾸는 절대적 변화였다
3. 레위기에서 말한 나병을 포함한 악성피부병을 부정의 근거로 삼은 근거는 그것의 전염성에 있는 것이 아니라 몸(피부)의 경계를 넘어 침범했다는 것이다.[9] 혈루 또는 월경, 설정 등도 이런 근거로 부정함에 속한다. 곰팡이가 벽에 생기는 것도 같은 이치이다. 이렇게 정결법은 일정 경계를 넘어서는 안 되는 법이지만 예수 그리스도는 정결법이 그어놓은 선, 사회가 그어놓은 선을 넘어 융합하는 새로운 사랑의 법을 제정하셨다.
4. 따라서 지금도 종교적인 도그마 또는 실천적 정결코드 때문에 소외된 자들의 경계를 허물어야 한다.

누가복음 17:11~19 열 명의 나병환자

열 명의 나병환자 이야기는 누가복음에만 실려 있는데 많은 학자는 이 기사가 마가복음 1:40~45의 확장기사로 이해한다. 복음서의 다른

치유기사들의 특징이 병자(장애인)들의 상황과 어떻게 기적이 일어났는지에 초점이 맞추어져 있다면 본문의 기사는 열 명의 나병환자의 치유 후 반응에 대해 다루고 있다. 아홉 명의 유대인 나병환자와 한 명의 사마리아인 나병환자가 비교된다. 누가 자신이 이방인 출신임을 고려하면 이방인의 관점으로 본 기사이기에 매우 흥미롭다. 당시 초대교회에서 유대인 크리스천과 이방 출신 크리스천 사이에 상당한 갈등이 있었으며 베드로도 사도직을 받은 한참 후에야 비로소 정결법을 새롭게 인식한 바 있다.

누가는 아마도 이 기사를 기록하면서 나아만 장군을 상기했을 것이다.^{왕하5} 나병환자 나아만 장군도 이방인이었다. 그는 요단강에 가서 일곱 번 씻으라는 선지자 엘리사의 말을 처음에는 모욕으로 생각하였으나 신하의 간절한 권고를 듣고 순종하여 깨끗함을 입었다. 그 후에 그는 엘리사를 다시 찾아가서 감사의 예물을 드리며 하나님을 찬양한다. 열 명의 나병환자 중 사마리아인 나병환자가 나음을 입은 후 다시 돌아와 감사하는 모습과 아람 사람 나아만 장군의 기사는 유사한 점이 있다. 둘 다 당시 유대인의 관점으로 볼 때 선택받지 못한 백성인 이방인 출신이라는 것과 치유 후에는 오히려 이들이 진심으로 하나님께 영광을 돌린다는 이야기다. 이 이야기를 누가복음 14장의 천국 잔치의 비유와 연계해 생각해 볼 수 있는데 처음에 선택받은 자들이 잔치참여를 거부하자 오히려 소외된 자들이 잔치에 대거 부름을 받는다. 이들 소외된 자들이 이방인을 상징하는 대표격으로서 하나님나라에 들어오게 된다는 킹덤모티브로 쓰인 것처럼 나아만 장군의 경우나 본문의 사마리아인 나병환자도 하나님나라의 킹덤모티브가 있다고 본다.

나아만 장군 이야기나 열 명의 나병환자 이야기 두 이야기 모두 치유 자체보다는 회심의 경험에 초점이 맞추어져 있다. 열 명의 나병환자 이야기를 보면 이들의 치유가 예수님의 면전에서 이루어지지 않았다. 그들은 제사장에게 보이러 가는 사이에 고침을 받았다. 사실 사마리아인 나병환자는 제사장에게 가서 보여야 할 의무도 없었다. 유대인 나병환자와 사마리아인 나병환자가 함께 있었다는 사실도 흥미롭다. 유대인이 사마리아인과 이야기를 나누는 것만으로도 흠이 되는 때에 아무리 나병환자라고는 하지만 함께 생활을 했다는 사실도 범상한 일은 아니다. 부정한 사람이 되어버린 유대인 나병환자가 부정한 사람 취급받는 이방인과 함께하는 것이 아무런 사회적 이슈가 되지 않았는지도 모른다. 그리고 이들은 버림받은 사람들이란 공감대를 가지고 서로 사랑하며 살고 있었는지도 모른다. 따라서 사마리아인 나병환자도 칭찬을 받을 일이지만 아홉 명의 유대인 나병환자들도 칭찬을 받아야 마땅하다. 왜냐하면, 문화적으로 종교적으로 금기시되었던 장벽을 허물고 사마리아인을 품고 함께 생활을 했다는 점에서 일반 유대인 사회보다 유대인 나병환자들의 생각이 훨씬 진보적이었기 때문이다.

v. 12. 당시 나병환자들이 다른 지역으로 여행할 때는 그룹을 지어 여행하는 것이 보통이었다.

v. 13. 바디매오처럼 이들도 "예수 선생님이여 긍휼히 여기소서" 하고 부르짖었다. 바디매오가 "다윗의 자손"이라고 불렀던 것과는 대조적으로 이들은 "선생"으로 불렀다. 이들은 고쳐달라고 말하기보다는 긍휼을 베풀어 달라고 말했고 예수님도 이들에게 "무엇을 하여 주기를 원하느냐" 하고 묻지도 않으셨다.

v. 14. 마가복음 1:40~45에 나오는 나병환자의 경우와는 달리 예수님께서 나병환자의 몸에 손을 대지 않으시고 대신 몸을 제사장에 가

서 보이라고 하셨다. 그럼에도, 이들이 즉시 순종을 하고 제사장에게 달려갔다. 예수님과 이들 사이에 어떤 대화도 없었다. 아마도 이것이 믿음을 반영한다고 볼 수 있다.

v. 15. 사마리아인이 다시 돌아온 이유가 감사하러 온 것이지만 사실 사마리아인이 제사장에 가서 자신의 몸을 보일 필요도 없었고 보인다고 해서 달라질 것도 없었다. 어차피 그들은 유대인의 눈으로 '부정한 사람'이니까. 가다가 그런 생각이 들어 돌아왔는지는 알 수 없지만 그렇다고 돌아온 이유가 갈 필요가 없었기 때문이라고 말하는 것은 적절치 않다고 본다. 그는 분명히 하나님께 영광을 돌리려고 돌아왔기 때문이다.

v. 16. 돌아온 사람이 사마리아 사람이라는 사실을 강조하고 있다.

v. 17-18. 치유에 관한 기사가 매우 간략하다. 사실 제사장에게 달려간 아홉 명의 유대인 나병환자들이 비난을 받아야 할 이유는 없다. 그들은 예수님의 권고를 받고 그대로 따르는 중이었고 또 그것이 그들에게 제일 시급한 일이었기 때문이다. "깨끗하다"라고 선언 받기 전에는 그 누구에게도 다가가 말을 걸 수 있는 권리조차 없었다. 그럼에도, 사마리아 사람이 다른 아홉 명에 비해서 칭찬을 받은 것은 이방인이 하나님께 돌아옴에 대한 예수님의 감격 때문이다. 그것은 바로 자신의 메시아 사역의 계획과 관계가 되기 때문이었다. 그저 또 한 사람이 고침을 받은 것이 아니고 이사야 61:1~2(눅 4:18~19)에 예언된 메시아 사역이 하나하나 실천되고 성취되어 나갔기 때문이다.

v. 결국, 사마리아인의 행동은 착한 행동이 아니라 믿음의 행동이었다. 예수님께서 사마리아인의 믿음을 칭찬하신 것은 그를 통하여 앞으로 돌아올 이방인들의 믿음을 보셨기 때문이다.

본문이 주는 장애신학의 몇 가지 포인트

1. 사마리아인이면서 나병환자는 이중의 낙오자였다. 그럼에도, 그의 감사하는 믿음은 그로 하여금 예수 안에서 하나님나라에 직행하는 티켓을 거머쥐었다. 그가 당면한 삼중적 사회적 장벽을 단숨에 뛰어넘는 계기가 되었다.

2. 가장 중요한 포인트는 아홉 사람의 행위는 율법적 믿음이었고 사마리아인의 믿음은 예수님을 믿는 믿음이라는 것이다. 따라서 사마리아인의 믿음이 빛나도록 칭찬을 받을 만한 일이다. 살고자 아홉 명은 율법을 따라갔고 사마리아인은 예수님께 나왔다. 사마리아인이 주님께 돌아왔다는 사실은 이제 복음의 지경이 사마리아로 넓혀지게 됨을 의미한다. 예루살렘에서 시작된 복음이 유대와 사마리아를 지나는 순간이다. 그리고 땅끝을 향하여 가는 전환점이 된 것이다.

3. 결론적으로 사마리아인이면서 나병환자인 사람에게 복음이 전해졌다는 사실을 통하여 또 한 번 예수 그리스도의 치유사역이 메시아 사역의 본질이라고 하는 사실을 말해준다. 그것은 이사야 61:1~2의 예언에 대한 성취이자 사도행전 1:8의 복음이 사마리아로 전파되는 과정에 대한 성취다.

불치병/만성질환

만성질환이라고 하면 어감이 좀 약한 감이 있다. 만성질환이라고 하면 장기간 증상이 계속되는 질환을 말하는데 대개 급성으로 생명이 위중한 경우가 아녀서 이런 환자들의 고통이 급성 또는 위급환자보다 훨씬 덜하리라 생각하는 경우가 많다. 하지만, 만성질환 대부분이 불치병이다. 그러기 때문에 많은 의사와 수많은 약에 시달리는 만성질환자들의 고통이 결코 경하지 않다. 그중에서도 가장 큰 고통은 아무래도 긴 병으로 말미암아 가족과 친구들로부터 단절되는 뼈아픈 경험일 것이다. 성경에는 만성질환자들이 그저 많은 병자 가운데 섞여있는 정도로 취급되고 있다. 그중에 열두 해 동안 혈루증 앓는 여인에 대해서는 비교적 상세한 기록이 있으므로 이 여인을 장애신학의 관점으로 살펴보기로 한다.

마가복음 5:25~34 혈루증 여인

열두 해 동안 혈루증 앓는 여인도 역시 '정결법'의 관점으로 바라보아야 한다. '부정한 여인'으로 십이 년을 산 이 여인이 겪어야 했을 고통은 상상 이상이었을 것이다. 사회로부터 격리되어 살아야 하는 물리적 격리보다도 사람으로부터 버림을 받고 다른 사람에게 가까이 갈 수 없는 심리적 영적 격리가 훨씬 큰 고통이었을 것이다. 아마도 나병환자 못지않게 가족이나 사회로부터 철저히 외면받았을 것이 분명하다. 12년이면 어떤 병이라도 이런 격리현상을 겪게 된다. 더구나 혈루병은 부정한 병이었다. 처음부터 모든 관계가 단절되는 병이다. 혈루병은 이제 이 여인의 본질이 되었다. 이름도 부정되어 없어졌다. 그저 혈루병 여인이었다. 그녀가 가는 곳마다 만지는 물건마다 부정한 것이 되었다. 그는 사랑하는 남편이나 부모나 자식의 몸도 만질 수 없었다. 부모의 품에 안겨 울 수도 없었고 자식을 품에 안을 수도 없었다. 남편과 사랑을 나눌 수도 없었다. 모두 부정하게 되기 때문이다. 어떤 어미가 자신의 불행을 자식에게 전하고 싶겠는가? 자신이 안으면 함께 부정하게 되는 현실에서 자신의 감정을 억누를 수밖에 없었을 것이다. 시간은 어느 듯 12년이 흘렀다. 본문에 가족이 언급되고 있지 않음을 미루어 보아서 아마 가족들과는 완전히 격리되어 산 것 같다. 결혼을 한 여인인지, 아니면 병 때문에 혼자 사는 여인인지, 아니면 남편과 자녀가 있는 여인인데 병 때문에 버림을 받은 여인인지 본문은 구체적으로 말해 주지는 않는다.

v. 25. 열두 해 동안 혈루증을 앓는 한 여인. 그녀는 그저 이름 없는 여인일 뿐이었다.

v. 26. 아마도 이 여인은 아프기 전에는 경제적으로 유복한 사람이었던 것 같다. 재산도 꽤 있었던 것 같다. 여인이 재산이 많았다는 것을 보면 아마도 결혼을 한 여인이었을 것으로 짐작된다. 그러나 병치레로 가지고 있던 모든 재산을 허비했다. 만성질환자에게 있어서 또 하나의 큰 고통은 의사와 병원으로부터 시달리는 것이다. 의사와 병원은 환자에게 희소식이어야 한다. 그러나 만성질환자에게는 고통이다. 오랫동안 온갖 좋은 약과 용하다고 하는 의사를 찾아다니다가 있는 재산 다 탕진하는 게 보통 있는 일이다. 본문에 나오는 열두 해 동안 혈루증 앓는 여인이야말로 만성질환자, 불치병자들의 삶을 잘 보여주는 한 예다. 도움을 받고 감사해야 할 의사는 이제 자신을 괴롭히는 돈 빨아먹는 원수가 되었고 그 많은 치료와 약에도 병은 낫거나 차도가 있기는커녕 오히려 중해만 가는 것이다. 긴 병에 효자 없다는 한국 속담은 그저 만들어진 말이 아니다. 이처럼 병이 길어지면 재산도 다 탕진되고 가족이나 친구의 우정도 고갈되는 것이다. 게다가 환자 자신의 소망마저 꺼지고 삶은 죽지 못해 사는 삶으로 전락하고 만다. 이제 이 여인은 부유하고 다복한 여인에서 가난한 여인, 불쌍한 여인으로 전락하고 말았다.

v. 27-28. 이 여인은 예수께서 기적을 행하시는 분으로서 누구든지 그의 옷자락만 만져도 병이 낫는다는 소문을 듣고 있었던 것 같다. 그 소문은 이 여인에게 복음이었다. 삶이 되살아나는 순간이었다. 암흑

에서 빛을 찾은 것이다. 그러나 문제가 있었다. 자신은 부정한 사람으로 사람들에게 가까이 가거나 다른 사람의 몸에 손을 댈 수 없는 부정한 사람이었다. 예수님의 옷자락에 손을 대었다는 사실을 두고 어떤 이는 여인의 겸손함을 말하지만, 그것은 아니다. 부정한 여인이 손을 대는 모든 것이 부정하게 된다. 따라서 옷자락에 손을 대든 몸을 껴안든 간에 상대방도 부정하게 된다. 여인은 심각한 고민에 빠졌을 것이다. 대중 앞에 몰래 나가는 것도 그렇고 자신의 행동으로 다른 사람이 부정하게 된다는 생각을 하면 죄의식마저 들었을 것이다. 그러나 이 여인은 꾀가 많은 여인이었던 것 같다. 자신의 혈루병을 잘 아는 동네에서는 자신을 알아보기 때문에 대중 앞에 나가는 것도 예수님의 몸에 손을 대는 것도 실패할 가능성이 크다. 따라서 자신을 알지 못하는 사람들이 아주 많이 모이는 때를 선택한 것 같다. 지금 예수님과 제자들 일행은 전도여행으로 이 지방 저 지방을 다니며 전도할 때였다. 마침 가까운 동네에 오셨다. 마침 동네의 가장 큰 유지인 회당장 야이로의 딸이 죽게 되었다. 당시나 지금이나 유대사회는 모든 삶이 회당을 중심으로 움직인다. 회당은 삶의 중심이다. 따라서 회당장의 딸이 죽게 되었다는 것은 온 마을의 가장 큰 고통이다. 따라서 동네 사람들이 모두 나와 예수님께 회당장의 딸을 고쳐달라고 간청하게 되었다. 큰 무리가 따라가며 에워싸 서로 밀정도가 될 정도로 많은 사람이 야이로의 딸을 고치려 길 떠나는 예수님을 따라갔다.[5:21~24]

이때 열두 해 혈루증을 앓는 여인이 등장한다. 마가복음의 기록은 야이로의 딸을 고치러 가는 여정중간에 열두 해 혈루증 여인의 기사가 삽입되어 있다.[5:25~34] 그리고 다시 마가는 예수님께서 야이로의 딸을 "달리다굼"으로 일으키는 기사를 연결해서 적고 있다.[5:35~43] 그러므로 이렇게 중간에 혈루증 여인 기사를 삽입한 마가의 분명한 의도가 보인다.

그 의도는 분명히 예수님 일행의 여정에 있다. 야이로의 딸에게 가고자 엄청난 무리가 예수님과 함께 하는 장면에서 갑자기 혈루증 여인이 등장한다. 혈루병 여인을 고치신 후 예수님께서 다시 발을 야이로의 딸로 향하는 장면이 이어지는데 그때는 따르는 무리를 다 떼어 놓고 몇 제자들하고만 가셨다.[5:37]

이런 장면들을 분석해 보면 열두 해 혈루증 여인은 무리가 많이 모일 때를 포착했음이 분명하다. 이 여인은 많은 무리 속에 자신을 감추기로 작정했던 것이다. 혈루증은 옷으로 잘 무장하면 아무도 알아볼 수 없는 내과적 장애이다. 따라서 평소 이 여인을 잘 아는 사람이 아니라면 자신의 부정함을 알 길이 없다. 그래서 이 여인은 사람들 몰래 무리 가운데 섞여 있다가 예수님께 접근하는 데 성공한다. 서로 떼밀고 밀치고 할 정도로 사람들이 많았기 때문에 사실 서로 몸이 닿는 것쯤은 아무런 이슈가 될 수 없었다. 그러기에 여인에게 있어서는 최고로 좋은 기회가 되었던 것이다.[5:24] 여인은 예수님의 뒤로 와서 몰래 예수님의 옷에 손을 대었다.[5:27] 그녀는 옷에 손만 대도 낫는다는 소문을 굳게 믿고 있었던 것 같다.[5:28] 게다가 자신이 그의 몸에 손을 대도 그가 부정하게 되는 것이 아니라 자신이 깨끗함을 입을 줄 믿었던 것 같다. 그것이 이 여인의 믿음이었다. 여인은 지혜로웠고 담대했으며 믿음이 확실하였다.

v. 29. 정말 소문대로 예수님의 옷에 손만 갖다 대도 병이 나았다. 믿음대로 된 것이 분명하다. 왜냐하면, 예수님의 옷 자체가 마술 옷이 아니기 때문이다. 예수님도 이 여인을 보지 못하고 언제 그녀가 자신의 옷에 손을 대었는지도 인지하지 못한 상태에서 옷에 손을 대자마자 병이 나았다는 사실은 그녀의 믿음이 치유를 가져왔다고밖에 말할

수 없다.

v. 30-31. 마가는 이때의 상황, 즉 무리가 에워싸서 누가 예수님 옷자락에 손을 대었는지를 모른다는 점을 강조한다. "누가 손을 대었느냐"며 물으신 예수님의 물음은 그 많은 사람 중에 철저히 숨어 있는 무명한 여인을 더욱 강조해준다. 그러니까 이 여인의 작전은 대성공이었다.

v. 32-33. 이 여인은 떨었다. 자신이 한 일이 사회적으로 얼마나 중한 범죄인지를 알기 때문이다. 부정한 여인이 자신의 신분을 속이고 다른 사람의 몸에 의도적으로 손을 댔으니까 말이다. 그러나 사실 이 여인은 그런 두려움 때문에 떤 것이 아니고 자신이 믿었던 믿음이 순식간에 그대로 자신에게 기적으로 나타난 것 때문에 그렇게 전율한 것이다. 정말 손만 대도 그런 기적이 일어나게 하는 예수님의 권능 앞에 무릎을 꿇은 것이다.

v. 34. 예수님은 이런 여인의 각본을 믿음으로 받아들이셨다. 더구나 "딸아"하며 이 여인을 부르셨다. 혈루병 여인으로만 불려 왔던 여인. 사람들로부터 천한 여인으로 치부되어 이름조차 잊은 여인에게 주님이 자신을 "딸"이라고 불러 주신 것이다. 치유 절정의 순간이었다. 여기서 딸이란 호칭은 이 여인을 변두리 인생에서 하나님나라의 주빈으로 앉힌다는 뜻이다. 드디어 여인이 그토록 바라왔던 가정으로 복귀할 때가 온 것이다. 거리의 여인, 버려진 여인이 가정의 딸, 하나님의 딸로 재탄생하였다.

본문이 주는 장애신학의 몇 가지 포인트

1. 만성질환 또는 불치병 환자의 고통은 오랜 투병기간 겪는 상실감과 나을 수 없다는 좌절감이 육체적인 고통보다 훨씬 크다. 만성

질환자의 자살률이 높은 이유가 이 때문이다.
2. 이들의 이런 심리적 고통은 보통 그들이 겪는 고립감 때문이다. 긴 병을 거치면서 가족과 사회로부터 서서히 고립되어 가는 과정이 그들 병의 진행과도 함수관계가 있어 보인다.
3. 만성질환자나 불치병 환자들의 상당수는 장애등급조차 받지 못하는 경우가 태반이다. 그리고 꾀병 또는 의지가 없는 사람들로 오해받는 경우도 많다. 이런 과정을 거치면서 정신질환으로 발전하는 경우가 많다.
4. 따라서 이들에게 가장 필요한 것은 깊은 사랑의 교제다.

정신장애

복음서에서 정신장애는 주로 귀신들린 것과 관련되어있다. 여섯 사례가 대표적으로 소개된다. (1) 귀신들려 말 못하는 자^{마9:32~34} (2) 귀신들려 눈멀고 말 못하는 자^{마12:22~32, 눅11:14~23, 막3:20~30} (3) 수로보니게의 귀신들린 딸^{막7:24~30, 마15:21~28} (4) 회당의 귀신들린 사람^{막1:21~28, 눅4:31~37} (5) 귀신들린 아이^{눅9:37~43, 막9:14~29, 마17:14~21} (6) 거라사의 귀신들린 사람^{눅8:26~39, 막5:1~20, 마8:28~34}

마가는 수로보니게 여인 딸의 경우와 거라사 무덤의 귀신들린 사람의 경우에만 귀신이란 단어를 쓰고 나머지는 "더러운 영" 또는 "미쳤다"란 단어를 사용하고 있다.[10] 귀신과 더러운 영을 어떤 다른 의미로 사용했는지는 알 수가 없다. 요한복음에서는 예수님께서 귀신을 쫓아내신 구체적 사건을 기록하고 있지 않다. 다만, 요한복음에 귀신이 언급된 경우는 사람들이 예수님을 귀신들렸다고 비난할 때다.^{요7:20; 8:48~52; 10:19~21}

본 장에서는 누가복음의 거라사의 귀신들린 사람의 경우를 장애신학의 관점으로 조명해 보고자 한다.

복음서를 보면 마치 정신장애는 모두 귀신이 들린 것처럼 보인다. 왜냐하면, 다른 정신장애의 경우를 거의 취급하고 있지 않기 때문이다. 일반적인 정신장애는 그 증상들이 귀신이 들려 정신장애를 입은 경우와 매우 유사하기 때문에 일반적인 정신장애를 가진 사람들이 교회사적으로 귀신들린 사람 취급을 받고 이중 삼중의 고통을 겪어왔다. 물론 실제적으로는 귀신들려 정신장애가 된 경우는 극소수이고 대부분 의학적 정신장애이다. 그럼에도, 지금도 교회에서는 의학적 정신장애를 귀신들린 것으로 간주하는 경우가 많다. 이 때문에 축귀라는 명목으로 인격모독에 가까운 일들을 서슴없이 자행하는 경우가 비일비재하다. 이로써 이들은 오히려 정신병이 더 깊어지는 결과를 가져와 많은 경우 교회를 떠나는 결과를 낳는다.

전통적으로 교회는 정신장애를 귀신이 일으키는 것으로 해석해왔기 때문에 정신장애는 악한 것이라는 낙인을 가지고 정신장애인들을 대해 왔다. 그래서 사실은 정신장애인들이 교회에 발을 붙이기가 거의 불가능했다. 이들은 강제적으로 기도원이나 은사 집회에 끌려가서 온갖 수모를 다 당해야 했다. 물론 지금도 귀신이 들려 정신장애가 된 사람이 있다. 그래서 정신장애를 다룰 때는 매우 주의 깊은 분별력을 가지고 대해야 한다. 현대에 들어와서 정신장애가 기하급수적으로 늘고 있다. 그럼에도, 사람들의 생각 특히 교회의 생각은 여전히 옛 패러다임에 묶여있다. 원인을 알 수 없는 의학적, 사회적 정신장애가 많이 발생하고 있다. 정신장애를 단순히 귀신이 들린 경우, 또는 정신분열증, 우울증 정도로만 이해해서는 안 된다. 정신장애 중에도 수많은 갈래가 있고 처방이나 치료도 다 다르다. 특히 다중인격장애는 한 사람에게서 여러 사람의 목소리가 나오고 다른 성격들이 표출되기 때문에 흔히 귀신들인 사람이라고 판단하기가 쉽다. 따라서 교회는 더욱 민감하게 전문적으로 이 문제에 접근하지 않으면 정신장애인들의 정신장애를 더 가혹하게 할 것이다.

누가복음 8:26~39 거라사의 귀신들린 사람

거라사의 귀신들린 사람 이야기는 정신장애인들이 겪는 전형적인 고통을 잘 말해주고 있다. 이 경우는 군대귀신이 들린 매우 심한 경우며 예수님이 행하신 축귀방법도 매우 이례적이다. 의학적 정신장애나 귀신들려 정신장애가 된 경우 모두 자신의 의지로 자신의 몸을 제어하지 못한다는 데 그 심각성이 있다. 그럼에도, 사람들은 그것을 비난한다.

v. 26. 거라사 지역은 유대 땅에서도 분명히 이방인들이 따로 모여 사는 거주 지역이었음이 틀림없다. 우선 무덤이 있고 돼지떼들이 방목하고 있을뿐더러 귀신들린 사람들이 무덤에 사는 모습은 분명히 전통적인 유대인 지역에서는 허용되지 않는 모습이다. 정결법을 철저히 준수하는 그들에게 있어서 이 거라사 지역은 분명히 '부정한' 곳이다. 따라서 부정하게 된 사람들이 추방되어 모여 사는 곳이라 짐작이 된다. 이런 특성이 있는 지역에 더러운 귀신의 등장 그것도 군대 귀신이 등장했다는 사실은 귀신들린 사람이 처한 현실을 더욱 처절하게 암시해 주고 있다. 이런 곳에 예수님이 방문했다는 사실 그 자체가 충격적이다. 예수님의 파격적인 전도 여행은 기존의 단단한 사회적 종교적 장벽을 허물기 위한 그야말로 부단한 도전이었다. 이런 예수님의 의도가 종교지도자들을 노엽게 만들었다. 그러나 오히려 주님은 그들을 노엽게 만드심으로 논쟁을 유발하셨고 그 논쟁을 통하여 진리를 선포하신 것이다.

v. 27. 본문의 귀신들린 사람은 그야말로 노숙자였다. 실제로 많은 정신장애인이 노숙자로 전락하는 경우가 대부분이다. 본문에 등장하는 거라사 귀신들린 사람도 옷을 벗어버리고 벌거벗은 몸으로 다닌지 오래되었다고 하는 것을 보면 매우 중한 병에 든 것만은 사실인 것 같다. 이런 경우 일반적 정신장애의 경우와 약간 다르다고 볼 수는 있어도 어떤 경우라도 정신장애인에 대한 사회적 책임은 벗어날 수 없다. 귀신이 들어 정신장애가 든 경우라면 오히려 더 많은 정성과 사랑 그리고 전문적 치유과정이 필요하기 때문이다.

v. 28. "높으신 하나님의 아들"이란 호칭은 헬라적 호칭이다.[11] 따라서 분명히 이 지역이 헬라 문화 지역임을 암시하고 있다.

v. 29. 예나 지금이나 정신 장애인을 쇠사슬에 묶는 것은 일반인 것 같다. 지금도 기도원에서 정신 장애인들을 쇠사슬에 묶어 놓고 두들겨 패다가 죽이는 경우가 심심치 않게 발생하고 있다. 더욱 한심한 것은 관계자들이 자신들은 성경대로 했을 뿐이라고 발뺌을 하는 데 있다. 귀신을 쫓으려고 귀신을 괴롭게 한 것이지 사람을 괴롭게 한 것은 아니라고 강변하는 경우가 대부분이다. 이처럼 쇠사슬은 정신 장애인들의 낙인이다. 그만큼 다른 장애인들보다 더 큰 고통을 가지고 있음을 말해준다. 쇠사슬과 몽둥이는 절대로 물리치료나 정신치료의 도구가 아니다.

v. 30. "군대"라는 군사적 이름을 통하여 마귀의 권세가 엄청나게 크다는 것을 암시한다. 하지만, 이런 군대를 단 한마디의 말씀으로 쫓아내시는 예수님의 권세가 이보다 훨씬 크다는 것을 또한 말해준다.

v. 31. 무저갱이야말로 마귀가 있어야 할 자신들의 고향이다. 그러나 귀신들이 자기의 곳으로 가기를 거절하는 것을 보면 아직도 그때가 되지 않았다는 말이다. 예수님도 귀신들의 간청을 들어주심으로

천국의 '이미'와 '아직 아니'의 때를 주님께서 조절하고 계신다는 뜻을 암시한다.

v. 32-33. 귀신들을 돼지떼에게 몰아넣은 예수님의 처사를 놓고 다른 사람에게 막대한 재산적 손해를 끼친 신중치 못한 행동이라고 비난하는 사람들도 있다. 그러나 귀신들이 그리로 들어가기를 원했고 또 하나님의 때가 아니라면 어차피 귀신들이 살 곳을 찾아 누구엔가는 들어가 괴롭힐 것이 분명하기 때문에 예수님은 차라리 돼지떼를 희생시키고 귀신을 그 지역에서 완전히 몰아내시기로 작정하신 것 같다. 그렇다면, 그 귀신 때문에 일어날 온갖 불행으로부터 건질 혜택이 돼지떼를 손해 보는 것보다는 훨씬 클 것이 되기 때문에 그 마을에 손해를 끼쳤다고 볼 수도 없다. 더욱이 이런 일을 통해 하나님의 권능을 그 땅에 선포하고 그 땅은 저주에서 벗어나 하나님의 영광을 보게 되었으니 어찌 돼지떼와 그 값을 비교할 수 있겠는가?

귀신과 물의 관계를 언급할 필요가 있을 것 같다. 본문은 귀신들이 돼지떼에게 들어가자마자 돼지떼가 혼비백산하여 그만 물로 들어가 몰사했다고 기록하고 있다. 돼지떼에 들어가서 오랫동안 머물면서 계속 그 마을 사람들을 괴롭히는 것보다 몰살되어 없어지는 것이 차라리 나은 것이다. 누가복음 11:24 "더러운 귀신이 사람에게서 나갔을 때에 물 없는 곳으로 다니며 쉬기를 구하되"란 말을 들어 귀신은 물과 상극관계에 있다고 보는 사람들이 많다. 귀신이 물속에 들어가면 소멸한다는 주장이 있다. 하지만, 귀신이 물에 빠지면 소멸한다는 것은 사실이 아니다. 하지만, 당시 문화적 이해가 그랬다. 따라서 돼지떼에서 나간 군대귀신이 호수에 빠져 몰사하는 장면을 사람들에게 보임으로서 사람들이 안심하고 새로운 권능에 의지하게 하는 것이 예수님의 의도였을 것이다. 사실 귀신은 예수의 권능 앞에서 꼼짝 못할 뿐이지 귀신들이 하나하나씩 소멸하여 그 힘을 잃는 것이 아니기 때문이다. 그럼에도, 귀신이 죽어 없어지는 것을 보아야 안심하는 마을 사람들을 위하여 또 귀신은 물에 빠져 죽는다고 믿는 사람들을 안심시키고자 마귀들을 호수에 빠뜨려버리신 것이라고 말할 수 있다.

초대교회사에서 볼 수 있는 것처럼 지금도 일부 종교집단이 축귀사역을 할 때 물로 세례를 베풀거나 성수라고 하여 물을 끼얹는 것은 마귀가 물을 무서워한다고 믿는 생각에서 유래한 것이다.

v. 35-39. 귀신들린 사람의 치유장면이다. 치유된 후 그는 옷을 입고 정신이 온전하여 예수님의 발 앞에 앉았다. 옷을 다시 입었다. 그러나 지금은 예수로 옷 입고 있다. 27절의 정신장애인의 모습과는 완전히 대조적으로 온전한 모습으로 회복되었다. 육체와 정신적으로만 회복된 것이 아니라 가장 중요한 회복인 하나님과의 관계를 회복하여 예수님의 앞에 무릎을 꿇고 앉아있다. 다른 치유기사에서는 치유를 받고 주로 가정과 사회로 복귀하는 것으로 되어 있다. 그러나 여기 귀신들린 사람은 주님의 제자로 살겠다고 다짐을 한 것이다. 그래서 그는 주님께 남겠다고 간청한다. 하지만, 예수께서는 "집으로 돌아가 하나님이 네게 어떻게 큰일 행하신 것을 일일이 고하라"고 명하셨다. 이런 명령은 다른 치유 기사와는 대조된다. 다른 치유기사에서는 치유를 받은 사람들에게 "아무 말도 하지 말라"고 경계하셨다. 치유 후에 흔히 치유자에게 의존하려고 하는 의존심을 없애고 독립게 하려는 예수님의 재활교육 의미가 있는지도 모르겠다. 귀신이 귀신을 쫓아낸다고 믿는 당시 사람들의 생각에 예수님도 또 하나의 귀신의 힘을 빌려 귀신을 쫓는 게 아닌가 하는 세간의 의심을 불식시키고자 이 일은 하나님께서 하신 일이라고 강조한 것 같다. 예수님 자신에 대해서는 분명히 철저히 입을 막기를 원하셨지만, 하나님의 이름과 권세 그리고

영광은 철저하게 드러나기를 원하셨던 주님의 사역 정신이 다시 한 번 빛난다.

본문이 주는 장애신학의 몇 가지 포인트
1. 정신장애인은 자신의 장애 그 자체보다도 그것으로부터 파생되는 사회적 부작용들이 훨씬 큰 문제가 된다. 의학적 모델로 해석하면 모든 불이익은 정신장애가 만들어 낸 결과이므로 정신병을 치료해서 원상복귀하면 모든 문제가 해결된다는 생각이지만 사회학적 모델의 생각은 다르다. 물론 정신장애 때문에 많은 문제가 유발되는 것은 사실이지만 정신장애라고 해서 가족도 잃고 직장도 잃고 집까지 잃어야 할 이유는 없다는 것이다. 직장, 가족, 집까지 잃게 되는 것은 개인적 장애 때문이 아니라 정신장애를 대하는 사회적 편견 때문이라는 것이다.
2. 귀신 때문인 정신장애는 극히 일부분이다. 그러나 복음서에 귀신 들린 정신장애기사를 많이 등장시킨 것은 예수 그리스도께서 귀신을 쫓아내시는 권능을 보이심으로 그가 메시아로 오셨음을 증명하려는 것이다.
3. 정신장애는 동서고금을 막론하고 주로 격리해왔다. 소위 말하는 '정신병동' 이란 낙인은 그들에게 교도소보다 더 심한 모욕을 준다. 더욱이 사회는 이 사람들의 말을 믿어주려 하지 않는다. 신체적, 정신적 고통, 사회적 고립을 넘어 인격적 상처까지 더한다. 사회의 보이지 않는 쇠사슬을 끊어 주어야 한다.
4. 고통이나 고통을 일으키는 원인(본문에서는 귀신)이 아니라 고통을 제거하시는 예수님의 권세와 그의 회복의 능력에 초점이 있다.

5. 예수님 치유사역의 사회적 의미가 강조된다. 즉 예수님은 병자나 장애인을 고치면서 단지 그들의 고통과 장애를 제거해 주신 것으로 끝나지 않고 그들을 사회로 복귀시키는 것과 하나님과의 관계를 회복하는 데 초점을 맞추고 계신다. 복음서에 나오는 치유사건 중에서 병자의 이름이 구체적으로 기록된 사례는 바디매오의 경우밖에 없다. 여자가 등장하는 예도 매우 드물다. 이들은 자신의 이름이 아닌 장애명으로 살았다. 즉 장애가 그들의 본질이었다. 이렇게 사회로부터 철저히 부정되었던 그들의 존재를 주님께서 회복시켜주신 것이다. 따라서 예수 그리스도의 치유사역은 철저히 영적인 사역이었고 동시에 철저히 사회적 치유사역이었다.
6. 예수님께서 장애인을 집합적으로 대상화하지 않으셨다. 오히려 그는 장애인들과 병자들을 개별적으로 다루셨다. 따라서 예수 그리스도의 특정 치유사건을 가지고 장애 전체에 대한 이해로 일반화시키는 것은 무리가 된다.

복음서 기자들의 강조점 차이

복음서 기자들은 같은 사건을 가지고도 서로 다른 각도의 해석을 내놓는다. 예를 들면 예수님이 열병으로 고통을 받는 베드로 장모를 고치신 장면을 놓고 두 복음서 기자의 해석이 독특하게 차이가 난다. 즉 마가1:29~31는 고통의 원인을 열병이라는 질병에 두고 해석했지만 누가4:38~39는 열병의 원인이 귀신이라고 해석하고 있다. 마가는 예수님이 베드로 장모의 손을 잡아 일으켰다고 적고 있지만 누가는 열병을 꾸짖으셨다고 했다.

또 다른 예를 들어보자. 복음서 기자들이 예수님께서 세리 마태의 집에 앉아 음식을 잡수실 때 바리새인들이 예수님을 공격하는 사건마

9:9~13; 막2:13~17; 눅5:27~32을 기록할 때 유독 마태만이 바리새인에 대한 예수님의 대답에 호세아 6장 6절을 덧붙였다.마9:13

> 마 9:12~13 예수께서 들으시고 이르시되 건강한 자에게는 의사가 쓸데없고 병든 자에게라야 쓸 데 있느니라. 너희는 가서 내가 긍휼을 원하고 제사를 원하지 아니하노라 하신 뜻이 무엇인지 배우라. 나는 의인을 부르러 온 것이 아니요 죄인을 부르러 왔노라 하시니라

> 호 6:6 나는 인애를 원하고 제사를 원하지 아니하며 번제보다 하나님을 아는 것을 원하노라

그 이유가 무엇일까? 그것은 바로 바리새인들이 그토록 강조하는 율법준수도 사랑과 긍휼인애이 없다면 아무런 소용이 없다는 것이다. 따라서 마태는 특별히 사랑과 긍휼이 치유사역의 중요한 모티브라는 것을 강조하고 있다. 이와는 대조적으로 누가는 치유사역을 영적 전쟁의 차원에서 다루고 있다. 따라서 누가복음과 사도행전에서는 예수님의 치유사역이 주로 귀신을 쫓아내는 것으로 그려지고 있다. 시각장애를 예로 들어보면, 누가복음에서는 육체적인 맹인에 대해서 다룬 구절4:18; 6:39; 7:21~22; 11:34~36; 18:35~43보다 영적 시각장애에 대해 다룬 구절들이 더 많다. 즉 시각장애를 분별력,6:39~42 씨뿌리는 비유에 대한 이해,8:9~16 영적 분별력,10:23~24 때와 기사에 대한 분별력, 11:29~32 등불의 비유,11:33~36 시대의 분별력,11:29~32 인자의 때17:22,30와 연관하여 영적 분별력을 상징적으로 표현하고 있다. 다른 많은 구절에서도 본다는 것과 깨닫는 것을 동일시한 구절들이 많이 있다.

요한복음에서는 예수님의 치유사역이 메시아사역이라는 사실을 좀 더 극적으로 표현하고 있다. 예를 들면 먼 곳에 있는 왕의 신하의 아이를 낫게 하심,4:46~54 삼십팔 년 된 병자를 고치심,5:1~20 날 때부터 맹

인 된 사람을 고치심.⁹:¹~⁴¹ 이런 극적인 장면을 삽입하여 요한은 예수 그리스도가 메시아이신 것과 그가 진정 이 세상에 빛으로 오신 분이심을 강조하였다.

이렇게 복음서 기자들이 강조점을 약간 달리함에도 복음서가 다 같이 강조하고자 하는 근본적인 강조점은 같다. 즉 예수 그리스도가 치유의 주인이시라는 것과 치유를 통해서 그가 메시아임을 나타내고자 하심이다.

사도행전 3:1~10 성전 미문의 못 걷게 된 사람

본문에 나오는 나면서부터 걷지 못하는 사람은 선천적 신체 장애인이다. 이미 살펴본 대로 복음서에 기록된 치유기사 중 바디매오의 경우를 제외하면 병자나 장애인의 이름이 기록된 경우가 없다. 이는 사회적으로 장애인들이 "nobody"였음을 암시한다. 또 성경 장애인 대부분이 걸인으로 소개된 것을 보면 당시 장애인들의 호구지책은 오로지 구걸을 하는 수밖에 없었던 것 같다. 당시 장애인들은 사회적으로 종교적으로 한번 낙인이 찍히면 철저히 소외를 당하고 살아야만 했고 그에 따라 경제적 능력을 발휘할 수단을 얻지 못하기 때문에 그들은 이중삼중인 장애를 겪고 사회적 복귀는 꿈을 꿀 수도 없는 상황에 부닥치게 되었음을 알 수 있다.

v. 2 본문의 장애인은 요한복음 5장에 나오는 베데스다 못의 38년 된 병자와는 달리 성전 미문에 날마다 자리를 잡아주는 후견인들이 있었다. 하지만, 이들 후견인이 할 수 있는 일이라곤 매일 병자를 메고 성전 미문에 앉게 해주고 시간이 되면 다시 그를 집으로 데려가는 일 밖에 없었다. 이 사람이 성전 미문에 날마다 앉아 있었다는 사실에 유의할 필요가 있다. 그저 구걸할 가장 적절한 장소였기 때문에 매일 거

기 앉았을까? 성전 미문에 앉았다는 말은 구걸하는 대상으로 성전을 드나드는 성도들을 택했다는 것을 말한다. 어느 정도 시간이 흐른 후에는 구걸의 대상을 바꾸는 것이 효과적인 구걸행위가 아니겠는가? 그럼에도, 그가 매일 성전 미문을 고수하고 있다는 사실은 아마도 그가 성전을 사모하는 마음이 있었기 때문일 것이다. 함께 성전에 들어가 예배를 드리고도 싶었을 것이다. 그렇게 함께 예배를 드리다 보면 자연스레 도움을 받을 수 있었을 것이다. 그러나 자신도 성전 미문을 고수하고 있었고 성전을 드나드는 성도들도 그를 성전 안으로 인도하지 않았다는 사실은 무언가 말하려고 하는 의도가 있는 것 같다. 그것은 이 병자는 성전에 들어가는 것이 허락되지 않았다는 점이 그 확신을 더한다. 못 걷는 자 그는 소위 말하는 부정한 사람이었기 때문이다. 그러므로 성전 미문의 이 장애인은 이런 종교적 사회적 장애가 더욱 서럽기만 한 것이다.

v. 6. 베드로는 예수 그리스도의 이름으로 못 걷는 장애인에게 "일어나 걸으라"고 명령한다.

v. 7. 그리고 "오른손을 잡아 일으키니 발과 발목이 곧 힘을 얻었다"고 기록하고 있다. 여기서 발과 발목이라고 구체적인 부분까지 제시한 것은 누가가 의사이기 때문에 정확한 진단을 한 것이라고 말하는 학자들이 많다. 성경에 발목이라는 부분과 같은 의학적인 단어가 쓰인 일은 매우 드물기 때문이다.

v. 8. 이에 못 걷는 장애인은 뛰기도 하고 걷기도 하고 하나님을 찬양했다. 발과 발목이 힘을 얻자 일어나 걷고 뛰면서 하나님을 찬양했다. 외적인 치료가 내적인 치유를 가져온 셈이다. 껑충껑충 뛰는 모습에서 이전의 약하고 의기소침한 모습은 찾아볼 수 없다. 전인격적인 치유가 온 것이다. 더욱 중요한 사실은 고침을 받은 장애인이 뛰면서

제자들과 함께 성전으로 들어가면서 하나님을 찬양했다는 사실이다. 조금 전까지만 해도 그는 성전 안으로 들어갈 수가 없었다. 하나님을 찬양할 자격도 없었다. 그저 성전을 바라보아야만 했었다. 성전을 드나드는 사람과 자신은 차별된 사람이라는 것을 받아들이고 사는 수밖에 없었던 성전 밖의 사람이었다. 그러나 치유가 오자 그가 제일 먼저 한 일이 성전으로 뛰어들어가는 일이었다. 그 얼마나 기다리고 바라던 일이었던가? 성전으로 뛰어들어가 자신이 깨끗해졌음을 선포하는 일이 급선무였을 것이다. 그렇게 성전으로부터 깨끗함을 입었다고 판정을 받기만 하면 다른 모든 것도 다 회복될 수 있기 때문이다. 가정으로 돌아갈 수 있다. 모든 사회적 관계도 회복할 수 있다. 영적 회복이 가져다주는 진정한 축복이 바로 이것이다. 이것은 단지 육체적인 치료만 하고는 가져올 수 없는 전인격적인 회복이다.

고침을 받은 후의 또 하나의 큰 변화는 그의 담대함과 자긍심이다. 고침을 받기 전 그는 구걸하는데도 힘이 없었다. 그저 사람들을 바라보며 동정을 받기를 원했다.[3:5] 그러나 고침을 받은 후에는 자신감이 생겼다. 담대하게 하나님을 찬양했다. 그전의 자신에 대해 창피해 하지 않았다. 자신의 과거를 제일 잘 아는 사람들이 있는 성전으로 뛰어들었다는 사실은 이제 그는 더는 과거의 정체성에 매이지 않게 되었음을 말해준다.

본문이 주는 장애신학의 몇 가지 포인트

1. 본문의 못 걷는 장애인이 결국 걷고 뛰고 함으로서 이사야 35:6, "저는 자가 사슴같이 뛸 것이며"의 예언의 말씀이 성취된 것으로 볼 수 있다. 왜냐하면, 누가복음 4:18~19에서 누가는 이사야 61:1~2과 이사야 35장의 예언이 예수 그리스도의 메시아 사역으

로 성취된 것으로 이해하기 때문이다. 여기에 대해서는 11장에서 자세히 다룰 것이다. 따라서 본문의 못 걷는 장애인이 걷고 뛰어 성전으로 들어갔다는 말은 그가 새롭게 전개되는 하나님나라 잔치에 주빈으로 들어감을 암시한다. 또 사도들과 함께 성전으로 들어갔다는 것은 종말론적 하나님나라에 당당하게 사도들과 함께 들어갈 것임을 암시한다. 따라서 이제는 사회적으로나 종교적으로도 소외된 자가 아님을 선포하는 행동적 선언이다.

2. 못 걷는 자의 치유는 하나님 통치하심의 회복을 의미한다. 장애 때문에 성전에서 쫓겨난 자들이란 그들이 하나님의 통치 하심을 가로막는 사회적 종교적 장애아래 있다는 뜻이다. 따라서 예수님께서 이런 장애를 제거하심으로 하나님나라의 통치를 회복하셨음을 의미한다.

3. 못 걷는 자의 치유는 종말론적 천국 잔치의 반전을 의미한다. 그동안 성전에서 제외되었던 장애인을 포함한 소외층들이 처음에 초청을 받은 자들보다 오히려 먼저 천국 잔치에 들어간다는 것은 변두리 인생의 극적인 반전을 의미한다.

4. 못 걷는 자의 치유는 아브라함의 언약의 축복 성취다. 그의 치유는 결국 사도행전 3장의 결론에서 말한 것처럼 혈육으로서는 아브라함의 씨가 될 수 없었던 이방인이 당당히 언약의 자손이 됨을 선포하는 일이다.

행 3:25 너희는 선지자들의 자손이요 또 하나님이 너희 조상과 더불어 세우신 언약의 자손이라 아브라함에게 이르시기를 땅 위의 모든 족속이 너의 씨로 말미암아 복을 받으리라 하셨으니

5. 결론적으로, 11장에서 자세히 다루겠지만 누가는 치유기사를 하

나님나라의 관점에서 기록하고 있다. 그리고 치유를 단지 육체 치료의 개념이 아니라 전인적인 치유로 생각한다. 나아가 하나님의 종말론적 잔치에는 한 사람도 신체적인 조건 때문에 제외되는 일이 없는 이상적인 하늘나라가 준비되어 있음을 상기시켜며 믿음의 형제들을 격려하고 있다. 특별히 누가복음 13장의 등 굽은 여자, 누가복음 19장의 삭개오, 사도행전 3장의 못 걷는 자, 그리고 사도행전 8장의 에디오피아 내시는 모두 이런 누가의 마음을 담고 있다. 이들은 신체적으로나 사회적으로나 종교적으로 낙인이 찍힌 사람들이었다. 특히 에디오피아 내시는 이방인이자 생산을 하지 못하는 사람이다. 이렇게 보면 이들은 모두 육체적인 장애보다는 사회적인 낙인과 소외가 훨씬 큰 고통이었고 무거운 장애였다. 그러나 예수 그리스도는 이런 사람들에게 가까이 오시고 상처를 싸매시고 아픔을 고치시며 이들을 하늘나라의 언약의 백성으로 삼으셨다. 할렐루야.

단원요약질문

1. 신약성경에 등장하는 장애인들의 특징을 말해보라.

2. 예수님의 치유사역 특징을 말해보라.

3. 구약의 정결법이 반전된 경우를 모두 말하고 결국 예수님의 치유사건을 하나님나라라는 관점으로 재해석 해보라.

4. 예수님의 치유사역을 몇 가지 예를 들어 통합의 원리와 접근권의 원리로 풀어보라.

제 9 장

장애는 죄의 결과인가?

O 집사는 과하다 싶을 만큼 교회 일을 많이 한다. 그러나 문제는 일하면서도 기쁨이 없다는 것이다. 그런 모습이 절대 건강하지 않기 때문에 O 집사를 불러 상담을 했다. 왜 교회를 섬기면서도 기쁨이 없는지를 물어보았다. O 집사는 금방 눈물을 흘리며 자초지종을 말했다. 모태신앙의 가정에서 태어나 교회생활을 열심히 하고 자랐다. 그런데 지금의 남편을 만난 게 문제라고 했다. 하긴 결혼 전에는 그야말로 잘나가는 남자였고 비록 믿지 않는 남자였지만 결혼하면 신앙생활도 잘하겠다고 다짐을 받았으니 문제가 없다고 생각했다. 다행히 결혼 후에 남편은 자신을 따라 교회에 잘 나가 주었다. 그런데 남편은 매사 교회에 부정적이어서 집사 직분을 받은 후에는 공공연하게 사사건건 교회 일에 딴죽을 걸었다. O 집사는 남편의 그런 모습이 매우 못마땅했지만, 자신의 기도가 부족하기 때문에 그런 것으로 생각하고 더 열심히 기도에 매달렸다. 그러나 남편은 나아질 기미를 보이지 않았다.

첫아들을 낳았다. 눈에 넣어도 아프지 않을 아이였다. 남편이 4대 독자였기 때문에 집안에 경사가 났다고 믿지 않는 시댁에서조차 믿는 집에 장가를 간 아들이 복을 받은 것이라고 입에 발린 칭찬을 며느리에게 할 정도였다. 그런데 정작 아이에게 문제가 생겼음을 안 것은 태어난 지 2년이 지났을 때였다. 아이가 자폐장애라는 판정을 받은 것이다. O 집사는 직감적으로 올 것이 오고야 말았다고 생각했다. 마음에 걸리는 게 있었기 때문이다. 결혼 전에 금식하며 서원기도를 한 일이 있었다. 그때 "설사 결혼을 하지 못하는 일이 있다 해도 믿지 않는 남자와는 절대 결혼을 하지 않겠습니다"라고 서원기도를 했다는 것이다.

그러나 나이는 먹어가고 신앙이 있는 남자는 나타나지 않고 해서 그래도 결혼하면 신앙생활을 하겠다는 지금 남편을 믿고 결혼을 했는데 이것이 하나님의 분노를 자아낸 것이 분명하다고 했다. 왜 그렇게 생각하느냐고 반문했다. "남편이 교회에 다니고 직분까지 받았지만 진정한 신앙은커녕 교회에서 사탄 노릇을 하는 것을 보아도 하나님은 우리의 결혼을 기뻐하지 않는다고 막연하게 생각했었지요. 그런데 덜컥 우리 아들을 자폐장애로 치시는 것을 보니까 정말 잘못했구나 생각이 들어요." "지금 아들이 20살이 되었는데 여전히 그렇게 생각하세요?" "하나님 앞에 서원한 것을 지키지 않으면 벌이 크다고 했잖아요. 그래서 하나님을 위해 열심히 일을 하지 않으면 죽을지도 모르겠다는 생각이 들어 이렇게 교회 일이라면 물불을 가리지 않고 매달리는 겁니다." "집사님, 하나님이 집사님을 사랑하신다고 느끼지 않으세요?" "하나님이 나를 사랑하신다는 생각은 하지만 그것보다는 내가 잘못하면 더 큰 벌을 받겠다는 두려움이 더 커요." "서원기도 지키지 못한 것에 대해 회개하지 않았나요?" "회개는 몇 번이나 했지만, 벌은 받는다고 했잖아요." "아 그래서 교회 일을 하면서도 기쁨이 없는 이유로군요." "네."

"집사님, 집사님이 서원기도를 지키지 않은 것 때문에 벌로 자폐장애를 가진 아들을 받았다고 칩시다. 그렇게 하나님이 징계하셨다고 해도 지금처럼 죄 짐에 눌려 평생을 산다면 그건 징계하신 하나님의 뜻이 아닐 것입니다. 아들의 생명도 귀한 것인데 부모에게 죄 짐을 지우고자 태어난 생명이 어디 있겠습니까? 저는 하나님이 벌로 자폐장애아를 주셨다고 생각하지 않습니다." "그게 아니라면 아무리 생각해도 하나님이 나에게 자폐아를 주실 다른 이유가 없어요." "우리의 죄를 계속 참소하는 것은 사탄이요, 한번 회개하고 용서를 받은 후에는 하나님은 절대로 지난 죄에 대해 우리를 정죄하지 않습니다. 그러니까 앞으로는 용서의 기쁨을 맛보세요. 교회 일을 하면서도 죄를 생각하지 말고 자유함을 맛보세요. 자폐아가 죄 짐이 아니라 하나님이 하시고자 하는 또 다른 뜻이 있다고 생각해보세요." "정말 그럴까요?"

고통과 병과 장애의 원인이 자신이 지은 죄에 대한 응보라고 생각하는 것은 전 세계에 골고루 퍼져있는 전통적인 문화적인 생각이다. 특히 아프리카 지역에서는 병과 장애를 보는 눈이 매우 독특하다. 예를 들어 소아마비나 뇌염같이 특정 세균에 의해 감염된 질병과 장애의 원인을 서양에서는 특정 박테리아나 바이러스 때문이라는 과학적인 이유를 내걸지만, 아프리카 지역에서는 비록 특정 세균에 의해 병이나 장애가 발생했다 하더라도 그 근본적인 원인은 사람의 죄로 말미암아 조상이 노했거나 신이 벌을 주었다고 생각한다. 그 생각의 메커니즘이 재미있다. 가령 말라리아에 걸렸다고 할 때 서양 사람들은 모기에 물려서 말라리아에 걸렸다고 생각하지만, 아프리카 사람들은 신이나 조상이 모기를 보내 말라리아에 걸리게 했다고 생각한다. 서구사람들은 이런 생각을 매우 비과학적이라고 비판하지만, 아프리카사람들은 서구적 과학적인 생각을 영적 세계도 모르는 무지라고 폄하한다.

장애는 죄 때문에 생기는가?

'장애는 죄 때문에 생긴 결과로 생기는 걸까?' 라는 질문을 아프리카 사람들에게 물어보았다. 십중팔구 "그렇다"라고 대답하였다. 똑같은 질문을 서구사람들에게 물어보았다. 열에 아홉은 "그렇지 않다"고 대답하였다. 모기가 신의 메신저가 될 수 있는가 하는 질문에 아프리카 사람들은 모두 "예스"라고 답하였지만, 서구사람들은 그런 질문에 어처구니없어했다. 왜 이렇게 극도로 상반된 반응이 나오는 것일까?

이런 생각의 차이는 물론 사물의 이치를 생각하는 문화적 차이에서 기인하는 것이지만 근본적으로는 생각하는 방법에 차이가 없다. 두 문화 모두가 자신의 답을 전제로 하고 문제를 이해하기 때문이다. 즉 아프리카사람들은 장애가 죄로 말미암아 생길 수 있다는 가정하에서 장애가 생기는 방법으로 세균들이 메신저가 될 수 있다는 생각이고 서구사람들은 죄 때문에 장애가 생길 수는 없다는 생각을 하고 장애가 생기는 이유를 의학적으로 규명하려 하기 때문이다.

　그렇다면, 어느 편이 맞는 생각일까? 성경은 그 어느 편의 손을 시원하게 들어주는 것 같지 않다. 두 사고방식이 완전히 이분법으로 동떨어져 있기 때문이다. 장애가 죄 때문에 생긴다는 가정과 함께 장애는 죄 때문에 생기지 않는다는 가정 모두 잘못된 가정이다. 어떤 진리에 대해 답을 먼저 전제로 하고 문제를 풀 권한이 사람에게는 없다. 물론 하나님이 장애는 죄 때문에 생긴다든가 아니면 장애는 죄 때문에 생기는 것이 아니라고 단정적으로 말씀했다면 문제는 간단하다. 그러나 그런 단정적인 답을 성경에서 찾을 수 없다면 질문 자체가 잘못되었다는 것을 알아야 한다. 따라서 질문에 대한 해답을 얻으려면 장애가 죄 때문에 생긴다고 하는 생각을 뒷받침한다고 주장하는 성경 구절과 장애는 죄 때문에 생기는 것은 아니라는 생각을 뒷받침한다고 주장하는 성경 구절을 함께 자세히 연구한 후에 바른 질문을 구성하여야 할 것이다. 따라서 본 장에서는 성경에서 장애와 죄의 문제를 다루는 것처럼 보이는 구절들을 자세히 살펴봄으로써 바른 질문을 만들어 보고자 한다.

　장애인이나 장애아를 가진 부모들은 "왜 나에게 이런 일이 생기는 것일까?" "언제까지 죗값을 치러야만 하는 것일까?" 하는 풀리지 않는 의문을 안고 죄인처럼 살아간다. 과연 장애는 죄 때문에 하나님으로부터 받은 벌인가?

　불행하게도 장애인들에게 복음이 되어야 할 성경 말씀이 오히려 장애인 가족들에게 쓴 독이 되어 평생 용서받지 못할 죄인으로 살아가도록 해석됐다. 더욱이 기도를 많이 하고 은사가 많은 교회일수록 문제는 더 심각하다. 장애는 죄 때문에 생긴다는 문화적인 통념이 한국교회에 뿌리 깊게 자리를 잡아왔고 기도하면 죽은 나사로도 살리는데

"그까짓 장애쯤 못 고치겠는가?"하며 기도에 합당한 헌신을 요구한다. 정작 낫지 않아 고통 하는 가족들을 향해서는 "헌신이 덜 되었다", "아직도 해결되지 않은 죄가 있다", "믿음이 부족하다"는 말로 모든 책임을 장애인 가족에게 돌린다. 정작 함께 아픔을 나누어야 교회는 모든 책임을 장애인 본인에게 돌리며 스스로 면죄부를 발행해 왔다. 이런 가운데 장애인 가족들은 교회에서조차도 "아직도 문제가 해결되지 않은" 문제 교인이 되어 죄인으로 살아간다.

과연 장애는 죄 때문에 생기는 것일까? 죄 때문에 생긴다면 누구의 죄 때문일까? 기도하면 장애는 다 나을 수 있는 것일까? 낫지 않는다면 믿음이 없어서일까? 모든 질병과 장애는 고침을 받아야 하나님께 영광을 돌릴 수 있는 것일까?

성경을 문화적인 잣대로 보면 큰 오류가 생긴다. 성경이 문화를 해석해야 한다. 성경이 문화를 해석하려면 신중한 성경 신학적 접근이 필요하다. 이런 문화적 인식을 잘 반영해 주는 대표적인 예가 구약에서는 욥의 세 친구의 생각이고 신약에서는 요한복음 9장의 제자들의 생각이다.

욥의 친구들의 논리

먼저 욥의 세 친구의 경우를 살펴보자. 욥이 살고 있었던 근동의 문화에서도 장애는 죄 때문에 발생한다고 믿는 민속신앙이 있었다.[1] 욥과 세 친구의 대화를 살펴보면 욥의 세 친구 생각이 그 당시 장애에 대한 메소포타미아 문화적 이해를 반영하고 있음을 알 수 있다. 욥기의 주제를 여러 각도에서 살펴볼 수 있겠지만 여기서는 욥의 고통을 "신정론" theodicy 으로 보는 관점은 논외로 하기로 하고 다만 죄와 장애라는 관점으로 살펴보기로 한다.

욥기서를 보면 욥이 신체적으로 정신적으로 심한 장애를 입었음은 분명하다. 악창욥2:7이 의학적으로 어떤 병인지는 알 수가 없지만 분명한 것은 욥이 견디지 못해 죽고 싶을 만큼 그 고통이 심했다는 점이다. 욥의 장애상태가 일시적이었는지 또는 영구적이었는지도 욥기서에는 힌트를 찾을 수가 없다. 이런 의문은 사실상 중요하지가 않다. 욥의 장애가 무엇이었는지 얼마 동안 고통을 받았는지에 대한 의문은 욥기에서 다루는 죄와 장애에 대한 질문에 조금도 영향을 미치지 않기 때문이다. 욥의 세 친구는 집요하게 욥의 고통이 그의 죄 때문이라고 주장하면서 욥의 강력한 회개를 촉구한다. 그들은 욥이 분명하게 죄를 지었기 때문에 징벌을 받는 것이고 죄를 지었다면 당연히 하나님으로부터 벌을 받아야 마땅하다고 주장하면서 욥이 할 일은 자신의 죄를 인정하고 하나님께 용서를 구해야 한다고 주장한다. 혹시 어떤 죄를 지어 그렇게 되었는지 생각이 나지 않는다면 밝혀달라고 하나님께 간구해야한다는 친절한(?) 충고도 덧붙인다. 반면에 욥은 자신은 그런 고통을 받을 만한 죄를 짓지 않았기 때문에 지금 자신에게 주어진 고통은 잘못된 것이라고 항변한다. 욥의 세 친구의 이런 생각은 다분히 당시 메소포타미아의 세계관을 반영하고 있다. 즉 어떤 사람이 고통을 당한다면 그것은 필시 하나님을 분노케 할 만한 죄를 범했기 때문이라는 것이다.

엘리바스는 욥이 자신이 지은 죄 때문에 벌을 받았다고 단정한다.

> 욥 4:8~9 내가 보건대 악을 밭 갈고 독을 뿌리는 자는 그대로 거두나니 다 하나님의 입 기운에 멸망하고 그의 콧김에 사라지느니라

엘리바스는 욥기15:14~16과 25:4~6에서도 같은 논리로 욥을 정죄한다. 반면에 빌닷은 욥의 죄를 지적하면서도 하나님의 공의를 강조

한다.

> 욥 8:3 하나님이 어찌 정의를 굽게 하시겠으며 전능하신 이가 어찌 공의를 굽게 하시겠는가

빌닷은 엘리바스와 같은 논리를 펴지만 엘리바스와는 달리 욥의 자녀는 욥의 죄 때문이 아니라 자식들 자신들의 죄 때문에 죽임을 당했다고 판단한다.8:4 그러면서 빌닷은 욥에게 부지런히 전능하신 하나님께 용서를 구하라고 충고한다. 한편, 또 한 친구 소발도 역시 욥의 죄를 고발한다. 욥의 고통 받는 것이 오히려 죄보다 가볍다고 말하기까지 한다.11:6 따라서 더 큰 벌을 받지 않은 것에 감사해야 한다고 주장하면서 하나님의 자비가 그의 징벌보다 크다는 신학적 해설까지 깃들인다.

이렇게 공격하는 세 친구의 변론에 대응하는 욥의 반응을 보자. 욥은 자신은 결코 이렇게 큰 고통을 받을 만한 죄를 범한 일이 없다고 장황하게 변명을 한다. 벌을 받을 만한 죄를 범하지도 않았거니와 오히려 칭찬받을 만한 일은 많이 했다고 자신의 의를 나타낸다. 즉 자신은 의롭고 순전하며,12:4; 27:5; 31:6 항상 하나님의 법을 지켰으며6:8~10; 23:11~12 정의로운 일을 많이 했다29:12~17; 30:24~25고 주장하면서 이런 사람이 하나님으로부터 벌을 받는다는 것은 어불성설이라고 펄쩍 뛴다. 특히 욥기 31:5~40에서 욥은 자신이 하나님께 서원한 내용을 밝히면서 그 서원에 충실했음을 재차 강조한다. 즉 음행 하지 않았으며,7,9,26,27 탈선하지 않았으며,7 재물을 의뢰하지 않았으며,24~25 정당한 값을 냈으며,39~40 땅을 오용하지 않았으며,38 원수의 불행을 보고 기뻐하지 않았고,29 항상 가난한 자, 고아, 과부와 같은 약한 자들과 나그네들을 잘 돌보았다13, 16~17, 19~21, 31~32고 자신의 선행을 조목조목 들어

친구들의 논리에 반박했다. 이렇게 자기 의를 나타내는 욥 앞에 친구들은 말문이 닫혀버렸다.32:1

엘리후는 욥의 세 친구와는 사뭇 다르게 접근한다. 엘리후는 화를 내면서 욥과 세 친구를 모두 책망한다. 엘리후가 욥에게 화를 낸 이유는 욥이 스스로 의롭다 하면서 하나님과 변쟁하기 때문이고33:12~13 세 친구에 대해서는 부당하게 욥을 정죄한다는 것이다. 엘리후는 사람들이 하나님을 다 이해할 수 없으며36:26 하나님은 참으로 기묘하신 분37:14이기 때문에 사람이 하나님을 판단하는 것 자체가 잘못된 것이라고 역설한다. 따라서 죄 때문에 욥이 고통을 받는다고 단정하는 세 친구나 자신은 무죄하고 정의롭다고 주장하는 욥 모두 잘못되었다는 것이다. 문제의 핵심은 사탄이 의심한 대로 욥에게서 하나님이 주신 모든 축복을 제거한다면 과연 욥이 그래도 하나님께 찬양을 드릴 것인가? 하는 질문이 지금 사건의 발단이자 핵심인데도 불구하고 욥과 세 친구는 엉뚱한 주제를 가지고 싸우고 있다는 것이다. 만일 욥에게서 모든 축복을 거둔다면 욥이 하나님께 욕을 할 것이라고 사탄은 장담한다.1:11 이렇게 해서 욥을 두고 사단의 시험이 시작된 것이다. 엘리후는 사탄이 의심한 대로 욥이 하나님께 직접 욕을 하지는 않았지만, 불경죄를 범했다고 간주한다.34:34~37 따라서 엘리후도 욥이 고통당하는 것이 정당하다고 생각한다.

하나님의 대답

이런 엘리후의 변증이 있은 후에 하나님은 욥에게 결정적인 결론을 내리신다. 하나님의 결론은 욥의 장애가 죄로부터 왔는지 또는 죄와는 무관한지를 판결하지 않는다. 욥과 세 친구가 죄와 벌에 대한 문제라고 설왕설래했지만 엘리후는 죄와 벌이란 질문에 대한 세 친구의 논리나 욥의 반박 모두 하나님을 오해하는 것이라고 일침을 가한다. 이때 하나님은 그들이 궁금해하는 "과연 욥의 고통과 장애는 그의 죄 때문인가"하는 질문에 대해서는 직답을 피하시고 대신 모든 사람이 다시는 입을 열지 못하도록 일련의 장황한 질문으로 반문하신다. 38장~41장에 걸친 일련의 하나님의 질문은 일문일답식 질문이 아니라 오직 하나님만이 아실만한 질문들을 퍼붓는다. 그러니까 욥이 전혀 대답할 수 없는 질문들이다. 드디어 욥이 손을 들었다. 하나님께 항복했다. 그리고 참회를 했다. 그러나 자신의 고통을 가져다주었다고 생각한 죄들에 대해 회개를 한 것은 아니다. 그렇게 회개를 했기 때문에 하나님이 욥을 다시 원상 복귀시켜 주신 것도 아니다. 욥이 회개한 것은 하나님을 잘 알지도 못하고 하나님의 말을 이해도 못 하는 자가 하나님을 단답형 식으로 단정해 버린 죄를 회개한 것이다. 하나님은 이런 욥의 잘못을 지적하시고자 짓궂게도 욥이 도무지 대답을 할 수도 없는 수많은 단답형 질문을 속사포로 욥에게 퍼부었던 것이다. 욥기 42장 3절이 지금까지 논란에 대한 총정리로서 욥이 하나님께 자신의 잘못을 인정한다.

> 욥 42:3 무지한 말로 이치를 가리는 자가 누구니이까? 나는 깨닫지도 못한 일을 말하였고 스스로 알 수도 없고 헤아리기도 어려운 일을 말하였나이다

욥은 자신이 하나님을 잘 알지도 못하면서 횡설수설했음을 솔직히 시인하며 하나님께 철저한 회개를 한다. 이렇게 욥이 회개를 하자 하나님은 세 친구를 책망하신다. 세 친구의 논증이 정당하지 못하다는 것이다.[42:7] 그리고 욥에게 가서 용서를 빌며 번제를 드릴 것을 지시한다. 욥은 친구들의 사과를 거부하거나 복수를 하지 않고 오히려 그들을 위해 축복기도를 한다. 하나님이 욥을 기쁘게 받으셨다. 욥을 갑절

로 축복하셨다. 욥은 회복되었다. 영적인 회복과 함께 친구와의 관계, 가정과 물질 모두 회복되었다. 욥의 승리다. 사탄이 장담했지만, 엘리후가 의심했지만 욥은 하나님에 대해 입술로 범죄치 않았다.2:10; 42:7~9 오히려 욥의 세 친구가 한 말들이 하나님에 대한 범죄행위였던 것이다.42:8 하나님이 욥을 기뻐하셨다. 욥은 세 친구를 이긴 것이 아니라 사탄을 이긴 것이다.

욥기가 주는 장애신학 포인트

1. 욥의 세 친구의 가정 즉 욥의 고통(장애)이 그의 죄 때문이라는 가설은 잘못된 설정이다. 이 질문은 욥기의 주제가 아니다. 하나님의 대답에도 들어 있지 않다. 심지어는 사탄이 질문한 내용도 아니다.
2. 욥의 육체적 장애보다 욥을 더욱 괴롭힌 것은 욥과 친구들 사이의 견해차, 신학차를 넘어선 불신의 벽이었다. 또 욥의 "자기의"가 심각한 영적 장애였던 것이다.
3. 욥의 세 친구는 고통에 처해 있는 형제와 결코 함께하지 않았다. 육체적으로 공간적으로 함께한다고 해서 진정으로 함께하는 것은 아니다. 지금도 고통받는 장애인들에게 오늘날의 욥의 친구들의 정죄가 얼마나 난무하고 있는가!
4. 욥의 회복은 전인격적 회복이었다. 하나님이 욥을 "나의 종"이라 부른 호칭은 착하고 충성됨을 칭찬한 최고의 보상이었다. 회복은 제자로서 한 걸음 더 나아가게 한다.

장애가 죄과 관계가 있다는 성경의 근거로 인용되고 있는 대표적인 신약 성경구절이 마가복음 2:1~12(마 9:1~8; 눅 5:17~26), 요한복음

5:1~18, 그리고 요한복음 9장이다. 따라서 이 본문들을 차례로 살펴보기로 한다.

마가복음 2:1~12

장애가 죄와 관계가 있다는 생각은 팔레스타인에 만연된 민속신앙이기도 했지만, 다분히 유대적 사상에서 연유되었다고 보는 견해가 우세하다. 즉 하나님께서 그 백성의 죄에 대해서 벌을 내리시는 "신적 징벌" 사상이 이스라엘 백성의 뿌리 깊은 신앙이었기 때문에 장애도 역시 죄로 말미암은 신적 징계의 하나로 믿는 사회적 통념이 있었다. 현재 유대인의 생각은 약간 진전되긴 했지만, 여전히 신적 징벌사상을 가지고 있다. 유대 율법의 대학자인 주디스 에이브람스는 결론적으로 "장애를 입고 태어나지는 않았지만, 나중에 장애가 나타난 경우는 그건 하나님의 심판이다. 그러나 장애를 입고 태어난 경우는 하나님의 다양한 창조의 하나로 이해해야 한다"고 판정을 내렸다.[2]

이런 시대적 배경 속에서 하나님나라의 새로운 질서를 여신 예수님께서는 어떤 장애관을 가지고 있었는지를 본문을 통해서 엿보는 시도가 있다. 하지만, 여기서 지적하고 싶은 것은 본문이 예수님께서 그의 제자들에게 장애인들을 어떻게 이해하고 대해야 할까? 라든지 장애의 발생과 죄와는 어떤 상관관계가 있는지에 대한 가르침을 주시려고 쓰인 구절이 아니라는 점이다. 어디까지나 본문은 바리새인과의 변론을 통해서 예수께서 죄 사할 권세가 있는 메시아임을 선언하는 데 강조점을 두고 있다. 그렇다면, 본문이 장애와 관련된 문제를 설파하시기 위한 의도적 기획이 아니므로 장애와 관련된 질문들에 대한 답을 얻기 위한 시도에 주의를 기울여야 한다.

우선 마가복음 2:1~12절을 살펴보기로 하자. 전통적으로 이 본문은 장애는 죄 때문에 생기는 것이고 죄에 대한 문제를 해결하면 즉 죄용서를 받으면 곧 치유가 온다고 해석되고 있다.

죄와 장애의 관계

본문은 장애가 죄로 말미암아 발생한다는 인과 관계적 사회적 통념을 반영하고는 있지만, 예수님께서 그런 결론을 그대로 인정하고 있다고 해석해서는 안 된다는 결론부터 말하고 싶다. 이 본문을 제대로 이해하려면 우선 마가복음 2장 1절부터 3장 6절까지의 전체적인 맥락에서 이해하여야 한다. 즉 이 부분은 예수님과 종교지도자들과 다섯 번에 걸친 논쟁으로 구성되어있다. 구조적으로 보면 2:1~12 부분(중풍병자를 고치심)과 3:1~6 부분(손 마른 사람을 고치심)이 바깥쪽 대칭 구조를 이루고 있고 2:13~17 부분(레위를 부르심)과 2:23~28 부분(안식일 논쟁)이 다시 안쪽으로 대칭을 이루고 있으며 제일 가운데 중심핵 부분에 2:18~22의 금식논쟁이 들어 있는 동심원구조Concentric를 하고 있다.3) 중심핵 부분의 전반부는 예수님께서 죄에 대한 문제를 다루시고 중심핵 부분의 후반부는 안식일 문제를 다루신다. 바깥쪽 대칭은 치유에 대해서 다루고 있고 안쪽 부분은 먹는 문제를 다루고 있다.4) 다섯 번의 일화에 모두 중요한 구조적 요소는 "질문"이다. 이런 질문형식은 유대인의 기본적 강론형식이다. 즉 질문을 하고 거기에 답하는 형식인데 본문에서는 종교지도자들이 질문하고 예수님이 답을 하는 형식으로 되어 있다.

그럼 본문으로 돌아가서 장애와 죄의 문제에 대해 살펴보기로 하자. 2장 9절에 "중풍병자에게 네 죄 사함을 받았느니라 하는 말과 일어나서 네 상을 가지고 걸어가라 하는 말이 어느 것이 쉽겠느냐"는 주님의 반문을 통해서 대화의 주제가 '장애와 죄의 문제'가 아니라 '죄 사함과 치유'에 있음을 알 수 있다. 또 주님의 죄용서와 치유의 행동은 전혀 다른 별개의 사건이라는 점을 말한다. 다시 말하면 죄 때문에 생긴 장애를 죄용서 받음으로 치유를 받는다는 인과 관계적 해석이 아니라 죄용서 받은 사건과 치유를 받은 사건은 두 개의 별개의 사건으로서 공히 예수님의 메시아적 권위를 강조한 구절이다. 용서 자체가 치유를 가져왔다는 공식적 연결을 할 수 없다는 뜻이다. 오히려 예수님의 용서는 사랑의 행위로서 전인격적인 회복을 가져오는 동기가 된다. 육체적 치유는 바로 이러한 사랑의 증거로서 주어지는 것일 뿐이다. 중풍병자의 믿음도 예수 그리스도의 용서를 받기 위한 근거일 뿐 치유의 조건은 아니다. 9절에 "중풍병자에게 네 죄 사함을 받았느니라 하는 말과 일어나서 네 상을 가지고 걸어가라하는 말이 어느 것이 쉽겠느냐"는 질문은 이제 두 가지 서로 다른 사건 즉 죄 사하심과 치유 사건 둘 중에 어느 것이 더 쉽겠는가? 하는 질문임을 알 수 있고 이 질문이 장애와 죄, 그리고 죄 사함과 치유의 인과 관계적 설정이 아니었음을 말해준다.

바른 관점으로의 인도는 서기관과 예수님의 논쟁을 바로 이해하는 데서 온다. 서기관들은 예수님의 죄 사함 선언에 심한 불쾌감을 토로하며 역공을 했다. 그런 불쾌감을 감지하신 주님은 그 질문에 대한 답으로서 곧바로 죄 사하심의 신적 권위에 따른 또 다른 신적 권위를 보이신 것이다. 그러므로 답은 간단해진다. 예수님이 중풍병자에게 "네 상을 가지고 집으로 가라"고 명령하신 시점은 중풍병자가 죄 사함을 받았음에도 장애는 아직 제거되지 않은 상태였다. 즉 장애를 그대로 가지고 있는 죄 사함 받은 중풍병자를 향해 주님은 치유를 선언하신 것이다. 그러므로 죄와 장애가 인과관계가 아니듯 죄 사함과 병 고침도 인과관계에 있지 않다. 두 개는 별개의 사건이며 모두 예수 그리스도의 메시아적 신적 권위를 보이신 사건들이다.

전통적인 해석을 빌자면 예수님으로부터 죄 사함을 받은 중풍병자는 이제 장애의 원인이 제거되었으니 벌로 주어진 장애도 자연히 제거된다. 그러나 이런 전통적인 해석은 본문이 나타내고자 하는 진의를 왜곡하는 것이다. 전통적인 해석은 예수께서 중풍병자를 보시고 "소자야 네 죄 사함을 받았으니라"고 하신 말씀을 두고 "죄 사함을 받았으니 이제 병이 나을 차례다"라는 결론을 내린다. 이런 이해를 바탕으로 할 때 모든 장애인들을 볼 때마다 "아하 무슨 죄를 지은 것이 분명하구나"하고 판단을 하게 되는 것이다.

9절에 "어느 것이 더 쉽겠느냐?"고 한 질문 속에는 어느 것이 더 속이기 쉽겠느냐는 질문이 함축되어 있다고 볼 수도 있다.[5] 자리를 들고 일어나라고 선언하는 것과 죄를 용서한다는 선언 중 어느 말이 더 속이기 쉽겠는가? 자리를 들고 일어나라고 하는 말은 눈으로 분명한 결과를 확인할 수 있는 말이기에 속이기가 쉽지 않지만, 죄를 사한다는 말은 그 결과를 눈으로 확인할 수 없으니 속이기 쉽게 보인다. 그러므로 예수님은 먼저 죄 사함을 받으라고 선언하신 후 다시 "네 상을 가지고 집으로 가라"고 선언하심으로 예수님 말씀의 진정성과 권위를 동시에 나타냈다고 볼 수 있다. 따라서 둘 중 어느 것이 더 쉬운 문제라는 경중을 암시하신 것이 결코 아니다. 두 가지 모두 하나님만이 하실 수 있는 일이다. 그러므로 본문은 죄와 장애의 인과관계를 말한 것이 아니라 예수님이 스스로 행하신 두 개의 별도의 신적 권위를 강조했다.

본문을 또 다른 각도로 보면, 2:1~6을 예수님의 사랑compassion이라는 관점으로 그리고 2:7~12을 예수님의 신적 권위로 나누어서 볼 수도 있다.[6] 1~6절에서는 예수님의 사랑의 대상으로 사람이 중심 무대에 서 있다면 7~11절은 그 사랑을 행하시는 분의 신적인 권위에 초점이 맞추어졌다고 볼 수 있다. 전반부에서 예수님의 시선은 그가 사랑하는 장애인과 그를 데려온 네 사람에게 집중되어 있다. 방금까지 강론의 대상이었던 무리는 뒤로 밀려났다. 중풍병자의 믿음이 아니라 네 사람의 믿음을 보고 중풍병자의 죄를 사하셨다는 것을 어떻게 이해하여야 할까? 행간을 읽어보면 주님께서 네 친구의 믿음을 강조하시면서 말씀을 듣는 무리에게 참 믿음은 이처럼 진정한 사랑이 수반되는 것이라는 것을 역설적으로 표현한 것이라고 말할 수 있다. 따라서 예수님의 관심을 독점하려는 무리는 오히려 장애인이 주님께 접근하는 길을 막고 틀어 앉아 있는 믿음 없는, 용서받지 못할 사람들임을 암시한다고 볼 수 있다.

　결론적으로 다시 말하면 본문은 장애와 죄의 문제, 그리고 죄 사함과 치유의 문제를 다룬 주제가 아니라 예수 그리스도의 죄 사하심과 병 고치는 신적 능력과 권위를 하이라이트 하였음을 강조하는 바이다. 예수님께서 사람들의 문화적인 이해를 역이용하여 그의 신적 권위를 나타내셨다고 볼 수도 있다. 즉 사람들의 문화적인 생각 즉 장애가 죄와 저주 아래 있다는 토속적 믿음을 역이용하여 장애가 죄 때문에 하늘로부터 내려온 것이라고 믿는다면 그 저주로부터 놓이게 하는 것도 오직 하늘의 권능밖에 없다는 뜻이다. 따라서 예수님께서 신적 권위를 발휘하셔서 사람들로 하여금 예수 그리스도가 하나님이심을 친히 보여주셨다고 생각할 수도 있다.

　복음서를 통해 나타난 치유 사건들을 자세히 보면, 치유사건의 중심은 치유한 환자나 장애인에게 있는 것이 아니라 언제나 치유자 되신 예수 그리스도에 있다. 이것이 바로 예수께서 하나님나라 관점에서 가르치시고 병자들을 고치신 그의 메시아적 기능에 초점을 맞춘 복음서의 핵심이다.

믿음과 치유의 관계

마태복음 9:28~29의 두 맹인의 경우와 마가복음 5장 34절의 혈루증을 앓는 여인의 경우를 들어 병자의 믿음이 치유에 꼭 필요하다고 주장하는 사람들이 많다. 따라서 병 또는 장애가 낫지 않는 것은 믿음이 부족하기 때문이라고 말한다. 병이 낫지 않는다는 사실은 믿음이 부족하기 때문이라든가 아직 해결되지 않은 죄가 남아 있거나 주님께 대한 헌신의 분량이 모자라기 때문이라는 통념적 이해가 아직도 한국교회 안에 강하게 남아 있다. 마가복음에서는 치유사건의 기록 중 오직 세 군데서만5:34~36; 9:19~24; 10:52 믿음이라는 단어가 언급되고 있다.[7] 그러나 이 기록조차도 믿음이 치유의 조건이라고 말하고 있지 않다. "네 믿음이 너를 낫게 하였다"라는 말은 낫고자 하는 믿음만 있으면 자동으로 낫는다는 공식이 결코 아니다. 마가복음 2장에서는 중풍병자의 믿음이 아닌 친구들의 믿음을 칭찬하신 후 중풍병자에게 "소자야 네 죄 사함을 받았느니라"고 선언하셨다. 이 선언은 결코 친구의 믿음으로 중풍병자의 구원을 가져오게 했다는 말이 아니다. 마찬가지로 치유는 누구의 믿음으로 이끌어낼 수 있는 성질의 것이 아니라 오로지 예수 그리스도의 신적인 권위로 되는 것이다. 다만, 그런 신적인 권위를 유발하도록 작용한 믿음들(본인의 믿음이든 친구의 믿음이든 간에)을 칭찬한 것이다.

마태복음 9:27~30의 두 맹인이 예수님을 향하여 "다윗의 자손이여 우리를 불쌍히 여기소서"하고 외쳤을 때 예수님께서는 "내가 능히 이 일을 할 줄을 믿느냐?"고 되물으셨다. 이에 두 맹인이 "주여 그러하오이다"라고 대답하자 예수님께서 그들의 눈을 만지시며 안수하시고

"너희 믿음대로 되라"고 선포하셨다. 그랬더니 그들의 눈이 밝아졌다. 이런 배경에서 보면 믿음이 치유의 절대적인 조건인 것처럼 보인다. 그러나 여기서 "너희 믿음대로 되라"고 한 말의 의미를 잘 이해해야 한다. 지금 신유집회 현장에서 남발하고 있는 구호처럼 낫고자 하는 믿음의 분량대로 결과가 나올 것이라는 뜻이 결코 아니다. 믿는 대로 된다는 것은 치유의 결정권이 병자에게 있다는 뜻이 된다. 그렇다면, 믿는 데도 낫지 않는 경우 그리고 나을 거라고 믿지도 않았는데 낫게 된 경우는 어떻게 해석해야 할까?

치유의 결정권은 오직 하나님께 있다. 때로는 믿음을 보시고 때로는 믿음과 전혀 상관없이 치유를 결정하신다. 여기서 "믿음대로 되라"는 말은 이미 주님께서 "내가 능히 이 일을 할 줄을 믿느냐"고 하신 질문과 관계가 있다. 이 질문 역시 주님께서 고치실 수 있다고 믿으면 나을 것이고 믿지 않으면 낫지 못한다는 것을 말하려 함이 아니다. 이미 예수님은 이들을 고치시기로 작정하셨다. 그럼에도, 그렇게 물으신 것은 예수님께서 기적을 베푸시는 신적 권위가 있다는 사실을 재차 선포하기 위함이다. 동시에 믿음의 합작을 요구하신 것이다. 구원과 믿음의 관계를 말할 때 조직신학적인 용어로 하나님과 사람이 동역 한다는 말을 쓰듯이 이 경우에도 예수님께서 맹인에게 믿음의 동역을 요구하신 것으로 보아야 한다. 그렇게 하심으로 치유의 결과가 마치 사람의 믿음으로 얻어진 것처럼 모든 명성을 치유 받은 자에게 돌리시는 주님의 사랑의 마음을 읽을 수 있다.

다시 한 번 정리한다면 하나님의 구원이 사람의 조건에 의존하지 않는 것처럼 하나님의 치유 역시 사람의 믿음이나 열성적인 간청 등으로 주어지는 결과물이 아니다. 구원과 치유는 조건 없는 하나님의 선물이다.

하지만, 예수님의 신적 치유에 병자의 믿음이 필수조건은 아니더라도 믿음이 치유와 밀접한 관계에 있음을 나타내주는 구절도 있다. 반대로 믿음과 치유는 전혀 아무런 상관이 없는 듯 예수님의 치유기록에 믿음이란 뉘앙스가 전혀 들어 있지 않은 구절도 많다. 예를 들면, 예수님이 고향에서는 아무 권능도 행할 수 없었는데 그 이유가 고향 사람들의 믿음이 없었기 때문이라고 기록하고 있다.막6:5; 마13:58 마치 믿음이 치유의 전제조건인 것처럼 말이다. 하지만, 다른 곳에서는 예수님께서 믿음과는 전혀 상관없이 거리가 멀리 떨어져 있는 곳에 있는 병자를 고치시기도 하셨다.마8:13; 요4:50

　예수님의 치유사건에서 믿음이 강조되고 있는 이유는 하나님나라를 예수 그리스도의 구속적 사역의 관점에서 보기 때문이다. 즉 기적사건은 예수 그리스도께서 "눈이 멀고 귀가 어두운" 우매한 백성에게 하나님나라의 비밀을 가르치려고 일으키신 것이다. 그런데 예수님은 마치 기적이 믿음에 의존되는 것처럼 백성의 믿음을 강조하심으로서 하나님나라는 믿음으로만 이해될 수 있는 본질이라는 것을 가르치신 것이다.[8]

　본문이 죄와 장애 또는 믿음과 치유의 원리를 말하는 구절이 아니라면 그렇다면 본문에서 예수님이 말씀하시고자 하는 중심원리는 과연 무엇인가? 한마디로 말한다면 예수님 통합의 원리라고 말할 수 있겠다. 본문의 장애인이 그랬듯이 당시 장애인은 사회적으로 주류사회와 완전히 격리되어 있었다. 더욱더 슬픈 사실은 그들이 종교적으로도 버림을 받은 진 밖의 사람들이었다는 점이다. 그러나 예수님은 진 안으로 끌어들이셨을 뿐 아니라 그들에게 자유를 선언하셨다. 그것은 당시의 사회적 규범이나 종교적 문화로 보면 일대 혁명적인 선언이었다. 본문은 중풍병자의 치유에 초점을 맞춘 것이 아니다. 본문은 당시 종교적 지도자들의 편견을 깨기 위한 주님의 변론으로서 이제 장애인과 소외된 자들이 주류사회로 당당히 들어갈 것을 말씀하시며 그것이 하나님나라의 원리라고 가르치는 데 있다.

요한복음 5:1~18

마가복음 2:1~12과 함께 베데스다 못의 38년 된 장애인의 치유 사건 역시 죄와 장애의 인과관계를 주장하는 구절로 자주 사용된다. 즉 14절에 "네가 나았으니 더 심한 것이 생기지 않게 다시는 죄를 범치말라"는 예수님의 권면 속에 질병과 장애는 죄 때문에 생긴다는 암시가 있다고 말한다.

더 심한 것이 생기지 않도록

본문의 "더 심한 것이 생기지 않게 다시는 죄를 범치 말라"고 한 이 구절은 전통적으로 장애의 원인이 죄라는 공식을 뒷받침하는 강력한 근거로 사용됐다. 그렇다면, 죄 때문에 병이 생기고 죄 때문에 더 심한 것이 생기는가? 물론 죄는 사람을 병들게 한다. 죄는 사람에게 영적인 병, 육체적인 병, 마음의 병, 관계의 병 등 모든 병을 유발시킨다. 그러나 현존하는 모든 병이 죄 때문에 생긴다고 공식화할 수 없듯이 이 구절이 죄와 장애의 인과관계를 밝혀주는 절대적인 기준이 된다고 말할 수 없다. 이유는 예수님이 그런 인과관계를 염두에 두고 이 말씀을 하신 것이 아니기 때문이다. 일반적으로 복음을 전하고 회개를 촉구하며 "더는 죄를 짓지 말라"고 선언하는 것이나 병자나 장애인에게 그렇게 말하는 것은 같은 의미가 있다. 그럼에도, 장애인에게 그런 말을 할 때 마치 장애가 죄로부터 기인한다고 믿는 데 문제가 있는 것이다.

따라서 예수님의 치유사역은 사람들을 구원하기 위한 주님의 부르심의 일환이었다. 즉 예수님은 치유를 목적으로 모든 병자들과 장애인들을 다 고치시지 않으셨다. 그 이유는 구속사적인 몇 사건을 통해 그가 메시아이신 것과 모든 사람이 죄 사함을 받고 구원을 받아야 할 것을 선포하는 일이 목적이기 때문에 모든 병자를 다 고치실 이유가 없으셨던 것이다. 그러므로 개인적인 모든 질병과 고통이 어떤 특정한 죄로부터 발생한다고 믿는 것은 성경에 따른 이해라고 말하기 어렵다.

이런 이해를 바탕으로 장애인도 죄인이라는 관점에서 바라보는 것도 중요하다. 다른 말로 한다면 장애인도 예수님의 구원 손길이 절실히 필요하다는 점이다. 즉 장애인도 죄인이기 때문에 구원을 받으려면 죄 사함을 먼저 받아야 한다. 그래서 주님께서 본문의 장애인에게 먼저 "죄 사함을 받으라"고 선언하신 것이다. 예수님은 중풍병자를 장애인의 관점에서 보지 않으시고 장애를 가진 죄인의 관점에서 문제를 해결해 나가셨다. 즉 다시 말하면 예수님께서는 중풍병자의 장애가 불쌍해서 그를 치유하신 것이 아니라 죄인을 향한 사랑 때문에 장애를 가진 사람을 고치셨다는 것이다.[9] 예수님의 사랑은 구원에 대한 사랑으로서 본문의 장애인의 장애를 제거하는 것보다 죄의 제거가 더 시급한 급선무라는 것이다. 덧붙인다면 예수님께서 장애인의 장애를 제거함으로써 그가 그런 능력과 자격을 가지신 분이라는 것을 아울러 보여주신 것이다.

본문도 예수님께서 장애와 치유라는 관점으로 접근한 사건이 아니었다는 것을 먼저 염두에 두어야 할 것이다. 본문은 유대인들과의 변론을 통하여 유대인의 안식일 사상을 정면으로 도전하시며 예수님께서 친히 안식일의 주인으로 등장하셨다는 사실을 기록한 것이다. 그럼에도, 본문은 장애신학에 큰 틀을 제공하고 있다.

배경의 상황적 의미

먼저 본문의 무대배경과 등장인물을 살펴보면 이 사건은 유대인의 명절, 유대인의 장소,양문,못,행각 유대인의 생각,천사가 물을 동하게 함 유대인의 종교, 유대인의 의식 속에 놓여있는 많은 병자. 이렇게 철저하게 유대적인 시대적 배경과 상황적 조건하에 38년 된 병자가 놓여있다. 예수님이 등장하기 전까지 이 병자에게는 고칠 수 없는 조건만 부각되고 있다. 38년이나 되었다. 상식적으로 보아도 38년 된 장애인이 고침을 받을 수 있다는 생각은 비이성적이다. 더욱이 이제는 "못에 넣어 줄 사람"마저 없는 암울한 상황이다. 이런 환경적 조건은 병을 고칠 수 없는 절망적 상황이라는 것을 암시하는 무대배경이다. 병자가 놓인 베데스다 못이 희망의 못으로 보이지만 사실은 저주의 못이다. 그것은 병이 나을 수 있는 유일한 조건 즉 물이 동할 때 못에 먼저 들어가는 사람이 누릴 수 있는 특혜마저도 그림의 떡이기 때문이다. 물이 동할 때마다 병자 대부분은 계속해서 실패와 좌절만을 되풀이해서 겪어야만 했다. 이제 남은 건 절망과 자포자기뿐이다. 더 이상 베데스다는 희망의 못이 아니다. 그러기에 "낫기를 원하느냐"고 묻는 예수님의 질문에 퉁명스럽게 "나를 못에 넣어 줄 사람이 없다"고 대답했던 것이다. 환자치고 장애인치고 낫기를 원치 않는 사람이 누가 있겠는가? 38년 된 장애인의 대답은 변명만이 아닌 이유 있는 체념이었다. 낫고자 해도 나을 수 없는 불공정한 현장에서는 낫고 싶어 하는 마음마저 상처가 되는 것이다. 그러므로 이제 그는 살고자 포기하는 법을 터득한 것이다. 그런 상태를 아시고 예수님은 "일어나 네 자리를 들고 걸어가라"고 명령하신 것이다. 그 명령은 병 고침은 노력에 의한 획득이 아니라 주님의 선언에 반응하는 것임을 분명히 밝히신 것이다. 동시에 "네가 낫고자 하느냐"고 묻는 주님의 질문은 절망의 38년 된 병자에게 이제 "너를 낫게 할 구세주가 나타났다"는 극적인 선언인 셈이다.

"아무도 없다"라고 한탄하는 병자의 심정을 이해하여야 한다. 실제로 그가 부모나 형제가 없는 고아였을 수도 있겠지만, 식구와 친지를 비롯한 주위의 가까운 사람들도 긴 병에 다 떠났음을 의미한다. 또 그동안 수많은 사람의 도움을 받아가며 베데스다에 도전했음에도 불구하고 그때마다 경쟁의 대열에서 탈락한 상처가 크게 남아있으리라 생각된다. 그런 경험들이 그로 하여금 "아무도 없다"라는 탄식을 하게 만들었다. 이런 절망감에 휩싸여있는 38년 된 병자에게 예수님께서 다가오셔서 친구가 되어주신 그 자체가 병의 치료보다 훨씬 강하게 다가오는 진정한 치유의 시발이다.

베데스다의 실체와 반전

물이 동할 때 처음 못에 들어가는 자만이 병을 고칠 수 있다는 조건은 베데스다 못을 필요로 하는 사람들이 모두 혜택을 받을 수 없는 불공정 거래다. 따라서 베데스다는 결코 하나님의 은혜가 아니다. 그것은 바로 유대인의 율법이다. 더욱이 병이 심하면 심할수록 더욱 불가능한 조건이다. 걸을 수 없는 자에게 걸어 물로 들어가라는 조건 자체가 율법의 한계이자 모순이다. 율법으로는 구원을 받을 수 없음을 말한다. 결국 은혜가 필요하다. 예수님은 38년 된 병자에게 은혜로 다가오셨다. 율법으로 구원받을 수 없는 자들에게 은혜로 예수님께서 베데스다의 주인으로 다가오신 것이다. 예수님의 등장으로 베데스다는 저주의 못에서 축복의 장소로 반전되었다.

예수님은 안식일에 유대인들 앞에서 의식적으로 병을 고치심으로 기존의 패러다임을 무너뜨리셨다. 베데스다를 무력게 하신 주님의 권능은 안식일마저 무력게 하셨다. 이제 율법이 장애를 입게 되었다. 그리스도가 없는 율법은 그 자체가 장애다. 예수 그리스도가 안식일 그 자체로 오셨기 때문에 이제 율법과 안식일은 용도폐기 되었다. 예수님께서 베데스다에서 38년 된 병자를 안식일에 일으킨 사건은 안식일의 시대, 율법의 시대는 종결되고 하나님나라의 새 시대가 도래하였다는 예수님의 행동적 선언이었다.

예수님은 누워 있고 앉아 있는 자들에게 절망이 되는 베데스다의 못이 아니라 누워있는 자에게 일어서라고 선언하신 묶임의 해방자로 오셨다. 율법은 병자를 두 번 묶어 놓는 역할을 했으나 예수님은 풀어 주고 고치시는 역할을 하셨다. 베데스다에 등장하는 병자, 소경, 절뚝발이, 혈기 마른 자들은 결국 육체적 장애인을 가리키는 말이 아니라 율법하에 놓여있는 영적 장애인들을 암시하고자 등장한 베데스다 못의 등장인물에 불과하다. 이것이 장애신학의 중요한 포인트이다.

본문이 주는 장애신학 포인트

1. 베데스다의 복지 정책은 무의미하다. 극소수만이 혜택을 받는 정책은 소망일 수 없다. 베데스다, 그곳이 치료의 장소로서 또는 쉼터로서 장애인들을 따로 모아놓고 최소한의 욕구를 채워 주는 장소라면 결코 소망의 장소가 될 수 없다. 베데스다는 치료의 못이 결코 아니다. 주님이 치료의 못이다. 장애인들을 더는 베데스다에 머물게 해서는 안 된다. 오히려 장애인들을 베데스다에서 끌어내야 한다, 오늘도 치유의 못을 잘못 찾아 허송세월하는 많은 장애인을 치유의 참 못되신 주님께로 인도해야 한다.
2. 그렇다면, 어떻게 베데스다의 저주를 벗게 할 수 있을까? 먼저 물을 동하게 하는 천사를 바라보게 하는 대신 예수님의 바라보게 해야 한다. 성령의 못은 누구나 고치는 구원의 못이다. 베데스다

못 곁의 장애인들에게 있어서 장애는 다름 아닌 베데스다 못이었다. 따라서 사람들을 베데스다 못 주변에 가두어 버리는 재활의 방법에서 "일어나 걸어가라"는 은혜의 자유함을 누리게 해 주어야 한다. 장애인을 율법과 복지라는 못에서 일어나 걸어 나오게 해야 한다.

요한복음 9장

사실 이 본문은 장애인들에게는 복음이다. 장애인들을 죄의식으로부터 자유롭게 한 해방선언문이라고나 할까. 죄 때문에 장애가 생긴다는 자괴감과 죄의식 때문에 주눅이 들어 있는 장애인들에게 이 말씀이 주는 힘은 가히 절대적이라 하겠다. 전통적인 한국교회의 인식이 어쩌면 사회의 문화적인 인식보다 더 부정적인지도 모르겠다. 한국교회에서는 하나님께 영광을 돌리려면 무조건 병이 나아야 한다. 장애도 무조건 나아야 한다. 하나님께 영광을 돌리게 해달라고 하는 한국교회의 기도는 천편일률적이다. 건강하고, 병이 낫고, 승진을 하고, 좋은 학교 들어가고, 돈 많이 벌어서 하나님께 영광을 돌리게 해달라고 한다. 심지어는 병이 오래가고 자식이 학교진학에 실패하기라도 하면 하나님의 영광을 가린다고 한다. 따라서 장애인들은 장애를 고쳐야 하나님께 영광을 돌려야 하는 존재로 인식 받고 있다. 그래서 이들은 특별기도나 신유집회의 주 표적이 된다. 그들은 그 장애가 벗어질 때까지 아직도 문제를 해결 받지 못한 2등 교인으로 남는다.

교회의 설교나 성경공부에서도 장애인들은 마음이 편하지 못하다. 간증을 들을 때마다 고역이다. 죽은 나사로가 일어나고 바디매오의 눈은 떠지고 38년 된 병자는 벌떡 일어나야 믿음의 증거라고 한다. 아직도 일어나지 못하고 눈을 뜨지 못하는 장애인들은 고개를 숙인 채

중죄인으로 산다. 기도 많이 하는 교회나 교인들일수록 기도를 통하여 기적을 만들어 하나님께 영광을 돌리자는 압력이 거세다. 교회가 장애인에게 무서운 장소가 되었다. 이러한 분위기에서 요한복음 9장이 장애인들에게 주는 위로는 가히 면죄부 수준이다. "날 때부터 앞을 보지 못하는 맹인이 누구의 죄 때문에 맹인으로 태어났습니까?"라고 묻는 제자들의 질문에 "이 사람이나 그 부모가 죄를 범한 것이 아니라"는 예수님의 대답은 장애인들에게는 그야말로 복음이다.

죄와 장애

제자들은 장애는 죄 때문에 생긴다는 문화적 확신을 하고 질문을 했다. 그러나 구체적으로 누구의 죄 때문일까? 하는 의문이 생겼다. 이러한 생각은 당시 팔레스타인에 널리 퍼져있던 '신적응보' divine retribution 사상을 대변한다고 할 수 있다. 성경에 따른 배경으로는 바울이 멜리데 섬에서 독사에 물렸을 때 토인들이 바울을 "살인자"라고 칭하였던 것은[행 28] 사람에게 일어나는 어떤 재앙은 반드시 죄와 관련이 있다고 믿는 토속신앙을 반영한 것이다.[10] 장애가 죄와 직접 관련이 있다는 생각은 날 때부터 맹인 된 사람을 정죄한 바리새인들의 반응에서도 나타나있다. "죄 가운데 태어난 자가 감히 우리를 가르치려 하느냐?"[행9:34]고 꾸짖는 말 속에 장애는 죄 때문에 생긴다는 믿음이 들어있다. 이렇게 장애가 죄로 말미암아 받는 신적 징벌이라고 믿는 것은 당시 유대인들의 사고방식이었음엔 틀림없어 보인다.[11]

"누구의 죄 때문입니까? 자기의 죄 때문입니까? 아니면 부모의 죄 때문입니까?"라고 묻는 말에는 장애의 원인에 대한 두 가능성을 내포하고 있다. 즉 장애인 본인의 죄 또는 부모의 죄. 여기서 죄란 그냥 원죄를 말하는 것이 아니고 특정한 죄를 말하는 것으로 이해되고 있다.

렌스키는 질문에 사용된 "누구의 죄 때문입니까?"에 쓰인 동사, "헤르마테"hermate는 어떤 특정한 죄를 나타내는 부정과거형aorist으로 되어 있다고 설명했다.[12] F.F. Bruce는 특정 죄 때문에 고통을 받을 수도 있다고 본다.

사람들은 자신들이 고통받는 질병에 대해 부분적인 책임이 있을 때가 있다. 아마도 요 5:14에 나오는 베데스다 연못에서 고침을 받은 병자의 질병은 아마 그에게 책임이 있는 게 아닌가 생각한다. 하지만, 모든 병의 경우가 그렇다는 것은 아니다. 날 때부터 맹인이 된 사람에게 자신의 죄 때문에 장애인이 되었다고 말하는 것은 불합리하다.[13]

본인의 죄와 부모의 죄

날 때부터 맹인 된 사람이 본인의 죄 때문에 맹인이 되었다면 과연 언제 지은 죄 때문일까? 하는 질문이 생긴다. 어떤 학자들은 영의 선재설과 영의 이주설을 믿는 유대사상으로 설명하기도 한다. 이 사상에 의하면, 맹인의 선재한 영이 장애를 일으킬만한 어떤 죄를 지었기 때문이라고 본다. 한편으로는 뱃속에 있는 태아가 죄를 지어서 벌을 받는다는 학설도 있다. 이런 주장을 하는 학자들은 창세기 24장 22절과 38장 28~29절을 근거로 든다. 예를 들면, 임신한 부인이 우상이 있는 신전에 들어갔다가 우상 제물의 향냄새를 맡았는데 그 냄새가 태아에게 장애를 일으키는 독이 된다고 설명하는 랍비도 있다.[14] 또 한편으로는 유대인 사회에서도 윤회설을 믿는 믿음이 있었다고 주장한다. 유대의 윤회설은 불교의 윤회설이나 피타고라스와 플라톤의 영의 이주설과도 다른 개념이다.[15] 제자들이 어떤 사상의 영향을 받았는지는 확실하지 않지만, 당시 문화적으로 통념적인 피타고라스나 플라톤의 사상, 즉 영의 이주설을 믿은 것이 아닌가 생각한다. 한편, 날 때부터 맹인이 되었다는 사실을 아는 것으로 보아 제자들이 이미 알고 있었던 인물이 아닌가 추측된다.[16)]

부모의 죄 때문에 자식이 벌을 받는다는 사상 역시 팔레스타인지역과 유대인 사이에 널리 퍼져있었던 생각이었다. 예를 들면, 아이가 간질이나 나병 같은 중병에 걸렸을 때 부모의 죄 때문이며 또 어떤 사람이 갑자기 죽는 경우 그의 모친이 그를 임신했을 때 부정을 저지른 죄 때문이라고 단정한 예도 있다.[17)] 이런 사상은 한국이나 동양권 문화에서도 지배적이다. 우리나라 문화에서 아직도 부모의 죄 때문에 장애아가 태어났다고 자책하며 평생 죄 짐을 지고 어두운 가운데 살아가는 장애인가족들이 많다. 바른 성경의 해석이 어느 때보다 절실히 필요한 때다. 제자들의 질문은 마치 "어찌 원인이 없는 고통이 있겠느냐? 고통을 받을 만한 죄가 있어서 그렇지 않겠느냐?"고 몰아세운 욥의 세 친구를 연상시킨다.

여전히 두 개의 의견이 충돌한다. 첫째는 부모의 죄로 말미암아 자식이 벌을 받을 수 있다는 주장과 다른 사람의 죄로 말미암아 벌을 받는다는 것은 비성경스럽다는 상반된 주장이 있다. 헨드릭슨은 질병과 고통이 생기는 이유로 첫째, 아담의 죄 때문에 생긴 결과로[롬5:12~21; 8:20~23; 창3:17~19; 고전15:21,22; 엡2:3] 둘째, 부모의 죄로 인하여[출20:5; 34:7; 민14:18; 신5:9; 28:32; 렘31:29; 겔18:2] 셋째, 자신의 죄 때문에[신28:15~68; 렘31:30; 겔18:4] 이렇게 세 가지로 분류를 하였으나 두 번째와 세 번째의 원인도 첫 번째의 원인에 의해 생기는 것인 만큼 아무도 하나님이 정의롭지 못하다고 할 수 없다고 강조했다.[18)]

부모의 죄 때문에 자식이 벌을 받을 수도 있다는 성경에 따른 근거로 사용되는 구절들은 다음과 같다. 십계명 위반 시,[출20:5] 아간의 죄로 전 가족이 죽임을 당한 경우,[수7:25] 엘리 제사장의 집에 내인 저주,[삼상]

2:27~36; 3:11~14 사울의 죄 때문에 자손 일곱이 목 베임을 당한 경우,삼하 21:1~6 여로보암의 죄로 온 가족이 죽임을 당한 경우왕상14:10 등이다. 한편, 다른 사람의 죄로 말미암아 벌을 받지 않는다는 주장에 대해 신명기 24:16, 에스겔 18:1~4과 18:20 등이 그 근거로 제시된다.

그렇다면, 이런 두 가지 상충하는 주장을 어떻게 보아야 할 것인가?

첫째로, 하나님의 진노를 이해하려면 하나님의 다른 성품과 함께 이해하여야 한다. 하나님의 성품은 일관성이 있다. 하나님의 진노는 그의 의와 거룩함이라는 성품과 함께 이해하여야 한다. 즉 하나님의 진노는 그가 죄에 거하실 수 없는 성품을 반영하기 때문이다.[19]

둘째로, 하나님의 진노는 그와 이스라엘 백성이 구속역사에서 맺은 언약의 관계 속에서 해석해야 한다.[20] 예를 들면 십계명은 이스라엘 백성에게 언약의 증거로 주어졌다. 제2계명에 기록된 대로 축복과 저주는 언약의 핵심조항이다.출20:5 질투하시는 하나님의 성품은 바로 언약의 백성을 향한 그의 헤세드 사랑의 또 다른 표현이다. 그 헤세드 사랑은 하나님의 거룩하신 성품 안에서만 가능한 것이다. 따라서 제2계명의 축복과 저주는 개인적인 차원에서의 축복과 저주가 아니라 언약 백성이라는 관점에서 이해하여야 한다. 그러므로 위에 예를 들은 아간, 엘리 제사장과 그의 아들들, 사울 그리고 여로보암의 죄를 논할 때 그들 개인의 죄 때문에 그 무서운 하나님의 진노를 받았다고 해석하기보다는 그들이 가지는 언약의 대표성 때문에 받은 벌로 해석하여야 한다.

셋째로, 부모의 죄 때문에 벌을 받는다고 생각하는 경우라도 벌을 받는 당사자나 가족들도 벌을 받을 만한 죄가 함께 있다고 보는 견해도 있다. 즉 출애굽기 20장 5절이 자식들이나 후손들이 자신들의 아무런 잘못도 없이 부모나 조상의 죄 때문에 벌을 받는다고 말한 구절이 아니라는 것이다. 즉 부모의 죄뿐만 아니라 자식들이나 후손들도 벌을 받을 만한 죄를 공유하고 있다고 본다.[21] 칼빈은 한편으로는 하나님의 공의적 진노가 죄를 범한 사람뿐만 아니라 온 가족에 임한다고 하고 또 한편으로는 아비의 죄가 자녀에게 전해지지 않을 것 겔18:1~4 이라고 말씀하신 이유를 다음과 같이 설명한다.[22]

이스라엘 백성이 오랫동안 대를 이어 하나님을 거역하다가 많은 고난을 겪어오면서 "아비가 신 포도를 먹었으므로 아들의 이가 시다" 겔18:2 라는 속담까지 얻게 되었다. 이 속담은 비록 자신들은 벌을 받을 만한 죄를 범하지 않았음에도 조상이 벌을 받을 만한 죄, 나아가 하나님의 노를 격발한 만한 죄를 범했기 때문에 후손들이 벌을 받는다는 뜻을 담는 것처럼 보인다. 그러나 선지자는 "그렇지 않다. 그들도 벌을 받을 만한 죄를 범했기 때문에 벌을 받는다. 하나님의 공의는 죄 없는 아들을 그 부모의 죄로 벌하시지 않는다"고 말한다.

칼빈은 따라서 "그들이 불행을 겪고 결국은 영원한 파멸로 가는 것은 하나님의 공의로운 심판에 의한 것으로서 그들 부모의 죄에 대한 징벌이 아니라 자신들의 죄악 때문이다"라고 결론을 내렸다.[23]

사실 요한복음 9장도 예수님께서 장애는 죄와 전혀 무관함을 말씀하시려고 위한 장이 아니다. 또 본문을 토대로 죄를 회개하면 치유를 받는다는 공식을 만들어 낼 수도 없다. 고통이 죄의 결과가 아니라는 생각은 하나님은 우리의 죄를 가지고 징벌하시는 가학적인 분이 아니라고 하나님을 변호하는 데서 출발한다. 그런 신앙적 태도가 가상하기는 하지만 그런 생각 또한 하나님의 속성을 제한하는 우를 범하는 것이다. 해럴드 쿠쉬너는 "고난은 죄에 대한 징벌이다", "고난에는 뜻이 있다", "고난은 믿음을 연단하고 성숙하게 하기 위한 하나님의 연단이다"라고 하는 해석들을 단호하게 거부한다. 하나님은 그런 분이 아닌데 사람들이 하나님을 나쁜 신으로 만든다는 것이다.[24] 그러나 그는 하나님의 선하심을 주장하다가 그만 하나님의 전능하심을 부인하는 우를 범하고 말았다. 쿠쉬너는 하나님에게도 때로는 어쩔 수 없는 때가 있다는 것이다. 우리의 고통에 대한 위로를 주기 위한 고육지책의 해석이긴 하지만 하나님도 할 수 없어서 막지 못한 시련을 한없이 약한 우리 인간이 어떻게 감당할 수 있겠는가? 그런 대답은 위안이 되기는커녕 더 잔인한 신학적 질문을 야기시킨다.[25] 물론 모든 고통이 죄의 결과가 아닌 것은 분명하지만 그렇다고 죄와 전적으로 무관하다고 주장하는 것도 잘못된 주장이다.

이미 본서의 전반부 구약에 나오는 장애에서 살펴본 것처럼 징벌의 수단으로 장애가 사용되기도 했다. 그럼에도, 성경에 나오는 극히 제한적인 예를 가지고 일반화시키고 도그마를 만드는 게 문제다. 요한복음 9장을 근거로 장애가 죄와 무관하며 죄 때문에 장애는 절대로 생길 수 없다는 도그마를 만드는 것도 분명히 잘못이다. 제자들의 질문은 그 당시 정서를 반영한 문화적인 질문이었지 결코 성경에서 말하는 질문이 아니었다. 그들은 이미 장애는 죄 때문에 생긴다는 문화적인 신념을 깔고 질문했다. 즉 날 때부터 맹인이 된 것은 분명히 죄 때문이라는 것은 알겠는데 '누구의 죄 때문' 인지는 모르겠다는 것이다. 이런 문화적인 질문에 예수님은 직접적인 답을 주시지 않았다. 즉 장애의 원인이 죄 때문인가? 하는 질문에 예수님은 인생의 삶의 목적이란 말로 답을 대신하셨다. "이 사람이나 그 부모가 죄를 범한 것이 아니다"라는 예수님의 대답도 사실은 모든 장애가 죄와 무관하다는 뜻을 밝히시고자 말한 것은 아니라는 점이다. 일차적으로는 본문의 특정 맹인에게만 해당하는 답이다.

본문은 과연 예수 그리스도가 죄를 사할 권한이 있는가 하는 바리새인들의 의문에 대한 답변의 하나로 등장했다고 보아야 한다. 따라서 죄 때문에 장애인이 된다는 문화적인 생각도 잘못된 것이고 또 인자가 죄를 사할 권한이 없다고 주장하는 바리새인들의 줄기찬 고발도 잘못된 것임을 지적하신 것이다. 예수님은 여기서 자신을 변호하시려고 그가 늘 하던 방법처럼 자신의 메시아 권능을 펴보이신 것이다. 즉 맹인을 고침으로써 바리새인을 머쓱하게 만드셨다. 그가 메시아이신 것을 친히 증명해 보이신 것이다. 그런 후 예수님은 바리새인들을 향하여 "눈뜬 맹인"이라고 질타하셨다.9:39~41 더 나아가 장애와 죄를 연관 지어 생각하는 그들을 향하여 "너희가 맹인이 되었으면 죄가 없으려니와 본다고 하니 너희 죄가 그저 있느니라"고 직격탄을 날려 버리셨다. 죄가 육체적 장애를 만드는 것이 아니라 바로 죄가 영적 장애를 만든다는 것이다. 눈이 있어도 보지 못하는 자. 아니 육신의 눈이 밝기 때문에 오히려 영적인 눈을 뜰 수 없는 자들을 힐난하셨다.

지금까지 장애가 죄와 관련이 있는가? 하는 문제를 심층적으로 살펴보았다. 결론적으로 말한다면 성경은 우리가 관심이 있는 이 질문을 직접적으로 다루고 있지 않다는 점이다. 지금까지 살펴본 대로 장애가 죄와 관련이 있는 것처럼 보이는 구절도 전통적인 해석의 오류임을 발견했고 그렇다고 장애가 죄와는 전혀 무관하다는 주장도 하나님을 제한하는 월권적인 생각이기에 잘못된 생각이라는 것도 알게 되었다. 따라서 엄격히 말한다면 우리의 질문 자체가 성립되지 않는다. 성경은 장애이론에 대한 교과서나 장애인을 어떻게 섬겨야 하는가에 대한 장애사역 안내서가 아니다. 다만, 성경에 등장하는 장애인 개개인을 통하여 나타내시는 하나님의 뜻을 추적할 뿐이다.

단원요약질문

1. 장애는 죄 때문에 생긴다고 생각하는 문화적인 생각들을 정리해 보라. 성경에 죄에 대한 징벌로 생긴 장애에 대한 사례를 들고 그 이유를 말해보라.

2. 장애는 죄의 결과가 아니라는 성경에 따른 근거를 예를 들어 설명해보라.

3. 믿음과 치유의 관계를 성경에 따른 근거를 들어 설명해 보라.

4. 베데스다 못을 율법과 연결해 설명해 보고 율법이 장애인들에게 미치는 영향에 대해 말해보라.

제10장

장애의 원인과 하나님의 목적

화니 크로스비는 1820년 뉴욕주의 한 작은 농촌마을에서 가난한 농부의 딸로 태어났다. 태어나서 얼마 되지 않았을 때 고열이 오르고 눈이 감염되는 병을 앓았을 때 가난한 화니의 부모는 의사를 부를 엄두도 못 내고 동네에 의사라고 자처하는 돌팔이의 말을 듣고 눈에 해로운 독약을 넣어서 그만 아이의 눈을 멀게 하고 말았다. 이 때문에 화니의 아버지가 충격을 받아 몇 달 후 죽고 말았다. 화니의 엄마는 돈을 벌려고 하는 수 없이 화니를 할머니의 손에 맡겼다. 그런데 화니의 외할머니 유니스는 믿음의 사람이었다. 성경의 인물 디모데의 외조모 유니게같은 믿음이 돈독한 분이었다. 그뿐만 아니라 교육에 뚜렷한 신념과 의지를 갖추신 분이었다. 유니스는 화니가 평생 남을 의지해서 살아서는 안 된다고 생각했다. 눈은 멀었어도 마음마저 멀게 할 수는 없었다. 화니의 장래를 위해서 할머니 유니스는 화니를 모질게 다루었다. 그러나 눈물과 사랑이 담겨있다는 것을 알기에 화니는 기꺼이 할머니의 가르침을 받았다. 성경이 지식과 지혜의 근본이라고 믿는 할머니는 화니에게 성경을 외우도록 가르쳤다. 유니스는 화니가 성경 전권을 다 외우도록 피나는 훈련을 시켰다.

이런 성경암송 덕분에 화니는 믿음을 얻게 되었을 뿐 아니라 언어능력과 사고능력이 특출하게 발달하게 되었다. 그런 가운데서도 화니는 음악에 특별한 소질을 나타냈다. 피아노, 기타, 오르간뿐만 아니라 하프는 미국에서 연주를 가장 잘하는 사람 가운데 한 사람으로 꼽힐 정도였다. 화니는 학교 교사로서 직업을 가지고 생활을 하였다. 화니가 44세 때 유명한 성가작곡가의 권유를 받고 처음 찬송가 작사를 시작한 것이 그 후 9,000곡의 찬송가를 작시하게 된 계기가 되었다. 화니가 지은 찬송가 중에서 지금까지 애창되는 곡도 수도 없이 많고 현행 한국 찬송가에도 수십 곡이 수록되어있다. "예수 나를 위하여", "예수로 나의 구주 삼고", "주가 맡긴 모든 역사", "저 죽어가는 자 다 구원하고", "후일에 생명 그칠 때", "예수께로 가면", "자비한 주께서 부르시네", "주께로 한 걸음씩" 등 무수히 많다. 화니가 찬송가를 작시하자마자 만들어진 "인애하신 구세주여 내 말 들으사"는 불멸의 작품이 되어 오늘도 우리의 심금을 울리는 찬송가로 널리 불리고 있다. 화니는 찬송가만 썼을 뿐 아니라 자연을 주로 노래한 일반 시를 6천 작품쯤을 남겼다. 화니는 장수의 축복도 누려 95세까지 살다가 주님의 품에 안겼다.

화니가 남긴 말 중 우리의 마음에 깊이 새겨질 명언이 있어 그 일화를 소개한다. 화니는 당대의 유명한 부흥사와 함께 짝을 지어 다니면서 집회를 인도했다. 화니는 아름다운 목소리로 자신이 작사한 찬양을 부르면서 하나님께 영광을 돌렸다. 어느 날, 집회가 끝나자 그 교회의 담임목사가 특송을 한 화니에게 감사의 말을 전하며 이렇게 말했다. "정말로 아름다운 찬송입니다. 참 감동적입니다. 눈을 감고도 이렇게 멋진 사역을 할 수 있는데 눈을 뜬다면 얼마나 더 큰 일을 할 수 있겠습니까? 하나님은 나에게 신유의 은사를 주셨답니다. 자매의 찬양을 듣는 순간 자매에게 안수하면 낫겠다는 감동을 받았지요. 화니 자매님, 어디 하나님께 눈을 뜨게 해 달라고 기도하지 않겠어요?" 이렇게 제의하는 목사님에게 화니는 다음과 같이 대답했다. "목사님, 저를 위해 기도해주신다니 감사합니다. 하지만, 저는 지금 눈을 뜨고 싶지 않아요. 제가 눈을 뜨고 싶은 날은 따로 있어요. 제가 처음 눈을 뜨는 그날 제 눈으로 맨 먼저 보고 싶은 얼굴이 있기 때문이지요. 그분이 바로 예수님이랍니다." 화니는 눈은 멀었으나 눈을 뜬 우리보다 더 많이 더 멀리 본 여인임에는 틀림없다.

예수님이 길 가실 때 날 때부터 맹인이 된 사람을 만났다. 이에 제자들이 예수님께 그 사람의 장애의 원인에 대해 물었다. 제자들의 질문과 예수님의 대답은 두 가지 주제를 내포하고 있다. 죄와 장애, 그리고 하나님의 영광. 제자들의 질문이 장애의 원인에 초점이 맞추어졌지만, 예수님의 대답은 인생의 목적 즉 하나님의 영광에 맞추어져 있다.

예수님의 대답: 하나님의 하시는 일을 나타내기 위하여

예수님께서 제자들의 질문에 답을 하시면서 그들이 알고 싶어 하는 문제 즉 죄와 고통의 관계에 대해서는 즉답을 피하시고 장애인 본인이나 그 부모가 죄를 범한 것이 아니라 하나님의 하시는 일을 나타내려는 것이라고 간단하게 답하셨다. 이 대답은 요한복음에 계속하여 선포되는 예수님의 자기선언$^{ego\ eimi}$의 일환이다. 즉 "때가 낮이매 나를 보내신 이의 일을 하여야 하리라" 하시며 그 뜻을 알지 못하는 제자들에게 세상의 빛으로 온 자신을 통해서만이 하나님의 하시는 일을 나타낼 수 있다고 말씀하신 것이다. 그러면서 "나는 세상의 빛이다"라는 자기선언을 하신 것이다. 동시에 이 대답은 하나님의 하시는 일을 이해하지 못하는 바리새인들을 겨냥하여서 하신 말씀이다.

사람들의 관심은 "왜"라는 질문에 있는 것 같다. 그러나 "왜"라는 질문은 사람이 물어야 할 영역이 아니라는 점이다. 따라서 주님은 "왜"라는 제자들의 질문에 "왜냐하면" 이라는 공식으로 대답하지 않으셨다. 대신 "어떻게"라는 주제로 답을 하셨다. 즉 인생에 일어나는 여러 문제에 대해 일일이 "왜"라고 묻지 말고 그 조건을 가지고도 "어떻게" 살아야 할 것인가를 물으란 뜻이다. 인생의 목적은 하나님의 영광에 있는 것이니 어떠한 조건을 가지고도 하나님께 영광을 돌릴 수 있다는 것이다. 그러므로 "어떻게" 하나님의 하시는 일을 나타낼 수 있을까에 관심을 두자는 뜻이다.

"왜"라는 제자들의 질문은 과거 지향적 질문이며 책임 전가성 질문이다. 고통의 문제에 대해 집요하게 "왜"라는 질문을 던지면 던질수록 고통만 깊어진다. 문제의 원인을 남에게 돌리면서 상대방을 비난하거나 또는 책임을 자신에게 돌리면서 자신을 자학하게 되는 것이다. 반면에 주님의 대답은 미래지향적 답변이며 미래의 목적의식을 가진 답변이다. 그리고 책임전가가 아닌 책임의식을 요구하는 답변이다. 즉 인생을 살면서 당하는 고통에 그 원인을 일일이 따지면 따질수록 파괴적인 삶이 될 수밖에 없으니 고통의 문제를 두고 원인을 캐는데 집중하지 말고-그렇게 한다고 알 수도 없는-그 고통을 가지고도 뚜렷한 인생의 목적을 가지고 살아갈 수 있다는 것이다. 고통을 준 직접적인 원인이 어떻든지 그것이 죄와 연관이 있든지 없든지 인간사 모든 일에 하나님의 섭리가 있다는 것과 어떤 조건을 가지고도 하나님께 영광을 돌릴 수 있다는 것을 말해준다. 물론 굳이 고통이 클수록, 고통을 통해서만 하나님의 뜻을 나타낸다고 말할 필요 또한 없다.

이런 일차적인 배경을 이해한 후에 말씀을 적용해야 한다. 즉 이 본문을 가지고 모든 선천적 장애는 하나님께 영광을 돌리고자 하나님이 의도적으로 만드신 작품이라고 확대하여 해석할 수 있느냐는 문제다. 그것은 장애는 죄 때문에 생긴다거나 장애는 절대로 죄 때문에 생기는 것이 아니라고 도그마를 만들 수 없는 것처럼 장애는 하나님께 영광을 돌리고자 만들어진 하나님의 설계라고 도그마 하는 것도 위험하기는 마찬가지다. 장애인을 위로한답시고 즐겨 사용하는 요한복음 9장이 오히려 장애인들에게 상처를 주는 기현상이 벌어지고 있다. 요한복음 9장을 통해 죄의식으로부터 해방 받은 장애인들이 이제는 이 본문 때문에 더 깊은 수렁에 빠지는 아이러니를 본다. "하나님이 영광을 받으시려고 당신에게 장애를 준 것이니 감사하시고 하나님께 영광을 돌리도록 하세요" 하는 교회의 호쾌한 주석과 믿음 좋은 성도들의 압력에 눌려 다시 죄인으로 빠져들게 되기 때문이다. 장애인 가족들에게 이 구절을 들이대면서 하나님께서 영광을 받으시려고 그렇게 하셨다고 자신 있게 말한다면 과연 그들이 큰 위로를 받을까? 오히려 그들은 반문할 것이다. 하나님이 영광을 받으시려고 한다면 다른 방법도 얼마든지 있을 텐데 왜 하필이면 원치도 않는 장애를 주시며 그렇게 하시는 이유가 무엇인가? 하고 말이다. "크게 쓰시려고 그렇게 하셨다는 데 난 크게 되지 않아도 좋으니 장애를 가져가 달라"고 말할 것이다. 이건 상상 속의 답이 아니다. 필자를 비롯한 장애가족이 귀가 따갑도록 듣는 이제는 따분한 교회 레퍼토리 중의 하나다.

하나님께서 영광을 받으시려고 장애인을 의도적으로 만드셨다는 주장은 주님이 말씀하신 본문의 요지가 아니다. 태어날 때부터 맹인이 된 사람이 죄로 말미암아 그렇게 태어난 것도 아니지만, 하나님께서 영광을 받으시려고 일부러 그렇게 지었다는 것도 아니다. 다만, 맹인으로 태어난 사람도 하나님의 영광을 위해 쓰임을 받을 수 있다는 인간의 창조적 원리가 그에게도 적용된다는 것을 말할 뿐이다. 존 칼빈도 "모든 장애인Deformity은 하나님의 영광과 은혜를 나타낸다" 라고 말했다.[1] 물론 그가 당시에는 그런 용어가 없었으므로 오늘날 쓰는 '장애인' 과 같은 정중한 표현을 사용하지 못했지만, 당시의 시대적 통념과 비추어 볼 때 칼빈의 생각은 파격적이라고 할 수 있다. 반면에 루터는 정신지체 장애인에 대해서 이들이 '잘못 태어난 사람들' 로서 '귀신들린 사람들' 로 보았다. 그들을 '영혼이 없는 육체' 로 보고 '마귀가 그들의 영혼이다' 는 편향된 시각을 나타냈다.[2]

"그에게서 하시는 일을 나타내고자 하심이라"는 주님의 선언을 본문의 맹인이 눈을 뜬 사실과 연결해 해석하는 것도 경계해야 한다. 그가 눈을 떴기 때문에 하나님의 하시는 일을 나타낼 수 있었다는 해석은 올바른 접근이 아니다. 눈을 뜬 그 사실 때문에 하나님께 영광을 돌린 것이 아니다. 이미 설명한 것처럼 예수 그리스도를 메시아로 받아들이지 못하는 바리새인들과 유대 공동체에 맹인의 눈을 뜨게 하심으로 예수 그리스도가 메시아임을 나타내신 것이 바로 하나님의 영광을 드러냈다는 뜻이다. 이런 구속역사적 의미가 담긴 예수님의 이적 기사와 현재의 은사를 통한 치유 사건을 동일시해서는 안 된다. 그러므로 모든 장애인들이 고침을 받아야만 하나님의 하시는 일을 나타낸다고 해서는 안 된다. 물론 지금도 치유를 통해 하나님께 영광을 돌릴 수 있다. 하지만, 장애를 그대로 가지고도 하나님께 영광을 돌릴 수도 있다. 그 영광의 분량은 똑같다. 따라서 모든 장애인을 보고 장애를 고침을 받아 하나님께 영광을 돌리자고 담대하게 말하지 말자. 이렇게 말하면 은사자들은 시큰둥한 반응을 한다. 장애를 고칠 생각은 하지 않고 장애에 안주한다고 핀잔을 준다. 장애인들은 무조건 고침을 받아야 하나님께 영광을 돌릴 수 있다는 무언의 압력이 교회 안에 거세게 존재하는 한 장애인들이 안식을 얻을 곳은 없다. 장애인더러 왜 고침을 받고 하나님께 영광을 돌리지 않느냐고 부라린 눈총을 주지 말고 멀쩡한 몸을 가지고도 하나님께 영광은커녕 그의 영광을 가리는 온갖 더러운 행실을 자행하는 소위 말하는 정상인들을 차라리 닦달해야 옳은 일 아닌가. 필자의 경험과 학자들의 연구를 통해서 보더라도 장애인들의 범죄율이 일반인들보다 훨씬 낮다는 사실을 알 수 있다. 그런데도 장애인이 문제라도 한번 일으키면 장애인 전체가 그런 범죄집단인 것처럼 떠든다. 심각한 편견이다.

본문에서 맹인이 치유를 받고 자신의 동네로 돌아가자 바리새인들의 추궁을 받는다. 바리새인들의 관심은 예수님이 율법에 저촉되는 어떤 일을 했을까 하고 꼬투리를 잡는데 혈안이 되어 있었다. 요한복음 9장은 전장이 바리새인들과의 변론으로 채워져 있다. 눈을 뜬 맹인이 바리새인들에게 추궁을 당하고 그의 부모들도 추궁을 당한다. 어이없는 광경이다. 이미 맹인은 장성한 사람이다. 그럼에도, 맹인의 말은 듣지 않고 부모들을 추궁했다. 맹인의 증거에 대한 철저한 불신이다. 또 바리새인들은 "너는 영광을 하나님께 돌리라"고 눈뜬 맹인을 몰아세웠다. 바리새인들이 하나님의 영광에 집착하는 것처럼 보이지만 사실은 예수님을 불신하는 데 초점이 있었기 때문에 그렇게 말했을 뿐이다. 사실 바리새인들은 처음부터 맹인이 하나님께 영광을 돌릴 수 있다고 생각하지 않았다.

예수님은 바리새인들이 이 말로 트집을 잡을 줄 미리 아셨다. 따라서 예수님은 제자들이 묻는 말에 답을 하면서 날 때부터 맹인 된 사람이 하나님의 영광을 위해 지음을 받았다고 미리 말씀하신 것이다. 그리고는 그의 눈을 뜨게 하셨고 맹인은 하나님께 영광을 돌림으로서 예수님의 말씀이 성취됨을 보여주었다. 눈을 부릅뜨고 예수가 어떤 율법적 잘못을 범했는지 찾고 있던 바리새인들은 맹인 되었던 사람으로부터 어처구니없는 답을 듣는다. "창세 이후로 맹인으로 난 자의 눈을 뜨게 하였다 함을 듣지 못하였으니 이 사람이 하나님께로부터 오지 아니하였다면 아무 일도 할 수 없으리라"요9:32~33 오히려 맹인의 입으로 분명한 진리의 말씀이 선포된 것이다. 보지 못하는 맹인이 예수 그리스도의 실체를 분명히 본 것이다. 이렇게 해서 예수님의 말씀대로 보지 못하는 자가 보게 되고 보는 자가 소경이 되었음요9:39을 현장에서 증명한 셈이다.

모세의 영광과 하나님의 영광

바리새인들은 자신들이 모세의 법에 충실한 그야말로 하나님의 영광에 충실한 삶을 살고 있다고 자부했다.요9:28 그러나 이들이 모세의 율법이 나타내고자 하는 하나님의 영광을 알지 못했기 때문에 결국 하나님의 영광을 눈으로 보고도 알지 못하는 불행을 자초했다. 모세의 제자로서 모세의 법인 율법을 지키는 것만으로 하나님의 영광을 나타낸다고 믿었던 바리새인들이 정작 모세가 나타내려고 했던 하나님의 영광에 대해서는 무지했던 것이다. 모세의 법은 철저히 예수 그리스도를 예표하고 있기 때문이다. 따라서 예수 그리스도는 "모세보다 더욱 영광을 받을 만한" 분이시다.^{히3:3} 모세는 단지 "장래에 말할 것을 증거하기 위하여 하나님의 온 집에서 사환으로 충성"^{히3:5}한 사람에 불과하기 때문이다.

그런데 불행은 바리새인들이 영광의 주님 앞에서도 그의 영광을 볼 수 없었다는 데 있었다. 그것은 그들에게 율법의 수건이 벗겨지지 않았기 때문이다.

> 고후 3:14~15 그러나 저희 마음이 완고하여 오늘까지라도 구약을 읽을 때에 그 수건이 오히려 벗어지지 아니하고 있으니 그 수건은 그리스도 안에서 없어질 것이라. 오늘까지 모세의 글을 읽을 때에 수건이 오히려 그 마음을 덮었도다

영광되었던 것이 더 큰 영광을 인하여 이제 영광될 것이 없음에도, 그 영광이 그대로 머물려고 하기 때문에 문제가 되는 것이다.^{고후3:10} 모세의 영광은 사라져 없어져야 한다. 변화산에 나타난 모세와 엘리야가 예수님의 십자가를 예언하고 나서 두 사람은 떠났다고 했다. 그들은 철저히 예수님의 영광 옆에 섰고 그리고 예수님의 영광을 뒤로하고 떠났다.^{눅9:30~32} 바리새인의 모세 율법집착은 모세 자신도 원치 않았던 것이라는 것을 알지 못했기 때문이다.

> 고후 3:13 우리는 모세가 이스라엘 자손들로 장차 없어질 것의 결국을 주목지 못하게 하려고 수건을 그 얼굴에 쓴 것 같이 아니하노라

따라서 바리새인들은 자신들의 눈앞에 영광의 본체가 서 있었음에도 불구하고 그들이 쓴 모세의 수건 때문에 그 영광을 볼 수가 없었다.

그렇다면, 그들도 율법의 수건만 벗으면 그 영광을 볼 수가 있게 된다. 그래서 예수님은 바리새인들이 집착하고 있는 모세의 율법을 의식적으로 깨시면서까지 그들로 하여금 그 수건을 벗기를 원하셨다. 그 수건을 벗기만 하면 주의 영광을 볼 수 있을 것이기 때문이다.

> **고후 3:18** 우리가 다 수건을 벗은 얼굴로 거울을 보는 것 같이 주의 영광을 보매 그와 같은 형상으로 변화하여 영광에서 영광에 이르니 곧 주의 영으로 말미암음이니라

결국, 요한복음 9장에서 말하려고 하는 하나님의 영광은 바리새인들이 집착하고 있는 모세 율법을 파하는 일이었음이 분명해진다.

제자들의 영광의 관점

제자들 마음속에 있었던 영광은 철저히 세속적이었다. 그토록 간절한 예수 그리스도의 가르침에도 제자들은 여전히 세속적 영광을 꿈꾸고 있었다. 예수님께서 예루살렘에 가셔야 한다는 가르침을 지상 왕국의 등극으로 이해했고 따라서 자신들의 자리를 꿈꾸었다. 그것이 그들이 지금까지 고생한 모든 것을 보상받는 길이라고 생각했다. 그래서 예루살렘에 가서 죽어야 한다는 예수님의 십자가 죽음 예고에 제자들은 기겁하고 "절대로 그렇게 하면 안 된다"고 주님을 설득하기에 이른다.^{마16:22} 제자들은 하늘나라에 대한 영광보다 땅에서의 영광에 맞추어져 있었기 때문에 그들은 충성심 경쟁을 통해 예수님의 마음을 얻으려고 노력했던 것이 분명하다. 야고보와 요한은 노골적으로 자신들을 예수님의 좌우편에 앉게 해달라고 로비활동을 했다.^{막10:35~37} 나머지 열 제자가 이를 알고 분노했다.^{막10:41} 오죽하면 요한의 어머니는 예수님이 예루살렘에 등극하면 자신의 두 아들 모두 요직에

앉게 해달라고 치맛바람까지 일으켰을 정도였다.^마20:20~21 야고보와 요한이 예수님께 "주님의 영광중에서 우리를 하나는 주의 우편에 하나는 좌편에" 앉게 해달라는 요구를 보아 알 수 있듯이 제자들이 상상한 주님의 영광이 이런 것이었다.^막10:37

이런 요구가 주님께서 그의 죽음과 부활을 말씀하실 때라는 사실에 유의해야 한다. 그리고 주님께서 마지막 예루살렘을 향하여 가시면서 비로소 제자도를 가르치실 때 제자들의 반응이었음을 볼 때 제자들의 그런 꿈이 끝까지 사라지지 않았음을 본다. 이렇게 제자들이 자리다툼과 으뜸이 되고자 하는 암투에 열중인 것을 예수님께서 아시고 예수님께서 이 땅에 오신 진정한 목적과 그것을 이루려면 제자들의 진정한 제자도가 필요하다는 것을 역설하셨다. 즉 "인자가 온 것은 섬김을 받으려 함이 아니라 도리어 섬기려 하고 자기 목숨을 많은 사람의 대속물로 주려 함"^막10:45이라고 역설하신 것이다. 이 말씀을 하시고 그 목적을 이루시고자 예루살렘으로 들어가셨다.^막11: 마21 여기서 눈여겨 보아야 할 점은 제자들의 요구와 예수님의 예루살렘 입성 기사 사이에 짤막하게 맹인 바디매오의 기사가 삽입되어 있다는 점이다. 즉 바디매오의 눈을 뜨게 하신 것처럼 예수님께서 예루살렘에 가셔서 눈먼 제자들의 눈도 뜨게 하실 것이라는 암시다.

요한은 하나님의 영광에 대한 답을 제시한다. 요한은 철저히 하나님의 영광을 예수 그리스도의 십자가와 연결한다. 요한복음 7장 39절에 "예수께서 아직 영광을 받지 못하셨다"는 말은 그가 하나님의 신적인 분량을 갖지 못했다는 의미가 아니라 하나님의 영광은 예수 그리스도의 십자가로 점철된다는 뜻이다.^요12:16 예수님 자신도 역시 십자가를 하나님의 영광 그리고 자신의 영광으로 아셨다. 예루살렘에 입성하신 예수님은 제자들의 기대와는 달리 십자가를 지실 골고다를 생각하시면서 "인자가 영광을 얻을 때가 왔다"고 선언하셨다.요12:23 그것이 바로 하나님 아버지의 영광을 위하는 길이었기 때문이다.요12:28

그뿐만 아니라 예수님은 제자들도 십자가 영광을 입어야 한다고 역설하신다. 그러나 제자들은 스스로 그런 영광을 입을 능력이 없기 때문에 그것마저도 성령을 보내주셔서 이루시겠다고 약속하신다. 요한복음 21장 15~23절에 디베랴 바다에 나타나셔서 제자들에게 말씀하신 예수님의 의도가 바로 그런 것이다. 제자들에 대한 사명 재확인이다. 예수님이 십자가에서 어이없는 죽음을 당하자 제자들은 자신들의 바람이 수포로 돌아간 것을 알고 다시 옛날 고기 잡던 곳으로 되돌아와있다. 실패한 인생들에 주님이 다시 나타나서 그들의 실패를 되짚어 보시는 물음이 "네가 나를 사랑하느냐"고 묻는 주님의 물음이다. 베드로에게 세 번씩이나 "네가 나를 사랑하느냐"고 묻는 물음엔 너희가 나를 사랑한다고 했지만 결국 실패하지 않았느냐고 확인하시는 예수님의 마음을 담고 있다. 결국, 제자들의 사랑, 결심, 헌신 가지고는 실패할 수밖에 없었다는 사실을 확인시키고 있다. 그래서 예수님은 제자들의 실패를 탄식하시거나 나무라지 않으셨다. 그렇게 실패할 줄 미리 아셨기 때문이다. 그러나 이들의 실패가 결코 실패가 아니라 새로운 시작을 위한 실패라는 것이다. 예수님은 결론적으로 말씀하셨다.

> 요 21:18~19 내가 진실로 진실로 네게 이르노니 네가 젊어서는 스스로 띠 띠고 원하는 곳으로 다녔거니와 늙어서는 네팔을 벌리니 남이 네게 띠 띠우고 원하지 아니하는 곳으로 데려가리라. 이 말씀을 하심은 베드로가 어떠한 죽음으로 하나님께 영광을 돌릴 것을 가리키심 이러라. 이 말씀을 하시고 베드로에게 이르시되 나를 따르라 하시니

이 구절은 제자들의 지금까지의 헌신과 사랑도 결국 자신들이 원해

서 자신들이 원하는 곳으로 다닌 자신들의 의사였기 때문에 실패할 수밖에 없었다는 것과 이제는 자신들이 원하는 삶이 아닌 하나님이 원하는 진정한 제자들의 삶으로 인도하실 것이라는 사명 재확인 선언문이다. 결국, 베드로도 십자가를 지고 죽어서 하나님께 영광 돌릴 것을 미리 말씀해 주셨다. 제자들이 추구한 영광과 하나님이 원하시는 영광에 근본적인 차이가 있었음을 밝히 말해주고 있다.

구원과 치유

치유를 구원과 연결해 이해하는 사람들이 있다. 그렇게 해야만 치유의 근본적인 목적이 되고 따라서 하나님 영광의 본질이 된다고 주장한다. 따라서 치유는 치료를 전제한다고 생각한다. 이런 주장이 성경에서 말하는 설득력이 있는지 살펴보기로 한다.

치유를 구원과 연결해 이해하는 사람들은 하나님의 백성이 병이 드는 것은 사탄이 가져다주는 시험이라고 생각하기 때문에 반드시 치유를 통해 사단의 세력을 몰아내고 온전한 몸을 이루어야 한다고 생각한다. 그들은 구원받은 사람들은 이런 사탄이 지배하는 질병을 앓고 있어서는 안 된다고 믿는다. 한편, 병든 자들이 기도를 통해 치유를 받으면 그것을 바로 구원의 증거로 볼 수 있다고 생각한다. 이런 주장에 따르면 사람이 병이 낫지 않는 이유로 대개 세 가지 이유를 든다. 첫째 귀신이 아직 나가지 않았기 때문이고 둘째 마귀의 꾐에 빠져 죄를 지어서 병이 생겼기 때문이고 셋째 치유에 대한 믿음이 없기 때문이라고 말한다. 결국, 병이나 장애는 하나님이 원하시는 것이 아니고 마귀가 주는 저주라는 것이다. 따라서 반드시 고침을 받아야 한다는 것이다. 구원을 받은 성도는 이런 마귀의 저주에서 해방되어야 한다는 것이다. 따라서 질병 가운데 여전히 고통을 받거나 장애를 지닌 사람은 아직 문제가 해결되지 않은 사람들이 되는 셈이다. 이런 인식은 예수님의 치유 목적과 사뭇 다른 것이다. 예수님도 병자나 장애인을 고치시면서 구원을 베푸셨지만, 그것은 어디까지나 하나님나라의 구원을 선포하시기 위한 메시아 행위였을 뿐 치유와 구원의 어떤 함수관계를 말해주지는 않는다. 다만, 주님은 치유행위를 통해 하나님나라를 선포하셨다. 그러므로 치유가 구원을 가져다준다든지 또는 치유가 구원의 증거라고 말하는 것은 아니다. 따라서 지금 은사로 행해지는 치유사역과 예수님의 치유사역을 동일시할 수는 없다. 물론 지금도 치유은사를 통해 사람들을 구원으로 인도할 수 있다. 그럼에도, 그 치유가 구원을 보장하는 것도 아니고 치유가 구원의 증거도 아니라는 점을 분명히 밝히고자 한다.

예수님도 치유사역을 하실 때 믿음을 요구하시며 구원을 선포하실 때가 있다. 그러나 이때도 믿음이 치유 또는 구원의 전제조건이라고 해석해서는 안 된다. 예를 들어 마가복음 5장 25~34절에 나오는 열두 해 동안 혈루증을 앓는 여인에게 예수님께서 "딸아 네 믿음이 너를 구원하였으니 평안히 가라 네 병에서 놓여 건강할 지어다"라고 말씀하신 것은 딸의 믿음이 구원과 건강을 가져온 원인이라고 말하지만, 전제조건을 말한 것은 아니다. 즉 딸이 믿었기 때문에 구원을 얻었고 구원을 얻었기 때문에 병에서 놓임을 받았다는 공식을 만들 수 없다는 말이다. 그렇다고 믿음이 구원과 관계가 없다거나 믿음이 치유에 아무런 영향을 미치지 않는다는 말은 아니다. 분명히 구원은 믿음을 요구하며 믿음이 치유를 가져오기도 한다. 믿음으로 구원을 얻는 것이긴 하지만 믿음 때문에 구원을 얻는 것은 아니다. 사람의 믿음이 하나님의 구원을 만들어 내거나 유발시킬 수는 없다. 믿음은 하나님의 부르심에 대한 응답이기 때문이다.

더구나 치유현장에서 "구원을 받았느니라" 하는 주님의 선언은 일차적으로 치유를 받았다는 뜻으로 많이 쓰이기 때문에 더욱 유의해야 한다. 치유와 구원은 어디까지나 별개의 문제다. 하지만, 치유를 통해서 하나님나라를 선포하신 예수님의 사역방법은 구원을 선포하는 데 있어서 아주 효과적인 역할을 했다고 볼 수 있다.

한편, 치유행위가 구원이라고 말할 수는 없지만, 구원은 치유행위라고 말할 수는 있다. 구원이 사람의 전인격적 치유를 가져오기 때문이다. 이런 점에서 치유를 통하여 하나님의 영광이 나타나는 것이다. 우리가 억지로 구원을 만들어 낼 수는 없지만, 하나님이 하시면 치유를 통해서 구원을 보여줄 수 있다. 이런 뜻에서 교회가 치유를 위해 애쓰는 일은 무엇보다 중요하다. 이런 차원에서 WCC의 세계선교 및 전도위원회CWME가 선교를 구원론과 연계하여 본 것은 타당하다고 본다. 다만, 선교행위를 구원으로 보는 뉘앙스를 풍겼다는 공격을 받긴 하지만.[3]

치료와 치유

성경은 치료와 치유를 구분하지 않는 것 같다. 예수님도 치료와 치유의 정의를 따로 내리시지는 않았다. 복음서에서도 치료와 치유라는 개념이나 정의가 명확하지 않다. 그래서 복음서를 '에믹' emic [4]의 개념으로 먼저 이해하고 '에틱' etic의 관점으로 적용하여야 무리가 없다고 본다. 이런 해석학적 과정을 거쳐야 비로소 본문에 가장 근접한 이해를 할 수 있기 때문이다. 지금 우리가 이해하는 방식대로 복음서의 질병이나 장애를 하면 분명히 오해가 생긴다. 따라서 우리가 가지는 정의나 이해로 성경을 판단해서는 안 된다. 그럼에도, 치료와 치유라는 분명한 단어가 따로 쓰이지 않았다고 해서 그러한 개념 자체가 존재하지 않았다고 단정해서도 안 된다. 복음서는 명확하게 신체적 치료와 영적 사회적 치유를 구분하여 설명하고 있지는 않지만, 복음서에 나타난 예수 그리스도의 치유사역이 치료와 치유의 두 영역을 모두 포함하고 있으며 오히려 현대적 정의보다 더 포괄적인 이해를 내포하고 있음을 알 수 있다.

결론부터 말하자면, 예수님도 치료와 치유를 따로 구분하여 사역하시지는 않으셨지만, 예수님은 사람의 육체적 회복과 영적 회복, 그리고 사회적 회복과 구원을 통전적으로 보시고 사역을 하셨다. 치료가 육체적인 질병을 고치는 것이라면 치유는 사람을 전인격적으로 회복시키는 일이다. 전인격적 치유에는 사회적 영적 영역이 포함된다. 따라서 치료가 육체적인 몸의 해부학적 생리학적 복원 및 회복과 관계가 있다면 치유는 사회적 장애를 제거하고 영적 회복을 이루는데 초점을 맞춘다.

육체의 치료 자체가 전인격적인 치유를 가져올 수는 없지만, 비록 육체의 치료가 없어도 영적인 치유는 가능하다는 점을 성경은 여러 가지 예에서 말하고 있다. 현대 장애이론을 빌자면 치료가 의학적 모델이라면 치유는 사회적 모델에 속한다고 말할 수 있다. 따라서 치료는 '정상'을 목표로 하지만 치유는 '회복'을 향하여 나간다. 이런 의미에서 본다면 예수님의 치유사역은 치료와 치유를 겸한 전인사역이며 하나님나라라고 하는 사회적 영역에서 일어나는 회복사역이다. 물론 치유가 일어나려면 치료가 선결조건으로 따르기도 한다. 하나님은 하나님과의 회복을 위해 병을 주시기도 하고 병을 고치시기도 한다. 따라서 어떤 사람은 병을 통해 영적인 회복이 오고 또 어떤 사람은 신유 체험을 통해 영적 회복을 맛보기도 한다. 따라서 반드시 치료가 치유의 전제조건은 아니다.

복음서의 치유사건을 이해하려면 오늘날 우리가 가진 개념과 정의로 해석하면 오류가 발생한다는 점을 알아야 한다. 과연 복음서 기자들이 오늘날 우리가 이해하고 있는 의학적 용어를 염두에 두었을까? 그렇지 않다면 복음서에서 다루는 질병과 장애 그리고 그에 대한 치료와 치유를 오늘날 우리가 가진 정의로 해석할 것이 아니라 일단 그 당시 문화적인 이해로 판단해야 할 것이다. 이런 점을 반영하여 최근의 연구들은 복음서의 치유사건을 현상학적으로 접근하는 것보다 존재론적으로 접근하고 있다.[5] 예를 들면 마가복음 2장과 요한복음 5장에 나오는 중풍병자의 경우 이 사람들의 진정한 문제는 자신의 신체적 장애가 아니라는 것이다. 즉 신체적 장애를 바라보는 사회적 편견으로 생긴 낙인이 더 큰 문제라는 것이다. 이런 낙인 때문에 중풍병자는 자신의 신체적인 장애를 극복하고 살고 싶어도 자신의 장애를 받아들이지 못하는 사회 때문에 여지없이 거지로 전락할 수밖에 없게 된다. 이처럼 문제는 장애인의 문제를 장애라는 현상을 가지고 해석하기보다는 사회적 인식에 따라 장애인의 존재적 가치가 달라진다는 시각에서 문제를 바라보아야 한다는 것이다. 예수님이 바로 이런 관점으로 장애인을 바라보셨다는 것이다. 그렇기 때문에 예수님께서 장애인들의 신체적 장애를 제거해 줌으로서 그것 때문에 생긴 사회적 영적 장애까지 함께 제거해 주신 것이다. 따라서 예수님 치유사역의 궁극적 목표가 총체적인 회복에 있음을 말해준다.

덧붙이자면 예수님께서 병자와 장애인을 고치시면서 죄를 용서하셨다고 선언하신 것은 장애인들에게 쓰였던 사회적인 낙인을 벗기는 일이었다고 말할 수 있다. 왜냐하면, 장애는 죄와 관련이 있다고 믿는 당시 문화에서 죄를 사해 주셨다는 선언을 하심으로 그런 굴레를 벗게 해주셨기 때문이다. 따라서 예수님께서는 병자들과 장애인들의 이런 굴레와 낙인을 벗겨주심으로 그들이 다시 사회에 복귀하여 환영받을 수 있는 조건으로 만들어 주신 것이다.

그러므로 장애인들에게 하나님의 치유를 말할 때 치료의 개념으로 다가가선 안 된다. 그들은 이미 육체적인 치료 때문에 많이 지친 사람들이다. 장애를 고쳐보겠다고 하다가 너무나 많은 것을 잃어버린 사람들이다. 의사와 약을 찾아다니다 재산을 탕진하고 신유로 고쳐보겠다고 은사자들을 찾아다니다가 이젠 심령마저 메말라졌다. 물론 하나님이 하시고자 하시면 장애도 벗어버리게 하신다. 그러나 그것은 일반적 법칙이 아니다. 하나님은 죽은 자도 살리시고 해도 멈추신다. 그것도 일반적인 법칙이 아니다. 하나님은 장애를 고치실 수 있으시다. 그러나 안 고치시기도 하신다. 아니 한번 장애가 된 사람을 고치시지 않는 것이 일반적인 하나님의 법칙이다. 그러므로 성경의 특수한 경우를 들어 그와 같은 부류의 모든 사람들이 성경의 경우와 똑같이 될 수 있다는 주장은 하나님의 주권을 넘어서는 주장이다. 하나님이 그냥 장애인으로 사는 게 충분하다고 하는 장애인 대부분에게 고침을 받아야 한다고 목청을 높인다면 그것은 하나님의 뜻에 도전하는 죄를 범하는 것과 마찬가지다. 바울도 자신의 장애를 고쳐달라고 심각하게 기도하다가 주님의 뜻을 안 후 더는 고쳐달라고 기도하지 않았다.

하나님은 우리 몸의 치료보다는 우리 몸의 갱신Renewal을 원하신다. 몸의 갱신은 그리스도와 함께 날마다 새로워지는 것을 말한다. 날마다 새롭게 된다는 뜻은 몸의 죽은 세포가 소생하고 오히려 거꾸로 젊어진다는 뜻은 아니다. 바울이 "겉 사람은 후패하나 속 사람은 날마다 새롭다"고 한 말이 바로 우리 몸의 바른 회복의 모델을 제시한 것이다. 육신은 늙고 병들고 썩어질 수밖에 없다는 것이다.

예수 그리스도의 치유사역의 본질적 특징은 질병과 장애가 하나님나라 백성의 공동체 삶을 방해하기 때문에 하나님나라라는 관점에서 치유사역을 전개하셨다는 점이다. 즉 질병과 장애가 사회적인 고립과 분리를 가져왔고 편견과 불의를 불러일으켰기 때문에 예수님께서는 병자와 장애인을 치료하심으로 그들을 사회적으로 종교적으로 회복시키는 일을 하신 것이다. 따라서 예수님께서 강자와 약자, 건강한 자와 병자가 따로 존재하지 않는 평등하고 건강한 하나님나라의 꿈을 상기시켜 주신 것이다. 즉 창조 때 보여주신 하나님의 형상을 다시 회복하게 것이 예수님 사역의 목적이다. 이처럼 예수 그리스도의 치유는 개인의 육체적 치료를 넘어선 구속역사적 공동체 치유를 지향한다. 치료가 통합으로 가는 길을 열었다면 통합이 치유를 유발했다고도 말할 수 있겠다. 따라서 치유를 치료로 의미를 축소해 생각하는 것은 예수님 치유사역의 본질을 다 이해할 수 없게 한다. 예수님 치유사역의 주관심사는 단연코 하나님나라였다. 그리고 자신이 메시아임을 알리는 일이었다. 치료를 통하든 또는 치유를 통해서든 예수님 치유사역의 본질은 하나님나라에 있었다. 그 본질을 위해 그들의 직접적인 욕구를 채워주심으로 하나님나라의 비밀을 말씀하신 것이다. 즉 가난한 자에게는 먹을 것을 주시고, 병든 자를 고쳐주시고, 눈먼 자를 보게 하고, 귀먹은 자들을 듣게 하는 기적을 베푸심으로 그가 메시아이심을 선포하시고 이들을 하나님나라에 주빈으로 당당하게 부르신 것이다.

예수 그리스도의 치유사역의 또 하나의 특징은 당연히 그리스도중심이라는 점이다. 즉 고침을 받는 대상인 병자와 장애인이 치유사역의 중심이 아니라 고치시는 분이신 예수 그리스도가 주인이라는 사실이다. 치유현장의 주인공은 고침을 받은 환자가 아니라 치유자이신 예수 그리스도이시다. 막1:31~34; 3:7~12; 눅4:40~41 필요의 현장의 주인공은 필요를 받는 소외층이 아니라 공급하시는 주님이시다.^(막1:40~45; 20:30~34; 마14:14; 눅7:13)

❋ 단원요약질문

1. 장애를 하나님의 영광이란 관점으로 풀이하라.

2. 하나님의 영광에 대해서 예수님의 관점과 제자들의 관점을 비교해 보라.

3. 총체적, 전인격적 치유란 무엇을 말하는가?

제11장

선교학적 킹덤 드림

1. 말 못하는 농아들이 전도를 나간다. 그것도 기차를 타고 사나흘 길을 떠난다. 소리를 내서 전도하면 지금도 잡혀가는 중국 땅이지만, 이 농아들은 사나흘 밤낮으로 말씀을 전해도 끄떡없다. 소리 없이 말씀을 전하기 때문이다. 수화로 열심히 말하는 저들의 말을 사람들이나 공안원들이 도무지 이해할 수가 없기 때문이다. 중국에는 유난히 청각장애인이 많다. 공식 통계에 의하면 중국의 장애인을 7천5백만으로 추산하는 데 이 중 3분의 1이 넘는 2천7백만이 청각장애인이다. 특정장애가 전체장애의 1/3이 넘는 경우는 역사상 매우 특이한 현상이다. 왜 중국에 이렇게 많은 청각장애인이 발생하였는지 그 이유에 대해서는 설이 분분하다. 7,80년도에 쓴 예방 주사의 질이 좋지 않아 그렇게 되었다는 설과 공해 또는 열악한 상수도 시설 등등 환경적인 요인이라고 그 원인을 추정하지만, 아무것도 확실하지가 않다.

중국에 이렇게 청각장애인이 많아서 어디를 가더라도 농아를 만나는 일은 어렵지 않다. 그래서 농아 전도인들은 정기적으로 기차를 타고 전도여행을 떠난다. 수화를 사용하여 이야기를 나누는 농아들을 쉽게 발견할 수 있다. 이제 여행을 하는 내내 전도를 한다. 상대는 기차를 타고 가는 긴 시간 동안 그야말로 항복(?)할 때까지 하나님 말씀을 들어야 한다. 사람들도 공안원들도 농아들이 수화를 사용하여 무언가 진지한 대화를 나눈다고만 생각할 뿐 전도를 한다고는 상상도 하지 못하기 때문이다.

장애인이 선교의 주체로 일하는 땅이 바로 이곳이다. 보통사람들은 전도하고 싶어도 할 수 없는 곳. 그러나 장애인들은 버젓이 전도를 할 수 있는 곳. 말 잘

하는 사람들은 입 다물고 장애인이 되어야 하고 말 못하는 장애인이라고 하는 농아들은 마음껏 전도하는 곳. 참으로 일반 상식을 뒤엎어 놓은 곳이다.

2. 지적장애인들을 데리고 선교여행을 자주 한다. 사람들은 똑똑한 아이들을 데리고 다녀도 선교에 도움이 될까 말까 하는 데 말도 못하고 제 앞가림도 잘 하지 못하는 지적장애인들을 데리고 무슨 선교를 다니느냐고 비아냥거린다.
10여 명의 지적장애인을 데리고 중국에 갔을 때다. 중국현지인들의 첫 반응은 그야말로 충격 그 자체였다. "이 장애인들이 미국에서 비행기 타고 여기까지 왔어요?"하고 물었다. "그렇다"고 간단하게 대답하자 "정말 이 아이들이 미국에서 비행기 타고 왔습니까?"하며 "비행기"에 힘을 주어 재차 물었다. 정색을 하고 다시 "그렇다"라고 대답을 하자 탄식에 가까운 소리를 내며 말을 이었다. "아니 미국이 아무리 돈이 많아도 그렇지. 똑똑한 아이들한테 투자해도 성공을 할까 말까 한 세상에 아무런 쓸모없는 저런 아이들에게 어떻게 그렇게 큰돈을 낭비할 수가 있습니까? 우리는 평생 비행기는커녕 기차 침대칸도 타 본 일이 없는 데 제들은 참 호강하네요" 하며 빈정거렸다.
며칠이 지났다. 장애자녀를 둔 몇 부모들이 찾아와 물었다. "저 친구들이 정말 장애인 맞습니까?" 이건 또 무슨 뚱딴지같은 질문인가 해서 퉁명스럽게 "그렇다"라고 말을 받았다. 자폐장애인들은 겉으로 언뜻 보아선 장애를 구별하기 어렵지 않은가. 고개를 갸우뚱하면서 혼잣말로 중얼거린다. "이상하네. 어떻게 장애아이들의 얼굴이 저렇게 밝을 수 있지? 구김살 하나 없네? 어쩜 저렇게 거리낌도 하나 없을까? 우리 중국에 있는 장애인들과 비교하면 얼굴에서 빛이 나는 것 같아요"
헤어지는 날이었다. 장애아를 둔 학부모 몇 사람이 찾아와 내 손을 잡고 눈물을 글썽거리며 말했다.
"장애가 고칠 수 없는 것이라면 내 아이도 저 친구들 같이만 된다면 한이 없겠습니다. 선생님, 선생님이 믿는 하나님을 믿으면 저렇게 되나요? 우리도 선생님이 믿는 하나님을 믿고 싶습니다."
그들의 손을 잡고 간절하게 기도해 주었다. 공안원 앞에서. 중국에서 성인이 스스로 하나님을 믿겠다고 하면 그것은 불법이 아니다. 말 못하는 장애인 친구들을 통해 일어난 일이다.

3. 나의 사랑하는 딸 조이와 함께 다른 몇몇 지적장애아이들을 데리고 멕시코에 선교를 나갔다. 미국의 일류대학생들로 이루어진 단기선교팀과 함께 갔다. 멕시코에 도착하자마자 그렇게도 조잘조잘 잘 떠들던 대학생들이 갑자기 벙어

리가 되었다. 멕시코말을 하지 못하기 때문에 딱히 할 수 있는 일이 없다고 자기들끼리 모여 잡담이나 나누고 있었다. 갑자기 문밖에서 왁자지껄하며 어수선한 소리가 들렸다. 지적장애아인 조이와 바울이가 동네 사람들을 구름떼처럼 몰고 왔다. 또다시 돌아가 집에 남아있던 사람들의 손을 잡고 한 명씩 데리고 왔다. 따라온 사람들도 모두 함박웃음을 웃으며 재미있어했다. 말 잘하는 대학생들은 꿀 벙어리가 되어 있었고 말 못한다는 지적 장애아들은 사람들을 사로잡았다.

4. 인도네시아 장애단체의 초청을 받아 한 장애학교를 방문했다. 자카르타에 있는 유일한 지적장애인 학교라고 했다. 그것도 가톨릭 수녀들이 운영하는 학교였다. 학생 100%가 무슬림 자녀였다. 놀랍게도 이 학교에서 성경을 가르친다고 했다.
학부모들에게 물었다. "아이들에게 성경을 가르친다는데 괜찮습니까?"
"지금 우리에게는 선택이 없습니다. 이 학교가 우리 아이들에게 줄 수 있는 최고의 선물이기 때문에 학교에서 가르치는 모든 것에 만족합니다."
"목사님도 오셔서 우리에게 좋은 프로그램을 제공해주세요."

예수님께서 공생애를 시작하시면서 맨 먼저 나사렛 회당에서 두루마리 성경을 펴서 이사야 61장의 예언의 말씀을 낭독하셨다. 이렇게 하심으로 자신이 이사야가 예언한 예언사61:1~2의 성취자임과 동시에 종말론적 희년의 주인공으로 오셨다는 사실을 공식적으로 선언한 것이다. 이런 선언은 메시아를 기다리던 유대인들을 당황하게 하였다. 예수님께서 읽으신 본문은 유대인들이 메시아 강림을 기다리는 약속의 말씀 중 하나로서 그 예언의 약속은 오직 유대인들에게만 해당하는 특권으로 믿었기 때문이다. 따라서 예수님이 "오늘날 이 글이 오늘날 너희 귀에 응하였느니라"하고 예언의 성취를 선포하자 유대인들이 분개하여 예수님을 해하려고 하였던 것이다. 이사야의 예언은 예수 그리스도가 예언의 성취자일 뿐만 아니라 메시아로서 이 땅에서 하실 역할을 말하고 있다.

이사야의 예언과 예수님의 관점에 중요한 차이점의 하나가 이사야 61:2의 "하나님의 신원의 날"이란 부분이 누가복음 4:19에서 "주의 은혜의 해"로 대체되었다는 사실이다. 이는 구약에서의 심판의 의미를 예수님께서 은혜의 개념으로 바꾸신 것이다. 즉 예수 그리스도가 하나님나라의 주인인 것과 하나님나라는 이제 심판이 아니라 예수 그리스도의 은혜로 값없이 주어진다는 사실을 명백하게 밝힌다. 하나님의 신원의 날이 구약 율법시대의 본질이었다면 주의 은혜의 날은 새로운 시대의 본질이다. 그리고 이사야 58:6의 "압제당하는 자를 자유케 하며"란 부분을 새로 삽입함으로써 58장과 61장을 연계하여 메시아의 사회적 책임을 더욱 강조하였다.[1] 전체적으로는 소외된 자들의 하나님나라에서의 존재를 재조명하면서 당시 소외된 자들에 대한 종교적 잘못된 습관을 지적하였다. 더 나아가 본문에 등장하는 소외된 그룹 (가난한 자, 포로가 된 자, 눈먼 자, 눌린 자)의 본질적 존재의 가치를 재정립해 주셨다. 즉 유대인들의 이해로는 이들이 하나님나라의 아웃사이더이지만 하나님의 관점으로는 인사이더라는 것과 때가 되면 오히려 인사이더가 아웃사이더가 된다는 극적 반전의 선포였다.

희년

이사야의 예언이나 예수님의 선언 속에는 분명히 소외된 자들에게 희년을 선포하신다는 의미가 들어 있다. 즉, "주의 은혜의 날"이란 개념 속에 이미 희년의 개념이 들어 있다. 즉 '가난한 자,' '눈먼 자,' '갇힌 자,' '압제당하는 자' 이들이 희년의 주인공들이기 때문이다. 이들에게 "주의 은혜의 해"를 선포했다는 말은 하나님의 심판의 날[사61:2]을 맞아야 했던 이방인들로서는 그야말로 정녕 '좋은 소식'인 것이다. 이들을 '자유케 한다'는 단어 '아페시스' aphesis는 레위기 25:10의 단어 '데로' Deror의 70인경 번역으로서 희년에 쓰이는 테크니컬 한 단어이다. 즉 그들에게 좋은 소식이란 바로 희년으로 오신 예수 그리스도를 말하며 '주의 은혜의 해'가 선포됨으로 이제 더는 종노릇 하지 않음을 의미한다. 이처럼 예수님의 희년의 선포는 영적, 신체적, 사회적인 모든 영역에 걸쳐 그 영향을 미친다.

본문의 문장 구조적 이해

이미 언급한 바대로 예수님이 인용하신 이사야 61장 1~2절의 누가복음 4장 18~19절 기록에는 의도적으로 보이는 문장변경이 있다. 첫 번째로 이사야 58장 6절의 "압제당하는 자를 자유케 하며"(누가복음 4장 18절에는 "눌린 자를 자유케 하고"로 표현되어있음)가 추가되었으며 두 번째로 이사야 61장 2절의 "하나님의 신원의 날"이 "주의 은혜의 날"로 대체되어 있다. 또한, 유의할 사항은 예수님께서 히브리 성경을 인용하지 않으시고 "갇힌 자"로 표현되어있는 히브리어 본문을 "눈먼 자"라고 해석한 70인경을 채택하셨다는 사실이다. 이런 사실은 무언가 의미 있는 의도적인 문장변경이라는 것을 강하게 시사해 준다. 그렇다면, 의도적인 문장변경으로 얻고자 하는 의도는 무엇일까?

문장을 변경해 놓고 보니 전체 문단이 교차대칭구조Chiastic를 하고 있음을 알 수 있다. 예수님께서 의도적으로 이런 문단 구조를 만드심으로 교차대칭구조가 주는 해석상 의미를 강조하시려는 의도가 있지 않았을까 추측한다.

[누가복음 4:16~20의 구조]

  And he went to Nazareth, where he had been brought up;
   and on the Sabbath day he went into the synagogue,
  as was his custom
    And stood up to read.

A   The scroll of the prophet Isaiah was given to Him.
      Unrolling it, he found the place where it is written:
     "The Spirit of the Lord is on me,
      Because he has anointed me to preach good news to the poor.
       He has sent me to proclaim for the prisoners release
B   **And recovery of sight for the blind,**
       to send away the oppressed into release
      to proclaim the year of the Lord's favor.
     Then he rolled up the scroll,
A´   gave it back to the attendant
    And sat down
   And the eyes of everyone in the synagogue were fastened on him,
and he began by saying to them…

이런 구조하에서 문단이 셋으로 명확하게 구분이 되고 있음을 알 수 있다. A 부분은 예수님이 성경을 읽으시기 전의 행동을 묘사하고 A´ 부분은 예수님이 성경을 읽으신 후의 행동을 묘사하고 있다. 그리고 중간 B 부분이 이사야 61:1~2의 인용부분으로서 이사야 58:6 부분이 첨가되어 있다. 이렇게 첨가됨으로써 완벽한 교차대칭구조 문장구조가 만들어지게 되었고 강조하고자 하는 메시지가 명확하게 드러나게 되었다. 즉 대칭구조의 중앙에 있는 세 문장(굵은 글씨)과 그 앞뒤에 "가난한 자에게 복음을" good news to the poor과 "우리 주님의 은혜의 해" the year of the Lord's favor를 병렬로 배치함으로써 중앙에 있는 세 문장에 무게가 실리게 했다. 따라서 가난한 자에게 복음이 전파되는 것이 바로 주님의 은혜의 해의 주제라는 것이다. 그것이 바로 주님이 이 땅에서 하고자 하시는 메시아적 사역의 본질이다.

여기서 "가난한 자"라는 신분은 문장 구조상 중앙의 세 문장 속에 나오는 계층들(포로된 자, 눈먼 자, 눌린 자)을 포괄적으로 포함하는 대표격으로 나타난다. 그러므로 "가난한 자"는 모든 소외된 계층을 포괄적으로 대표하는 집합적 용어이다.[2] 주석가 렌스키는 이사야 61장 1~2절을 번역한 70인경에 "가난한 자", "갇힌 자", "눈먼 자" 등 이들 단어에 정관사가 빠진 것은 바로 "가난한 자"란 말이 이런 모든 부류의 사람을 통칭하는 집합적 용어임을 강력하게 시사해 준다고 강조했다.[3] 데이비드 보쉬는 예수님께서 의도적으로 심판에 대한 단어를 빼시고 대신 은혜의 해를 선포하신 이유는 이방인을 암시하는 소외당한 자들에 대한 그리스도의 사랑이 하나님의 심판을 능가한다는 사실을 나타내 준다고 설명했다.[4]

이런 의도적인 문장구조로부터 얻을 수 있는 의미는 다음과 같다.

(1) B 부분에 있는 "가난한 자에게 복음"good news과 "은혜의 해"the year of the Lord's favor가 서로 평행구조를 이루면서 이 둘은 같은 뜻을 내포하고 있음을 강조한다.

(2) 이렇게 은혜로 이루어지는 하나님나라의 구원사역은 교차대칭구조의 중앙 정점으로 강조된 부분(굵은 글씨)에 의해 이루어진다는 것이고 바로 이 부분이 전체의 주제가 된다는 것이다. 다시 말하면, 중앙부분이 바로 복음과 은혜의 본질을 말하고 있다. 즉 포로된 자에게 자유를, 눈먼 자에게 다시 보게 함을, 눌린 자를 자유롭게 하는 것이다.

(3) "가난한 자"는 결국 가운데 부분에 열거된 부류들, 즉 포로된 자, 눈먼 자, 눌린 자들을 대표하는 대표자로 제시되었다.[5] 따라서

가난한 자는 예수님의 갈릴리 사역에서 이방인을 대표하는 의미로 사용되었다. 그러므로 가난한 자에게 복음을 전한다는 말은 궁극적으로 이방인에게 복음을 전한다는 것이며 바로 그것이 메시아의 본질적 사역이라는 것이다.

(4) 이 문장구조의 가장 가운데 등장하는 "눈먼 자"는 장애인을 대표하는 부류로도 생각할 수 있다. 장애인은 결국 다른 소외된 계층과 더불어 이방인 선교의 문을 여는 첨병 역할을 한다는 사실을 밝혀주고 있다.

(5) "하나님의 신원의 날"을 삭제되고 "하나님의 은혜의 날"이 강조되었다.

(6) 가장 핵심적 내용은 이들 소외층 그룹이 단지 동정이나 복지사역의 대상으로, 좀 더 나아가 선교의 대상으로서가 아니라 예수님은 이런 소외계층을 이방 선교의 파트너로 삼으셨다는 점이다. 하나님나라의 객체에서 주빈으로 그리고 선교의 대상에서 주체로 옮겨갔음을 강조하고 있다.

(7) 눈먼 자가 눈을 뜬다는 시력회복의 메시지는 종말론적 회복에 대한 메시지로서 이사야 29:18~19과 이사야 35:5~6의 예언과도 일맥상통한 메시지다. 이런 회복을 통해서 하나님나라의 온전한 통합이 일어남을 강조하였다.

결론적으로 그동안 사회적 구조에서 배제되었던 소외된 그룹이 예수님이 새롭게 시작하시는 하나님나라에서 오히려 주도적 역할을 한다는 사실을 암시해 준다. 하나님나라의 윤리기준을 설파한 산상수훈에도 강조되었듯이 하나님나라에서 가난하다는 뜻은 물질적 의미에서의 가난을 넘어선 영적인 의미까지 포괄하는 의미로 확장되었다.

가난한 자와 하나님나라

결론부터 말한다면, 지금까지 살펴본 것처럼 가난한 자는 결국 이방인을 상징하는 대표자로서 역할을 하고 있다. 그러므로 가난한 자에게 복음을 전하라는 이사야의 예언은 결국 예수님께서 이방인에게 복음을 전하고자 보냄을 받았다는 뜻이 된다. 가난한 자에게 복음을 전한다는 것은 예수 그리스도께서 하나님나라의 마지막 희년으로 오심으로 소외된 자들을 자유롭게 한다는 뜻으로 다시 해석할 수 있다. 따라서 이들 소외된 자들이 자유롭게 된다는 뜻은 흑암의 세력하에 있는 이방인들이 복음으로 자유롭게 된다는 뜻이 된다.

"가난한 자"의 의미를 하나님나라와 연계하여 좀 더 자세히 살펴보기로 하자. 가난한 자들에 대한 해석은 학자들에 따라 조금씩 다르지만 "가난한 자"를 복음의 전령이라는 점에 포인트를 맞추는 구속사에 따른 해석이 중요하다고 생각한다. 하나님의 구원계획과 연관하여 "가난한 자"를 이해할 때 두 가지 해석이 가능하다. 첫째로, 구원의 대상자로서의 "가난한 자"와 둘째로, 구원의 주체로서의 "가난한 자"로 나누어 생각할 수가 있다. 가난한 자를 구원의 대상자로 본다면 그들도 다른 사람들과 마찬가지로 구원이 필요한 사람들이며 구원의 대상에서 결코 빠질 수 없는 신분이라고 말할 수 있다. 또 가난한 자는 학대받는 그룹을 대표하는 대표자로서 '가난' 이란 말이 불공정에 대한 영적 표현이 된다. 그러므로 하나님께서 가난한 자를 대변하신다는 말은 정의를 원하시는 하나님의 공의의 표현이다. 그러나 하나님께서는 단지 부자라는 이유 하나만으로 그들을 미워하시거나 가난하다는 한 가지 이유로 그들을 사랑하시는 분이 아니시다. 하나님은 가난한 자나 부자를 모두 창조하신 분이시다.[6]

두 번째로, 가난한 자를 구원의 주체로 본다면 가난한 자를 하나님의 구원계획의 패러다임이라고 말할 수 있다. 즉 하나님께서 가난한 자를 통해서 그의 구원계획과 정의 실현, 치유 등을 밝히셨기 때문이다.7) 따라서 가난한 자가 하나님의 구원계획의 대행자로서 어떤 역할을 하는가에 초점을 맞추어 성경을 이해할 필요가 있다. 하나님은 분명하게 가난한 자를 사용하여 킹덤 모티브를 밝히신다. 예수님께서도 이런 하나님의 뜻을 받들어 자신의 사역을 가난한 자와 함께 시작하셨고 그도 친히 가난해지셨다. 그러므로 가난한 자를 단지 사회적인 문제로서가 아닌 하나님나라라는 관점에서 다루어야 한다. 그렇다고 해서 이런 구속사에 따른 해석이 사회학적인 접근을 무시해도 좋다는 뜻은 아니다. 물론 성경에서 가난한 자는 사회적, 경제적, 정치적, 영적 영역 모두를 포함하고 있다.

그뿐만 아니라, 예수님께서 새 언약의 기준을 가난한 자의 이미지를 통해 밝히셨다는 사실을 보아서도 가난한 자가 갖는 하나님나라의 영적 상징성이 얼마나 큰가를 말해준다. 즉 마음이 가난할 것과 하나님 한 분만 섬길 것을 말씀하신 예수님의 새 계명은 분명히 가진 자의 차원에서 축복을 논하던 옛 계명과 많은 차이를 보여준다.8)

가난한 자의 처지에서

소외층으로서 이사야 61장의 예언을 살펴보는 것도 의미 있다는 일이다. 즉 가난한 자에게 복음을 전하러 오신 예수님. 그렇다면, 가난한 자들에게 전할 복음은 무엇일까? 그들에게는 마음껏 먹을 수 있다는 희망보다도 예수 그리스도 자체가 더 큰 복음이었을 것이다. 왜냐하면, 예수님이 사회에서는 아무도 환영하지 않는 자신들을 환영하시고, 품으시고, 변화시키셔서 하나님나라의 자리를 되찾게 해 주셨기 때문이다. 이처럼 가난한 자들에게 있어서 복음은 예수 그리스도 그분 자체였으며 또 그로 말미암아 찾아온 샬롬이 진정한 축복이 되었다. 이들에게 희년의 축복으로 찾아오신 예수님이 주신 축복은 이처럼 다방면에 걸쳐 영향을 주었다. 이렇게 가난한 자로 대변되는 소외계층은 예수 그리스도가 가져다준 급진적인 변화로 말미암아 순식간에 반전의 인생을 살게 된다.

가난한 자가 하나님나라의 자리를 차지한다는 것은 점진적인 신분 상승 노력의 결과가 아니다. 이것은 빛으로 오신 예수님이 그동안 율법의 사슬에 묶여 있었던 이들의 사슬을 끌러주심으로 가능해진 것인데, 이러한 빛의 작용은 순간적인 변화를 가져다준다.

하나님나라 만찬의 주객으로서의 장애인

누가복음 14:15~24의 만찬 비유는 누가복음 4:16~20의 의미를 더욱 분명하게 해주고 있다. 본문에서도 예수님은 희년의 개념이 담긴 용어들을 그대로 사용하셨다. 이 천국 만찬 비유에서 예수님은 당시 사회적으로나 종교적으로 유대인과 부자 그리고 이방인과 가난한 자로 이분되는 사회구조에 대한 잘못을 지적하시면서 하나님나라는 결국 가난한 자와 장애인으로 대표되는 이방인이 주체가 될 것이고 암시했다.

잔치에 먼저 초청을 받은 사람들이 오지 않자 나중에 각종 장애인이 동원된다. 이들은 원래 초청명단에 없었던 불청객들이었다. 우리가 잘 아는 대로 이 잔치는 종말론적 천국 잔치다. 먼저 초청을 받은 유대인들은 이 잔치가 그들에게 있어서 늘 있었던 종교의식 중의 하나라고 간주했던 것 같다. 그러나 이 천국 잔치는 예수 그리스도의 "단번에 그러나 모든 사람들을 위한" 천국 잔치를 의미한다.[9] 유대인들은 그들이 그토록 애타게 기다리던 바로 그 메시아가 오셨는데도 불구하고 깨닫지 못하고 잔치에 참석을 거부했기 때문에 이제 천국 잔치의 주빈이 교체된다는 뜻이다. 그 대신 그동안 잔칫상에 오를 수 없었던 신분들이 초대된 것이다.[10] 아이러니하게도 졸지에 이들이 잔치의 주인공이 된 것이다. 결국은 초대받은 손님은 천국 잔치를 맛조차 보지 못하고 초대받지 못했던 불청객들은 잔치의 주인공이 된다.눅14:24 종말의 역전현상을 시사해준다. 이런 역전현상은 예기치 않게 갑작스레 일어난다.

　이제 복음이 유대인을 넘어 이방인에게로 넘어갔다는 비유이다. 물론 이 천국 만찬에 먼저 부름을 받은 유대인들이 초청을 거부하긴 했지만, 하나님께서 그들을 의도적으로 배제했다는 뜻은 아니다. 그리고 그들이 영원히 배제된다는 뜻도 아니다. 그들도 예수 그리스도를 메시아로 받아들이는 순간, 이 혜택을 받을 수 있다. 이처럼 예수님이 여신 하나님나라는 이제 모든 사람들에게 열린 문이 되는 것이다. 유대인이나 헬라인이나, 자주자나 종이나, 남자나 여자에게 그리고 이제 가난한 자에게도, 장애인에게도 동일하게 열린 구원의 문이다. 이렇게 새롭게 입법된 하나님나라의 질서는 자주자, 남자, 유대인들로 대변되는 인사이더의 관점으로 보면 매우 불편하기 짝이 없는 불공정한 게임이라고 항변할 말 한다. 그들이 자신의 실력으로 이룬 사회적인 기반을 아무런 공헌을 했다고 볼 수 없는 소외층들에게 값없이 내주어야 했기 때문이다. 게다가 그들에게 자신들의 리더 자리까지 빼앗긴 꼴이 되어 버렸다. 한편 종, 여자, 헬라인으로 대변되는 아웃사이더들에게는 그야말로 복음 중의 복음이 아닐 수 없다. 혁명적인 신분변화를 맛보게 된 것이다. 비록 헬라인이 유대인이 되고 여자가 남자가 되고 종이 주인이 되는 것처럼 세상에서의 신분변화는 아니지만, 천국 시민이라는 새로운 신분으로서 누리는 축복이 훨씬 크고 비밀스럽다는 사실을 경험함으로써 땅에서의 차별까지도 수용하고 이길 수 있는 모티브가 된 것이다. 이처럼 예수님의 자유선언은 그들에게 혁명적인 삶의 변화를 가져오게 했다. 누가복음에는 천국 잔치와 더불어 "먹고 마신다"라는 표현이 열 번 나온다. 이렇게 새로운 질서의 천국 잔치는 누구에게나 흥겹고 즐거운 곳이다.

웹 미첼의 『하나님의 잔치에 전혀 예기치 못한 손님들』이란 책은 천국 잔치를 여러 측면에서 관찰한 아주 좋은 책으로서 오늘날 교회가 하여야 할 구체적 적용을 제시하고 있다.[11] 웹 미첼의 관점 역시 천국 잔치는 그동안 소외되었던 장애인들이 하나님나라에 부름을 받았다는 통합의 원리로부터 시작한다.

천국 만찬의 의의

첫째로 천국 잔치의 주인은 하나님이고 잔치의 호스트는 예수님이다. 둘째, 처음 초청받은 기득권층 대신에 나중에 예기치 못한 초청객인 소외된 자들로 대치되는 대반전이 일어난다고 해서 완전히 기득권층을 배격하고 소외층이 권력을 차지하는 쿠데타적 혁명은 아니다. 실상은 소외계층이 주류에 들어옴으로써 비로소 하나가 된다는 의미이며 그렇게 됨으로써 진정한 의미의 화해가 일어난다는 것을 말한다. 셋째, 천국 잔치의 초대권은 사람의 신분이나 능력에 따라 주어지는 것이 아니라 전적으로 주인이신 하나님의 부르심에 달렸다. 이 부르심은 은혜에 기인한다. 넷째, 나중에 극적으로 초청을 받아 잔치의 주빈이 된 소외층은 바로 이방인들을 의미하며 그들이 바로 오늘의 우리다. 다섯째, 따라서 이제 우리가 또한 예기치 못한 초청객을 받아들여야 할 때이다. 우리는 이 땅에서 날마다 천국 잔치에 새로운 주인공들을 불러들여야 할 과제를 안고 있다. 여섯째, 처음 초청객들에 대한 초청은 아직도 유효하다는 것을 알아야 한다. 그들이 천국 잔치의 중요성을 뒤늦게라도 깨닫고 아직도 기다리시는 주인의 초청에 응할 수 있도록 주인께서 아직도 기다린다는 사실을 그들에게 상기시켜 주어야 할 것이다. 일곱째, 이제는 천국 문호가 모든 사람에게 개방되어 있음을 알려야 한다. 특히 스스로 그런 자격이 없다고 생각하는 소외 계층들에게 먼저 복음을 전해야 할 필요가 있다. 일단 그들에게 복음은 잔치라는 사실을 알려야 한다. 마음껏 먹고 마실 수 있는 곳. 신분의 차이가 없는 곳. 누구나 따뜻하게 환영받는 곳이라는 사실을 상기시켜 주어야 한다. 여덟째, 이러한 천국 잔치의 모형인 교회가 날마다 천국 잔치를 하는 모습을 보여주어야 한다. 아홉 번째, 따라서 지금 교회가 장애인을 비롯한 소외층들의 아늑한 보금자리로서 둥지 역할을 하지 못한다면 그것은 그들에게 천국 잔치를 배반하는 것이다.[12] 마지막으로 이 잔치는 "이미/아직 아니"already/not yet의 하나님나라의 속성을 포함하고 있다. 이것은 이들에게 주어진 새로운 종말론적 과제이기도 하다. 미래의 종말론적 하나님나라가 현재에 임하심으로 종말론적 희년의 소망을 제시하신 것이다.

그러므로 이런 소외계층이 존재하지 않는 하나님나라는 아직 완성된 나라가 아니다.[13] 소외계층이 존재하지 않는 교회는 아직 교회가 아니다. 그러므로 장애인들을 메시아 공동체의 담지자로 본 것은 아주 적절한 표현이다.[14]

결론적으로 말하면, 본문은 갈릴리 사역 이후에 집중적으로 전개될 하나님나라 사역에 있어서 이방인들의 위치를 뚜렷이 밝힌 것이다. 즉 그동안 소외된 그룹들 즉 아웃사이더들이 하나님나라의 문을 여는 선두주자 또는 첨병으로서 예수님의 이방 선교 파트너로 등장했다는 점을 만천하에 공포함으로써 아웃사이더가 인사이더로, 부정한 자가 깨끗한 자로, 선교의 대상이 선교의 주체로 하나님나라 안에서 극적인 반전이 일어났음을 말해준다. 데이비드 보쉬David Bosch는 하나님나라 만찬이야기는 예수님께서 장애인들을 객체에서 잔치의 주빈으로 끌어안으셨을 뿐만 아니라 더 나아가 그들에게 능력을 부으심으로 하나님나라 선교에 주체로 사용하신다는 암시를 준다고 인정했다.[15] 다른 말로 한다면 이들 아웃사이더들이 이제 새로운 시대의 신호탄 역할을 하게 된 것이다.

만찬 초청자로서의 예수 그리스도

장애신학의 관점에서 천국 잔치가 주는 의미를 좀 더 생각해보자. 첫째로 예수님은 그동안 소외되었던 변두리 인생인 장애인들을 주류 인생으로 불러들이셨다는 점이다. 둘째 예수님의 부르심은 그들의 신분변화를 가져왔고 그런 그들의 신분변화가 그들의 사회적 영적 회복을 가져왔다. 셋째 예수님은 그들을 만찬에 초청한 것으로 그치지 않고 늘 그들과 함께 하셨다. 예수님은 병자들과 장애인들을 고쳐주셨을 뿐 아니라 실제로 그들과 함께 음식을 나누시면서 많은 시간을 함께 하셨다.마26:6 넷째, 가장 중요한 점은 예수님이 장애인들과 함께하신 본질적인 이유가 그의 메시아적 사명을 이루는 일이었다.

결론적으로 본문은 장애인을 극진히 돌보시는 긍휼 사역의 표본으로서가 아니라 하나님나라의 본질사역을 보여주는 비유이다. 이 비유는 결국 요한의 제자들에게 하신 예수님의 말씀으로 확증된다.

> 눅 7:19~23 요한이 그 제자 중 둘을 불러 주께 보내어 이르되 오실 그이가 당신이오니이까 우리가 다른 이를 기다리오리이까 하라 하매 그들이 예수께 나아가 이르되 세례 요한이 우리를 보내어 당신께 여쭈어 보라고 하기를 오실 그이가 당신이오니이까 우리가 다른 이를 기다리오리이까 하더이다 하니 마침

> 그때에 예수께서 질병과 고통과 및 악귀 들린 자를 많이 고치시며 또 많은 맹인을 보게 하신지라 예수께서 대답하여 이르시되 너희가 가서 보고 들은 것을 요한에게 알리되 맹인이 보며 못 걷는 사람이 걸으며 나병환자가 깨끗함을 받으며 귀먹은 사람이 들으며 죽은 자가 살아나며 가난한 자에게 복음이 전파된다 하라 누구든지 나로 말미암아 실족하지 아니하는 자는 복이 있도다 하시니라

본문은 예수 그리스도가 과연 메시아인가 하고 묻는 요한에게 예수님은 자신이 요한이 기다리는 메시아라는 사실을 이사야 예언의 성취라는 관점으로 증명하셨다. 즉 요한이 묻는 "당신이 진정 메시아이십니까?"라는 질문에 예수님은 입으로 "그렇다"라고 대답하시지 않으셨다. 만일 그럴 경우, "그걸 어떻게 믿습니까?"라는 후속 질문이 나올 것이 뻔했기 때문이다. 따라서 예수님은 자신을 변증할 수 있는 가장 확실한 방법인 이사야의 예언을 들고 나왔고 그의 예언이 바로 자신을 통해서 그대로 이루어지고 있다는 사실을 증명함으로써 자신이 메시아라는 사실을 결정적으로 변증하셨던 것이다.

이런 예언의 말씀을 염두에 두고 예수님은 요한의 제자들에게 "맹인이 보며 못 걷는 사람이 걸으며 나병환자가 깨끗함을 받으며 귀먹은 사람이 들으며 죽은 자가 살아나며 가난한 자에게 복음이 전파"되는 장면을 눈으로 똑똑히 보고 요한에게 가서 "보고 들은 대로 말하라"고 대답하신 것이다. 제자들의 보고를 들은 요한이 더는 예수 그리스도의 메시아 신분에 의구심을 품지 않았다는 사실을 보더라도 예수님의 변증은 요한도 확실하게 알아들을 수 있었던 하나님 말씀의 권위였다고 말할 수 있다. 옛 시대의 마지막 주자로서 새로운 주자에게 바통을 넘겨야 할 사명이 있는 세례요한으로서는 새 시대를 여실 메시아의 사명과 사역의 본질을 다시 확인하는 일이 중요했을 것이다. 따라서 세례요한이야말로 가장 메시아를 애타게 기다리는 인물로서 메시아가 오시면 하실 일에 대해서 예언한 이사야의 말씀을 줄줄 외

우고 있었음에 틀림이 없다. 또 예수님은 이사야의 예언의 성취자로서 오셨기 때문에 이제는 세례요한의 임무가 끝났음을 공식화하셨다고 볼 수 있다.

예배공동체로서의 천국 만찬

한 걸음 더 나아가 이 천국 잔치는 종말론적 예배 공동체의 모습을 보여준다. 예배공동체의 중요성은 예수 그리스도로 인하여 사라진 신분적 장벽의 혜택을 입은 소외층을 포함하여 그리스도의 몸에 동참하는 모두가 그의 지체가 된다는 점이다. 이 하나 됨은 성찬을 통하여 하이라이트가 된다. 이처럼 예배공동체는 듣는 것보다는 먹음으로써 하나 된다는 메타포가 강하다. 따라서 천국 잔치에서 함께 먹고 즐기는 모습은 예배공동체에서 그리스도의 몸에 참여하고 떡을 떼는 성찬을 상기시켜 주며 종말론적 예배공동체에서 그리스도와 함께 영원히 천국 잔치를 벌이는 모습을 상상케 해준다. 이때 완전한 공동체적 치유가 일어나고 종말론적 회복은 완성된다.

지금까지 살펴본 것처럼 결국 가난한 자/장애인 모티브는 그들의 현실적인 문제 해결에 초점을 맞춘 것이 아니라 이방인을 부르시는 하나님나라 모티브다. 그러나 아울러 중요하게 강조되어야 할 점은 가난한 자/장애인들의 현실적인 접근을 무시해서는 안 된다는 점이다. 현실적인 접근을 무시한 영적인 접근은 미래적인 하나님나라만을 강조하는 것이기 때문에 이미 임한 하나님나라의 현재성을 무시하는 격이 되고 만다. 또 하나의 강조점은 예수님께서 눈먼 자의 눈을 뜨게 하시고 앉은뱅이를 다시 일으키신 기적적인 역사는 무너진 창조질서를 다시 회복시키려는 예수님의 하나님나라 회복 의지다.[16] 하나님나라에서는 이 땅의 모든 계급과 차별이 무너진다. 예수님은 의도적으로 사회적 장벽을 무너뜨리심으로 그런 의지를 보여주셨다. 모든 계층을 품으셨을 뿐 아니라 모든 자들에게 하나님나라의 능력을 부어주시기까지 했다.[17] 이런 의미에서 메시아를 기다리던 쿰란 공동체가 장애인들을 그들의 공동체에서 제외한 점은 매우 아이러니한 일이 아닐 수 없다.

보는 것과 하나님나라

하나님나라의 또 하나의 이미지가 '보고 듣는' 것이다. 복음서에는 하나님나라를 설명하면서 이런 두 가지 센스를 자주 쓴다. 이 말은 특별히 장애인들에게는 특별한 의미를 준다. 보지 못하고 듣지 못하는 사람들은 모든 장애인들을 대표한다고 볼 수 있다. 이런 장애인들이 이제 하나님나라 안에서 마음껏 보고 듣는다는 것은 이제 하나님나라의 모든 특권을 마음껏 누린다는 뜻이 된다.

예수님은 하나님나라를 '보는 것'과 연관시켜 설명할 때가 잦다. 특별히 누가복음의 메타포는 더욱 선명하다.[18] 즉 보는 것을 하나님의 말씀을 이해하는 것으로 은유한다.

몇 가지 예를 들어보자. 목자들의 "듣고 본 것" 모든 것을 인하여 하나님께 영광을 돌리더라.^{눅2:20} 시므온이 아기를 안고 하나님을 찬양하며 가로되 내 "눈"이 주의 구원을 "보았사오니"^{눅2:30} 여기서 보고 듣는 것은 단순히 지식전달 수단이 아니라 하나님을 아는 지식을 말한다. 예수 그리스도의 이적과 기사를 보는 것만으로도 하나님의 영광을 돌리는 길이 되기도 한다.^{눅5:26; 17:15~16} 또 이미 언급한 대로 세례요한의 제자들이 "보고 들은 것"이 예언의 말씀 성취를 말하기도 한다.

반면에 보고 듣는 것이 정반대의 의미를 내포할 때도 있다. 이때는 보는 것의 반대 이미지가 사용된다. 즉 예수 그리스도를 알지 못하는 영적 맹인과 농아를 은유한다. 예를 들어 예수님께서 "저희가 보아도 보지 못하고 들어도 깨닫지 못한다"눅8:10고 말한 것은 육신의 보는 것과 듣는 것이 오히려 하나님을 알지 못하는 증거가 됨을 말한다. 따라서 예수께서는 "너희의 보는 것을 보는 눈은 복이 있도다"눅10:23라고 보는 눈의 진정한 의미가 하나님을 보는 영적인 눈이라고 단언하셨다. 이런 영적인 눈은 심지어는 많은 선지자와 임금들도 보지도 듣지도 못한 하나님나라의 비밀이었다.눅10:24 그러나 때가 되매 선지자나 임금들과 같은 특권층에게만 주어지던 비밀이 천하게 여기는 장애인들과 같은 소외계층 사람들에게도 주어짐으로써 그들의 장애가 오히려 다른 사람들의 영적인 눈을 뜨게 하는 도구가 됨을 말하고 있다. 또 이 말씀은 예수 그리스도를 메시아로 보지 못하는 세대들에 대한 탄식과 함께 새 시대의 영적 감각을 제자들에게 부어주심으로써 그들을 새 시대의 주역으로 사용하시겠다는 예수님의 의지가 담긴 말씀이다. 예수님이 세례요한이 보낸 제자들에게 "보고 들은바를 전하라"고 말씀하신 대답 속에는 예수님의 기적과 이사를 보고 듣는다는 것은 단지 사람의 감각기관의 정상적인 인지능력을 말하는 것이 아니라 예수 그리스도의 메시아 되심과 그의 사역의 본질을 볼 줄 아는 영적 감각을 말하는 것이다.

엠마오로 가는 두 제자는 예수님과 같이 길을 걸을 때에도 그가 누구인지 그의 실체를 보지 못했으나 예수께서 떡을 가지고 축사하신 후에는 정녕 눈이 밝아져 예수님인 줄 알았지만, 오히려 육신의 눈으로는 보지 못했다.눅24:30~31 이처럼 누가는 분명히 시각과 청각을 하나님을 아는 감각으로 상징하고 있다. 누가복음 7:24~35에 예수님은 "너희는 무엇을 보러 광야에 나갔더냐"고 여러 번 반복하여 무리에게 물으셨다. 즉 광야에 나가서 눈에 보이는 자연이 실체가 아니라 거기서 외치는 자로 온 세례요한을 보고 그의 말을 들을 수 있어야 한다는 반문이다. 여기서도 누가는 예리하게 육체의 감각이 아닌 영적 감각의 예민함을 강조하고 있다.

누가복음 18:35~43에 나오는 걸인 맹인의 경우, 누가는 걸인 맹인과 그를 예수님께로 접근하지 못하도록 막는 세력을 극적으로 대조시키면서 하나님나라를 '보는 것'에 대한 의미를 시각적으로 설명했다. 그러면서 성경에서 "가난한 자"와 "눈먼 자"가 오히려 하나님나라의 실체를 영적으로 밝혀주는 데 사용되는 가장 귀한 존재임을 다시 한 번 깨우쳐준다. 아이러니하게도 본문에서 맹인 걸인은 육적인 눈뿐만 아니라 영적인 눈도 떴으나, 제자들은 아직도 영적으로 어두운 상태에 있었다.[19] 본문 누가복음 18:35~43의 걸인 맹인의 이야기를 부자 관원의 이야기18~30 다음에 집어놓음으로써 두 이야기가 상관관계가 있음을 시사하고 있다. 즉 부자 그리고 제자들로 대변되는 기존 사회적 권력그룹의 영적인 눈은 어두운 가운데 오히려 소외계층의 영적 눈은 뜨게 되었다는 사실은 이제 영적 힘이 이동하고 있음을 암시하는 것이다.

삭개오의 '본 것'

누가는 삭개오의 이야기를 걸인 맹인의 눈뜨는 사건 바로 다음에 집어넣음으로써 계속해서 하나님나라와 '보는 것' 사이의 연관성을 암시하였다.[20] 맹인도 보기를 원했고 삭개오도 보기를 원했다. 예수 그리스도를 보려고 했을 때 맹인도 군중이 방해했고 삭개오도 군중이 걸림돌이었다. 그러나 두 경우 모두 예수님께서 친히 그들을 찾아오심으로 해결되었다. 맹인이 본 것이나 삭개오가 본 것은 결국 똑같은 예수 그리스도였다.

삭개오 이야기는 누가복음에만 나오는 독특한 사건이다.[19장] 누가가 기록한 그에 대한 프로필은 신체는 키가 작은 사람이고 직업은 세리장이고 따라서 부자다. 당시 세리들은 가정마다 찾아다니며 세금을 매기고 그에 따른 성과보수를 받았다고 추정된다. 따라서 세리장 정도이면 당연히 많은 돈을 축적했을 것이다. 삭개오 자신도 자신의 축적행위에 문제가 있었음을 시인했다. 그러나 돈으로 부는 쌓았을지는 몰라도 존경심은 돈으로 살 수가 없었다. 돈을 축적하면 할수록 사람들로부터 멀어져만 갔다. 키가 작은 것이 사람들에게 놀림감이 되었을 것이고 따라서 자존감도 많이 낮았을 것이다. 이에 대한 보상으로 더욱 열심히 일을 했을 것이고 사람들에게 매몰차게 대하면서 세금을 매겼을 것이다. 자신의 존재감에 대한 보상심리였다고 볼 수 있다. 그럼에도, 자신의 내면에 깊이 자리 잡은 소외감과 외로움은 그 어느 다른 것으로도 보상될 수 없는 성질의 것들이었다. 결국, 삭개오의 작은 키 때문에 생긴 낮은 자존감과 세리라는 직분 때문에 생긴 사회로부터의 고립감이 삭개오에게 있어서 이중 장애로 작용했다는 것을 알 수 있다.

예수님을 보고자 뽕나무 위로 올라갔다는 사실은 그가 얼마나 절실히 예수님을 보기를 원했던가를 보여주는 증거다. 사회적인 지위에다가 더군다나 외모 콤플렉스가 깊은 삭개오가 주저 없이 수많은 사람 앞에서 나무 위로 올라갔다는 사실은 이제 더 잃고 싶어도 잃을 수 없을 만큼 자존심이 낮아졌다는 것을 의미한다. 그러나 삭개오는 자신의 장애를 극복할 탈출구를 찾았다. 예수님이 찾아오신 것이다. 삭개오가 얼마나 외로웠던지 또 얼마나 사랑에 굶주렸는지는 예수님이 삭개오의 집을 방문하신다는 말이 너무도 즐겁고 신이 나서 집에 들어가 앉기도 전에 자신의 재산을 가난한 자들과 나누겠다고 선뜻 약속을 한 것을 보아도 짐작할 수 있다. 예수님께서 자신의 집에 유하심으로 얻게 되는 소득이 재산을 다 팔아도 얻지 못하는 값진 것이라는 것을 안 것이다. 결국, 삭개오는 예수님으로부터 구원을 선물로 받는다. 잃어버린 자가 주님 안에서 발견된 자가 되었다.눅19:10 재산의 반을 가난한 자에게 나누어 주고 토색한 것을 네 배로 갚은 결과로 구원을 받은 것이 아니다.

예수님의 갈릴리 사역과 비차별 정신

예수님은 친히 가난을 체휼하셨다. 가난하게 태어나 나사렛의 허름한 동네에서 자라났으며 목수의 일을 하며 의식주를 해결했다. 때가 되어 공생애를 시작했으나 주님은 복음을 위해 그마저도 내버리고 머리 둘 곳도 없는 생활을 했다. 그는 공생애의 삶을 통해 신분이나 귀천, 성별에 따라 배척받고 배척하는 사회에서 모든 자를 품는 사역을 전개하셨다. 그렇게 하심으로서 하나님나라는 모든 사람들의 나라라는 것을 친히 몸으로 보여 주셨다. 예수님이 늘 가난한 자들과 함께 하시며 병든 자들을 고치시면서 하나님나라를 선포하신 뜻은 병든 사회를 향한 예수님의 사랑의 마음에서 기인한다. 그러나 예수님의 이 회복사역은 단지 개인과 사회의 질병을 고치는 차원이 아니라 하나님나라의 회복이라는 차원에서 이루어진 것이다. 그러므로 예수님은 그의 갈릴리 사역에서 사회질서와 정의구현이라는 정의의 칼로서가 아니라 용서와 용납, 수용과 비차별의 방법으로 모두를 품으신 것이다.[21] 이런 방법은 당시 철저하게 차별받고 사는 사람들에게는 그야말로 복음 중의 복음이었다. 심지어 예수님은 당시 소외계층들이 쓰던 그런 쉬운 언어를 사용하셨다. 예수님은 그야말로 무차별적으로 사람들을 받아들이셨다. 그렇게 해서 모인 무리가 교회를 이루게 된 것이다. 이처럼 교회 탄생의 서곡에는 차별타파와 장벽을 무너뜨리는 일이 선행되었다. 이렇게 탄생한 교회는 다음과 같은 특징을 갖게 되었다.[22]

첫째, 예수님은 차별과 장벽으로 대변되는 기존의 사회질서를 무너뜨리고 완전한 새로운 질서를 갖는 새로운 조직체로서 교회를 세우셨다. 둘째, 새롭게 형성된 공동체인 교회는 더는 지켜질 수 없는 율법이 아닌 사랑과 용서로 회복되는 공동체다. 셋째, 교회는 서로 좋은 것을 함께 나누는 공동체다. 넷째, 교회는 고통도 함께 나누는 공동체다. 마지막으로 교회는 세상의 방법으로 힘을 형성하거나 행사하지 않고 사랑으로 가득한 새로운 능력으로 서로를 세우는 공동체이다. 이처럼 예수님이 세우신 교회는 나눔과 차별이 없는 사랑으로 먹고 마시는 사랑공동체이다. 이렇게 그리스도의 십자가는 단지 개인의 죄를 사해주는 구속의 장소로서 뿐만 아니라 이 세상의 모든 소외된 자들을 살리는 회복의 장소였다.

적용: 통합예배

교회는 종말론적 하나님나라의 주 에이전트이므로 모든 계층의 사람들을 수용해야 한다는 것은 본질적인 과제이다. 여기서 한 가지 짚고 넘어가고 싶은 것은 교회의 본질적 과제를 예배와 사회사역으로 이분화할 수 없다는 점이다. 성도의 예배는 교회건물 안에서 예배가 끝나는 시점으로부터 시작하여 어떻게 예배가 삶에 구체화 되는가로 그 성패를 판단할 수 있기 때문이다. 그러므로 지극히 작은 자와 나누는 삶은 결코 선행이 아니라 예배 행위요 구원행위다. 따라서 고통받는 이웃의 문제를 다루는 데 있어서 교회의 출발점은 통합예배라고 본다. 예수님이 바로 통합예배 정신을 선포하신 분이기 때문이다. 이미 살펴본 바와 같이 종말론적 천국 잔치는 모든 계층의 사람들이 함께 먹고 즐기는 곳이다.눅14:15~24 바울은 이런 예수님의 예배 통합정신을 구체화 시켰다. 즉 유대인이나 헬라인이나 자유자나 종이나 남자나 여자나 모두 예배공동체에 함께 참여해야 한다고 선언함으로써 철저히 권력층과 소외계층의 형태로 이분화된 사회구조에 혁명적인 선포를 한 셈이다.

다행히 한국교회가 사회에 대한 책임을 진지하게 생각하기 시작했다. 그러나 그 첫출발이 통합예배로부터 시작하지 않으면 여전히 교회는 밥을 나누어 주는 시혜자로서 우쭐거릴 뿐이다. 장애인들과 노숙자를 위한다고 그들을 따로 모아놓고 예배를 드린 후 무언가 나누어주는 형태의 사회봉사는 예수님이 가르치신 예배 공동체 모형이 아니다. 장애인들과 노숙자들과 병든 자들이 일반 성도들과 함께 나란히 앉아 예배를 드리고 은혜를 서로 나누는 모습이어야 한다. 성가대에서 함께 찬양을 하고 선교의 일도 함께 의논하여야 한다. 그런 예배가 된다면 성도들은 자연히 삶 속에서도 그들과 함께 사는 법을 배울 것이다. 교회가 일 년에 몇 번씩, 절기가 되면 특별행사의 목적으로 소외된 자들을 돌본다고 생색을 내는 행사를 하니까 성도들도 가끔 생각나면 도와야지 하는 생각을 하게 되는 것이다. 고통받는 이웃을 돕는다는 생각부터 버려야 한다. 고통받는 우리 이웃은 우리의 선행 대상이 아니다. 다만 우리와 함께 할 예배 공동체의 한가족이다. 교회를 학교나 다른 봉사기관과 비교할 때 장애인과 소외층을 더욱더 통합해야 하는 이유가 바로 교회가 예배 공동체이기 때문이다. 교회는 예수 그리스도의 몸이고 우리는 그의 지체이기 때문이다. 그리스도의 몸에 지체로서 연합한다는 것은 단지 기계적으로 연합한다는 것을 의미하지 않는다. 물리적 연합이 아닌 예수 그리스도의 피로 된 생명을 가진 연합이다. 이런 의미에서 융합이라는 단어가 통합의 개념보다 더 적절한 표현이라고 본다. 융합이 화학적 결합을 말한다면 통합은 단순한 물리적 결합을 의미하기 때문이다. 따라서 예배 공동체는 설교를 이해하는 능력을 전제로 한 연합이 아니다. 따라서 이해보다는 참여가 그 전제조건이 된다. 천국 잔치는 연령, 성별, 지적 능력, 신체적 조건으로 참가 자격을 따지지 않는다. 잔치에 참여해 즐길 수 있는 유일한 조건은 천국 식구로 부름을 받은 초청장이다.

요즈음 교회가 장애인들을 위해서 예배를 따로 드리는 것에 대해 좋은 시작이라고 보지만 동시에 그 부적절성에 대한 주의도 함께 기울여야 하는 이유가 여기에 있다. 교회가 장애인들을 위한 사역을 하면서 특수교육학적 접근이나 사회복지적 접근을 하는 것은 위험하다고 본다. 무엇보다도 교회는 예배공동체이기 때문이다. 예배 공동체의 주 패턴은 식탁공동체이다. 만찬 공동체이다. 성찬공동체이다. 이런 만찬공동체에 따로 식탁을 마련하는 것에 깊은 우려가 있다. 가족이 함께 식탁에 앉는 것 자체가 축복이고 행복이다. 어린 아이라고 해서 장애가 있다고 해서 그들의 편리를 위해 따로 식탁을 마련한다면 그것은 그들을 위한 배려라기보다는 다분히 다른 식구들이 더 편하게 밥을 먹자는 논리가 앞서는 것이다. 식탁공동체에서 한 자리에 끼지 못한다는 것은 큰 서러움이 된다. 마찬가지로 예배 공동체에서 이해와 지적능력을 근거로 해서 그들에게 따로 예배를 제공하는 것이 일견 설득력이 있어 보이긴 하지만, 식구로서 한 지체임을 확인하는 공동예배corporate worship시간에는 함께 모여 예배를 드리는 것이 매우 중요하다고 본다. 식탁공동체로서 예배는 이해력에 있는 것이 아니라 참여에 있기 때문에 그 누구도 배제되어서는 안 된다는 원리가 적용되어야 한다. 물론 그들을 위한 교육과 프로그램을 따로 제공하는 것이 중요하다. 결론적으로 교회는 그 누구도 그 어떤 이유를 들어 천국 잔치에 배제되는 일이나 소외되는 일이 없도록 세심한 주의를 기울여야 한다.

단원요약질문

1. 이사야서 61장 1~2절과 누가복음 4장 18-19절의 관계를 설명하라.

2. 결국, 누가복음 4:18~19절이 말하려고 하는 주제는 무엇인가?

3. 하나님나라의 만찬(눅 14장)에서의 반전의 의미를 자세히 설명해 보라.

4. 그렇다면, 장애 선교의 본질과 비전은 무엇인가?

제 12 장

상처입은 치유자 예수 그리스도

애덤의 양어머니인 다나 킹 여사는 간증을 통해 "저에게는 아들과 딸이 12명 있습니다. 셋은 배로 낳은 아이들이고 나머지 아홉은 가슴으로 낳았습니다. 이 중 아홉이 팔과 다리가 없거나 정신지체 등 중증장애 아이들입니다. 그러나 우리 집은 아이들의 표정에 당당함과 행복감이 살아있는 지구촌에서 가장 아름다운 사랑의 집으로 자부하고 있습니다"라고 말했다. 2001년 4월 5일 서울 잠실 야구장에서 당시 10살짜리 소년 애덤 킹은 프로야구 개막전 시구를 함으로서 많은 사람에게 희망을 공을 던졌다. 많은 사람이 희망의 공을 받았다고 고백했다.

2008 베이징 장애올림픽 수영부분에 출전한바 있는 한국의 애덤 킹이라고 불리는 김세진 군은 "애덤 형이 던져준 희망의 공을 받아 지금 당당히 수영선수가 되었어요"라며 애덤에게 감사했다. 그러나 세진이 엄마는 눈물을 글썽거리며 애덤이 시구하던 날을 회상했다.

"세진이와 비슷한 처지에 있는 애덤이 시구한다고 해서 너무 흥분이 되어 일찌감치 경기장을 찾았어요. 그런데 정작 세진이가 경기장에 들어갈 수 없다는 거예요. 다치기라도 하면 책임을 질 수도 없고 다른 사람들에게 혐오감을 줄 수 있기 때문에 안 된다는 거였어요. 애덤은 희망을 던진다고 마운드에 섰는데 정작 희망의 공을 받아야 할 세진이는 운동장에도 들어갈 수가 없다고 하니 정말로 눈에 불이 나더군요. 결국, 운동장에 들어가지도 못하고 집으로 오는 동안 눈물을 펑펑 쏟는 세진이를 보며 다시 한 번 굳게 다짐했어요. 세진이를 보란 듯이 키우겠다고."

"다행히 TV를 통해 애덤이 던지는 희망의 공을 세진이가 잡는 흉내를 내며 용기를 내는 것을 보고 나도 희망을 보았지요."

애덤은 두 다리가 없는 대신 티타늄 의족을 달고 걷는다. 티타늄 다리를 자신의 다리로 자연스럽게 받아들이도록 애덤에게 긴 바지를 입혀 다리를 가리게 하지 않는다. 애덤도 반바지를 즐겨 입는다. 애덤의 엄마 다나는 "나는 굳이 애덤의 다리를 가리려고 긴 바지를 입히지 않습니다. 애덤에게 치부를 가르치는 것부터 가르치고 싶지 않아요. 애덤에게 필요한 것은 다른 사람을 의식하는 눈이 아니라 자신을 있는 그대로 바라보는 자신감의 눈이라고 생각해요"라고 말했다.[1]

"배로 낳을 때 진통은 잠깐이지만 가슴으로 낳을 때의 진통은 더 크고 더 길게 간다"라고 고백하는 다나를 보며 진정한 천국 가족은 혈육으로 되는 것이 아니라 오직 예수의 보혈로 맺어진 가족임을 피부로 느끼게 되었다.

장애신학의 효시라고 부를 만한 낸시 이슬란드 Nancy Eiesland는 예수 그리스도를 '장애 하나님' Disabled God으로 해석하여 큰 반향을 일으켰다.[2] 보수신학 쪽에서는 내용을 더 알아볼 필요도 없이 하나님을 장애인으로 표현했다고 해서 거세게 반발했고 여성신학자들을 위시한 현대신학계에서는 이보다 더 적절한 표현은 없다고 큰 찬사를 보냈다. 이런 용어를 쓰는 것 자체가 하나님의 속성을 제대로 반영하지 못하고 오히려 왜곡한다는 점에서 장애신학을 하는 학자들 사이에서도 반대의견이 있다. 그러나 이슬란드는 사회적으로 종교적으로 심한 상처를 입은 장애인들과 십자가에서 상처 입은 예수 그리스도를 동일시함으로써 장애인들의 고통의 이미지를 예수 그리스도의 죽음의 고통과 부활의 영광 십자가로 형상화하였다. 이렇게 함으로서 십자가의 죽음 같은 장애인의 고통도 부활의 영광으로 다시 태어나야 한다고 역설하였다. 이런 생각을 하는 학자들이 여럿 있긴 했지만 "장애 하나님"이란 파격적인 단어를 사용하여 주의를 끈 것은 이슬란드가 처음이다. 사실 본격적인 장애신학의 관심과 논의는 비로소 이때부터 큰 진전을 가져오게 되었다. 따라서 이제 막 태동한 장애신학을 동력화했다는 점에서 큰 이바지를 했다고 말할 수 있기 때문에 그녀가 선구자적 소명으로 사용한 '장애 하나님'the disabled God이란 말을 이해해 주는 것이 좋겠다.

2009년 초 작고한 낸시 이슬란드는 그녀 자신이 장애인으로서 그리고 사회학자, 여성신학자로서 일평생 장애인의 사회적 해방에 초점을 맞추고 살았기 때문에 신학적 깊이에 약점을 가지고 있긴 하지만 그녀가 직설적으로 던진 '장애 하나님' 이란 화두를 통해 장애신학계에 선의의 논쟁 불씨를 던졌다는 의미에서 그녀의 업적은 가히 높이 살 만하다. 일단 그녀의 기념비적인 책 『The Disabled God』에서 강조한 그녀의 주장을 그대로 요약해보자.

> 성경에 장애인에 대한 세 가지 주제어― 죄와 장애의 융합, 고결한 고난, 분리주의적 자선―가 기독교 공동체 안에서 정의와 사회적 통합을 바라는 장애인들이 당면한 신학적 장애물이다.[74]

> 따라서 성경을 비판 없이 사용하면 장애인들을 종교의 이름으로 소외시키고 차별하는 것이다.[75]

> 그러므로 장애를 신학적으로 다시 정의하지 않고 교회가 그저 장애인들을 특별한 관심의 대상으로만 본다면 장애인을 사역의 대상으로만 보는 이중 잣대를 계속 견지하게 될 것이다.[75]

> 그리스도의 상징이 고난받는 종, 고결한 고난으로부터 "장애 하나님"으로 바뀌어야 한다.[94]

> 부활하신 그리스도는 하나님이 우리와 함께 하시고 우리와 같은 몸을 입으신 임마누엘 하나님의 성육신이시다. 그리스도는 하나님께 인간의 전적인 연약함

과 일상생활을 통합시켰다. 그가 상처 난 손과 발을 제자들에게 보이심으로 부활하신 예수는 바로 장애 하나님임을 나타내신 것이다. 예수, 그는 부활하신 구세주로서 겁에 질려 있는 제자들에게 친히 그의 상처를 보여주심으로 그 상처가 바로 제자들의 구원과 관계가 있음을 알려 주신 것이다.[100]

장애 하나님은 장애가 개인적인 죄의 결과라는 생각을 거부한다. 장애인에 대한 불의가 진정한 죄다. 그러나 우리의 몸은 죄의 가공품이 아니다. 우리의 몸은 비록 연약함과 장애에도 오히려 그것을 통해 하나님의 형상에 동참하게 된다. 죄가 장애를 낳는다는 생각은 부활하신 예수 그리스도를 이해하는 데 장애가 된다.[101]

장애를 입은 몸 때문에 교회에 참여하지 못하거나 그리스도로부터 완전히 받아들여지지 못한다는 느낌이 드는 장애인들이 이제는 장애를 입으신 하나님을 받아들임으로써 자신의 몸도 그리스도의 몸과 화해를 할 수 있을 것이다.[101]

비판과 평가

그러나 이슬란드가 "장애 하나님은 그가 권력의 자리가 아니라 오히려 도움을 구하는 의존적 존재를 상징한다"[103]라고 말한 것은 예수 그리스도의 자발적 낮아지심을 간과한 발상이다. 예수님은 다른 사람들의 도움이 필요한 장애를 입으신 하나님이 아니기 때문이다. 그녀는 장애를 해방신학의 관점으로 보아야 한다고 주장한다. 해방신학이 가진 강점과 함께 해방신학의 약점이 그대로 장애신학에 반영됨으로써 장애신학의 독특한 독립성에 방해를 주고 장애신학을 해방신학 또는 여성신학의 아류로 전락시킨다는 느낌을 준다.

그럼에도, 이슬란드가 던져준 충격과 대담한 도전이 장애신학을 심각하게 연구하도록 동기를 부여하고 활발한 논의를 유발시켰다는 점에서 큰 공로가 있다 하겠다. 사실 보수신학 측에서는 장애 하나님이란 용어 자체에 알레르기 반응을 보이면서 아직도 장애신학에 손을 대는 것조차 두려워하고 있다. 오랫동안 장애인으로 살아오면서 사회와 교회로부터 겪은 처절한 소외감이 그녀로 하여금 장애신학을 고민하였기 때문에 그녀의 장애신학적 시도는 이론적 도그마 정립이 아니라 실천적 선언이라고 보아야 할 것이다. 그녀의 장애신학 시도는 각론으로 들어가면 그 내용이 매우 빈약한 속빈 강정의 모습을 보이지만 그의 선언은 마치 원자탄 같은 선언적 의미가 있기 때문이다. 그녀는 결론적으로 믿음의 공동체가 그의 선언을 실천적으로 받아들여 줄 것을 기대했다. 그런 기대를 하고 그녀는 "우리의 몸을 함께"라는 캐치프레이즈를 내걸었다.

> '우리의 몸을 함께' 라는 구호는 장애를 입은 사람과 자신을 동일시해야 한다는 뜻이다.[96]
> '우리의 몸을 함께' 라는 구호는 소외당한 사람과 하나가 되는 것을 의미한다.[97]

결론적으로 낸시 이슬란드는 '장애 하나님'의 의미를 다음과 같이 밝혔다.

> 장애 하나님으로서의 예수 그리스도는 기독교의 상징, 은유, 의식 그리고 교리를 다시 생각하도록 신학적 과제에 상징적 원형을 제공해 줌으로써 교회가 장애인들에게 더욱 쉽게 접근하고 그들에 대한 편견을 없애는 데 일조를 하게 될 것이다.[104]

인간 예수

완전한 신과 완전한 인간으로서 예수 그리스도를 이해한다는 것은 분명히 우리의 사고 한계 밖의 일이다. 사실 모든 이단들이 여기서부터 출발한다고 해도 과언이 아니다. 예를 들면 예수 그리스도가 인간으로 온 것은 그가 신으로 그렇게 나타내 보이신 것이지 실제로 육체로 오신 것은 아니라고 주장하는 가현설Docetism이 그 중의 하나다. 즉 거룩하신 하나님이 어떻게 감히 더러운 인간의 몸으로 오실 수 있느냐는 것이다. 그들은 하나님의 인간 되심과 인간의 인간 됨을 혼동하는 우를 범했다.

예수 그리스도께서 인간의 몸으로 사회적, 경제적, 개인적 고통에 시달리는 소외계층의 사람들에게 다가오신 것은 이제 그가 그들을 근원적인 고통으로부터 해방할 장본임이심을 스스로 드러내신 것이라고 말할 수 있다. 인간들이 쳐 놓은 장벽들을 인간으로 오신 그가 과감하게 무너뜨리심으로 사람의 존재적 가치의 의미를 재확인시켜 주신 것이다.

> 갈 3:28 너희는 유대인이나 헬라인이나 종이나 자유인이나 남자나 여자나 다 그리스도 예수 안에서 하나이니라

갈라디아서 3:28은 혁명적 선언이다. 십자가가 아니면 도무지 허물 수 없는 엄연한 난공불락의 담들. 헬라인이 유대인이 될 수 없고 여자가 남자가 될 수 없다. 당시에는 또 종이 자유자가 될 수 없었다. 운명적 존재로서의 패배자들이었다. 그런데 예수께서 이 담을 헐어버리신 것이다. 이것을 무너뜨린 것은 강력한 무기나 강한 힘이 아니라 약함과 수치의 십자가였다! 이렇게 십자가의 능력은 사람들이 높이 쳐 놓은 장벽을 한순간에 허물었지만 금방 세상이라는 현장에서 완전히 사라진 것은 아니다. 이것은 하나님나라는 '이미' 그러나 '아직 아니' 라는 패러독스의 나라이기 때문이다. 이런 종말론적 긴장은 오히려 예수 그리스도의 지극한 사랑을 더욱 돋보이게 한다. 즉 그리스도께서 친히 인간의 연약함에 동참하심으로 그것이 당장 사람들의 모든 고통을 일시에 제거하는 것보다 더 큰 사랑임을 깨닫게 해주는 것이다. 따라

서 예수 그리스도가 이 땅의 고통의 문제를 직접적으로 제거해 주는 문제해결사가 아니라 오히려 그 고통을 함께 당하시고 결국은 십자가를 지심으로 십자가의 능력의 본질을 나타내 보이셨다. 이렇게 하심으로 하나님은 창조주로서, 언약의 갱신자로서, 구원자로서 자신의 지고의 사랑을 인간에게 보여주셨다. 인간의 고통을 제거함으로서가 아니라 그 고통에 동참하는 방법을 택하신 것이다. 그럼에도, 예수 그리스도의 고통은 감수하고 인내하라고 하는 도덕적 가르침이 아니다. 그 고통은 부활의 몸으로 다시 탄생하는 하나님의 영광이다. 부활은 이처럼 고통을 흡수하고 변화시키는 능력이다. 십자가와 부활은 예수님께서 친히 우리의 연약함을 체휼하심으로 히4:15 하나님의 우리에 대한 사랑을 확증하신 정점이다. 예수 그리스도의 구속은 이처럼 그의 신적 능력을 발휘함으로서가 아니라 그의 인성의 극한을 통해 이루어졌다. 그리고 예수 그리스도의 십자가는 결코 우연한 우발사건이나 즉흥적인 사건이 아니다.

십자가 능력의 패러독스

십자가는 하나님의 신비다. 예수 그리스도의 고난 안에 하나님의 신성이 숨어버렸기 때문이다. 십자가는 패러독스다. 십자가는 수치의 극치이자 영광의 절정이기 때문이다. 따라서 장애도 수치의 극치이지만 십자가 안에만 있다면 영광의 절정이 된다. 십자가 그 자체로서는 도무지 무슨 능력이나 힘이 되지 못한다. 오히려 절망과 수치의 상징이다. 그럼에도, 예수님의 십자가는 능력의 십자가가 되었다. 무능력이 능력이 된 것이다. 예수 그리스도는 이 세상에 오실 때에도 수치와 초라함으로 오셨고 가실 때도 십자가를 지심으로 수치로 가셨다. 그러나 그의 수치는 영광의 또 다른 면이었다. 예수님은 이 땅의 고통과 아픔을 뿌리 뽑는 방법이 아니라 오히려 고통의 극치를 담당하시는 방법으로 다가오셨다. 이처럼 십자가는 하나님께서 인간에게 가까이 다가오신 사랑 표현의 극치이다. 그리스도의 사랑은 거저 주어졌지만 결코 값싼 사랑이 아니다. 동시에 그의 사랑은 관념적인 사랑이 아니라 실제적인 사랑이다. 멀리 있는 고고한 사랑이 아니라 고난으로 함께한 질곡의 사랑이다. 이렇게 십자가는 예수 그리스도의 신적 사랑과 인간적 진통이 만나는 교차로다. 본회퍼는 "그리스도는 그의 무한한 능력으로서가 아니라 그의 약함과 고난을 통해 우리를 도와주신다. 따라서 오로지 고난받는 종만이 우리를 도울 수 있다"라고 말한 바 있다.[3] 따라서 그리스도의 고난이야말로 사람을 변화시킬 수 있는 변혁적 능력의 원천이 된다. 그러기에 예수 그리스도의 십자가는 힘 없는 소외된 사람들에게는 그야말로 소망 중 소망이 되는 것이다. 이 땅에서는 감히 꿈도 꿀 수 없었던 차별과 고통의 벽을 예수 그리스도의 십자가가 단번에 무너뜨려 버리셨기 때문이다.

바울은 이런 패러독스의 비밀을 누구보다도 잘 아는 사람이다. 그의 고백은 언제나 그리스도 중심이다. 그리고 그는 약함의 신학을 말한다. 바로 십자가 신학이다. 이 십자가 신학은 건강한 몸, 상처와 장애가 없는 몸을 정상으로 생각하는 기존 사고체계를 뒤엎는 혁명적 사고다. 약함과 상처가 오히려 강함이 되는 패러독스다.

> 고후 12:9~10 나에게 이르시기를 내 은혜가 네게 족하도다 이는 내 능력이 약한 데서 온전하여짐이라 하신지라 그러므로 도리어 크게 기뻐함으로 나의 여러 약한 것들에 대하여 자랑하리니 이는 그리스도의 능력이 내게 머물게 하려 함이라 그러므로 내가 그리스도를 위하여 약한 것들과 능욕과 궁핍과 박해와 곤고를 기뻐하노니 이는 내가 약한 그때에 강함이라

십자가의 또 하나의 큰 의미는 예수님이 십자가를 지심으로 그가 스

스로 자신을 소외층과 동일시하셨다는 점이다. 그렇게 하심으로 이방인을 향한 복음의 본질을 확인하셨다. 십자가가 의도적으로 소외된 층과 동일시되었다는 증거는 십자가가 유대인이 지는 형벌이 아니었다는 사실을 보아서도 짐작할 수 있다. 설령 유대인은 죽음에 이를만한 죄를 지었다 할지라도 십자가형으로 선고받지는 않는다. 당시 십자가 형벌을 규정한 로마법에 의하면 십자가는 노예와 노예 신분으로 전락한 자들에게 가하는 최고형으로서 이방인들과 천민에게도 적용한 형벌이었다. 따라서 예수 그리스도는 십자가 죽음을 통해서도 그가 오신 이유를 몸으로 입증하신 셈이다. 즉 그가 이 땅에서도 가난한 자로 대표되는 소외층들 즉 병든 자, 눈먼 자, 눌린 자 등과 함께 하셨고^{눅4:18~19} 죽으실 때도 이들 소외계층과 동일시하심으로 철저히 예언된 사명을 완수하신 것이다.

상처입은 치유자

이사야 53:4~10은 사실 장애신학의 정점이라고 말할 수 있다.

그는 실로 우리의 질고를 지고 우리의 슬픔을 당하였거늘 우리는 생각하기를 그는 징벌을 받아 하나님께 맞으며 고난을 당한다 하였노라 그가 찔림은 우리의 허물 때문이요 그가 상함은 우리의 죄악 때문이라 그가 징계를 받으므로 우리는 평화를 누리고 그가 채찍에 맞으므로 우리는 나음을 받았도다 우리는 다 양 같아서 그릇 행하여 각기 제 길로 갔거늘 여호와께서는 우리 모두의 죄악을 그에게 담당시키셨도다 그가 곤욕을 당하여 괴로울 때에도 그의 입을 열지 아니하였음이여 마치 도수장으로 끌려가는 어린 양과 털 깎는 자 앞에서 잠잠한 양 같이 그의 입을 열지 아니하였도다
그는 곤욕과 심문을 당하고 끌려갔으나 그 세대 중에 누가 생각하기를 그가 살아 있는 자들의 땅에서 끊어짐은 마땅히 형벌 받을 내 백성의 허물 때문이라 하였으리요 그는 강포를 행하지 아니하였고 그의 입에 거짓이 없었으나 그의 무덤이 악인들과 함께 있었으며 그가 죽은 후에 부자와 함께 있었도다 여호와

께서 그에게 상함을 받게 하시기를 원하사 질고를 당하게 하셨은즉 그의 영혼을 속건제물로 드리기에 이르면 그가 씨를 보게 되며 그의 날은 길 것이요 또 그의 손으로 여호와께서 기뻐하시는 뜻을 성취하리로다

하나님께서 예수 그리스도의 십자가를 계획하셨다 10절는 그의 구속의 계획이야말로 하나님이 죄인들을 위해 보여줄 수 있는 최고의 사랑이다. 그가 직접 당신의 살을 찢고 피를 흘리시기로 작정하신 것이다. 이런 의미에서 몰트만은 예수 그리스도의 십자가를 치유의 관점에서 보고 예수 그리스도를 상처입은 치유자의 관점으로 보았다.

> 예수 그리스도는 모든 질병을 없애버림으로써 사람들을 치유하지 아니하시고 오히려 그 질고를 친히 대신 지심으로 사람들을 고치셨다. 따라서 사람들은 그의 신비한 능력으로 고침을 받은 것이 아니라 그의 상처로 말미암아 고침을 받은 것이다.[4]

따라서 그의 십자가의 상처와 약함은 극한의 무능력으로 최고의 능력을 나타낸 미스터리다. 따라서 물리적인 무능력이 꼭 무능을 말하는 것이 아니다. 이 원리를 장애인들에게 적용하자면 신체적인 무능력이 꼭 무능을 의미하는 것이 아니라는 점이다. 하나님의 은혜 즉 십자가의 은혜가 장애인에게도 임하기만 하면 그의 무능력이 하나님의 능력으로 바뀌게 된다. 십자가는 이처럼 비극을 영광으로 바꾸는 능력이다. 이것은 분명히 극복의 과제가 아니다. 예수 그리스도가 십자가의 고통을 인간적으로 극복한 것이 아니다. 십자가를 극복할 사람은 아무도 없다. 예수님께서도 극한의 십자가의 고통을 잘 참고 인내하여 부활의 영광을 획득한 것이 아니다.

> 고전 1:18 십자가의 도가 멸망하는 자들에게는 미련한 것이요 구원을 받는 우리에게는 하나님의 능력이라

사람들은 장애인들에게 장애를 극복하라고 한다. "장애는 극복되는 것이 아니다. 장애는 더불어 사는 삶이다." 이는 본인이 섬기는 조이장애선교회의 설립 모토다. 사람들은 장애인들에게 장애를 극복하라고 하지만 장애는 극복의 대상이 아니다. 안고 사는 것이다. 따라서 안고 살면서 나타나는 하나님의 능력을 체험케 하는 것이 장애선교의 과제다. 더 나아가 자신의 장애 체험이 다른 사람의 눈물과 고통을 치유하는 데 사용되는 것을 보고 함께 기뻐하는 것이다.

십자가는 하나님의 능력이 인간의 무능력과 연약함을 삼켜버리고 하나님의 능력으로 대체된 곳이다. 십자가는 살리는 영으로 오신 예수 그리스도고전15:45가 죽음을 영광의 삶으로 교환하신 장소이다. 이처럼 십자가는 본질적인 변화의 장소이다. 십자가는 예수님이 죽음을 극복한 곳이 아니다. 사망의 쏘는 것을 이기시고 물리치시고 나오신 곳이다. 따라서 우리가 십자가를 바라봄으로써 우리가 가진 무궁한 잠재적인 능력을 발휘하여 고통과 장애를 극복할 수 있다는 '할 수 있다' 캠페인을 제공하는 상징이 아니다. 십자가는 극복하지 못할 고통을 영광으로 변환시키는 은혜의 장소다. 따라서 십자가가 능력이 되는 것은 그것을 통하여 고통과 장애를 없애거나 극복할 수 있기 때문이 아니라 고통과 장애가 십자가의 능력에 의해 통치를 받기 때문에 다시는 고통과 장애가 삶을 방해하는 요소가 되지 않기 때문이다.

십자가는 단지 하나님의 영원한 진노를 피하기 위한 희생양의 의미로 멈추지 않는다. 십자가는 신적인 웰컴의 장소로서 고통과 불의와 소외가 하나님의 사랑과 은혜와 만나는 지점이다. 그 순간 본질적인 반전이 이루어진다. 즉 고통에 통치받던 존재가 이제는 은혜에 의해 다스림 받는 존재로 바뀐다. 따라서 고통과 불의가 사라지지 않는 상태에서도 더는 그런 것들에 의해서 인격이 손상되지 않는다. 이것이 바로 상처입은 치유자 되신 예수께서 십자가에서 이루신 극적인 변화다. 이렇게 그리스도 안에서 참된 치유는 하나님의 사랑이 사람의 고통에 동참함으로써 만들어지는 회복의 과정을 통해서 일어난다.

케노시스

십자가는 비움이다. 빌립보 2장 6~8절의 케노시스 신학은 예수 그리스도께서 하나님과 동등 됨으로 여기지 아니하시고 자기를 비워 사람의 몸으로 이 땅에 오셨음을 일컫는 말이다. 케노시스는 비움인데 예수 그리스도가 신성을 비운 것으로 이해한다면 예수님의 신성정지를 일컫는 장애라고 말할 수도 있을 것이다. 물론 본질적으로 말한다면 장애란 말을 갖다 붙일 수 없다. 왜냐하면, 예수님은 자발적으로 신성을 발휘하지 않으신 것이지 발휘할 수 없는 기능성 장애를 입으신 것이 아니기 때문이다. 이런 의미에서 '장애 하나님'이란 표현 자체도 이치에 맞지 않는 부적절한 표현이긴 하다. 그러나 이 비움은 성부 하나님의 강압적인 지시에 의한 마지못해 한 순종이 아니라 성자 예수 그리스도의 자발적인 비움이다. 그렇다고 해서 이 비움으로 예수 그리스도가 그 신성에 장애를 입은 것이 아니다. 비움으로 인해 그의 삼위일체의 충만함이 비워진 것은 아니기 때문이다. 케노시스는 예수 그리스도가 스스로 신성을 비우시고 인간의 몸을 입고 이 땅에 오신 전적으로 그의 백성을 구하러 오신 구속의 신비한 방법이다.

> 고후 13:4 그리스도께서 약하심으로 십자가에 못 박히셨으나 하나님의 능력으로 살아 계시니 우리도 그 안에서 약하나 너희에게 대하여 하나님의 능력으로 그와 함께 살리라

이처럼 비움과 십자가는 패러독스다. 약함이 강함이 되고 비움이 채

움이 되기 때문이다. 사람에게 있어서 비움은 모자람이요 장애지만 주님의 비움은 넘침이요 치유다. 그러나 사람은 스스로 케노시스 할 수 없어서 때로는 강제로 빼앗김을 통해 주님의 십자가에 동참하는 은혜가 있다. 이것이 장애신학의 근거가 된다.

부활과 상처

부활은 고통을 완전히 없앤 후에 조용히 찾아오는 평화가 아니라 고통과 절망 속에 갑자기 드러나는 광명의 빛이다. 그러므로 그리스도의 부활이야말로 고통을 받는 자들에게 줄 수 있는 최고의 소망이자 기쁨이 된다. 아울러 예수 그리스도의 부활이 장애인 가족들에게 주는 실제적 위로의 하나는 부활하신 예수님의 몸에 상처가 그대로 남아있다는 사실이다. 십자가의 부끄러운 상처가 영광스런 흔적으로 남은 것처럼 장애인들의 상처 역시 영광스러운 흔적으로 변화될 수 있음을 말해주기 때문이다.

> 고전 15:44~45 죽은 자의 부활도 그와 같으니 썩을 것으로 심고 썩지 아니할 것으로 다시 살아나며 욕된 것으로 심고 영광스러운 것으로 다시 살아나며 약한 것으로 심고 강한 것으로 다시 살아나며 육의 몸으로 심고 신령한 몸으로 다시 살아나나니 육의 몸이 있은즉 또 영의 몸도 있느니라

예수님의 부활체가 과거의 모습과 흔적을 가지고 있다는 점에서 예수님의 인성에 연속성을 가진다. 따라서 장애인이 장애를 그대로 가지고 있다고 해서 부활의 영광에 동참하지 못하는 것도 아니다. 다만, 그리스도 안에 있으면 새로운 피조물이 되는 것이다.고후5:17 그러나 여기서 새로운 피조물이란 옛 상처의 흔적을 말끔하게 지워 없애는 것이 아니라 상처를 바라보는 눈이 바뀌게 된다는 점을 시사해준다. 새로운 피조물이 되었다는 것은 이제 땅의 소속이 아닌 하늘의 영역으

로 소속의 변화가 일어났다는 뜻이다. 이런 변화는 하나님나라 안에서 새로운 관계의 정립을 포함한다. 다시 말하면 이전에 깨졌던 언약의 관계가 회복됨을 의미한다. 결국, 하나님께서 친히 깨어진 몸으로 우리의 연약함에 동참하시고 동시에 부활의 영광을 입으신 몸을 보이심으로 고통 중에 있는 깨어진 우리의 몸도 부활의 영광을 입을 수 있다는 소망을 절실하게 보여주신 것이다.

예수님의 부활로 우리의 신분이 바뀌고 체질이 바뀌고 소속이 바뀌게 되었다. 십자가는 하나님의 구속적 본질이 정점에서 타오른 장소이다. 예수님은 십자가에 죽으심으로 백성을 위한 구속의 값을 다 치름과 동시에 백성의 구속된 삶을 부활로 옮기게 하셨다. 이렇게 부활의 삶은 다음의 여정인 아직 실현되지 아니한 하나님나라로 향하게 한다. 이것이 하나님나라 백성에게 주어진 제자도의 삶이다. 이런 의미에서 이슬란드가 "제자들은 예수 그리스도의 부활을 통해 인간 예수 그리스도가 진정 누구였는지를 알게 되었다. 그들은 오직 부활이라는 렌즈를 통해 예수 그리스도의 지상사역의 의미와 의의를 이해하게 되었다"고 이해한 것은 적절하다고 본다.[5]

그리스도의 구속 효력을 장애인에게 적용시켜 볼 수 있다. 장애인이라고 해서 구속의 은혜가 더 필요한 것도 아니고 반대로 장애인이라고 해서 구속의 은혜를 더 누리는 특권을 받은 것도 아니다. 그럼에도, 장애가 구속의 은혜를 간증하는 도구로 사용되고 있음도 또한 부인할 수 없는 성경에 따른 사실이다. 이런 의미에서 몰트만이 말한 장애인의 가치 즉 그로 하여금 다른 사람들에게 예수 그리스도의 구속의 은혜를 증거하는 도구가 된다는 논거는 가치가 있다.

> 장애인은 다른 사람들에게 인간의 상처와 약함에 대한 귀중한 통찰력을 준다. 그러나 장애인은 또 인간세상의 인간성에 대한 가치관을 주기도 한다. 장애인

을 통해서 사람들이 살아계신 하나님을 만나고 하나님이 자신들도 사랑한다는 사실을 알게 해준다.6)

영적 장애의 심각성

헬렌 켈러도 말했듯이 눈으로 보지 못하는 사람이 불쌍한 사람이 아니라 비전이 없는 사람이 불쌍한 영혼이다. 한마디 더 추가하면 킹덤 비전이 없는 크리스천이 심각한 장애인이다. 성경은 처음부터 끝까지 영적인 눈에 대해 말하고 있다. 육체의 눈이 아무리 밝아도 영적인 세계를 보지 못하면 영적 장애라는 것이다. 그러기 때문에 멀쩡한 육신을 가지고도 영적인 것을 볼 수 없는 사람을 영적 장애인이라고 말할 수 있다. 영적인 시각은 영적인 경험을 통해 얻어지기도 한다. 예를 들면, 사울의 눈에서 비늘 같은 것이 떨어져 예수님을 볼 수 있었다거나 사무엘은 들을 수 있는 데 엘리 제사장은 들을 수 없다거나 하는 경우다. 물론 영적 감각을 갖으려고 항상 이런 신비한 체험이 필요한 것은 아니다. 그럼에도, 영적 세계는 신비한 세계이기 때문에 신령한 영적인 감각이 필요하다고 성경은 강조한다. 따라서 성경은 계속해서 "눈이 있어도 보지 못하고 귀가 있어도 듣지 못하는" 영적 장애인을 책망하고 있다.

> 막 9:43~47 만일 네 손이 너를 범죄하게 하거든 찍어버리라 장애인으로 영생에 들어가는 것이 두 손을 가지고 지옥 곧 꺼지지 않는 불에 들어가는 것보다 나으니라 만일 네 발이 너를 범죄하게 하거든 찍어버리라 다리 저는 자로 영생에 들어가는 것이 두 발을 가지고 지옥에 던져지는 것보다 나으니라 만일 네 눈이 너를 범죄하게 하거든 빼버리라 한 눈으로 하나님의 나라에 들어가는 것이 두 눈을 가지고 지옥에 던져지는 것보다 나으니라

생각을 해보라. 손 하나 자르고 발 하나 자르고 눈 하나 뽑으면 장애인이 되고 만다. 그럼에도, 겉은 멀쩡한데 영적 장애인으로 살 바에야

장애인으로 하나님의 영적 진리를 터득하고 사는 것이 되는 것이 낫다고 말씀하신다. 그만큼 영적 장애는 용납할 수 없는 심각한 장애라는 것이다. 육체적 장애를 가지고는 하늘나라에 갈 수는 있어도 영적 장애를 가지고 하늘나라에 갈 수 없기 때문이다.

산상 수훈과 장애신학

마태복음 5장의 산상수훈은 2천 년도 더 된 고목처럼 쓸쓸하다. 그 대신 화려하게 꾸며놓은 짝퉁 정자에 모여들어 싸구려 복채를 사들고 가는 사람들의 발소리는 요란하다. 언제부터인가 기복신앙의 천재들인 한국교회가 산상수훈을 복을 만들어 내는 복채로 해석하기 시작했다.

> 마 5:3~10
> 심령이 가난한 자는 복이 있나니 천국이 그들의 것임이요
> 애통하는 자는 복이 있나니 그들이 위로를 받을 것임이요
> 온유한 자는 복이 있나니 그들이 땅을 기업으로 받을 것임이요
> 의에 주리고 목마른 자는 복이 있나니 그들이 배부를 것임이요
> 긍휼히 여기는 자는 복이 있나니 그들이 긍휼히 여김을 받을 것임이요
> 마음이 청결한 자는 복이 있나니 그들이 하나님을 볼 것임이요
> 화평하게 하는 자는 복이 있나니 그들이 하나님의 아들이라 일컬음을 받을 것임이요
> 의를 위하여 박해를 받은 자는 복이 있나니 천국이 그들의 것임이라

번영신학자들은 그들의 습관대로 산상수훈도 거꾸로 대입하기 시작했다.

> 천국을 소유하려면 마음이 가난해야 한다.
> 위로의 축복을 받으려면 애통해야 한다.
> 땅을 기업으로 받으려면 온유해야 한다.

배부르게 잘 먹고 살려면 의에 주리고 목마른 사람이 되어야 한다.
긍휼히 여김을 받으려면 다른 사람을 긍휼히 여겨야 한다.
하나님을 보려면 마음이 깨끗해야 한다.
하나님의 아들이라 칭함을 받으려면 화평하게 하는 자가 되야 한다.
천국을 소유하려면 의를 위하여 박해를 받아야 한다.

결국, 복 받으려고 울어도 보고, 온유한 척하기도 한다. 복 받으려고 불쌍한 사람들에게 몇 푼 던져주기도 하고 복 받기 위해라면 의에 주리고 목마른 척 해보기도 한다. 한마디로 이들은 복 받기 위해서라면 무슨 일이라도 할 수 있다는 논리다. 이들이 생각하는 복이란 철저히 이 땅에서 받는 부귀영화를 말한다. 과연 산상수훈이 이런 뜻이었던가? 놀랍게도 이들은 율법을 은혜로 바꾸어 놓으신 예수님의 진정한 축복의 법칙을 다시 율법으로 되돌려놓는 수완을 발휘하였다. 산상수훈은 하나님나라 윤리다. 선행과 노력으로는 획득할 수 없는 은혜의 법칙이다. 그럼에도, 산상수훈을 율법으로 되돌려 놓고 말았다.

산상수훈은 복 받을 조건을 말한 것도 아니고 복 받을 사람이 가져야 할 덕목을 가르친 것도 아니다. 산상수훈은 천국 백성의 참다운 축복된 모습을 그린 것이다. 즉 천국 백성은 심령이 가난한 사람들이다. 그들이 가난하게 살았더니 드디어 천국을 선물로 받는다는 뜻이 아니라 심령이 가난한 자는 그 자체가 천국이요 천국의 삶을 산다는 말이다. 천국의 백성은 온유한 사람들이다. 온유한 사람이 되면 땅을 기업으로 선물로 받는다는 뜻이 아니다. 오히려 온유한 사람이 사는 곳은 그 어느 곳이나 하나님나라의 기업이 된다는 뜻이다. 천국 백성은 원천적으로 의에 주리고 목마른 사람들이다. 의에 주리고 목마른 고통을 잘 참으면 드디어 배불러진다는 뜻이 아니다. 의에 주리고 목마른 사람은 배가 고파도 목이 말라도 하나님나라에서는 배부른 사람들이라는 뜻이다. 천국 백성은 의를 위하여 핍박을 받는 자들이다. 그렇게 핍박을 받으면 천국을 보상으로 받는다는 뜻이 아니다. 천국 백성이 핍박받는 이유가 바로 하나님나라에 살고 있기 때문이라는 것이다.

  가난, 고통, 애통, 핍박, 주림과 목마름 그 자체로는 아무런 의미가 없지만, 그것을 통해 하나님나라가 나타난다면 그것이 가치 있고 복된 것이다. 따라서 하나님나라의 복은 패러독스이고 미스터리다. 이렇게 복된 산상수훈을 번영복음의 탈을 씌우고 장애복음으로 만들어 놓았다. 우리에게 주신 고통과 장애를 믿음으로 극복하면 반드시 건강과 물질적 축복이 따라온다고 가르친다면 그것은 복음을 훼손한 장애복음으로 만드는 것이다. 복을 끌어내려고 억지 애통과 가난의 흉내, 위선적 의로움을 실습하는 바리새인처럼 살지 말라고 역설하신 산상수훈이 오늘날 더 심한 신 바리새인들을 양산해 내고 있다. 자신에게 이익이 되면 주님의 은혜요 이익이 되지 않으면 억울한 고통을 받는다고 생각한다. 그건 산상수훈의 삶이 아니다. 산상수훈은 소외된 자의 이미지를 통해 하늘나라의 비밀을 가르치고 있기 때문이다. 이런 의미에서 산상수훈은 장애신학의 갈비뼈와 같은 토대를 마련해 주고 있다고 볼 수 있다. 고통과 장애가 복된 것은 이유 없이 당하는 고통이라 할지라도 하나님의 의를 밝히는 모티브가 될 때 그렇다는 것이다. 그러므로 한탄으로 흘리는 눈물은 처량하기만 한 것이다. 장애신학의 모티브가 여기 있다. 장애 그 자체가 축복일 순 없다. 장애를 극복하면 축복이 된다는 것도 아니다. 그러나 장애가 하나님의 성품과 하나님나라의 속성을 나타내는 도구가 된다면 실로 그 자체가 엄청난 축복이 된다는 뜻이다.

  누가, 가난을 벗어나려면 잠시 가난해져야 하고 눈물을 씻으려면 잠시 눈물을 흘려야 한다고 말했던가? 누가 복 받으려면 억지라도 의에 주리고 목말라 해야 한다고 했나? 산상수훈은 늘 마음속에 의에 주리고 목마름이 있고 애통함이 있다면 그는 진정 천국 사람으로서 큰 축복을 누리는 사람이라고 말한다. 오늘날 의에 주리고 목마른 겉모습은 많고, 의에 주리고 목마르기 위한 연습 프로그램이 난무하고 의에 주리고 목 마르려 하는 발버둥침은 있는데 진정 의에 주리고 목말라서 행복합니다 라고 고백하는 사람들은 많지 않다.

그럼 산상수훈이 가르치고자 하는 바는 무엇인가? 그것은 애통해하는 것 그 자체가 복이며 슬퍼 눈물 흘리며 평생 가슴앓이를 해도 그것이 하나님나라에 기여하는 바가 있다면 그 자체가 복이라는 것이다. 자기 연민이나 억울함 또는 서러움 때문에 흘리는 눈물이 아니라 이유도 원인도 알 수 없지만 하나님나라를 위해 흘러내리는 고통의 눈물이라면 그리스도 안에서는 복되다는 것이다. 하나님나라의 시대적인 사명선언문을 선포하였음에도 불구하고 오히려 사람들로부터 놀림과 핍박을 받아야 했던 선지자들. 그러기에 그토록 눈물만 흘려야 했던 예레미야. 하나님의 마음을 눈물로 대신한 그는 정녕 복 받은 사람이었다. 그렇게 울었기 때문에 그가 나중에 참 선지자로 인정받고 물질적 보상까지 받았단 말인가?

장애인, 그들의 고통이 오늘날 주님의 십자가의 그림자라면 정녕 장애인 그대는 복된 자로다!

단원요약질문

1. 장애 하나님이란 말이 장애신학에 끼친 긍정적 영향에 대해 말해보라. 또 부정적인 인식은 무엇이며 경계해야 할 점은 무엇인가?

2. 헨리나우웬의 "상처입은 치유자"를 읽고 그의 논점을 요약해보라.

3. 상처입은 치유자가 장애선교에 주는 실제적 지침은 무엇인가? 다른 말로 한다면 어떻게 섬기는 것이 상처입은 치유자 역할을 하는 것일까?

4. 케노시스를 비움과 채움의 원리로 말해보라.

제13장

바울과 장애

1. 자폐장애인들의 특징 중의 하나가 변화를 싫어하는 것이다. 그래서 새로운 환경에 적응하는 데 힘을 들인다. 우리가 운영하고 있는 지적장애인들을 위한 주말학교인 조이토요학교 학생의 이야기다. 자폐장애를 가진 15세 소녀 줄리는 유난히 토요학교를 좋아한다. 그런데 문제는 학교에서 집까지 거리가 자동차로 한 시간 반이나 된다는 것이다. 토요일마다 줄리를 샌디에이고에서 오렌지카운티까지 아침에 데려다 주고 또 오후에 데리고 가는 일이 토요일에도 일을 해야 하는 부모에게 벅찬 일이다. 그러나 딸아이가 워낙 좋아하기 때문에 먼 거리를 기쁨으로 다니고 있다. 그런데 한날은 급한 일이 있어 줄리를 토요학교에 도무지 데려다 줄 수 없는 상황이 생겼다. 줄리에게 양해를 구했다. "오늘은 급한 일이 있어 갈 수가 없어." 그리고 줄리를 데리고 다른 약속 장소에 갔다. 그때부터 줄리의 부모는 하루 종일 줄리에게 시달려야 했다. 집에 와서는 거의 집을 뒤집어엎다시피 했다. 그 이후로 줄리의 어머니는 한 번도 빠짐없이 그 먼 거리를 달려온다. 줄리의 어머니가 웃으며 말한다. "나는 예배드리러 가는데 줄리만큼이라도 억척과 열정이 있는 걸까?"

2. 장애가 해냈습니다 (2009. 8월 조이장애선교센터 뉴스레터에서)
2009년 6월 27일 강준구 군은 해발 5530미터 안데스 이시카산 정상에 우뚝 섰습니다.
그러나 준구는 정상에 올랐다는 감격의 눈물을 흘리거나 야호를 외치거나 또는 만세동작이나 깃발을 흔드는 요란한 몸놀림도 하지 않았습니다. 얼굴만 약간 상기된 채 우두커니 서 있기만 했습니다. 정말 그는 아무런 감정이나 감격이 없었을까요?

아닙니다. 결코, 아닙니다. 준구는 우리와 표현하는 방법이 다를 뿐입니다. 준구는 언제나 모노톤으로 말합니다. 같은 질문을 수없이 반복해서 해댑니다. 준구의 안테나에 걸린 전화번호는 그날로부터 준구의 집요한 전화공세를 받습니다. 계속 걸려오는 전화 내용은 언제나 같습니다. "강준구 집 전화번호는….."으로부터 시작해서 "이번 주 조이토요학교는….."으로 끝맺고 찰칵 끊어버립니다. 상대방의 말을 들으려고 하지도 않지만 무슨 말이라도 하기만 하면 오히려 신경이 거슬려서 자기가 하고 싶은 말을 속사포로 내뱉곤 전화를 끊어 버립니다. 자신의 목표에 대한 집착입니다.

준구의 이런 버릇을 소개하는 이유는 바로 이런 자폐의 특성이 준구로 하여금 안데스에 오르게 한 원동력이 되었다는 사실을 말하기 위함입니다. 한번 마음에 결정한 것은 무슨 일이 있어도 해야만 하는 친구. 계획된 일을 한번 거르기라도 하면 안절부절못하는 친구. 일단 일을 성취하면 두 번 다시 거론하지 않는 친구. 바로 자폐장애인 준구입니다.

단장으로 대원들을 인솔한 김진희 전도사가 준구에게 계속 당부했답니다. "강준구! 산꼭대기에 올라가 깃발을 꽂고 '하나님 감사합니다' 하고 외치는 거야!" 계속 반복해서 그렇게 주문을 했습니다. 준구는 그 말을 따라서 복창했습니다. 이제 준구의 머리에 입력된 것입니다. '반드시 산 정상에 올라 깃발을 꽂아야 한다.'

"안데스가 주는 의미를 자폐 장애를 가진 친구들이 알까요?" 이렇게 물어옵니다. 물론 우리가 정한 목표와 의미를 준구를 포함한 2명의 자폐장애친구들이 아는 것 같지 않습니다. 아니, 당연히 다릅니다. 준구는 이번에 자신이 안데스 산을 올라 다른 장애인과 장애인 가족에게 꿈을 심어 주어야지 하는 중대한 사명의식을 가지거나 반드시 성공해서 무언가를 보여주겠다는 의식조차 없습니다. 그럼에도, 준구는 정상에 올랐습니다. 준구의 목표는 오로지 산에 오르는 것이었습니다. 산에 오르면 그것으로 끝입니다. 더는 산에 오른 것 가지고 구구한 해석을 하지 않습니다. 자기만 산에 올랐다고 입에 침이 마르도록 자랑을 하고 다니지도 않습니다. 이것이 바로 우리와 다른 점입니다.

사실 이번에 조이등반대 팀으로 8명이 떠났습니다. 3명의 자폐삼총사의 안데스 도전이었습니다. 다섯 명의 교사가 동반하였습니다. 현지 가이드와 헬퍼들까지 합치면 15명이 넘는 규모였습니다. 등반을 시작하자마자 한 명의 자폐친구는 베이스캠프까지도 올라가지 못하고 하산해야 했습니다. 다른 친구 한 명은 당나귀의 도움을 받아 베이스캠프까지 가까스로 올랐지만 거기서 머물러야 했습니다. 등반대장과 다른 교사 한 명도 건강과 베이스캠프 관리상 남고 이제 준구와 교사 두 명 그리고 현지 등반가이드 4명과 함께 정상정복에 나섰습니다. 또 한 명의 교사는 구토와 두통과 불면으로 더는 움직이기 어려워 High camp에 남아있기로 했습니다. 준구와 담당 가이드, 그리고 한 명의 교사. 새벽 두 시에 길을 나선 이들은 눈밭을 걸으며 한 걸음 한 걸음 앞을 향해 걸었습니다. 그러나 고산증과 체력저하 때문에 마지막 남은 한 명의 교사마저 더는 갈 수 없다고 포기했습니다. 이제 준구 밖에 남지 않았습니다. 그런데도 준구는 말없이 발걸음을 떼었습니다. 준구 혼자 보내야 했던 선생님의 눈에 눈물이 고였습니다. 준구의 머리에 입력된 "산꼭대기에 올라 깃발을 꽂고 하나님! 감사합니다"라고 외쳐야 한다는 사명이 준구로 하여금 정상으로 향하게 했습니다. 드디어 준구는 두 명의 현지 가이드와 함께 산 정상에 올랐습니다. 이렇게 하여 건강한 일반대원도 모두 포기한 정상을 장애인이라 불리는 준구는 올랐습니다. 그리고는 아무런 일이 없었다는 듯 툴툴 털고 산에서 내려왔습니다. 그리고는 더는 산 이야기를 하지 않습니다. 진전한 승자의 모습입니다. 자신만 올랐다고 거만을 떨지도 않습니다. 장애인 안데스 최초등반이라는 의미가 있다고 으스대지도 않습니다. 이런 것들은 소위 말하는 정상인들이나 하는 짓입니다. 누가 더 아름다운 마음을 가졌다고 할까요. 준구의 산행이 우리에게 겸손을 배우게 합니다.

이번 산행이 어렵긴 어려웠나 봅니다. 준구에게 농담으로 "준구! 내년에도 산에 가요"했더니 그는 특유의 모노톤으로 "준구 산에 안 가요"하며 홱 돌아섭니다. 몇 번이고 되물었더니 같은 대답이 돌아왔다. 연습등반을 하는 동안에도 "산에 안 가요"라는 말을 한 번도 하지 않던 준구이었기에 힘이 들긴 엄청나게 들었나 봅니다. 하긴 다른 건장한 교사대원들도 다 포기해야만 했던 마지막 정상정복 길에 준구도 힘이 겨워 울부짖는 소리를 내며 걸었다고 합니다. 함께 오르던 기록사진 대원이 그 모습을 보고 함께 울었답니다. 준구는 이번 등반을 통해서 우리에게 성공이 아닌 승리하는 삶을 가르쳐 주었습니다. 나의 좋은 친구 준구에게 감사의 박수를 보냅니다.

두 경우 모두 약함이 강함이 된 예들이다.

바울 서신은 장애에 대해 어떤 시각을 가지고 있을까? 바울도 명확한 장애관을 가지고 있었을까? 또 바울 당시의 사회적 장애의식이 지금 우리가 사는 시대의 이해와 얼마만큼 차이가 있을까? 하는 질문들이 먼저 떠오른다. 바울이 유대문화와 헬라문화를 동시에 소유하고 로마시대에 살았던 사도였기 때문에 이들 문화가 가지는 장애관을 먼저 살펴보는 것도 바울 서신을 이해하는 데 도움이 되겠다. 따라서 바울이 살고 있었던 시대인 그레코 로마시대에서는 장애를 어떻게 보았는지 먼저 살펴볼 필요가 있겠다.

그레코 로마시대의 신화 중에 나오는 여러 명의 신 중에 헤페스투스 신과 맹인 선지자 테이레시아스를 통해 그 시대의 장애관을 짐작해보기로 한다.[1] 그레코 로마 시대에는 오늘날 사용하는 장애에 해당하는 분명한 용어가 존재하지 않는 것으로 보인다. 그럼에도, 그 당시 장애에 대한 이해나 문화적인 개념이 없었다는 뜻은 아니다.

헤페스투스

헬라의 불과 장색의 신으로서 다른 신들과 독특하게 다른 점이 있다. 바로 헤페스투스는 신체장애를 가진 올림포스 신이라는 점이다. 그는 육체노동을 하며 부정한 아내를 두고 있으며 동료 신들로부터 모욕을 당해도 견뎌야 했다. 헤페스투스는 두 다리를 모두 저는 신체장애를 가진 신으로 묘사되고 있다. 따라서 헤페스투스의 장애를 통해서 당시의 장애에 대한 문화적 이해를 유추해낼 수 있을 것이다. 헤페스투스의 장애는 태어날 때부터 가지고 나온 장애라고 전해진다. 호머의 오디세이에 나오는 설명을 들어보자.

> 아프로다이트와 아레스가 간통하다가 헤페스투스의 계략으로 들통이 난다. 이때 헤페스투스는 제우스신에게 가서 하소연한다. "제우스신이시여, 당신의 딸

인 아포르다이트가 날보고 나는 다리를 절기 때문에 무시하고 아레스는 그가 튼튼한 다리를 가졌기 때문에 사랑을 한다고 조롱을 합니다. 그러나 나를 조롱할 것이 아니라 나를 이렇게 낳은 부모들을 원망해야 할 것입니다."

한편, 호머의 또 다른 시에는 헤페스투스의 어머니인 헤라의 고백이 나온다.

내 아들 헤페스투스는 다른 축복된 신들과 비교하면 매우 약한 몸과 오그라든 발을 가지고 태어났지요. 그것은 분명히 하늘에서는 나에게 수치와 불명예가 됩니다. 따라서 나는 헤페스투스를 들고 하늘에서 바다에 던져버렸습니다.

이렇게 헤페스투스와 어머니의 고백을 들어보면 비록 이야기가 신화이긴 하지만 그 당시 사회의 장애관을 엿볼 수 있다. 즉 장애는 가문의 수치요 불명예라는 것과 장애인을 조롱하는 것이 일반적 사회의 분위기였음을 알 수 있다.

플라톤의 『공화국』에서 플라톤은 이상 국가를 설명하면서 "선한 자의 자식은 양육을 잘해야 하지만 불량한 자의 자식이나 신체장애를 가지고 태어난 자식은 몰래 적당하게 처치해야 할 것이다"라고 말했다. 아리스토텔레스의 『정치학』에서는 이상 국가를 만들려면 이상이 없는 아이를 생산 양육해야 한다고 주장했다. 플루타르크 역시 스파르타 교육을 통해 영아를 더 키울 가치가 있는지 판단할 필요가 있다고 했다. 즉 원로들이 태어난 아이를 보고 튼실하다고 판단하면 아이를 양육할 권리를 부모에게 부여하고 아이가 부실하거나 장애가 있으면 "아포테테"라고 부르는 바구니에 담아 폐기했다고 한다.

다시 헤페스투스의 어머니 헤라의 고백으로 돌아가면 헤라는 아들 헤페스투스를 낳고 수치심으로 아들을 내던져버렸다고 했다. 이는 아마도 그 당시 헬라 사람들 특히 장애 아이를 둔 여성들의 공통된 심리가 아니었나 생각한다. 이런 의문에 대해 연구한 학자 대부분은 태어날 때부터 장애를 가지고 태어난 아기들을 유기시키는 것이 고대 헬라 시대의 풍습이라는 데 동의를 한다. 헤페스투스는 동료 신으로부터 조롱의 대상이었으나 그의 장색 작품만은 경의와 찬사를 받았다. 이런 점으로 유추해 볼 때 당시에도 경제적인 가치로 사람을 평가했다는 것을 상상할 수 있다. 장애인이라는 신분이 비록 육체적으로는 비천한 몸이라고 따돌림을 받아도 그가 확실한 경제적 능력과 기술을 가지고 있을 때는 그는 그에 상응하는 대우와 존경을 받았다는 뜻이다. 그런 능력 때문에 살아남는 비밀이 되었다는 뜻이 된다.

　한편, 로마에서는 영아를 죽이는 것을 법으로 금했는데 그중에 한 가지 예외조항이 있었다. 그것은 장애아로 태어난 아이인 경우 죽이는 것을 허용했다. 그저 허용한 정도가 아니라 반드시 죽이라고 법을 제정해 공포하기도 했다. 시세로의 법전이라고 부르는 12표법에서는 장애아로 태어난 영아들을 반드시 죽이라고 명하고 있다. 이 법 때문에 대부분 장애아로 태어난 영아들이 죽임을 당했으나 위험을 무릅쓰고 장애아를 키운 부모도 있었다. 이들이 그로 말미암아 어떤 처벌을 받았는지는 알 수 없으나 장애아로 커서 성공한 사례도 있다. 그 유명한 예가 바로 클라우디우스 황제이며 선천적 농아인 퀸투스 페디우스다. 그러나 이들이 장애인으로 살면서 아무런 저항이나 편견이 없이 살았다고 생각해서는 안 된다. 사회적인 시각이 그토록 부정적인 사회에서는 부모마저 장애아를 인격체로 보지 않는 경우가 허다했기 때문이다. 실제로 클라우디우스의 어머니도 아이를 '괴물'이라고 불렀다고 한다. 심지어는 그의 누이 리빌라는 클라우디우스를 황제로 세우는 일을 금해야 한다고 주장했다 하니 가족들에게서도 심한 모욕을 받고 산 셈이다.

장애인 황제 클라우디우스

41년 가이우스 황제가 근위대 장교에게 갑자기 암살당하자 황실에서는 후계자를 놓고 절치부심했다. 원로원을 없애고 다시 공화제로 복귀할 것인지, 아니면 새 기준을 정해서 황제를 선출할 것인지를 놓고 연일 갑론을박을 벌였다. 그러던 가운데 전혀 예기치 않은 상황이 벌어졌다. 황궁 근위병들이 우연히 구석방 커튼 뒤에 숨어 있던 가이우스의 숙부 클라우디우스를 찾아낸 것이다. 클라우디우스는 황실의 권력다툼에서 희생당하지 않을까 우려한 나머지 줄곧 숨어 지내던 터였다. 근위대 막사로 끌려가던 클라우디우스는 지혜를 짜냈다. 자신이 황제가 되면 큰 포상을 하겠다는 제안을 해 근위대를 자신의 편으로 만들었다. 무력으로 황제의 자리를 확보하자 원로원도 그의 황제 즉위를 반대할 수 없었다. 클라우디우스의 황제 등극은 그 누구도 상상하지 못한 의외의 사건이었다.

기원전 10년 리용에서 태어난 클라우디우스는 무릎이 기형인 데다, 긴장하면 머리가 흔들리고 혀가 굳어지는 장애아로 태어났다. 어머니조차 신이 만들다 완성하지 못한 괴물이라고 불렀다고 한다. 형 게르마니쿠스가 출중한 청년으로 성장하여 티베리우스 후계자로 지목된 데 반해 클라우디우스는 성인식을 한밤중에 몰래 치를 정도로 무시당하며 성장했다. 클라우디우스는 성인이 되어서도 정상 활동을 할 수 없어 시간 대부분을 역사 연구와 여가생활로 보냈다고 한다. 그러나 놀랍게도 그의 장애로 말미암아 일약 황제가 되는 대반전의 역사가 벌어진 것이다.

어릿광대 장애인

그레코 로마시대에서는 장애인들이 흔히 올림피아 제전이나 비슷한 제전에서 어릿광대로 등장하여 사람들에게 여흥을 제공하는 노릇을 했다고 한다. 소위 꼽추, 난쟁이, 절뚝발이로 불리는 장애인들이 이런 부류에 속했다. 전해오기에는 황제 엘라가발루스는 저녁식사시간에 8명의 대머리 또는 8명의 외박이 눈, 또는 8명의 농아, 8명의 통풍환자를 청하여 자신의 웃음을 유발시키라고 했다고 전해온다.

맹인선지자 테이레시아스

맹인 선지자 테이레시아스는 그레코 로마시대의 또 다른 장애관을 엿보게 하는 인물이다. 신화의 이야기는 두 가지로 전해진다.

1) 테이레시아스는 어느 날 우연히 아테네 여신이 목욕하는 장면을 목격한다. 감히 여신의 알몸을 본 대가로 여신은 그의 두 눈을 멀게 했다. 그러나 그 보상으로 예언의 능력을 주었다. 그리하여 테이레시아스는 그리스 신화 최고의 예언자 가운데 하나가 되었다.

2) 어느 날 테이레시아스는 킬레네 산에서 두 마리 뱀이 교미하는 것을 보았다. 뱀들이 공격하자 그는 지팡이로 쳐서 암놈을 죽였다. 그러자 테이레시아스는 곧바로 여자가 되었다. 그 후 그는 대단히 자유분방한 여자가 되어 살았다. 7년 후 그는 같은 장소에서 똑같은 장면을 보게 되었다. 이번에는 수놈을 죽여서 다시 남자로 돌아왔다. 테이레시아스는 얼떨결에 여자가 됐다가 다시 남성을 회복했다. 어느 날 헤라 여신과 남편 제우스신은 섹스에서 남녀 누가 더 큰 만족을 얻느냐는 주제를 놓고 싸움이 붙었다. 제우스는 여자가 남자보다 더 큰 만족과 기쁨을 얻는다고 큰소리쳤다. 헤라는 말도 안 되는 소리라고 맞받아쳤다. "당신을 비롯한 남자들이 끊임없이 바람피우는 걸 보면 남자가 더 큰 만족을 얻는 게 분명해요." 결국, 남자와 여자로 모두 살아본 테이레시아스

에게 의견을 물었다. 이에 테이레시아스는 답했다. "섹스의 기쁨이 10이라면 9는 여자 몫이고 나머지 1이 남자 몫입니다." 이 말을 듣고 화가 난 헤라 여신이 테이레시아스를 맹인으로 만들었다. 그러나 제우스신이 예언능력을 주고, 생명을 연장해 일곱 세대 동안이나 살 수 있게 해주었다.

이렇게 신화의 내용은 테이레시아스가 맹인이 된 이유를 두 가지로 설명한다. 하나는 아테네 여신의 목욕을 훔쳐본 죄로 벌을 받아 그렇게 된 것이고 또 하나는 헤라 여신의 분노 때문에 맹인이 되었다는 것이다. 아무튼 이유가 어떻든 기저에 깔린 사상은 장애가 징벌이라는 것이다.

고대 헬라 문서에 보면 맹인들이 많이 등장하는 데 맹인이 된 다양한 이유가 나온다. 전쟁 때문에, 사고 때문에, 태어날 때부터, 신의 저주를 받아, 사람의 복수를 받아서 등등. 이런 이유 외에 시각장애의 주된 이유는 단연코 죄에 따른 신의 징벌이라는 생각이다. 헬라 신화에 의하면 신들의 분노를 살만한 일을 하게 되면 벌로 맹인이 된다는 내용이 많이 등장한다. 이런 예로 리쿠르구스와 타미리스(또는 신체장애)가 있다.

그리스 신화에 등장하는 장애 일화를 통해서도 알 수 있듯이 장애인은 자신의 장애를 보상할 다른 특별한 능력을 소지한다고 생각했다. 고대 헬라 사람들은 흔히 생각하기를 눈이 실명하면 그에 대한 보상으로 다른 신비한 능력이 생긴다고 믿었는데 예를 들면 특출한 시적, 음악적 능력이나 예언의 능력을 부여받기도 한다고 보았다. 이런 생각은 오늘날 사람들 가운데도 널리 퍼져있는 생각이기도 하다.

로마의 12표법에도 장애인에 대한 부정적인 판결이 나온다. 12표법은 가장에게 자녀에 대한 생사권을 부여하고 있는데 특별히 심한 장애아인 경우 '빠르게' 죽이라고 구체적인 살인방법까지 적시하고 있다. 이런 악법은 2세기에 사라진 것으로 판단된다.[2]

결론적으로 말하면 그레코 로마시대의 장애관은 다분히 부정적인 시각을 견지하고 있다. 그럼에도, 장애인들을 사회에서 완전히 배척하지는 않은 걸로 보인다. 사회에서 뚜렷한 존재로 부각되어 자신의 몫을 훌륭하게 감당한 장애인에 대한 기록도 있기 때문이다.

바울의 가시와 하나님의 계시

바울은 자신에게 있는 연약한 육체의 장애를 사단이 준 '육체의 가시'로 표현했다. 바울의 장애가 어떤 장애인지를 말하는지 구체적으로는 알 수 없지만 '가시'가 주는 암시대로 바울 사도에게 계속적인 고통을 주는 장애였음은 틀림없다. 바울의 장애를 두고 터툴리안은 두통일 것이라고 했고 다른 이들은 각기 간질, 우울증, 안질, 두통, 나병, 말라리아 등으로 추측했다. 반면 어떤 이들은 신체적인 장애가 아닌 사회적인 핍박으로 해석하기도 했다. 예를 들면 크리소스톰은 바울의 가시가 '적들의 핍박'이라고 생각했다. 또 어떤 이들은 가시를 '사단' 또는 '죄'로 해석하기도 했고 '귀신들로 말미암은 영적인 방해'로 이해하기도 했다. 이렇게 터툴리안, 이레니우스, 클레멘트, 어거스틴 등 초기 기독교 지도자들은 대체로 육체가 영적인 것과 대치되는 개념으로 이해하였다.

바울은 자신의 가시를 하나님의 계시와 연관시켜 생각한다. 고린도후서 12장 1~6절에서 바울은 부득불 자신의 영적인 체험인 환상과 계시를 자랑한다. 아이러니하게도 바울은 겸손해지도록 부득불 이런 영적 체험을 자랑해야만 했다. 바울을 공격하고 있는 세력이 비록 겉으로는 사도직에 대해 의문을 제기하고 있지만 실제로는 배후의 세력이 사탄이라는 사실을 잘 아는 바울이기에 그는 낮아져야만 했다. 약해져야만 했다. 그것이 영적 전쟁에서 이기는 방법이기 때문이다. 따라서 그는 참된 자랑인 그의 고난과 약함을 자랑한다.^{고후 11:16~30} 그래서 자신의 약함을 자랑하면서도 바울은 감격스러워한다. 바울은 자신의 연약함이 하나님의 강함을, 자신의 우둔함이 오히려 하나님의 지혜를 나타낸다고 믿었다. 이 믿음이 바울 신학의 정점이다. 고린도후서 12장 7절의 고백처럼 바울은 여러 계시를 받은 것이 지극히 크기 때문에 너무 자고 하지 않게 하시려고 하나님이 육체의 가시를 주셨다고 믿게 되었다. 따라서 바울의 가시는 하나님 계시의 중요성 때문에 바울이 교만하지 않도록 하기 위한 하나님의 제동 장치라는 것이다. 다시 말하면 철저히 하나님의 계시만 나타나게 하려고 계시의 그릇인 바울을 비워야만 했다. 그러므로 바울의 장애는 우연한 사고 때문이라거나, 육체적 질병에 의한 괴롭힘, 또는 전염병 같은 의학적인 이유로 설명할 수 없고 하나님의 의도적인 개입이라고밖에 말할 수 없다. 결국, 바울의 가시는 하나님의 계시를 나타내기 위한 거룩한 수단인 것이다. 그러므로 육체적으로 견디기 어려운 고통 때문에 자신의 장애를 고쳐달라고 간절히 매달린 바울에게 하나님은 "네 은혜가 네게 족하다. 이는 내 능력이 약한 데서 온전하여 짐이라"^{고후 12:9}고 대답하신 것이다. 바울의 가시에 대한 하나님의 직접적 대답이자 해석이다. 하나님의 능력이 나타나려면 그 도구는 반드시 약해야 한다는 원리이다. 따라서 바울의 약함과 장애는 하나님의 강함을 나타내기 위한 필연적 조건이었던 것이다.

"네 은혜가 네게 족하다"^{고후 12:9}는 하나님의 대답은 바울이 그저 장애를 가지고 사는 것이 은혜로운 길이라는 차원의 답이 아니다. 바울을 자족하게 하는 은혜의 수단이 장애이므로 그 은혜의 수단을 거절하지 말라는 뜻이다. 또 한편 계속해서 은혜를 부어 줄 테니 그것을 붙들라는 뜻이다. 하나님의 은혜가 머무는 장소, 그것이 바로 바울의 장애였던 것이다. 따라서 바울의 장애는 예수님의 십자가를 지속적으로 소유하는 비밀이 된다. 장애를 제거하는 길만이 반드시 하나님의 영광을 드러내는 길이 아님을 말해준다. 오히려 장애를 통해서 하나님 영광의 빛줄기가 더욱 강하게 비치게 되는 아름다운 도구가 될 수 있음을 말해준다.

> 고후 13:4 그리스도께서 약하심으로 십자가에 못 박히셨으나 하나님의 능력으로 살아 계시니 우리도 그 안에서 약하나 너희에게 대하여 하나님의 능력으로 그와 함께 살리라

따라서 이제 바울의 장애는 더는 괴로움이나 처치의 대상이 아니라 간직하고 누려야 할 자신의 정체성으로서 몸의 일부요 삶의 일부다. 이렇게 바울의 삶은 철저히 십자가가 조종하는 삶이 됨과 동시에 그의 약함과 고통을 통하여 그리스도의 십자가가 나타나게 된 것이다. 이렇게 해서 십자가의 도가 바울로 하여금 사도직을 성공적으로 수행하게 한 모티브가 된 것이다. 그의 성공적인 사도직 수행은 화려한 경력으로서가 아니라 바로 고난과 죽음을 통해서였다. 복음을 위해 당한 고난의 흔적이 더는 괴로움을 나타내는 흔적이 아니라 거룩한 흔적이 되어 예수 그리스도가 몸에 머무는 거룩한 성전의 랜드 마크가 된 것이다.

> 갈 6:17 이후로는 누구든지 나를 괴롭게 하지 말라 내가 내 몸에 예수의 흔적을 지니고 있노라

이런 예수의 흔적이 바울의 사도직의 표지이기도 하다. 바울이 겪은 고난들은 그의 사도직과 밀접하게 관련된 고난이었기 때문이다. 따라서 그의 약함과 고난은 하나님의 계시가 나타나는 장소가 되었다.[3] 따라서 바울의 장애는 그 종류가 무엇이었든지 또는 그 장애의 원인이 무엇이었든지, 심지어는 그의 장애가 사단이 준 것이라고 할지라도 궁극적으로는 하나님의 목적을 위해 꼭 필요한 도구였다는 사실을 강조해 준다. 이런 결론이 오늘날 모든 장애인에게 적용할 수 있는 성경에서 말하는 장애의 원리가 아닌가 한다.

바울의 육체의 약함

> 갈 4:13~14 내가 처음에 육체의 약함으로 말미암아 너희에게 복음을 전한 것을 너희가 아는 바라 너희를 시험하는 것이 내 육체에 있으되 이것을 너희가 업신여기지도 아니하며 버리지도 아니하고 오직 나를 하나님의 천사와 같이 또는 그리스도 예수와 같이 영접하였도다

여기서 바울의 육체의 약함에 대해서 대부분의 성경주석가들은 바울의 신체적 장애를 말한다고 이해한다. 그 배경은 이렇다. 바울이 갈라디아교회 교인들을 처음으로 만나 복음을 전할 수 있었던 계기가 오히려 바울의 신체적 장애 때문이었다고 말한다. 아마도 그것은 바울이 전도여행을 다른 지방으로 가게 되어 있었는데 바울의 심해진 장애 때문에 원래는 계획에 없었던 갈라디아에서 쉬어가게 되고 그 때문에 오히려 복음을 전하는 계기가 되었음을 말하는 것 같다. 바울도 자신이 사회적으로는 사람들로부터 업신여김을 당하거나 심지어는 버림을 당하는 것이 당연하다고 갈라디아 교인들에게 말했다.14절 업신여김을 당하거나 버림을 당할 정도라면 당시 부정하다고 생각하는 질병이나 장애에 해당하거나 아니면 일종의 정신적 질병과 같은

행동상의 문제로 사람들에게 매우 큰 불쾌감을 주는 질병이었을 수도 있다. 바울의 장애가 무엇이었는지 정확하게 알 수는 없어도 한 가지 분명한 사실은 그의 장애가 사회적으로 큰 수치로 여길만한 낙인이었다는 것이다. 어떤 학자는 "버리지 않았다"라는 말을 "외면하지 않았다"[4] 또는 "멸시하지 않았다"라는 뜻으로 해석한다. 이 단어를 좀 더 직역하면 "침 뱉지 않았다"라는 뜻이다. 바울이 이 단어를 의식적으로 사용한 것 같다고 주장하는 학자도 있다.[5] 만일 그렇다면 훨씬 사실적이며 노골적으로 자신이 받는 사회적 낙인을 반영했다고 볼 수 있다. 왜냐하면, 바울이 사역했던 당시 문화에서 침을 뱉는다는 행위는 부정을 나타내는 극심한 모욕이며 따라서 일반사람들과 격리되어야 한다는 뜻이기 때문이다. 또 한편으로는 침을 뱉는 행위는 귀신을 쫓아내는 축귀행위의 일환이기도 했다. 그러나 바울이 이 단어를 그런 의식 없이 사용을 했다 할지라도 그가 당시 사회의 장애에 대한 극한 편견을 의식하고 있었다는 사실은 갈라디아서 4:13~14의 바울의 증언만으로도 충분히 짐작할 수 있다.

또 바울은 많은 사람으로부터 특별히 신자들로부터 비아냥거리는 소리를 들었을 것으로 짐작된다. 큰 기적과 권능을 행하고 다른 많은 사람의 병은 고치면서도 왜 자신의 병은 고치지도 못하는가 하고 말이다. 마치 예수님께서 십자가에서 다른 사람들은 구원하면서 왜 자신은 구원하지 못하느냐고 비아냥거림을 받았던 것처럼. 이런 비아냥거림과 눈초리가 바울을 매우 피곤하게 했을 것이다. 그럼에도, 갈라디아교회는 바울의 장애를 업신여기지도 아니하고 장애 때문에 바울을 배척하지도 않았다. 바울은 이점이 너무도 고마웠다. 당시 사회문화와 비교해 볼 때 엄청난 차이가 있는 갈라디아교회의 태도였다.

그뿐만 아니라 그 당시 믿음의 공동체 안에서조차 장애나 질병은 죄 때문에 생긴다는 생각으로 가득 차 있었던 때임을 고려할 때 갈라디아교회가 바울을 복음의 지도자로 극진히 대했다는 사실은 예수님의 제자들조차 그런 문화적인 생각에 사로잡혀있었던 것과 비교해 볼 때 엄청나게 성숙한 모습이라고 말할 수 있다. 이는 바울의 문화를 초월한 선교사역이 맺은 한 결실이라고 볼 수 있다. 당시 로마 헬라 문화와 종교적인 유대문화가 함께 공존하던 초대교회에서 바울은 그런 다문화의 특징을 오히려 복음의 이해에 사용하는 지혜를 발휘했기 때문이다. 이런 가르침이 갈라디아교회로 하여금 장애에 대한 혁신적인 생각을 하게 했다고 말할 수 있다. 바울도 이런 갈라디아 교회의 태도에 감사와 기쁨을 표했다. 그 기쁨은 자신을 선대하는 그들의 태도 때문이지만 또 갈라디아교회가 장애에 대한 바른 인식을 한 것에 대한 기쁨이기도 하다. 당시 사회적으로 장애나 질병이 죄의 결과 또는 귀신의 장난이라고 생각하는 때에 갈라디아 교회는 오히려 장애를 입은 바울을 천사같이 또 예수 그리스도와 같이 대했다는 사실을 보아서도 갈라디아교회가 얼마나 탈문화적인 인식을 가지고 하나님의 말씀을 이해했는지 알 수 있다. 14절 결론적으로 바울의 장애는 사회적 또는 문화적인 이해가 아니라 오히려 십자가로 해석해야 함을 강조하고 있다.

참고로 다음절 15절에 갈라디아교회가 바울에게 "할 수만 있었더라면 너희의 눈이라도 빼어 나에게 주었으리라"고 말한 것을 근거로 이것은 아마도 바울이 눈에 심각한 이상이 있었을 것이라고 주장하는 학자들이 많다.

바울의 언어구사능력

바울은 신체적으로뿐만 아니라 대중 앞에서 말하는 능력도 상당히 모자랐던 것 같다. 바울 자신도 자신은 말을 잘할 줄 모른다고 고백했다.고후11:6 한글성경에는 말에 "졸하다"라는 표현으로 되어 있으나 NIV는 "훈련을 받지 못했다", KJV은 "말하는 데 거칠다"라고 해석하고 있다. 고린도전서 2:1에 바울은 복음을 전할 때 "말과 지혜의 아름다움으로"하지 않는다고 한 고백은 복음을 사람의 말로 치장하지 않겠다는 의지도 되겠지만, 자신은 그런 능력까지도 없다는 고백이기도 하다. 모세가 언어 구사 능력에 장애가 있었던 것처럼 바울도 같은 언어적 문제가 있었다는 것은 재미있는 비교가 된다. 모세가 구약의 가장 중요한 성경의 저자로서 또 바울도 신약 성경의 가장 중요한 저자로서 이들 모두 언어적 문제가 있었다는 점은 매우 아이러니하면서도 그러기에 하나님의 말씀을 담을 수 있는 가장 중요한 모티브가 된다. 아무리 지식적으로 모세나 바울이 그 당시 최고의 학문적 훈련을 받은 엘리트라고 할지라도 일단 사람들이 보기에는 대중연설에 치명적인 약점을 가진 이들을 신임하기가 그리 쉬운 일은 아니었을 것이다. 실제로, 고린도후서 10~13장을 자세히 읽어보면 고린도 교회는 바울의 육체의 장애, 언어구사 능력 등을 문제 삼아 그의 사도직 자체를 불신임하는데 이르렀던 것 같다. 이는 당시 그레코 로마시대의 사회의 일반적 인식과도 일맥상통한다. 즉 사람의 신체장애나 언어구사 능력이 떨어진다는 사실은 결국 그 사람의 내적 능력도 그만큼 부족하다는 것을 의미한다는 것이다. 이런 인식을 바탕으로 사도 바울의 사도직을 다른 12사도와 견주어 의심했던 것 같다.

   이런 사회적 인식은 이미 바울도 인지하고 있었다. 즉 사람들이 자신이 필력은 있으나 언어구사능력은 떨어지고 육체도 허약하다는 이유로 자신의 사도직에 대해 의구심을 품고 있음을 알고 자신은 사람의 외적 힘이 아닌 하나님이 주신 권위로 사도가 되었음을 강조하며 자신의 사도직을 변호하기에 이르렀다.

> 고후 10:9~10 이는 내가 편지들로 너희를 놀라게 하려는 것 같이 생각하지 않게 함이라. 그들의 말이 그의 편지들은 무게가 있고 힘이 있으나 그가 몸으로 대할 때는 약하고 그 말도 시원하지 않다 하니

바울은 자신의 육체의 연약함 때문에 자신을 얕보는 사람들을 향하여 "외모만 본다"고후10:7고 절규한다. 따라서 바울은 자신의 이러한 육체적 약점 때문에 자신의 인간적인 조건을 내세우면 내세울수록 자신의 약점만 드러날 뿐 복음에는 걸림돌이 될 것을 알았기에 오히려 철저히 자신의 약한 것만을 스스로 들추어내어 집중 조명함으로써 하나님의 강하심을 드러내는 설법을 사용하였다. 이는 세상철학과는 정반대된다. 세상은 자신의 강점을 자랑한다.고후10:18 이런 이유로 바울은 고린도후서 11:23~30에 자신의 모든 약점과 상처를 드러내놓으면서 "부득불 나의 약한 것을 자랑하노라"11:30; 12:5고 고백했다.

바울의 장애에 대한 개념

현대적 의미의 장애와 가장 가까운 의미로 바울 서신에 쓰인 단어가 '약함'이란 뜻의 '아스테네이아'이다. 복음서나 사도행전에서는 '아스테네이아'가 육체적 약함이나 질병을 의미하지만 사도 바울은 좀 다른 의미로 발전시켰다.[6] 즉 바울이 고린도교회 교인들을 처음 만났을 때를 회상하며 "내가 너희 가운데 거할 때에 약하고 두려워하고 심히 떨었노라"고전2:3고 고백할 때의 '아스테네이아'는 분명히 육체적 약함의 이상의 의미를 말한다.

바울이 사용한 '아스테네이아'는 정신적 감정적 그리고 영적인 영역까지 포함한다.

롬 6:19 너희 육신이 연약하므로 내가 사람의 예대로 말하노니 전에 너희가 너희 지체를 부정과 불법에 내주어 불법에 이른 것 같이 이제는 너희 지체를 의에게 종으로 내주어 거룩함에 이르라

고전 15:43 욕된 것으로 심고 영광스러운 것으로 다시 살아나며 약한 것으로 심고 강한 것으로 다시 살아나며

바울은 또 영적으로 강한 것과 반대되는 개념으로서 영적인 약함을 의미할 때도 '아스테네이아'를 쓰고 있다. 로마서 14장 1절에서는 '아스테네이아'의 어근이 사용되어 믿음이 약하다는 뜻으로 사용되고 있다. 고린도전서 8장 9절도 같은 맥락이다.

롬 14:1 믿음이 연약한 자를 너희가 받되 그의 의견을 비판하지 말라

고전 8:9 그런즉 너희의 자유가 믿음이 약한 자들에게 걸려 넘어지게 하는 것이 되지 않도록 조심하라

'아스테네이스'와 반대되는 개념으로 바울은 '이스쿠로스(강한)', 또는 '두나토스(힘있는)'란 단어를 사용하였다. 특히 바울이 '두나토스'란 단어를 사용할 때는 단지 '능력 있는'이란 뜻을 넘어서 '어떤 작업을 수행할 수 있는 능력'이란 광의의 뜻으로 사용하기도 했다. 그러나 대부분 '두나토스'란 단어는 바울이 하나님의 신적 능력을 말할 때 사용하였다. 고전2:5; 고전5:4; 롬15:13

고후 4:7 우리가 이 보배를 질그릇에 가졌으니 이는 심히 큰 능력은 하나님께 있고 우리에게 있지 아니함을 알게 하려 함이라

바울신학과 육체

바울신학에 있어서 몸/육체를 이해하는 것은 매우 중요한 주제어다. 바울이 몸/육체를 의미하는 단어로 '삭스'와 '소마'를 사용하였

다. 이 단어들은 여러 의미를 내포하고 있으며 바울 신학에 중요한 뼈대를 형성하고 있다. 그런데 문제는 바울이 말한 육체와 영을 이원론적으로 해석하는 우를 범하는 데 있다. 바울이 육체에 따라 산다고 하는 말은 하나님의 영에 따라 살지 않고 자신이나 율법에 매이는 것을 말한다. 바울 서신에서 '소마'란 단어가 91차례 나오는 데 이렇게 많이 등장하는 이유가 바울이 교회를 몸으로 비유해서 많이 말했기 때문이다. 즉 바울은 그리스도의 몸과 성찬에 참여하는 교회의 지체들을 말할 때 '소마'를 사용했다.

바울 서신에서 '소마'가 '육체'와 '영'으로 직접 대비될 때 사용된 사례는 거의 없다. 육체와 영을 대비해서 사용할 때 바울은 '삭스'와 '프뉴마'로 대비하여 사용하였다. '소마'와 대비되어 사용한 단어는 오히려 '프슈케'이다. 일반적으로 '삭스'는 하나님으로부터 독립하여 자신이 자신의 삶을 주장하려고 하는 '자기의' self righteousness적 존재를 말하고 '소마'는 사람과 사람 사이의 관계로 형성된 공동체적 존재로 사용한다.[7] 따라서 바울 서신에서 '몸'이란 단어는 어떤 특정한 개인적인 몸을 지칭하기보다는 하나님으로부터 격리된 공동체로서의 전체적인 몸(육체와 영 포함)을 나타낼 때가 대부분이다. 또한 '영'이란 단어는 같은 원리로 하나님께 순종하는 사람의 전인격체(육체와 영 포함)를 말한다.

여기서 중요한 것은 바울은 육체와 영을 따로 분리해서 각기 그 의미를 두는 영지주의적 이분법을 사용하지 않고 전인격적인 접근을 하고 있다는 사실이다. 하나님나라라는 틀에서 보면 바울이 말하는 육이란 하나님이 아닌 자신이나 결국 사단이 지배하는 세계 또는 영역을 말한다. 반대로 하나님이 통치하시는 영역이나 존재를 "영적"이라고 말한다. 따라서 두 세계 사이에는 끊임없는 긴장이 있고 소위 말하는 영적 전쟁이 일어난다. 그러나 몸은 영보다 열등하다고 믿는 아리스토텔레스 철학과 영지주의의 영향으로 바울 당시의 사회에서는 '육'과 '영'을 물리적인 본질로 구별하는 우를 범하고 말았다. 결국, 이런 사고 체계하에서는 자연히 몸의 구조와 기능에 이상이 있는 장애인들을 결코 영적이지 못한 존재라고 결론을 내린다.

그러나 바울신학은 이런 사고의 틀을 정면으로 도전한다. 바울신학의 핵심은 사람이 어떤 해부학적 또는 생물학적 이상을 가지고 있더라도 그 몸이 하나님 영의 지배를 받으면 영적인 존재가 된다는 사실을 강조한다. 반대로 아무리 육체적인 흠이 없어도 그 몸이 사단의 지배를 받으면 그 육체는 '육적'인 몸이 되어 결코 거룩한 하나님께로 가까이 나갈 수 없음을 분명히 밝힌다. 이것이 바울신학이 주는 장애신학의 귀한 뼈대이다.

더 나아가 바울이 말하는 몸은 구원과정에서 변화하는 몸으로 그려지고 있다. 즉 구원을 입은 사람의 몸이 그리스도 부활의 영광에 동참할 때 극적인 변화를 입는다. 변화된 이 몸은 이전의 몸과 영속성은 있지만 동시에 똑같은 몸은 아니다. 불트만은 "'소마'는 사람의 존재에서 따로 분리할 수 없는 요소다. 따라서 사람의 존재는 비록 그것이 영적인 영역 안에 있는 것이라도 육적존재가 유일한 존재이다"라고 주장했다. 물론 불트만의 주장에 전적으로 동의할 수는 없어도 사람의 어떤 요소들이 합하여 하나의 존재가 되는 것처럼 생각해서는 안 된다는 그의 주장에는 크게 공감하는 바이다. 즉 데살로니가전서 5장 23절을 근거로 어떤 이들은 사람이 육과 혼과 영으로 되었다고 주장하면서 육의 기능, 혼의 기능, 영의 기능을 각기 따로 설명한다. 바꾸어 말하자면 사람을 마치 영, 혼, 육으로 분해할 수 있다는 뜻이 되고 반대로 영, 혼, 육을 따로 조립하면 사람이 된다는 뜻이 된다. 그런 점에서 불트만이 "사람의 존재는 소마로 이루어진 것이 아니라 사람이 소마이다"라고 말한 것은 상당히 설득력이 있는 말이다.[8]

바울은 철저히 사람을 한 존재로 보고 사람을 부분 부분으로 해체하여 각 부분의 기능을 설명할 수 없다고 본다. 오히려 몸 전체가 하나님의 성전으로서 하나님의 영광을 위한 존재가 되어야 한다고 강조한다. 그렇다고 해서 몸을 이루는 각 기관의 특정한 기능들을 무시하는 것은 아니다. 바울이 몸의 각 부분의 기능을 들어 교회 안에서 다른 지체들을 인정해야 한다고 말한 부분이 바로 그런 맥락이다. 다만, 각각 다른 부분의 해부학적 통합과 기능적인 통합이 전체의 본질이 된다는 생각을 말아야 한다는 뜻이다.

하나님의 구원 대상은 인격체이므로 바울의 관심은 전체의 몸이 구원을 받아야 한다는 데 있다. 그런 관점에서 바울은 '삭스'와 '프뉴마'의 개념으로 구원을 설명한 것이다. 따라서 몸의 구조와 기능상 이상으로 말미암아 영적인 기능에 이상이 있다고 유추하는 것은 지극히 성경외적 문화적 관점이다.

주님의 고난과 능력에 동참함

이미 살펴본 대로 바울의 사역과 그의 신학은 철저히 그리스도의 십자가에 초점이 맞추어져 있다. 바울의 복음에 대한 열정은 그가 예수 그리스도를 닮으려고 하는 데서도 알 수 있다. 그는 그리스도의 흔적을 몸에 지닌 것에 대한 자부심이 대단했다. 그것은 예수 그리스도의 십자가 상처가 하나님의 영광을 나타내듯 바울도 자신의 상처를 통해 하나님의 영광을 나타내고 있다고 자랑스럽게 여기고 있다. 약함의 신비함이다.

> 고전 1:27~29 그러나 하나님께서 세상의 미련한 것들을 택하사 지혜 있는 자들을 부끄럽게 하려 하시고 세상의 약한 것들을 택하사 강한 것들을 부끄럽게 하려 하시며 하나님께서 세상의 천한 것과 멸시받는 것들과 없는 것들을 택하사 있는 것들을 폐하려 하시나니 이는 아무 육체도 하나님 앞에서 자랑하지 못하게 하려 하심이라

바울은 철저하게 약함의 신학을 예수 그리스도의 십자가에 초점을 맞춘다.

> 고후 13:4 그리스도께서 약하심으로 십자가에 못 박히셨으나 하나님의 능력으로 살아 계시니 우리도 그 안에서 약하나 너희에게 대하여 하나님의 능력으로 그와 함께 살리라

바울도 자신이 하나님의 능력 있는 종으로 살 수 있었던 힘이 자신의 능력이나 지혜 때문이 아니라 하나님의 능력이라고 고백한다.^{고전 2:1~5} 그러나 무능력이나 장애 그 자체가 하나님의 능력을 나타내는 도구가 아니라 하나님의 은혜가 머무는 수단이 되게 할 때 그렇다는 것이다. 이렇게 될 때 약함과 장애는 더는 수치와 괴로움이 아니며 숨기거나 피해야 하는 슬픔이 아니다. 또 일부러 강하게 보여야 하는 위선이 아니다. 그것을 안고 살아갈지라도 그것이 오히려 하나님의 은혜를 흘려보내는 통로가 될 때 하나님의 영광에 동참하게 된다는 것이다.

장애 자체로서는 그 어떤 도덕적 가치도 가지고 있지 않다. 장애인을 하나님으로부터 벌 받은 사람으로 보는 것도 문제지만 장애인을 천사라고 부르는 것도 적절하지 않다. 장애 자체는 그 어떤 가치도 부여하지 않는다. 장애 자체가 어떤 영적 의미를 부여해 주는 도덕적 선생이라고 생각하는 것도 바른 생각이 아니다. 문화에 따라 장애인은 신비한 능력을 부여받은 존재라고 믿고 숭앙하기도 한다. 또 장애인

은 비장애인에게 무언가 가르침을 주는 유익한 존재라고 생각하는 것도 결코 장애인에게 우호적인 생각이 아니다.

십자가의 고난과 능력에 동참한 사람들

히 11:35~40 여자들은 자기의 죽은 자들을 부활로 받아들이기도 하며 또 어떤 이들은 더 좋은 부활을 얻고자 하여 심한 고문을 받되 구차히 풀려나기를 원하지 아니하였으며 또 어떤 이들은 조롱과 채찍질뿐 아니라 결박과 옥에 갇히는 시련도 받았으며 돌로 치는 것과 톱으로 켜는 것과 시험과 칼로 죽임을 당하고 양과 염소의 가죽을 입고 유리하여 궁핍과 환난과 학대를 받았으니(이런 사람은 세상이 감당하지 못하느니라) 그들이 광야와 산과 동굴과 토굴에 유리하였느니라. 이 사람들은 다 믿음으로 말미암아 증거를 받았으나 약속된 것을 받지 못하였으니 이는 하나님이 우리를 위하여 더 좋은 것을 예비하셨는즉 우리가 아니면 그들로 온전함을 이루지 못하게 하려 하심이라

히브리서 11장은 소위 말하는 믿음 장이다. 성경역사에 나오는 믿음의 용사들을 열거하고 있다. 11장은 이들을 한 명씩 소개하면서 그들의 빛난 믿음을 칭찬하고 있다. 히브리서 11장에는 그들이 살아생전 저질렀던 실수나 잘못 그리고 죄에 대한 언급이 없다. 대신 그들은 전 인생을 믿음으로 산 것처럼 칭찬하고 있다. 그것은 그들 믿음의 사람들의 승리보다는 하나님의 승리이자 예수 그리스도의 십자가 승리이기 때문이다. 믿음의 족보에 든 인물 한 사람 한 사람을 뜯어보면 그들도 우리와 같은 보통사람들이었다. 많은 실수와 죄를 저지른 사람들이다. 그럼에도, 그들이 끝까지 승리하게 된 것은 하나님의 언약 때문이었다. 하나님의 언약이 집요하게 그들을 믿음의 자리로 이끄신 것이다. 죄를 용서하시고 언약을 갱신하시면서까지 그들을 십자가로 인도하신 하나님의 승리다.

이렇게 믿음으로 승리한 영광스러운 이름들과 함께 무명의 성도의

영광이 함께 기록되어 있다. 마치 국립묘지에 자랑스러운 이름들의 묘와 함께 무명용사의 묘가 나란히 자리를 차지하는 것처럼. 그럼에도, 유명한 장군의 묘나 이름이 없는 무명용사의 묘나 결국은 똑같은 영광의 분깃을 차지한다. 마찬가지로 히브리서 11장의 믿음의 영웅들이나 무명의 순교자들이나 하나님의 영광에는 조금도 차이가 없다. 오히려 더 값진 사람들이라고 볼 수 있다. 순교자의 피가 더욱 값진 것이기 때문이다. 세상이 감당치 못한 사람들. 약함이 결코 약함이 아니었다는 것. 이들의 약함은 칼로도 이기지 못한 강함이었다는 것을 말해주는 위대한 영광을 히브리서 11장은 말하고 있다.

단원요약질문

1. 지금 사는 지역의 장애관을 구체적으로 조사해 보라.

2. 바울신학에 있어서 "삭스"와 "프뉴마"를 하나님나라의 "이미already", "아직 아니not yet"와 연계하여 설명해 보라.

3. "약함의 신학"의 신학적 뼈대를 요약해 보라.

4. 장애의 고통을 그리스도의 고난으로 조명해 보라.

제14장

교회와 장애인

한국방문 중 가장 마음 아팠던 기억은 한국맹인교회를 방문했을 때였다. 약칭하여 한맹교회라 부르는 이 교회가 남산 중턱 케이블카 승강장 바로 옆에 있다고 하여 택시를 타고 찾아갔다. 아뿔싸. 택시가 더는 들어가지 못하는 곳으로부터 교회당 안으로 들어가려면 한참이나 가파른 언덕을 올라 다시 계단을 몇 차례 굽이돌아야만 했다. 올라가는 동안 얼마나 숨이 차던지 헉헉거려야 했다. 보통 사람들도 오르기 어려운 이 길을 앞을 보지도 못하는 시각장애인들이 올라다닌다고 생각하니 기가 막혔다. 서울에 시각장애인들을 위한 교회가 몇 되지 않기 때문에 시각장애인 교인들은 교회로 오려고 전철과 버스를 몇 번씩이나 갈아타고 와서는 정작 교회 앞에서 가파른 길을 오르는 곡예를 해야 한다. 한맹교인들은 이 길을 오르면서 하늘나라를 오르는 연습을 한다면서 웃었다. 교회에 들어가니 정작 교인들은 힘차게 찬양을 부르고 있었다. 정안인인 담임목사는 교인들에게 면목이 없다며 풀죽은 모습으로 한마디 했다. 보통 사람들도 오르기 어려운 교회를 평지로 옮겼으면 하는 마음이 간절해도 재정형편이 허락지 않는다고 했다. 그래도 한맹교회는 담임목사를 비롯하여 여러 명의 교역자를 둔 자립교회이다. 세계 각국에 많은 선교사를 파송하고 수많은 단기 선교팀을 보내는 한국교회가 정녕 한맹교회 하나 평지로 옮겨 주지 못하나 생각하니 부끄럽기 그지없었다.

미국에 다시 돌아오니 시각장애아인 주디(가명)가 찾아왔다. 언제나 밝은 모습의 주디는 주절주절 요사이 있었던 일들에 대한 이야기보따리를 풀어놓았다. 아쉬운 작별시간이 되어 축복기도를 해주겠다고 했더니 주디가 벌떡 일어나

나가려고 했다. 조금 당황한 어머니가 겸연쩍게 웃으며 딸에게 이렇게 말했다. "이 목사님은 안수기도 안 할 거야. 그냥 기도만 해주실 거야."하며 나를 쳐다보며 부연 설명을 해주었다. "그동안 목사님들이 만나기만 하면 안수 기도해주신다고 두 눈을 찌르는 바람에 또 겁이 났나 봐요."

아! 마음이 쓰라려 왔다. 이런 이야기를 한두 번 듣는 것도 아니어서 새로운 것은 아니지만, 이야기를 들을 때마다 괴롭다. 변하지 않는 한국교회가 마음 아프다.

소위 신유의 은사가 있다는 분들은 장애인을 보면 마치 좋은 실습감이 생겼다는 모양으로 달려든다. 시각장애인의 눈을 찌르고 청각장애인의 귀를 후벼 파고 척추장애인의 척추를 두드리며 안수를 감행한다. 거기다 한 수 더 떠 "아직 눈을 못 뜨는 것 보니 믿음이 모자라서 그래요. 헌신이 모자라니 더 드리세요." 등등 훈계까지 곁들인다.

장애인이 교회에 존재하여야 하는 이유는 비장애인들이 교회에 있어야 하는 이유와 똑같다.[1] 사회에 10~20% 존재하는 장애인이 교회 안에는 그 정도에도 훨씬 못 미친다. 교회가 사회보다도 못하다는 방증이다. 왜 장애인의 복음화율이 일반인보다 현저히 떨어질까? 지금까지 살펴본 대로 교회가 가진 장애인들에 대한 비호감과 편견 그리고 바르지 못한 신앙적, 신학적 태도 때문에 교회에 발을 들여놓았던 장애인들이 상처를 입고 다시는 교회에 발을 들여놓지 않기 때문이다. 교회는 모든 열방과 민족 방언이 함께하는 곳이다. 주님의 피 값으로 사신 교회는 어떠한 장벽도 존재하지 않는 유일한 곳이다. 그럼에도, 한번 교회에 나왔다가 지금은 보이지 않는 장애인들이 너무 많다.

계단 때문에 더는 교회에 나오지 못하는 우리의 소아마비 친구 영철이. 큰 맘 먹고 찾아간 교회에서 준비되지 않았으니 다른 교회를 가보라고 권유하며 서둘러 집어주는 몇 푼의 돈을 얼떨결에 받아들고 눈물을 펑펑 흘리며 집에 돌아간 시각장애인 준희는 어디 있을까? 손떨림이 심하다는 이유로 성찬식에 참여를 거부당한 뇌성마비 보람이는 또 어디 있을까? 말 한마디 못하는 지적장애라는 이유로 세례를 받지 못한 정민이의 손을 잡고 교회 문을 나가고서 더는 보이지 않는 정민의 부모는 지금 어디 있을까? 귀신이 들렸다는 이유로 귀신 쫓는 의식에 시달리다 못해 더 심해진 정신병으로 고통받는 철민이 지금 어디 있을까? 자동차사고로 한쪽 팔을 잃어버렸으나 오히려 더 큰 하나님의 은혜를 체험하고 다시 성가대 지휘봉을 잡기 원했으나 사람들에게 혐오감을 줄 수 있다는 이유로 거절당한 상처로 교회를 떠나버린 강준면 집사, 지금 어디 있을까?

교회지하실에서 베이비시팅을 받던 자폐 장애 아이가 한번 예배실에 뛰어들어 설교를 방해했다는 이유로 공식적인 주의를 받고 "다시는 교회를 다니지 않을 거야" 소리치며 교회 문을 나섰던 은철이 아빠 언제나 교회에 다시 돌아올까?

"죽은 나사로도 살리시는 예수님이 그까짓 장애 못 고치겠어요? 믿음이 있으면 어떤 병과 장애도 다 고칠 수 있어요"하고 외치는 강대상 밑에서 매주일 흐느끼며 "믿음을 주소서 믿음을 주소서" 울부짖는 청각장애아 혜련이 엄마의 눈에는 언제쯤 미소가 깃들까?

"하나님께 아직도 해결 받지 못한 죄가 있나 봐요? 같이 기도해 줄게요, 우리 한번 매달려봅시다. 이번 기회에 장애를 고쳐 하나님께 큰 영광 돌립시다"하며 덥석 손을 잡고 기도를 시작하는 믿음 좋은 권사님들 앞에 고개를 들지 못하는 다운증후군 장애아들 찬수 어머니. 다음 주일에도 교회에 나올지 걱정이 된다.

장애 때문에 오히려 하나님께 더 나아갈 수 있다고 감사하는 수진이 엄마에게 "제발 좀 기도하세요. 수진이의 척추장애를 고쳐서 하나님께 더 큰 영광을 돌릴 수 있을 텐데"하며 기도하지 않는다고 못마땅해 하며 주일마다 한마디 툭 던지는 윤동식 장로 보기 싫어 교회 가기 싫다는 수진이 엄마.

예배가 끝나고 친교실에 들어가려면 어김없이 나타나 휠체어를 밀어주는 사랑 많은 사람의 한결같이 똑같은 질문들. "어떡하다 장애인이 되었어요?" "그때 사고 상황은 어땠어요?" "보험처리는 되었나요?" "그런 몸 가지고 결혼이나 부부생활은 할 수 있나요?" 이런 똑같은 질문에 질려 다시는 교회 쪽으로 눈길도 주지 않는 남주 형제.

신체장애를 가졌지만, 장애를 의식하지도 못할 정도로 사회에서나 교회에서 성공적인 삶을 사는 형제에게 어느 날 교회에서 장애부서가 생겼으니 이번 주부터는 장애부 예배에 참석해달라는 부장집사. 정중하게 "저는 일반예배에 참석하는 것이 더 좋습니다"라는 대답을 했다가 "장애인 주제에 자신을 알아야지"라고 말하는 봉사자의 빈정거림에 큰 상처를 입은 광래 집사.

교회 문만 들어서면 "병을 고쳐달라고 기도해 줍시다"하고 벌떼처럼 달려드는 기도의 용사들 때문에 교회 가기가 무서운 진희 자매. "우리가 기도해도 아직 낫지 않는 것을 보니 자매가 아직도 해결 받지 못한 죄가 있거나 헌신이 덜 되어 그런 거예요. 진희 자매. 한번 주님께 화끈하게 바쳐보세요"라고 당당하게 주문하는 믿음 좋은(?) 기도특공대에게 주눅이 들어 아예 교회에 발을 끊은 윌리엄스 증후군 장애인 진희 자매.

아들의 루게릭병을 고쳐달라는 정성으로 일천번제 제물을 드리며 신유집회란 집회는 다 찾아다녔으나 바친 헌금 액수를 보고 "이 정도로 어떻게 하나님이 감동하시겠어요?"라고 빈정대는 신통한 족집게 강사의 말에 마음이 상해 소리를 지르며 교회 문을 꽝 닫고 떠나버린

조영선 권사. 뒤에 대고 "저러니 낫겠어?" 하며 호통을 치는 능력의 종과 "쯧쯧"을 연발하는 성도들.

실낱같은 소망을 안고 전셋돈 빼내 하나님을 감동케 하려고 큰 헌금을 들고 와 안수 차례를 기다리는 간질 장애를 가진 진준이 아빠 윤집사님.

"왜 자꾸 앞자리를 차지하고 앉아 다른 사람에게 양보하지 않나요?" 하며 핀잔을 주는 큰 종의 말-"내가 안수해도 당신이 낫지 않는 것은 아직도 당신의 믿음이 없기 때문이야. 믿음을 확실히 해서 나와야지. 그냥 제일 앞자리에 앉아 계속 안수만 받기만 하면 나의 신유능력이 의심받는단 말이야."-에 눈물을 흘리며 눈물이 배인 담요를 주섬주섬 챙기며 자리를 떠난 주희 성도 지금 어디 있을까?

구원론

장애인 특별히 자신의 신앙을 스스로 고백하지 못하는 지적장애인은 그들의 구원을 어떻게 판단할 수 있을까? 이 질문은 태어나자마자 죽은 영아의 경우와 같은 질문일 것이다. 여기서는 이런 구원의 문제를 놓고 신학적인 여러 견해를 진부하게 소개할 필요는 없을 것 같다. 다만, 지적장애인 구원의 문제도 다른 보통 사람들 구원의 문제와 다를 바 없다는 결론을 말하고자 한다. 구원은 전적인 하나님의 은혜이기 때문이다. 구원은 전적으로 하나님의 뜻으로서 그 뜻에 반응하는 방법은 서로 다를 수 있다. 구원에 대한 반응이 다르다고 해서 구원의 질이 다르거나 구원의 여부를 다르게 말할 수 없다. 비록 이성적인 언어적 표현으로 신앙을 고백할 수 없는 경우에도 하나님께서는 그들의 구원 계획이 있으며 또 그들이 그 구원을 인식할 만한 특별한 은혜의 증거가 있다고 본다. 구원을 확인하는 방법은 신학적 노선마다 약간의 차이는 있을망정 구원 자체가 하나님에게서 온다는 사실을 부인할 사람은 아무도 없을 것이다.

사람이 확인하는 구원에 대한 검증이 성령 하나님의 확증보다 정확할 수는 없다. 구원 자체가 하나님의 신비에 속하기 때문에 자신의 믿음을 고백하지 못한다는 이유로 지적장애인의 구원을 확신하지 못한다는 주장은 미숙한 주장이다. 하나님을 아는 지식이 꼭 지적 능력을 통해야만 한다고 주장하는 것은 하나님을 제한하는 일이다. 하나님을 아는 지식은 인지능력이라는 한 방법으로만 가능한 것이 아니다. 하나님을 아는 것과 하나님에 대해서 아는 것은 전적으로 다르다. 하나님에 대해서 아는 것은 어느 정도의 지적 능력이 필요하지만, 하나님을 아는 것은 꼭 그렇지가 않다. 하나님에 대해서 아는 것은 지적활동을 요구하지만, 하나님을 아는 것은 영적 활동을 요구한다. 하나님에 대해서 아는 것은 사람의 노력이지만 하나님을 아는 것은 하나님의 활동이다. 따라서 지적장애인의 구원을 말할 때 지적 능력을 말하기보다 하나님의 신비한 계획에 초점을 두어야 한다.

그럼에도, 구원에 대한 확신을 스스로 간증할 수 없는 사람에게 세례를 주고 구원을 논한다는 것은 지극히 위험한 발상이라고 주장하는 분들께 묻고 싶다. 그렇다면, 구원을 확신한다고 주장하는 모든 사람들은 다 구원을 받는다고 말할 수 있을까? 어차피 구원의 확신이니 세례의 증거니 하는 것은 우리의 최선이지 하나님의 최선은 아니다.

장애인의 복음화율은 형편없이 낮다. 이런 현상은 나라에 상관없이 비슷하게 나타난다. 하나님이 장애를 이유로 장애인의 구원 확률을 낮게 정하시지 않았다고 한다면 오늘날 교회의 문제는 심각한 것이 된다. 그러므로 현저하게 떨어져 있는 장애인의 복음화율을 높이는데 최대의 노력을 다해야 할 것이다. 그렇다면, 이제 지적 장애인들의 구원을 말할 때 그들에게 구원받은 증거를 보이라고 묻기보다 어떻게 지적 장애인들의 구원을 확인할 수 있을까? 라는 질문으로 바꾸어 물어야 한다. 비장애인들의 구원을 확인하는 방법을 지적 장애인에게 그대로 적용하는 것 자체가 불합리하다.

교회는 지적장애에 대한 더욱 세심한 배려가 필요하다. 지적 장애인도 하나님의 형상을 입은 예수님의 똑같은 지체다. 이미 제1장에서 하나님의 형상을 논할 때 살펴본 대로 하나님의 형상이 어떤 특별한 지적능력이나 감정표현의 능력을 말하는 것이 아니므로 지적능력에 따라 하나님의 구원을 논할 수는 없다. 지적장애인을 위해 사역해 오는 동안 확신하는 것은 첫째, 주님이 이들을 사랑하신다는 것. 주님의 십자가가 결코 이들을 배제하지 않는다는 것, 둘째, 이들 지적장애인도 주님을 사랑한다는 것. 비록 표현방법이 다르지만, 주님을 사랑하는 표지가 얼마든지 있다는 것을 피부로 느끼게 되었다. 이제 교회는 이들을 예배와 공동체 삶에 수동적으로 참여시키는 데서 더 나아가 공동체 삶의 모든 영역에 포함해야 한다. 교회가 장애사역을 하면서 특수사역이라는 꼬리표를 빨리 떼어야 한다. 장애인은 특수한 사람이 아니다. 장애사역을 하는 사람들도 특수한 사람들이 아니다. 장애사역을 하는 데 있어서 특수한 자질이나 기술이 있어야 하는 것도 아니다. 하나님의 교회는 하나님께서 창조하신 모든 사람이 함께 어우러진 곳이기 때문이다.

성례전

장애인 부모의 한이 있다. 과연 자신들의 장애 아이도 구원을 받을 수 있을까? 그렇다면, 그것을 어떻게 확증할까? 아이의 입에서 나오는 고백도 들을 수 없고 다니는 교회에서는 세례를 주지도 않고 성찬에 참여시켜 주지도 않으니까 말이다.

"이것은 내 몸이니" 하며 내미는 떡을 받는 중증 신체장애인의 눈에 흐르는 감격을 그 어떤 말로 형용할 수 있을까? 비록 자신의 몸은 마음대로 움직이지 못하지만, 그리스도의 몸은 완전하기에 그 몸에 동참한다는 의미는 다른 사람들에 비해 비교도 할 수 없는 감격과 전율을 준다. 그런데 교회는 왜 이런 은혜를 막고 있을까?

성찬이야말로 공동체 확인이다. 장애라는 이유로 믿음의 공동체에서 제외될 수 없다. 특별히 지적장애인의 성례전 참여는 중요한 의미가 있다. 슬프게도 많은 경우 지적장애인과 농아들은 그들이 복음을 수용할 능력이 없다는 이유로 예배공동체에서 제외되어 왔고 또 믿음을 스스로 고백할 수 없다는 이유로 세례와 성찬에서 제외되어 왔다. 그러나 최근에 들어와서 자성의 목소리와 함께 지적장애인들을 위한 성례전을 베푸는 교회가 늘어나고 있다. 가장 이슈가 되는 부분인 자신의 신앙고백 형태를 소리가 아닌 방법으로까지 넓혀 이해해 가기 시작하였다. 즉 하나님을 아는 지식은 형식, 모방, 감정, 직감, 상상, 내부화, 상징의 도구 등으로도 측정할 수 있다고 인정하기 시작한 것이다. 따라서 이를 위해 갖가지 시청각 도구나 예술적 도구를 사용할 수 있다고 본다.[2] 그럼에도, 이런 노력으로도 불가능할 수 있음을 겸허히 인정해야 할 것이다. 그러므로 사람의 어떠한 판단보다도 성령 하나님의 판단에 최종 권위를 두어야 한다.

성찬은 단지 그리스도의 몸에 동참한다는 상징적 의미를 주는 것으로 끝나는 것이 아니다. 성찬의 또 하나의 큰 의미는 공동체 의식의 확인이다. 같이 떡을 떼고 같이 잔을 나누며 함께 그리스도의 몸에 연합한 한 지체임을 확인하는 시간이기 때문이다. 따라서 장애인이 성찬에 참여한다는 의미는 단지 그들을 이제 공동체로 수용한다는 시혜적 태도가 아니라 그들이 함께하지 않으면 공동체의 몸도 완전하지 못하다는 절대적 필요성을 깨닫게 하는 본질적 연합이다. 따라서 그동안 장애를 이유로 배척해왔던 장애인을 그리스도 안에서 진심으로 용납하고 교제하는 시간임을 살과 피로 경험하는 시간이다.

인지능력이 떨어져 성찬식의 의미를 제대로 깨닫지도 못하는 지적장애인들에게 성례전을 베푸는 것이 무슨 의미가 있는가 라는 질문을 많이 한다. 그러나 비록 그들이 지적인 언어로 요약된 성례전의 의미를 이해하거나 표현하지 못한다 해도 그들은 성례전을 통해 보통 예배와 다른 의식과 분위기, 그리고 다른 교인의 모습 등을 통해 그 의미를 배우게 된다. 그러나 이런 배움보다 더 큰 하나님의 사랑의 부르심과 성령의 인도 하심이 그들로 하여금 성찬식을 통해 하나님 안에 있음을 확신하게 해준다. 성례는 논리나 절차가 아니라 신비한 연합의 상징이다. 따라서 언어학적 분석이나 테크니컬한 방법을 기준으로 내세워 그 진정성을 가늠할 수 없다.

라르쉬 공동체의 창시자인 장 바니에는 장애인 공동체 안에서 장애인을 씻기는 목욕시간이 공동체의 하나 됨을 가장 뜨겁게 느끼는 시간이라고 고백한 바 있다. 즉 장애인들을 씻기고 목욕을 시키면서 서로 성령 안에서 하나 됨을 경험하고, 단지 누구는 돕고 누구는 도움을 받는다는 봉사의 시간이 아니라 오히려 서로 서로가 강력한 사랑의 존재라는 사실을 느끼는 감사와 흥분의 시간이 된다는 것이다. 이것은 비단 장 바니에 만의 경험은 아닐 것이다. 필자를 비롯하여 장애인을 섬기는 봉사자라면 누구나 느끼는 한 몸 경험일 것이다. 이러한 한 몸 경험은 물리적 결합이 아닌 피의 결합이기 때문에 이제 다시는 나뉠 수 없는 그리스도의 몸과 피에 동참하는 원리를 통해 공동체 회원 간에 더는 건강상 비교를 통한 우열을 나눌 수 없게 한다. 그래서 이런 융합으로 이제는 한 지체가 고통을 받으면 더는 개인의 문제가 아닌 공동체 전체의 고통이 되는 것이다.

> 고전 12:22~26 그뿐 아니라 더 약하게 보이는 몸의 지체가 도리어 요긴하고 우리가 몸의 덜 귀히 여기는 그것들을 더욱 귀한 것들로 입혀 주며 우리의 아름답지 못한 지체는 더욱 아름다운 것을 얻느니라 그런즉 우리의 아름다운 지체는 그럴 필요가 없느니라 오직 하나님이 몸을 고르게 하여 부족한 지체에게 귀중함을 더 하사 몸 가운데서 분쟁이 없고 오직 여러 지체가 서로 같이 돌보게 하셨느니라 만일 한 지체가 고통을 받으면 모든 지체가 함께 고통을 받고 한 지체가 영광을 얻으면 모든 지체가 함께 즐거워하느니라

참된 공동체 정신은 이처럼 아름답지 못하다고 생각하는 것, 연약한 것, 덜 귀하게 여기는 것들을 오히려 더 소중하게 생각하는 믿음의 공동체의 삶의 요강이다. 그러므로 사회적으로 종교적으로 외면을 받는 소외층들이 믿음의 공동체 안에서는 식구로 영접을 받을 뿐 아니라 오히려 더 귀한 존재로 여김을 받음으로써 그들에게 육적으로 뿐만 아니라 영적으로 진정한 의미의 쉼터가 되는 것이다.

세례의 원리: 그리스도와의 신비한 연합

그리스도와의 신비한 연합은 사회적으로는 하나가 될 수 없는 계층까지도 하나가 되게 하는 능력이 된다. 갈3:28; 행2:17~18

> 갈 3:27~28 누구든지 그리스도와 합하기 위하여 세례를 받은 자는 그리스도로 옷 입었느니라. 너희는 유대인이나 헬라인이나 종이나 자유인이나 남자나 여자나 다 그리스도 예수 안에서 하나이니라

유대인과 헬라인, 자유인이나 종, 남자나 여자, 이런 구분은 당시로써는 서로 뛰어넘을 수 없는 엄연한 구별과 차별이었다. 그러나 그리

스도의 몸에 참여함으로써 새로운 신분으로 태어나 하나님나라의 시민이 된다. 천국 시민은 이 땅에 살긴 하지만 더는 이 땅의 소속은 아니다. 그러므로 건강한 자나 그렇지 못한 병자나 장애인도 그 어떤 낙인도 없는 새로운 공동체인 하나님나라의 일원으로 떳떳하게 선다는 의미이다. 이렇게 하나 되게 하는 힘이 바로 성령의 힘이다. 성령의 교제라는 거룩한 코이노니아는 세상이 차별하고 구분하고 소외시킨 사람들을 다시 거룩한 백성의 반열로 끌어올리는 힘이다.

교회의 실천적 통합 정책

WCC는 '모든 사람의, 모든 사람을 위한 교회'라는 선언을 통해 장애인과 비장애인의 장벽을 없애야 한다고 강조했다. 이 선언은 교회가 장애인을 이해하려면 역시 신학을 재정립하는 일이 중요하다고 말하면서 장애신학의 핵심은 예수 그리스도여야 함을 강조했다. 따라서 첫째, 기독론적·구원론적 입장에서 하나님의 형상을 이해해야 하며 둘째, 하나님의 형상은 모든 사람을 포함하고 품기 때문에 셋째로, 장애를 경험하고 있는 사람들을 포함하지 않는다면 교회는 하나님의 영광에 이르지 못하며 하나님의 형상이라고 말할 수 없다는 점을 분명히 했다.[3] 덧붙여 교회는 본질적으로 모든 사람에게 차별 없이 열려있는 공동체임을 강조하면서 교회가 '모든 사람의, 모든 사람을 위한' 교회가 되려면 장애인도 편안하게 예배를 드릴 수 있도록 세심한 배려를 해야 한다고 역설했다. 그 구체적 실천적 방안으로 조명, 음향, 좌석배치, 수화, 건물과 더불어 강단으로 가는 경사로 설치 등 세심한 주의를 기울여야 한다고 지적했다.[4]

한편, NCC는 장애신학의 4대 원리를 채택하였다.[5]

첫째, 모든 사람들은 하나님의 형상으로 지음을 받았다. 창1:27 둘째,

모든 사람들은 하나님으로부터 부르심을 받았다.엡2:10 셋째, 모든 사람들은 특별한 은사를 가지고 있다.고전12:4 넷째, 모든 사람들은 하나님의 사역에 동참하도록 초청을 받았다.고전12:7

이런 4대 원리를 바탕으로 접근권, 교육, 고용, 사회생활, 연구, 권익옹호 등의 부분에서 장애인들의 권리를 찾는데 교회가 힘을 써야 한다고 반성했다.

교회도 이제 장애인들이 공동체의 모든 영역에 접근하기 쉬운 구조로 만들어 나가야 한다. 교회의 모든 시설이 장애인이 활동하는 데 불편이 없도록 하는 하드웨어적 개선뿐만 아니라 장애인에 대한 일반 성도들의 인식과 태도 변화라든가 청각장애인을 위한 수화, 맹인을 위한 예배 편의 제공(큰글씨 주보, 점자 주보) 등 소프트웨어적 개선도 시급하다. 예배 순서에 세심한 배려도 필요하다. 예를 들어, 예배순서 중 '일어서시오'가 있는 순서에 장애인을 배려한답시고, "일어서실 수 있는 분만 일어서세요"라고 굳이 강조한다면 일어설 수 없는 병약자들이나 휠체어장애인이 고마움을 느끼기보다는 오히려 공적으로 창피함을 느끼게 될 것이다. "일어설 수 있는 사람만 일어나세요"라고 배려하는 듯한 말이 오히려 상처가 된다는 것을 알아야 한다. 성찬에 쓰는 포도주와 빵에 알레르기가 있는 사람을 위한 대처도 필요하다.

더 나아가서 장애인들을 사역의 대상자에서 사역의 파트너로 인식해야 한다. 따라서 이제 교회가 장애인을 위한 편의제공이라는 관점을 벗어나 사역 파트너 모델로 나아가야 한다. 이렇게 하려면 리더십 공유가 필수적이다. 교회는 모든 사람이 다 사역의 대상이다. 꼭 장애인만 특별한 관심의 대상이 되는 것처럼 보이는 것도 지양하여야 한다. 즉 공동체의 사역을 장애인사역과 비장애인사역으로 나누어선 안 된다. 이미 성찬을 통해 한 몸 안에 융합된 지체들이 다시 사역현장에서 나뉘는 일이 없어야 한다.

그렇다면, 장애인이 교회에서 무슨 일을 할 수 있느냐고 묻는다. 장애인 부서를 만든 교회조차 그 부서의 존재에 대한 본질적 가치에 대해 혼동을 하고 있다. 장애부서를 둔 교회의 여러 담임목사와의 대화를 통해서 들은 이야기 중 몇 가지만 소개한다.

"예수님도 장애인을 불쌍하게 여기셨으니까 우리도 불쌍하게 여겨야 당연하지요."

"우리 교회가 장애부서를 통해 은혜를 많이 받습니다. 교인들이 그들을 보고 자신들이 얼마나 복을 받았는지 감사하게 된답니다."

"멀리 있는 선교지에도 구제하는데 가까운 데 있는 불쌍한 사람들 구제를 해야지요."

"장애인 프로그램을 하면 교회에 좋은 소문이 나니까 부흥에 도움이 되지요."

"장애인들이 함께 예배를 드리면 본 예배가 방해됩니다…." 등등

이 밖에도 교회 내 장애인 돕기 일일바자회를 한다고 거창하게 떠들면서 장애인 가정을 갑자기 불우이웃으로 만드는 교회, 장애인 선교한다고 교회재정은 구제비에서 지출하는 교회, 장애인의 결혼을 돕는다고 '장애인 짝짓기의 날'을 대대적으로 선포하는 교회는 아직도 우리 앞에 있는 우울한 현실이다. 장애부서를 만들 정도면 그래도 다른 교회보다 의식이 앞선다고 말할 수 있을 것 같은데 깊이 들어가 보면 장애인을 보는 시선이 여전히 비장애인의 시각에서 머무는 교회들도 많이 있음을 알 수 있다. 장애인들은 꼭 비장애인들의 교육적 자료가 되어야만 가치 있는 삶인가? 비장애인은 장애인을 위해 무언가를 베풀어 주어야 하고 장애인은 자신을 돕는 비장애인을 향해 무언가를 보여주어야 한다는 강박 관념적 노력은 건강한 교회의 모습이 아니

다. 단지 함께 있다는 사실만으로도 서로에게 은혜와 축복이 되어야 한다. 장애인도 비장애인의 도움을 받아야 할 때가 있고 비장애인도 장애인의 도움을 받아야 할 때가 있는 법이다. 유대인의 율법 해설서인 미드라쉬에 있는 예화를 하나 소개한다.[6]

> 앞을 보는 어떤 사람이 맹인과 함께 길을 간다. 이 사람이 맹인을 인도하여 한참 길을 갔다. 그러다 집에 들어가서는 이 사람이 맹인더러 집이 깜깜해서 호롱에 불을 켜려고 하니 가서 성냥을 찾아오라고 부탁한다. 따라서 밝은 곳에서는 보는 사람이 맹인을 인도하고 깜깜한 곳에서는 맹인이 보는 사람을 인도한다.

이 비유를 통해 우리는 서로 의지할 존재임을 다시 한 번 확인해 준다.

예수님 통합의 원리

마가복음 2장에 나오는 중풍병자 이야기는 이미 8장과 9장에서 상세히 다룬 바 있다. 따라서 여기서는 예수님 통합의 원리와 접근권이라는 관점으로 본문을 다시 다루기로 한다.

1. 예수님의 몸과 통합의 원리

예수님의 근본적인 통합의 원리는 그가 먼저 의도적으로 정결의식법을 깨심으로 사람들에게 혁명적인 의식전환을 요구하심으로 나타난다. 즉 사회적으로나 종교적으로 부정하다고 선언을 받은 그룹(죄지은 여인, 문둥병자, 이방인, 다른 각종 장애인)에게 먼저 다가가시고 자신의 몸을 만질 수 있도록 허용하셨다는 사실에 주목해야 한다. 그것은 율법을 적용하면 오히려 예수님 자신이 부정하게 되는 지극히 위험한 일이었다. 그러나 깨끗함의 근원이신 예수님께서는 몸을 깨끗하게 하는 것은 정결법이 아니라 바로 당신 자신인 것을 친히 내보이신 것이다. 이런 예수님의 혁명적 행동은 그의 목적이 불쌍한 사람들의 신체적 질병이나 장애를 고치는 데 있었던 것이 아니라 예수님이 율법 완성자로서 부정하다고 규정한 육체의 법들을 파기하는 데 있었다. 즉 장애인을 양산한 사회적 종교적 장애를 제거해 버리신 것이다. 이렇게 하심으로 진정한 사회적 통합을 이루신 것이다. 결론적으로 예수님의 몸이 사회적, 영적 통합의 원리에 대한 모티브를 제공했다고 볼 수 있다.

2. 접근권의 원리

본문의 중풍병자 이야기가 주는 장애신학의 가장 중요한 원리 중의 하나가 접근권의 원리이다. 접근권의 원리란 장애인이 다른 사람들이 접근할 수 있는 모든 영역에 접근할 수 있는 권리를 말한다. 이 원리는 예전에는 주로 휠체어 장애인들의 시설 접근을 쉽게 하도록 하기 위한 '장애물 없애기' 캠페인에서 시작된 것이지만 지금은 모든 권리에 접근할 수 있도록 그 범위를 확대하고 있다. 접근권의 원리를 본문에 등장하는 인물들의 관점에서 각기 살펴보자.

예수님의 관점에서

예수께서 가버나움을 다시 찾으셨다는 것은 분명히 가버나움 사람들에게 행할 사역이 있으셨기 때문이다. 따라서 사람들이 그를 찾아왔을 때 거절하지 않으시고 환영하셨다. 자신에게 접근이 쉽도록 서민들의 집을 이용하셨다. 권위의 벽을 쌓지 않으셨다는 뜻이다. 또한, 중풍병자의 접근을 허용하셨다. 사실 집회가 한참 진행 중인 상황에서 지붕을 뚫고 침입한 황당한 불청객에 대해 또 집회가 방해받은 것에 대해 불쾌감이 생길 만도 한 상황에서 오히려 예수님은 많은 사람을 제쳐놓고 중풍병자에게 관심을 집중하셨다. 마치 아흔아홉 마리 양을 남겨놓은 채 잃어버린 한 마리의 양을 찾아 나선 목자의 사랑 같은 것을 볼 수 있는 대목이다. 이렇게 적극적으로 중풍병자를 환영함으로써 혹시 있을지도 모르는 청중들과 집주인의 항의를 원천봉쇄하신 것이다. 자신에게 접근하도록 허용하는 소극적 허용을 넘어 접근을 방해하는 요소까지 차단해 주신 것이다.

친구들의 입장에서

사실 이 중풍병자를 메고 온 네 사람은 주인공인 중풍병자와 가까운 사이가 아니었다. 엄격히 말해 친구라고 말할 수도 없다. 마가복음 2장 3절에 보면 "사람들이 한 중풍병자를 네 사람에게 메워 가지고 예수께로 올새"라고 되어 있다. 그러니까 '사람들'이라고 하는 익명의 사람들은 아마도 중풍병자의 가족이나 친지들이겠지만 네 사람은 분명히 통상 말하는 그런 친구는 아니었다. 아무튼, 중풍병자를 데리고 온 사람들이 누구였든 간에 이들의 결심은 대단했다. 이런 의미에서 우리가 친구라 부르는 것은 매우 좋은 호칭이라 하겠다(물론 성경에는 친구란 말이 없지만). 사마리아인의 비유에서 "누가 이 사람의 이웃이 되겠는가?"눅10:36 하는 질문에서 볼 수 있듯이 친구란 사귐이 오랜 사이를 말하는 것이 아니라 얼마나 진실한 사랑을 가진 사람인가로 판단하는 것이기 때문이다. 이 친구들은 '무리를 인하여' 들어갈 수 없는 상황에서 포기하지 않고 모험과 위험부담을 감수하였다. 사실 일면식도 없는 집의 지붕을 뚫는다는 것은 대단한 모험이다. 그럼에도, 그들은 계산하지 않았다. 주인의 가족들에게 잡혀 매를 맞는다든지 또 손해배상청구를 당하거나 혹시 고소당하면 감옥에 갈 수도 있는 상황이었음에도 이들은 당장 이런 것들을 생각할 겨를조차 없었던 것이다. 그들의 머릿속에는 온통 중풍병자를 예수께 접근시킨다는 생각으로 가득 차 있었을 뿐이었다. 예수께로의 접근은 바로 치유와 구원을 의미하기 때문이었다. 그만큼 그들은 확실한 것에 승부를 건 진정한 승리자였다.

무리의 관점

아이러니하게도 중풍병자가 예수께 접근하지 못하도록 막은 사람들은 제일 먼저 접근권을 확보한 무리였다. 마가는 분명히 중풍병자가 예수께 접근할 수 없었던 주된 이유를 "무리 때문에"라고 적시하고 있다. 무리는 누구인가? 종교적으로 가장 뜨거운 사람들이었을 것이다. 예수님의 앞자리를 독차지하려고 일찍부터 자리를 잡고 기다렸던 열심파들이었다. 그들은 하나님의 말씀을 사모하는 사람들이었다. 그런데 문제는 너무 많이 모였다는 점이다. 그러나 마가는 너무 많이 모인 상황 때문에 중풍병자가 예수께 나아가지 못했다고 기록하지 않고 무리 때문에 들어갈 수가 없었다고 했다. 분명히 이유가 있어 보인다. 아마도 상황은 이랬을 것이다. 물론 예수님의 말씀을 듣고자 그리고 병을 고치고자 일찍 온 사람들이 어렵게 잡은 자리를 쉽게 내주고 싶지 않았을 것이다. 중풍병자 일행들도 처음에는 자리를 비집고 들어가려는 시도를 왜 하지 않았겠는가? 비집고 들어갈 수도 없을 만큼 사람들이 꽉 찼다는 뜻일 것이다. 그러나 분명히 다른 이유가 있었을 것 같다. 움직이지도 못하는 중풍병자. 그는 아마도 사람들이 익히 잘 아는 그 동네 사람이었을 것이다. 사람들의 생각에는 이 사람은 분명히 하늘로부터 저주를 받은 사람이다. 종교적으로 부정한 사람이다. 당연히 이런 사람들은 성전에 나올 권리가 없다고 생각했을 것이다. 예수님께 나올 이유가 없는 사람이다. 아니 나와서는 안 된다고 생각했는지도 모른다. 장애는 죄로 말미암아 생겼다고 믿는 전통적 문화적 이해에 사로잡힌 사람들로서 중풍병자는 자신과는 질적으로 다른 저주받은 사람이라고 생각했기 때문에 자리를 피해줄 이유도 없었고 자리를 피해주지 않았다고 해서 죄책감도 전혀 없었던 것 같다. 그래서 성경은 이들이 중풍병자를 예수께 접근하는 것을 막은 주범이라 했다. 잘못된 종교적 신념과 자신만 생각하는 열심은 이처럼 무섭다. 이때 예수 그리스도가 가장 필요했던 사람은 다름 아닌 중풍병자였다. 우리가 막고 서서 얼마나 많은 사람을 예수님께 접근하지 못하도록 할까? 생각하니 두렵다.

요즈음 장애인의 권익은 '접근권'이라는 원리로 풀어나간다. 접근권이란 장애인이 일반인들이 접근할 수 있는 모든 권리에 동등하게 접근할 수 있는 권리를 말한다. 따라서 장애 때문에 그동안 접근이 쉽지 않았던 분야에 대해서 사회가 그들에게 접근할 기회와 도구를 마련해 주어야 한다는 뜻이다. 예를 들면, 신체장애인을 위해 휠체어가 들어갈 수 있도록 경사로를 마련한다든지 하는 아주 기본적인 접근권부터 시작해서 야구장 같은 스포츠 시설이나 극장 같은 엔터테인먼트 시설에도 장애인이 접근할 수 있는 권리를 확보해 주어야 한다. 장애인에게도 생존권을 넘어 똑같이 행복추구권이 있다는 뜻이다.

녹음도서라는 것을 통해 시각장애인의 독서 권리에 접근시키듯이 청각장애인들이 영상물을 즐길 수 있도록 고안된 것이 소위 말하는 자막caption이라는 것이다. 그런데 장애인을 위해 마련된 시설과 도구들이 사실 일반인들에게도 아주 유용하게도 편리한 도구가 된다는 점을 알아야 한다. 시각장애인에게 영화 감상권리를 주고자 발명된 것이 묘사영화descriptive Movie라는 것이다. 영화의 영상의 흐름을 설명해

주는 녹음을 따로 시각장애인에게 제공함으로써 영화의 모든 콘텐츠에 접근하도록 하는 것이다.

더 나아가 일반인이 가지는 모든 파워 레벨에도 장애인이 접근할 수 있도록 그 권리를 확보해 주어야 한다. 예를 들면 장애인들이 예배에 참여할 수 있도록 편의 시설을 받는 예배의 객체에서 이제 예배의 주체로 참여할 수 있어야 한다. 장애인들의 예배 접근권을 위해 편의시설을 해 놓은 교회조차도 강대상에 휠체어가 올라갈 수 있도록 디자인된 교회가 아주 드물다는 사실이 그 좋은 예이다. 이제 설교자도 사회자도, 성가대원도 교사도 장애인에게 문호를 개방하여야 한다. 옛날의 장애 모델에서는 장애인들에게 제한된 접근권을 마련해 주는 것만으로도 훌륭한 편의 제공이 되었지만, 지금의 발전한 장애모델에서는 장애인들에게 모든 영역에서 일반인들과 같은 접근권을 허용해야 한다. 너무 과한 요구라는 반론도 있으나 그동안 장애인들의 권리를 제한해 왔던 것이지 지금 호의를 베푸는 것이 아님을 알아야 하겠다.

예수님께서 사회로부터 버림을 받은 세리, 간음한 여자, 문둥병자 등을 찾아가시며 그들을 치유해 주심으로 그동안 사회적으로 종교적으로 접근이 금지되었던 이들에게 예수님 자신을 '접근할 수 있는 하나님' Accessible God 으로 친히 내어 주신 것이다. 그럼에도, 오늘날 여전히 신학적으로, 관습적으로, 문화적으로 장애인들이 예수님께 접근하는 길을 막고 있다. 이제 접근을 막는 모든 장벽을 허물어야 한다.

그렇다면, 오늘날 교회가 장애인의 접근을 막는 장벽이 무엇인가? 그것은 바로 잘못된 신학의 적용, 기복적 축복관, 교회성장이론과 경제적 득실에 따른 계산, 건축구조 양식, 건강한 자를 표준으로 한 프로그램 운영, 리더십 독점, 장애인에 대한 문화적 거부감 등을 들 수 있다. 이제 성경으로 다시 돌아가야 한다. 성경은 철저히 통합의 원리를 채택한다. 통합의 원리는 단지 그동안 소외되었던 소외계층을 다시 받아주고 구성원으로 끼워준다는 차원이 아니다. 장애인과 비장애인이라는 구분 자체가 완전히 사라져야 한다. 예수님은 유대인과 이방인, 남자와 여자, 주인과 종의 구분을 철저히 타파하셨다. 그렇게 하여 이방인이었던 우리에게도 하나님의 자녀가 되는 축복이 돌아온 것이다. 그렇다면, 오늘날 교회도 예수님처럼 장애인과 비장애인의 장벽을 무너뜨리는 데 가히 혁명적인 발상의 전환과 실습이 필요하다. 관습타파에는 위험과 희생이 따르는 법이다.

3. 통합의 원리

이미 1장에서 살펴본 대로 하나님 창조의 원리에 통합의 원리가 내포되어 있다. 하나님나라는 본질상 통합이다. 이전에 세상의 기준에 의해 나누어졌던 분리와 장벽이 무너지고 온전하게 통합된 실체가 하나님나라이다. 이런 통합의 원리가 하나님나라 확장을 가속하는 비결이다. 예수님의 지상사역 과제로 주어진 사명선언문인 누가복음 4:18~19은 온전한 통합이 이루어낸 하나님나라의 확장원리를 제시하고 있다. 즉 하나님나라는 세상의 기준인 '정상의 원리'를 뒤엎고 하나님나라의 새 질서를 제시한다. 세상이 '비정상'이라고 말하는 부류가 당당히 주빈의 자리를 꿰차는 역전현상이 하나님나라의 '정상적' 원리라는 것이다.

> 눅 14:21 종이 돌아와 주인에게 그대로 고하니 이에 집주인이 노하여 그 종에게 이르되 빨리 시내의 거리와 골목으로 나가서 가난한 자들과 몸 불편한 자들과 맹인들과 저는 자들을 데려오라 하니라

이런 모두를 품은 통합의 원리는 예수 그리스도의 새 계명으로 다시

한 번 강조된다. 십계명이 선민 이스라엘에게 주어진 것이라면 이제 새 계명은 우리 모두에게 주어진 십계명의 갱신이다. 십계명이 선민과 이방인을 갈라놓는 배타적인 선언문이라면 새 계명은 온 열방과 민족을 품는 통합적 포괄 선언문이다.

> 막 12:29~31 예수께서 대답하시되 첫째는 이것이니 이스라엘아 들으라 주 곧 우리 하나님은 유일한 주시라 네 마음을 다하고 목숨을 다하고 뜻을 다하고 힘을 다하여 주 너의 하나님을 사랑하라 하신 것이요 둘째는 이것이니 네 이웃을 네 자신과 같이 사랑하라 하신 것이라 이보다 더 큰 계명이 없느니라

이 새 계명은 사실 갑자기 등장한 완전히 새로운 법조문이 아니다. 그저 율법을 두 마디로 다시 정리했을 뿐이다. 어떤 율법사가 예수를 시험하여 "무엇을 하여야 영생을 얻을 수 있을까" 하고 묻는다. 이에 예수께서는 오히려 율법에 어떻게 쓰여 있는지 반문하신다. 이에 율법사는 "네 마음을 다하며 목숨을 다하며 힘을 다하며 뜻을 다하여 주 너의 하나님을 사랑하고 또한 네 이웃을 네 자신 같이 사랑하라"고 했다고 답하였다. 이에 예수께서는 "네 대답이 옳도다 이를 행하라 그러면 살리라"고 답하셨다.^{눅10:25~28} 율법사가 정리한 율법은 예수님이 주신 새 계명과 같다. 율법과 새 계명의 근본적인 차이는 계명을 순종하는 동기에 있다. 율법은 의무로 지키고 새 계명은 사랑으로 지킨다. 또 율법을 지키는 자와 새 계명을 지키는 자의 주체가 다르다. 즉 율법으로는 국외자였던 사람들이 새 계명을 수행하는 주체로 역전되었다. 율법을 잘 지킴으로서 구원을 받을 수 있다고 생각하는 율법주의자들에게 주님은 율법대로 살 것을 주문하면서 율법을 재해석해 주신 것이다.

선한 사마리아인의 비유가 예수님의 새 계명에 대한 주님의 해석이

라고 말할 수 있다.

> 눅 10:36~37 주님은 이 질문을 한 율법사에게 물으신다 네 생각에는 이 세 사람 중에 누가 강도 만난 자의 이웃이 되겠느냐 이르되 자비를 베푼 자니이다 예수께서 이르시되 가서 너도 이와 같이 하라 하시니라

이 세 사람은 누구인가. 하나는 제사장, 하나는 레위인, 하나는 사마리아인으로 신분적으로 따지면 사마리아인은 강도를 만난 자의 이웃은커녕 가까이도 갈 자격도 없는 사회적 천민이다. 강도 만난 자의 이웃이 되려면 적어도 제사장, 레위인과 같은 지위가 있는 사람이어야만 한다. 비록 강도 만난 처지이긴 하지만 신분상 그는 주류계급에 속한 사람이었기 때문이다. 그럼에도, 사마리아인이 강도 만난 자를 돌보는 주인공으로 등장하고 있다. 위험에 처한 사람을 구해야 한다는 조항이 있는 율법에 종속되어 있던 제사장과 레위인은 오히려 강도 만난 자를 피해가고 율법준수의 의무가 없는 사마리아인은 강도 만난 자에게 다가갔다. 제사장과 레위인은 그들이 자신들을 고소할 증인이 없었다는 이유로 그 자리를 피했을 것이다. 아니면 자신들의 당면한 종교적 의무가 사람을 구하는 일보다 더 중하다고 생각했는지도 모르겠다. 이처럼 율법은 맹목적 복종은 만들어 낼 수 있을지는 몰라도 진정한 사랑은 만들어 낼 수가 없다. 비록 율법적인 혜택을 누리지 못하고 산 사마리아인이었지만 율법의 참 정신인 사랑을 베풀 줄 알았으니 사마리아인이야말로 강도 만난 자의 진정한 이웃이다. 따라서 선한 사마리아인 비유가 강조하는 요점은 율법은 이론이 아니라 실천이라는 것과 참된 실천은 율법적 준수가 아닌 사랑이라는 것이다.

이처럼 예수 그리스도로 인해 도래한 새 나라의 질서는 극적 반전이 일어나는 곳으로서 이제 그 누구도 사회적인 신분 또는 육체적인 조

건으로 하나님나라에 들어갈 자격심사를 받지 않는 것과 동시에 그 누구도 그리스도의 사랑에서 금지될 사람이 없다고 강조한다.

> 롬 8:35 누가 우리를 그리스도의 사랑에서 끊으리요. 환난이나 곤고나 박해나 기근이나 적신이나 위험이나 칼이랴

이런 본질적 하나님나라의 새 질서에서는 사회적 정의를 실현하고 잘못된 구조를 고치고 소외된 자를 가로막는 장애를 제거하는 것이 사회운동이 아니라 영적인 삶이라는 것을 가르쳐준다.

> 히 13:1~3 형제 사랑하기를 계속하고 손님 대접하기를 잊지 말라 이로써 부지 중에 천사들을 대접한 이들이 있었느니라 너희도 함께 갇힌 것 같이 갇힌 자를 생각하고 너희도 몸을 가졌은즉 학대 받는 자를 생각하라

> 사 58:6~7 내가 기뻐하는 금식은 흉악의 결박을 풀어 주며 멍에의 줄을 끌러 주며 압제당하는 자를 자유하게 하며 모든 멍에를 꺾는 것이 아니겠느냐 또 주린 자에게 네 양식을 나누어 주며 유리하는 빈민을 집에 들이며 헐벗은 자를 보면 입히며 또 네 골육을 피하여 스스로 숨지 아니하는 것이 아니겠느냐

즉 진정으로 영적인 삶은 얼마나 정확하게 종교의식을 행하고 또 율법을 얼마나 잘 준수하느냐에 있는 것이 아니라 그 율법의 중심 사상인 사랑과 공의를 얼마나 삶 가운데 실천하고 사느냐로 판정된다는 것이다. 하나님과 함께하는 삶이란 하나님과의 영적 거리로 표시할 수 있는데 이 영적 거리는 바로 얼마나 소외된 자들과 함께 하느냐로 측정할 수 있다는 뜻이다.

> 마 25:35~36 내가 주릴 때에 너희가 먹을 것을 주었고 목마를 때에 마시게 하였고 나그네 되었을 때에 영접하였고 헐벗었을 때에 옷을 입혔고 병들었을 때에 돌보았고 옥에 갇혔을 때에 와서 보았느니라

종말에는 하나님나라의 새로운 파트너인 가난한 자, 병든 자, 장애인들이 주빈으로서 옛 주인들, 유대인, 남자, 자유자들을 새로운 신입 회원으로 맞아들이는 진기한 해프닝인 일어나게 된다. 굳이 덧붙이자면 이렇게 이방인들을 기쁨으로 맞아들이는 웰컴 정신은 예수 그리스도의 성육신과 십자가로 말미암아 가능한 것이며 이 웰컴 정신이 예수님의 갈릴리 사역의 중심에 깔려있다고 볼 수 있다.[7]

교회, 현존하는 그리스도

그리스도가 현존하여 계속적으로 통치하시는 모습이 교회라고 볼 수 있다. 교회의 머리를 예수 그리스도로 보고 그의 몸의 각 지체를 그의 백성으로 본 이런 메타포는 임마누엘 하나님의 속성이 어떻게 구체적으로 그의 백성에게 나타나는지를 말해준다.엡1:22~23 특별히 예수 그리스도가 마지막 시대에 어떻게 하나님의 언약을 교회를 통하여 이루시는가를 보여주는지 말해주는 메타포다. 따라서 교회는 새 언약의 상징이며 교회를 통하여 새 하늘과 새 땅을 미리 맛보게 되는 것이다. 율법시대에서는 건물로 된 성전이 하나님나라의 중요한 모티브였지만 이제 은혜 시대에서는 손으로 지은 성전은 무너져 없어지고 손으로 짓지 아니한 성전, 곧 하나님의 백성을 통해 하나님의 은혜를 지속하신다. 이제 이 성전은 다시 다가올 영원한 나라 새 하늘과 새 땅을 준비하는 신부들이다.

> 엡 2:19 그러므로 이제부터 너희는 외인도 아니요 나그네도 아니요 오직 성도들과 동일한 시민이요 하나님의 권속이라

이 얼마나 놀라운 메시지인가? 외인이요, 나그네요, 이방인이요, 소외된 자들이 이제 하나님나라의 같은 시민으로 대접을 받게 된 것은

오로지 십자가 은혜 때문이다. 교회는 이처럼 본질적으로 이방인과 소외된 자들을 품는 곳이다. 그저 사랑의 차원으로 품는 것이 아니다. 하나님나라 차원에서 품는 것이다. 소외된 자들이라고 해서 동정으로 하나님나라를 차지한 것이 아니기 때문이다. 장애사역이 동정사역이 아닌 이유가 여기에 있다. 하나님나라는 동정으로 선별되는 것이 아니고 하나님나라는 전적인 하나님의 부르심으로 가는 곳이기 때문이다. 교회를 나타내는 말, '에클레시아'는 부름을 받았다는 뜻이다. 하나님의 부르심은 신체적이나 사회적 조건에 따라 결정되는 것이 아니다. 또 '에클레시아'는 죄에서 불러냈다는 뜻도 되지만 새로운 공동체를 만든다는 뜻을 내포하고 있다. 교회가 새로운 공동체로 탄생한 것도 '에클레시아'의 결과다.

교회를 믿음의 식구라는 말로 표현하기도 한다.갈6:10 믿음의 식구라는 말은 참으로 좋은 말이다. 예수 그리스도를 가장으로 하고 교회인 하나님의 백성이 식구들로 한가족이 되는 것이다. 그러므로 이 메타포는 식구들 간에 서로 어떻게 사랑을 나눠야 하는가를 가장 적절하게 나타내 준다. 이런 메타포는 필연 코이노니아의 개념이 가장 중요한 자리를 잡고 있다. 식구들 간에 가장 중요한 것은 사랑의 교제이다. 식탁공동체가 주는 의미는 단지 식사를 같이한다는 수준을 넘어서 그리스도의 몸에 동참하는 성찬공동체를 의미한다. 성찬을 통해 하나가 된 몸은 이제 더는 옛날의 기준으로 나뉠 수가 없다. 세례를 받고 그리스도의 몸에 연합한 자는 이제 다시는 옛 신분으로 돌아갈 수 없고 환원시킬 수도 없다. 그리스도 안에 있음으로 된 "새로운 피조물"고후5:17 은 하나님나라 안에서 변화된 본질적인 새로운 피조물이기 때문이다. 따라서 하나님나라 안에서는 어떤 차별도 있을 수 없다. 오직 하나의 가족, 한 식구들이기 때문이다. 딤전3:15; 히3:6; 벧전2:5; 3:17

갈 3:27~28 누구든지 그리스도와 합하기 위하여 세례를 받은 자는 그리스도로 옷 입었느니라. 너희는 유대인이나 헬라인이나 종이나 자유인이나 남자나 여자나 다 그리스도 예수 안에서 하나이니라

그리스도의 지체로서 교회

고린도전서 12:12~31은 교회가 그리스도의 지체로서의 본질에 대해 잘 설명하고 있다. 이 지체론은 십자가의 산물이자 효력이다. 예수님의 십자가가 모든 신분과 외적 조건을 다 파했기 때문에 이제 더는 교회의 사랑과 섬김에도 어떤 조건이 따라서는 안 된다는 것을 말한다. 즉 바울은 본문에서 첫째로, 그리스도 안에서 모든 신분적 차별이 철폐되었다.13절 둘째, 각 지체는 각기 다양성과 독특성을 지나고 있기 때문에 서로 존중되어야 한다.14~20 셋째, 이런 다양성 안에서 하나 됨이 몸의 기능상 목적이다21~26는 점을 강조하고 있다.

이 본문은 장애신학의 교회론에 중요한 모티브를 제공하는 성경의 배경 중 하나다. 좀 더 풀어서 보자. 첫째, 바울은 모든 사회적 장벽이 그리스도 안에서 철폐되었다고 몇 차례나 반복해서 선언했다. 바울이 비교한 유대인이나 헬라인, 종이나 자유자는 그리스도가 아니면 함께 할 수 없는 부류들이다. 여기에 신체적인 조건으로 종교적 의식에서 제외되었던 장애인들도 똑같은 처지의 낙오자들이었다. 바울의 이러한 인식은 그가 속해있었던 주류사회의 신분으로서는 버리기 어려운 낮아짐이다. 그럼에도, 예수 그리스도를 통해서 이런 근본적인 변혁을 가져왔다.

둘째, 지체들의 다양성과 독특성은 손은 손으로서 발은 발로서, 눈은 눈으로서 독특한 구조와 기능이 분명히 따로 있는 것이기 때문에 서로 우열을 논할 수 없다는 것이다. 따라서 하나님나라에서는 몸의 구조나 기능을 가지고 우열을 판단하는 세상의 논리가 이제 더는 통

하지 않는다.

셋째, 이런 다양성은 하나 됨 안에서만 존재한다. 모든 지체는 머리의 지배를 받는 의존적 존재이기 때문에 지체 서로 간에 고통과 영광도 서로 공유해야 한다는 점이다. 몸에 분명히 강한 지체가 있고 약한 지체가 있다는 엄연한 신체적 구조적 한계가 존재함에도 존재적으로 같다는 점을 바울은 강조한다. 고통을 받는 지체,26 부족한 지체,24 약한 지체22 등 신체적 구조나 기능 때문에 생기는 연약함이나 덜 귀히 여김을 받는 지체,23 아름답지 못한 지체23 등과 같은 사회적인 미적 기준에 따른 차별이 엄존하는 것을 인정하면서도 그래서 하나님의 지체들은 서로 귀히 여기며 고통은 서로 분담하고 영광은 서로 나누라고 공동체 삶의 원리를 가르쳐 준다.

이런 지체론은 각 지체의 실천적 중요성을 몇 가지 시사해준다. 첫째로 서로가 서로에게 필요한 존재이며 지체와 지체는 사랑으로 연결된다는 점이다. 따라서 지체의 생존은 서로 섬겨야 가능하다. 서로의 존재와 가치를 인정하는 것이 우선이고 다음에는 자신의 기능을 충실히 해야 다른 지체도 산다는 것을 인식하는 일이다.롬12:4~8; 고전12:12; 엡4:2~3,7~8 두 번째는 각 지체는 모두 깨지고 상하기 쉬운 존재라는 인식을 해야 한다는 것이다. 한번 깨지면 회복하기도 어렵지만 다른 지체의 고통이 자신의 고통이요 전체의 고통임을 알고 미리 조화롭고 서로서로 필요를 채우는 일에 열심을 다해야 한다. 이런 점에서 공동체 가운데 장애인의 모습은 바로 나의 모습이라는 자각을 하게 해주는 매개가 되기도 한다. 이런 자각의식이 바로 전체의 건강을 유지하는 비결이다. 셋째로 한 지체라도 공동체에서 소외시킨다는 것은 하나님의 형상에 훼손을 가져오는 일이라는 점이다. 하나님나라 안에서 하나님 형상의 회복은 지체 간에 아름다운 관계의 형성으로 오기 때문이다. 따라서 이 지체론은 '우리-그들'이라는 장벽을 깨는 본질적 원리로서 비로소 하나님나라의 만찬 석상에서 함께 앉는 복된 식구의식을 준다.8)

하나 되게 하심과 보혜사

성령의 하나 되게 하심이 그동안 분리되었던 지체들을 다시 하나가 되게 하는 동인이다. 장애인과 같은 소외된 자들에게 있어서 가장 큰 힘은 역시 성령께서 그들을 돕는 '보혜사'의 역할을 한다는 것이다. 그들은 이미 외부로부터 오는 도움의 한계와 서러움을 너무나 많이 맛보았기 때문에 사람들이나 어떤 조직으로부터 오는 도움보다 오직 성령에게서 오는 도움이 얼마나 복된 것인지 알게 된다.

> 요 14:16 내가 아버지께 구하겠으니 그가 또 다른 보혜사를 너희에게 주사 영원토록 너희와 함께 있게 하리니

장애인들을 돕는다는 뜻으로 '권익옹호' advocacy란 말을 많이 쓴다. 보혜사라는 '파라클레토스'라는 말과 같은 의미라고 할 수 있다. NASB는 돕는자helper로 KJV는 위로자comforter로 NIV는 상담자counselor로 번역하였는데 보혜사가 하는 일의 정의를 나름대로 잘 정의했다고 볼 수 있다. 그렇다면, 장애인에게 있어서 보혜사의 역할은 더욱더 절대적일 뿐 아니라 보통사람들이 느끼는 보혜사의 존재적 감사보다 훨씬 크고 감동적이라고 하겠다. 장애인이 성령님으로부터 받는 진정한 도움, 위로, 그리고 상담은 그 어느 위대한 사회복지사로부터 받을 수 있는 도움과 비교할 수도 없기 때문이다. 그럼에도, 성령의 도움은 언제나 교회의 동역을 요구하신다. 교회를 통하여 예수님은 자신을 약한 자들에게 계속 내어주심이 되고 당신의 백성에게 힘의 원

천이 되기를 원하신다.9) 사실 장애인에게 도움을 주는 도우미, 상담가, 사회복지사, 특수교사들은 늘 자신의 한계 속에 고민과 회의를 한다. 한편, 장애인들도 이들로부터 받는 서비스에 만족하는 것보다는 늘 언제나 불만으로 가득 찬 것을 볼 수 있다. 따라서 언제나 진정한 도움에 메말라 있는 장애인들에게 있어서 성령님의 도우심은 절대적인 것이 된다.

장애인들을 위한 사역을 해야 한다는 전제와 부담감은 어느 교회나 목회자들에게도 있다. 그러나 그것은 특수한 사역이기 때문에 특수한 사람들과 특수한 방법이 필요하다는 선입관에 부딪혀 쉽게 사역을 시작하지 못하는 교회와 목회자가 대부분이다. 그러다가 교회 안에 특수교육에 관계된 교사가 주축이 되어 장애부서를 신설하게 되면 그 교회의 장애사역은 특수교육중심으로 나가게 된다. 그러나 문제는 교회가 특수교육전문기관과 경쟁해서 이길 수가 없다는 데 있다. 특정한 교회가 엄청난 투자를 해서 특수교육기관보다 낫다는 소리를 들어도 이는 분명히 잘못된 방향이다. 이와 비슷한 예로 교회 안에 사회복지사와 같은 사람이 주동이 되어 특수사역을 시작하면 교회의 특수사역이 복지사역중심으로 나가게 된다. 그런데 문제는 교회의 복지사역이 사회의 복지사역을 앞지를 수 없다는 데 있다. 그리고 부모들이나 당사자들은 교회가 특수교육기관이나 복지사역기관보다 더 좋은 혜택을 제공해줄 것을 기대하고 또 요구하기에 이른다. 결국, 교회는 그들의 요구를 다 채워 줄 수가 없다. 채울 수가 있다 해도 교회의 특수사역 목적이라고 볼 수도 없다.

그렇다면, 교회의 특수사역 또는 장애사역의 목적은 무엇일까? 누가복음 4:18~19을 근거로 하여 예수 그리스도의 지상사역의 본질을 볼 때 예수님은 노숙자를 위해 사역을 하셨지만, 노숙자사역을 하신 것은 아니었고 병자를 고치셨지만 신유사역을 하신 것은 아니었고 장애인을 돌보셨지만, 장애사역을 하신 것은 아니었다. 주님은 킹덤king-dom 사역을 하셨다.

따라서 교회가 장애사역을 할 때 주의할 점은 교회가 특수교육이나 사회복지 또는 상담 등을 제공하긴 하지만 그것이 일차적 목표가 아니라는 점을 분명히 밝히어야 한다. 어디까지나 교회의 특수사역이나 장애사역도 예배공동체라는 관점에서 보아야 한다. 장애인을 위한 예배 또는 통합예배가 교회의 일차목표가 되어야 한다. 이런 목적은 교회가 아닌 그 어떤 다른 기관이 대체할 수 없는 교회의 고유사역이기 때문이다. 따라서 교회는 다른 기관이 대체할 수 있는 프로그램에 목숨을 걸어서는 안 된다. 교회가 특수교육적 또는 사회복지적 프로그램을 제공하는 것에 반대하는 것이 아니다. 다만, 어디까지나 그것들이 보조사역에 그쳐야 한다는 점을 분명히 밝히고 싶다.

교회와 종말론적 기대

하나님나라의 현재성은 예수 그리스도가 친히 하나님나라로 오시면서 시작되었음에도 그 나라가 완전히 실현되기 전까지는 여러 가지 문제점을 안고 있다. 즉 이전시대의 가치관이 새 시대 안에서 여전히 공존하고 있기 때문이다. 물론 예수 그리스도의 십자가가 옛 시대를 물리치시고 새 시대를 여셨지만, 옛 시대의 잔존물은 남아있는 상태다. 교회도 마찬가지이다. 교회가 하나님나라 그 자체는 아니다. 따라서 앞으로 완전히 실현될 하나님나라를 향해 가면서 아직도 남아 있는 옛 시대의 정서와 가치들에 현혹되지 않으려면 종말론적 믿음을 가지고 사는 것이 중요하다. 새 하늘과 새 땅에서는 그 어떤 차별도 없고 고통도 없는 곳이기에 그때까지 오늘의 고통을 참고 이겨야 한다.

인디언 우화를 하나 소개한다. 이 우화는 미국인디언교회가 채택한 예배 모범서에 실린 것이다. 인디언은 우주 안에 있는 모든 생물을 모두 친척이라고 생각한다. 서로에게 없어서는 안 될 존재이고 또 서로가 서로에게 가르침과 배움을 주는 상호의존적 존재로 이해하고 존중한다.

점핑하는 쥐 이야기[10]

어느 날 대여우가 혼자 서서 울고 있었다. 슬픔과 고독, 그리고 고통 속에서 그는 그만 양쪽 눈을 잃어버리고 눈이 멀게 되었다. 이렇게 대여우가 서서 울고 있을 때 그의 작은 쥐 동생이 왔다. 작은 쥐 동생이 우는 대여우를 쳐다보니 마음이 슬퍼졌다. 작은 쥐는 "대여우형 왜 그렇게 울고 있어요?"하고 나지막하게 물었다. 그러자 대여우는 "슬프고 고독하고 괴롭게도 나는 두 눈을 다 잃어버리고 눈이 멀고 말았다네"라고 대답했다. 그러자 작은 쥐는 다른 생각을 할 겨를도 없이 자신의 두 눈을 뽑아 대여우에게 주었다. 대여우는 작은 쥐의 두 눈을 받아서 자신의 눈에 집어넣었다. 그러자 정말 놀랍게도 세상을 다시 보게 되었다. 정작 대여우는 작은 쥐가 이제는 눈이 멀어 거기에 서 있다는 사실조차 거의 잊어버릴 뻔했다. 대여우가 작은 쥐를 보고 울면서 물었다. "왜 나에게 너의 두 눈을 다 준거니?" 작은 쥐가 대답했다. "저는 온 우주와 창조주 앞에서 늘 겸손해야 한다는 것과 언제나 저의 최고의 것을 형제자매에게 주라고 배워왔어요." 대여우는 그렇게 말하는 자신의 작은 쥐 동생을 바라보면서 더욱더 슬프게 울었다.

그는 눈물 속에서 한 가지 비밀을 생각해냈다. 무엇을 원하든지 창조주께 빌며 응답이 올 때까지 기다리면 소원이 성취되는 신비한 못이 있다는 사실이 떠올랐다. 그래서 작은 쥐 동생의 손을 잡고 대여우는 여행을 떠났다. 더는 갈 수 없을 만큼 고생을 한 끝에 이윽고 산 정상에 올랐다. 산 밑을 바라보자 대여우는 자신이 지금까지 보았던 어떤 호수보다도 더 아름다운 호수가 눈에 들어왔다. 대여우가 작은 쥐 동생에게 "동생아, 이 아름다운 호수를 보아라. 드디어 목적지에 도착했단다"라고 말했다. 다시 대여우는 동생 쥐의 손을 잡고 호숫가로 내려갔다. 거기서 대여우는 우주의 능력 되시고 온 종족의 힘이 되시고 동서남북의 모든 권능이 되신 창조주께 부르짖었다. 그런 다음 대여우는 작은 쥐 동생에게 말했다. "창조주, 대정령께서 우리에게 우리의 시간에 우리의 방법으로 말씀하실 것이다. 그러니 나는 지금 너를 여기에 두고 먼저 떠나야겠다"고 말했다. 그리고 둘은 서로 껴안고 인사를 하며 한동안 서로 보지 못할 것을 생각하고 서로 울었다.

대여우가 떠났다. 작은 쥐 혼자 호숫가에 서 있는데 갑자기 들려오는 소리가 있었다. "작은 쥐야 점프를 해라" 작은 쥐는 그 말대로 뛰어올랐다. "더 높게, 더 높게" 작은 쥐는 더 높이 뛰었다. "더 높이 뛰어라." 작은 쥐는 안간힘을 다해 더 높이 뛰었다. 그렇게 열심히 뛰어오르다 보니 작은 쥐는 자기의 몸이 공중에 나는 느낌이 들었다. 다시 음성이 들렸다. "나의 형제 작은 쥐야. 네가 너의 최고의 것을 형제자매에게 주었고 또 네가 모든 창조물 앞에서 겸손했기 때문에 지금부터 영원까지 너는 대독수리가 되어 사람들 위로 훨훨 날아다니게 될 것이다."

이 우화를 통하여 인디언들이 이해하고 있는 우주와 그들의 심성을 엿볼 수 있다.

창조의 원리 가운데 서로 사랑의 원리를 이해하고 그대로 실천하기를 원하는 스케일 있는 사랑을 우리가 배워야 할 때라고 생각한다.

교회의 하나 됨에 대한 교독문

교회의 하나님에 대한 좋은 교독문이 있어 소개한다. 일 년에 한 번이라도 이 교독문을 채택하여 온 회중이 함께 읽는 것도 좋겠다.[11]

사회자: 하나님의 모든 사람들을 위해 기도합시다. 먼저 볼 수 없는 맹인들과 볼 수는 있지만, 주변의 다른 사람을 보지 못하는 사람들에게
회중: 하나님이시여 자비를 베푸사 서로 교제할 수 있도록 도와주소서.

사회자: 사고나 질병 또는 장애 때문에 천천히 움직일 수밖에 없는 사람들과 너무 빨리 움직여서 자신들이 사는 세상을 느낄 수조차 없는 사람들에게
회중: 하나님이시여 자비를 베푸사 서로 협력할 수 있도록 도와주소서.

사회자: 들을 수 없는 농아인들과 들을 수는 있으나 다른 사람들의 절규를 외면하는 사람들에게
회중: 하나님이시여 자비를 베푸사 서로서로 반응하게 하소서.

사회자: 더디 배우는 사람, 배우는 방법이 다른 사람들과 빨리 쉽게 배우지만 무지한 사람들에게
회중: 하나님이시여 자비를 베푸사 당신의 지혜 가운데 서로 자라게 하소서.

사회자: 치료의 방법이 없는 만성질환에 시달리는 병자들과 만성질환에 걸리지는 않을까 겁을 먹는 불경건한 자들에게
회중: 하나님이시여 자비를 베푸사 우리를 고쳐주소서.

사회자: 장애인을 돌보는 가족이나 친구 그리고 간병인들과 그들의 존재를 불편해하는 사람들에게
회중: 하나님이시여 자비를 베푸사 당신의 눈으로 서로 볼 수 있도록 도와주소서.

사회자: 자신들은 무익하고 사랑을 받을 가치가 없다고 생각하는 사람들과 당신의 사랑이 필요 없다고 생각하는 사람들에게
회중: 하나님이시여 자비를 베푸사 당신의 사랑을 받을 수 있도록 도와주소서.

사회자: 장애 때문에 소외감을 느끼는 사람들과 소외감을 주는데 한몫을 하는 사람들에게
회중: 하나님이시여 자비를 베푸사 우리의 삶을 바꾸어 주소서.

사회자: 당신이 창조하신 모든 사람들이 서로서로 존경하며 당신이 주시는 평화 가운데 살아가는 법을 배우게 하소서.
회중: 하나님 자비를 베푸사 서로 하나가 되게 하소서.

다같이: 아멘.

단원요약질문

1. 교회에서 장애인의 존재 이유를 교회론적으로 요약해보라.

2. 통합예배의 장점과 문제점을 말하라.

3. 교회의 표지로서 장애인을 말하고 장애인을 모든 사역에 포함할 수 있는 구체적인 실천방안을 말해보라. 특별히 리더십 위치에 포함될 수 있는 근본적 처방을 제시하라.

4. 지적장애인들의 성례전 참여에 대한 신학적 근거를 말해보라.

제15장

장애의 종말론적 희망

A. 다운신드롬에 대해 좀 더 이야기를 할까요. 당신은 다운신드롬을 좋아한다고 했어요. 무슨 뜻이에요? 무엇을 좋아한단 말인가요?
B. 다운신드롬 그것은 저의 일부이기 때문에 그걸 좋아한다는 뜻이에요.
A. 만일 다운신드롬을 제거할 수 있다면 제거할래요?
B. 아니요.
A. 정말로 할 수 있는데도 그걸 가지고 남은 인생을 살겠다는 말인가요?
B. 그럼요. 하지만, 태어날 때부터 가지고 태어난 내 일부이기 때문에 떼어낼 수도 없어요.
A. 만일 할 수 있다면 그때는 떼어내길 원하나요?
B. 아니요. 그냥 저의 일부예요. 내 인생의 한 부분이니까요. 그래서 저도 다운신드롬의 한 부분이길 원해요.[1)]

종말과 그 이후의 삶에 대해서는 우리가 알기 쉽도록 성경이 말하고 있지 않기 때문에 각기 나름대로 상상한다. 성경에 기록되어 있는 종말과 천국에 대해서조차도 각종 비유와 묵시록적 상징으로 되어 있기 때문에 자연히 많은 상상을 하게 된다. 이런 상상이 이단적인 성향을 띠거나 파괴적이 아니라면 오히려 신앙생활에 활력을 주는 건전한 상상이 된다. 이 상상력은 비정상 가운데서 정상을 찾아내고 혼동 가운데서 질서를 찾아내는 능력이 된다.

　나의 딸 조이는 상상력이 풍부하다. 풍부한 정도가 아니라 늘 상상 속에 산다. 일반적으로 다운아이들의 상상력은 보통 아이들의 상상력을 능가하는 것 같다. '제8요일'이라는 영화는 다운증후군 장애인들의 사고방식을 너무나 잘 묘사해 놓았다. 8요일이란 보통사람에겐 없는 날이다. 그러나 다운증후군 장애인들에겐 남에게 없는 하루가 더 있다는 이야기다. 마치 다운증후군 장애인의 염색체가 보통 사람보다 하나가 더 많은 것처럼.

　영화는 다운증후군 주인공 조지가 잔디밭에 누워 하늘을 바라보면서 하나님이 창조하신 날들에 대한 창세기를 암송하는 것으로 시작한다.

　"태초엔 아무것도 없었다. 음악뿐이었다."(그리고 조지는 '멕시코, 멕시코' 하면서 음악 세계에 빠진다.)

　"첫째 날 하나님은 태양을 만드셨다. 태양은 눈 부시다. 그리고 땅을 만드셨다."

　"둘째 날 하나님은 바다를 만드셨다. 바다는 발을 적신다. 바람이 간지러움을 태운다."

　"셋째 날 하나님은 녹음기를 만드셨다. 집에서 쉽게 배우는 영어. 내 이름은 조지. 내 탁자는 노란색입니다. 미국에서 태어나면 영어를 한다."(조지는 벌써 녹음기에 말을 쏟아낸다.) "난 어디서 태어났는지 모른다. 아마 몽골일 것이다."(이미 조지는 몽골 평야에서 말 타고 노는 상상에 빠진다.)

　"넷째 날 하나님은 텔레비전을 만드셨다."(조지는 이미 TV 속의 주인공이 되어 온몸으로 연기를 하고 있다.)

"다섯째 날 하나님은 풀을 만드셨다. 풀은 잘릴 때 운다. 그럴 땐 다정한 말로 달래줘야 한다. 나무를 만지면 나무가 된다. 눈을 감으면 개미가 된다."(조지에게는 나무도 풀도 개미도 모두 사랑스러운 친구다.)

"여섯째 날 하나님은 사람을 만드셨다. 사람의 피부색은 다양하다. 초록색, 빨간색, 파란색, 검은색."(나비가 빨강, 노랑, 회색, 검정, 파랑 등 각색이듯이 사람도 그럴 것이라고 상상한다. 조지에게는 모두가 친구다.) (조지는 여자를 생각한다. 사랑하는 여자 친구가 눈에 아른거린다.) (억지로 웃는 신혼부부가 애처롭다. 사랑은 억지로 웃을 필요가 없는데. 조지는 사랑 그 자체다.)

"결혼하고 입을 맞추면 생산이 된다."(조지가 이해하는 결혼이다.)

"하나님은 일요일에 쉬셨다. 그것이 일곱째 날이었다. 제8요일 그리고 하나님은 나를 만드셨다."

이런 식이다. 즉 조지는 보통사람보다 훨씬 상상력이 풍부하다. 보통 사람 같으면 성경에 기록된 대로 기억하고 암송하면서 그 선을 넘으려 하지 않지만 조지는 성경 안에 자신의 삶을 자유자재로 이입시킨다. 그에게는 현실과 상상이 따로 존재하지 않는다. 그리고 이 경계를 넘나드는 데 힘도 들이지 않는다. 보통사람들이 성경을 암송하여 하나님의 창조를 지식적으로 이해하는 것과 비록 성경암송에 틀린 것이 많아도 자신의 삶 속에 중요한 자리를 차지하는 사물 하나하나(음악, 녹음기, 텔레비전)가 하나님이 만드셨다는 체험적 믿음 중에서 어느 것이 더 진솔하고 진실한 믿음의 고백이라고 말할 수 있을까?

이 영화가 어떻게 다운증후군 장애인의 행동과 의식을 그렇게도 잘 표현했는지 감탄을 금할 길 없다. 잠시 영화 속 조지를 통해 다운증후군 장애인의 특성을 짚어보자. 물론 모든 다운증후군 장애인에게 해당하지 않는 것도 있을 것이다.

1. 창조기사를 정확하게 기억하는 기억력과 인지능력에는 분명히 한계가 있다. 그러나 응용력과 상상력은 탁월하다.
2. 관념과 삶이 따로 떨어져 있지 않고 생각과 행동이 함께한다.
3. 모든 존재가 자기의 친구들이다.
4. 정확한 것이 중요한 것이 아니라 자신에게 소중한 것이 중요한 것이다. 비록 계산을 정확하게 하거나 기억에 정확성이 없어도 자신이 소중하다고 생각하는 것에 생명을 건다.
5. 생명이 없는 물건도 다운아이들이 생명력을 불어넣으면 생명으로 변한다. 그래서 그들은 무생물과도 대화한다.
6. 모든 사건에 주인공이 된다.

영화에는 조지의 친구로 해리(아리)가 등장한다. 해리는 사회적으로 성공한 세일즈기법 강사다. 그러나 정작 부인 줄리와는 별거 중이다. 해리는 우연히 만난 조지를 처음에는 귀찮아하다가 점점 그 순수한 영혼에 빠져버린다. 딸들이 보고 싶어 집을 찾았으나 문전박대당할 때, 해리는 오히려 조지에게서 위로를 받는다. 그뿐만 아니라 우울증에 빠져 실의에 빠져 사는 해리에게 조지는 큰 기쁨이 된다. 더구나 조지는 해리의 가족을 회복시킨다. 사람들은 비장애인이 장애인을 도와야 정상이라고 생각하지만 사실 장애인이나 비장애인 할 것 없이 서로 돕고 도움받는 존재라는 것을 조지와 해리를 통해서 다시 한 번 확인한다.

그렇다고 다운아이들이 항상 상상 속에만 사는 비현실적인 아이들은 아니다. 우리 조이도 마찬가지다. 조이가 제일 좋아하는 장난감이 핸드폰이다. 엄마가 쓰다 버린 진짜 핸드폰이다. 물론 실제 통화는 되지 않는다. 그럼에도, 조이는 하루 종일 전화를 걸기도 하고 받기도 한다. 심지어는 전화를 귀에다 걸고 설거지를 하는 흉내를 내기도 한다. 한참 다른 일에 열중하다가도 갑자기 전화가 왔다고 자기 전화기를 꺼내 들고 전화를 받는다. 웃어가며 배를 두드리기도 하며 조근조근 대화를 하는 조이를 보면 누구나 조이가 진짜로 전화하는 줄 안다. 조이가 전화를 거는 대상도 다양하다. 자기의 인형한테도 전화한다. 때로는 조이라는 다른 자신에게 전화한다고 하면서 이야기를 한다. 이처럼 조이의 상상력은 초월적이다.

이런 조이를 보면서 나도 천국을 상상해 보았다. 조이의 다운 얼굴을 천국에서도 볼 수 있을까? 조이를 천국에서 어떻게 알아볼 수 있을까? 용Amos yong은 그의 책, 『신학과 다운신드롬』theology and Down Syndrome에서 자신의 다운증후군 동생이 천국에서도 다운증후군의 얼굴을 그대로 간직할 것이라는 상상을 했다. 그의 글을 읽으면서 나도 같은 상상을 해보았다. 물론 그의 그런 상상에 충격을 받을 사람들도 있을 것이고 화를 내는 사람들도 있을 것이다. 실제로 이런 상상을 장애아를 둔 부모에게 들려준 다음 자신들의 장애아이의 모습을 천국에서도 그 모습대로 보기를 원하는가? 하고 물었더니 절대다수의 부모들은 힘들어했다. 다운증후군이라는 얼굴의 모습은 정상이 아닌 장애아의 특징적 모습이라고 배워왔고 그렇게 생각하고 있기 때문에 자연히 다운 얼굴은 비정상적이라고 생각하기 때문이다.

상상: 조이는 천국에서 어떤 얼굴을 할까?

조이는 천국에서 어떤 얼굴을 할까? 다운 얼굴을 그대로 가지고 있을까? 아니면 소위 말하는 정상적인 얼굴로 변할까? 다운증후군 얼굴이 비정상이란 말도 맘에 들지 않지만, 정상으로 바꾼다고 한다면 어떤 얼굴이 정상일까? 다운 얼굴이 눈이나 코, 귀 어느 하나가 손실된 것도 아니므로 정상이 된다면 어떤 수준의 얼굴 모습으로 바꾼단 말인가? 헐리웃 배우처럼 또는 미스유니버스처럼 되는 것을 말할까? 아니면 보통사람의 얼굴로 바꾼다고 말한다면 어떻게 생긴 사람들이 보통사람일까? 이런 논리는 결국 사람들이 가진 미적 기준과 전혀 다를 바 없다. 그렇다면, 사람들이 말하는 못 생긴 사람들, 아름답지 못한 사람들은 천국에 가면 모두 헐리웃스타 수준으로 바꾼단 말인가? 천국에 가면 모든 사람이 똑같은 얼굴을 한단 말인가? 그렇지 않을 것이다. 천국에서 사람의 얼굴이 어떤 모습을 할지 정확하게 알 수는 없어도 천국의 미적 감각이 지상의 것과 같다고는 말할 수 없을 것이다. 천국에는 모든 것이 아름답고 모든 것이 향기롭다. 사람이 죽어 천국에 갈 때 지상의 모습을 그대로 가지고 간다 해도 천국에서는 모든 사람들이 아름답게 보일 것이다. 비록 이 땅에서 못생겼다고 밉다고 놀림을 당해도 천국에서는 눈부시게 아름답게 보일 것이다. 사람의 모습이 바뀌는 게 아니라 사람의 눈이 바뀌게 되기 때문이다. 그렇다면, 다운신드롬 얼굴이라고 해서 이상하게 보일 리 없지 않은가. 이런 상상은 나를 좀 더 깊은 영적 세계로 이끈다. 이 질문은 본질적인 질문이기 때문이다. 하늘나라에서도 이 땅에서 가진 상처의 흔적들로 말미암아 슬픔과 고통 그리고 슬픔을 느낄까? 성경은 분명히 그렇지 않다고 했다. 그렇다고 해서 이 땅에서의 상처를 감쪽같이 없애버리시고 하늘로 올리우신다고 성경은 확답하지 않는다. 오히려 부활하신 예수 그리스도는 옆구리에 상처와 손의 못 자국을 그대로 지니셨다. 시공간을 초월하신 예수님의 부활체도 장애의 흔적을 그대로 가졌다면 이 땅의 장애인들도 그 몸의 상처를 가지고 천국에 간다고 해서 장애가 될까? 이 땅에서는 장애가 된다 할지라도 천국에서는 아무런 장애가 되지 않는다면 굳이 이 땅의 장애의 모습을 벗어버릴 필요가 있을까? 예를 들어 휠체어 장애인이 이 땅에서는 걷지 못하는 장애인이지만 하늘에서는 날아다닐 수도 있지 않을까? 두 팔과 두 손이 없는 장애인이라 할지라도 하늘나라에서는 아무런 장애가 되지 않는다면 굳이 두 팔과 두 손을 복구해야 할까? 더군다나 아무도 그런 모습을 장애라고 생각하지도 못하는 천국이라면. 천국에는 장애가 존재하지 않는 무장애 사회다. 천국에는 기능제한이 없다. 천국에는 사회적 편견이 존재하지 않는다. 오히려 삐뚤어진 시각이 완전해진다.

이 땅에서 가지고 있었던 육체적 장애 또는 흔적을 천국에서도 가지고 있다고 해서 그것은 결코 천국 사회의 낙인이 될 수 없다. 장애인 본인이나 또 천국 시민 모두 장애를 장애라고 느끼지 못하는 사회가 천국이라면 굳이 천국에서까지 장애인으로 살란 말인가? 하는 이 땅에서의 감정과 논리로 천국을 해석할 필요가 없을 것이다. 물론 이 땅에서의 모습을 그대로 천국에 가지고 간다고 주장할 만한 근거도 큰 것은 아니다.

태어날 때부터 장애를 가지고 산 사람으로서 장애가 자신의 삶의 중요한 일부분이 된 사람에게 있어서는 장애가 그 사람의 본질이기 때문에 천국에서 장애를 떼어버린다면 그 존재가 과연 '그 사람' 또는 '나'일까? 하고 되물으며 그것은 결코 '나'가 될 수 없다고 주장하는 장애인 장애신학자가 여럿 있다.[2]

그렇다면, 이렇게 상상한 천국에서의 삶을 이 땅으로 옮겨 오는 작업이 중요하다. 다가올 천국 not yet Kingdom에서의 삶이 우리가 이 땅 천국 already Kingdom에서 추구해야 할 삶이기 때문이다. 따라서 다가올 천국의 모습을 상상하는 일은 매우 유익한 일이다. 이 땅 천국에서의 삶의 소망과 힘이 되기 때문이다.

천국에서의 모습

사람이 천국에서는 어떤 모습을 할까? 하는 질문은 결국 사람이 부활한 후의 모습을 말하는 것이기 때문에 부활한 몸은 부활 이전의 몸과 어떻게 다른가 하는 질문으로 대체할 수 있겠다. 그럼 부활 이후의 사람의 모습은 어떻게 다를까? 많은 사람의 이견들을 여기서 자세히 소개하지는 않겠다. 성경은 분명히 사람의 몸이 죽은 가운데서 "다시 살아난다"고 했다. 다른 몸으로 '대체' 된다고 말하지 않는다. 그럼 다시 살아나는 몸은 이전의 몸과 똑같은 몸일까? 아무래도 이 질문에 대해서는 '첫 부활' 되신 예수 그리스도의 경우를 통해서 유추해 볼 수 있겠다. 예수님이 '부활의 첫 열매' 로서 그다음에 부활할 그의 자녀의 몸도 예수님의 몸과 같이 된다는 뜻일 것이다.^{고전15:20,23} 부활하신 예수님은 시공간을 초월하시기도 했지만^{눅24:36} 여전히 육체를 가지고 있었고^{눅24:39} 만질 수 있었으며^{눅24:39; 요21:13} 상처를 그대로 가지고 계셨으며^{요21:27} 또 음식을 먹기도 하셨다.^{눅24:41~43} 그럼에도, 부활하신 예수님의 몸은 이전의 몸처럼 시공간에 갇히시지 않았다. 예수님의 부활하신 몸^{소마 프뉴마티콘}이 영이었다느니, 육이었다느니, 아니면 제3의 신비한 변화체였다느니 하는 등의 논쟁이 있었지만, 이 논쟁은 어디까지나 신학적인 용어의 혼선 때문에 빚어진 문제로서 어느 한 쪽 편을 들 수가 없다. 그저 예수님의 부활체라고 해야 할 것이다. 아무튼, 예수님의 부활체가 분명히 부활 이전의 육체적인 모습을 간직하고 있었다는 사실을 보아서 우리도 부활 시에 우리의 몸으로 다시 살아날 것이다. 요한 계시록 1장 13~16절에도 예수님의 부활 모습이 사람의 모습을 그대로 간직하는 것으로 묘사된 것을 보면 예수님도 천국에서

인자로서 존재하실 것을 분명히 말하고 있다.

　마가복음 12:24~25을 보면 천국에서 사람의 모습이 천사와 같다고 한다. 천사의 존재를 영으로 보는 견해에서 생각하면 이 구절은 사람이 부활 후에 천국에서 천사와 같은 영적인 존재가 된다고 해석한다. 이런 입장이라면 굳이 천국에서의 우리 모습을 상상할 필요가 없을 것이다. 그러나 성경에는 천사들이 육체를 입고 활동하는 장면이 많이 나온다. 천사들이 이 땅에서는 육체를 입고 활동을 하고 천국에서는 영으로만 존재한다는 성경의 근거가 없고 또 요한계시록에서 천사가 손과 발을 가진 분명한 육체적 존재계7:1; 10:10로 그려지고 있기 때문에 천사가 천국에서도 형체를 가진 존재라고 볼 수 있다. 물론 언제나 육체적 형체를 가진 존재라고 말하는 것은 아니다.

　이렇게 예수님의 부활체와 천사들의 모습을 통해서 우리의 부활체도 분명히 육체적인 형체를 가지고 있다는 것을 알 수 있다. 그렇다면, 천국에서 우리는 어떤 모습을 할까? 서로 알아볼 수 있는 형체를 가지고 있으면서도 천사와 같이 특별한 모습을 덧입고 있을까? 예수님의 부활체처럼 시공간을 초월하면서도 서로 교제할 수 있는 형체를 가지고 있다고 말할 수 있을 것이다. 이렇게 볼 때 우리의 몸은 부활 이전의 정체성을 부활 후로 분명히 가지고 간다고 말할 수 있다. 그렇다면, 우리 딸 조이는 천국에서 자신의 정체성인 다운얼굴을 하고 있지 않을까? 그럼에도, 이 땅에서의 모습을 천국에서도 그대로 가지고 있을 것이라는 생각에도 한계가 있다. 부활체는 분명히 변화를 수반하기 때문이다. 예수님의 부활하신 모습을 제자들이 처음에는 알아보지 못했다는 사실을 보아서도 알 수 있듯이 부활체는 신비한 변화를 전제로 하고 있다. 그중에서도 가장 혁명적인 변화는 눈의 변화일 것이다. 땅의 눈이 하늘의 눈으로 바뀜으로 인해 완전히 다른 세계를 보게 될 것이다. 이제 더는 땅의 시각으로 하늘의 존재를 말할 수 없게 될 것이다. 다시는 세상의 가치관으로 하늘의 가치관을 평가할 수 없게 될 것이다. 따라서 아름다움의 기준도 하늘나라의 기준이기 때문에 이 땅에서 모습이 하늘나라에서 어떻게 바뀔 것인가에 대한 의문도 사실상 무의미하다.

계시록에 나오는 생물과 사람 모습

요한계시록에는 소위 '비정상적'인 생물들과 사람들의 모습이 나온다. 하늘 보좌 주위의 네 생물은 날개가 여섯에다가 안과 주위에 눈이 가득하다.계4:8 또 바다에서 나오는 짐승은 뿔이 열 개고 머리가 일곱인데 얼굴은 표범과 비슷하고 발은 곰 발바닥 같고 입은 사자의 입 같다.13:1~2 붉은 용도 머리가 일곱이고 뿔이 열 개다.계12:3 이런 모습들은 지금 우리가 말하는 '정상'이라는 표준으로 말하면 비정상적인 모습이다. 심판에 사용되는 짐승과 같은 생물들이 비정상적인 모습을 한다는 것은 심판을 위한 괴물의 모습으로 이해할 수 있지만, 어린양 예수의 모습을 일곱 뿔과 일곱 눈으로 묘사했다는 점은 분명 우리에게 혁명적인 사고전환을 요구하는 일이다.

우리가 이미 살펴본 대로 예수님의 부활체는 부활 이전의 몸을 그대로 지녔다. 그럼에도, 천국에서 예수님은 또 일곱 뿔과 일곱 눈을 가지신 분으로 묘사되고 있다. 이건 분명 실체를 말하는 게 아니라 상징이다. 그러나 상징이라 하더라도 이런 모습으로 예수님을 그렸다는 것은 천국을 이해하는 우리에게 새로운 지평선을 열어준다. 즉 이 땅에서의 기준이 천국에서는 이제 적용되지 않는다는 뜻이다. 머리가 일곱, 뿔이 열 개, 눈이 일곱. 이건 분명히 이 땅에서는 괴물이다. 그러나 하늘나라에서는 지극히 아름답고 거룩한 모습이다.

그렇다면, 이 세상에서의 장애의 모습이 결코 하늘나라에서는 장애가 아니라는 뜻이 된다. 이 세상에서의 장애의 모습을 그대로 가지고 천국에 간다 해도 거기서는 장애로 보이지 않는다는 의미도 되겠다. 따라서 이 땅에서 말하는 비정상의 기준이 하늘나라에서 이제 더는 비정상이 아니라고 한다면 오늘 이미 천국의 삶을 사는 이 땅의 크리스천들이 장애인들을 볼 때 결코 비정상이라는 생각을 해서는 안 될 것이다.

장애교회 라오디게아 교회

요한계시록 3:14~22에 라오디게아 교회를 향하여 하신 주님의 말씀을 들어 보면 현대교회를 향하신 주님의 마음을 읽을 수 있다.

> 계 3:17~18 네가 말하기를 나는 부자라 부요하여 부족한 것이 없다 하나 네 곤고한 것과 가련한 것과 가난한 것과 눈 먼 것과 벌거벗은 것을 알지 못하도다 내가 너를 권하노니 내게서 불로 연단한 금을 사서 부요하게 하고 흰 옷을 사서 입어 벌거벗은 수치를 보이지 않게 하고 안약을 사서 눈에 발라 보게 하라

라오디게아 교회는 부족할 것이 하나도 없다고 스스로 자부할 만큼 그야말로 부요한 교회였다. 도시 라오디게아는 금과 은 등 자금이 풍부한 금융도시였고 방직공업이 왕성했으며 의술과 의약이 발달한 부요한 상업도시였다. 이런 자본력으로 이곳에서 조금 떨어진 히에라볼리의 온천물을 수로를 통해 라오디게아로 끌어왔는데 온천물이 이곳에 도착할 때는 이미 물이 식어서 덥지도 차지도 않은 물이 되었다고 한다. 이런 배경을 염두에 두고 예수님은 라오디게아 교회의 믿음이 덥지도 차지도 않다고 책망하신 것이다. 예수님은 라오디게아 교회를 곤고하고 가련하고 가난하고 눈멀고 벌거벗은 모습으로 비유했다. 즉

예수님은 라오디게아 교회를 장애 메타포를 사용하여 장애교회로 은유하고 있다. 장애인의 불쌍한 모습, 즉 눈멀고 곤고하고 가난하고 헐벗은 모습은 당시 장애인들의 전형적인 모습이었다. 비록 물질적으로는 풍부한 교회였지만 영적으로는 헐벗은 장애교회라고 주님은 책망하신 것이다. 그렇다고 주님께서 장애 자체를 폄하한 것은 아니다. 다만 장애를 입지 말아야 할 교회가 장애를 입었을 뿐 아니라 또 장애를 벗어날 방법이 있는 데도 불구하고 여전히 장애상태에 머물러 있기 때문에 회개를 촉구하신 것이다.

이런 장애교회가 치유를 받으려면 첫째 불로 연단한 금을 사서 부요케 하고 둘째 흰옷을 사서 입고 벌거벗은 수치를 가려야 하고 셋째 안약을 사서 눈에 발라 보게 하여야 한다고 예수님은 처방전까지 자세히 제시하셨다. 예수님께서 라오디게아 교회를 책망하실 때도 라오디게아 지역의 배경을 들어 비유했듯이 처방전을 제시하실 때도 라오디게아 지역의 특성을 사용하여 그 뜻을 밝히셨다. 첫째 불로 연단한 금을 사서 부요케 하라는 말을 살펴보자. 라오디게아 지역은 금과 은 등 자본의 유통이 많은 금융도시였다. 사람들은 너나 나나 할 것 없이 금을 사모아 부를 축적했다. 그런 자신들의 부를 자랑하였다. 그러나 예수님은 그런 황금으로는 천국의 삶을 풍요하게 할 수 없다고 지적하셨다. 금이 아무리 많아도 천국에서는 가난하다는 것이다. 천국에서 풍성한 삶을 살려면 불로 연단한 금을 사야 한다는 것이다. 불로 연단한 금이란 불로 연단한 믿음을 말한다. 라오디게아 교회가 믿음이 있다고 하지만 입술만의 믿음은 진정한 믿음이 아니라는 것이다. 불로 연단한 금은 불순물을 제거한 순전한 금을 말한다. 그러므로 불로 연단한 믿음은 세속적인 불순물을 제거한 순수한 믿음을 말한다. 물질과 하나님을 동시에 섬기는 라오디게아 교회의 불순물을 제거하여야만 영적인 부요함을 경험할 수 있다는 것이다. 뜨겁지도 않고 차지도 않은 상태로는 영적인 풍성함을 결코 맛볼 수 없다는 뜻이다.

두 번째로 흰옷을 사서 입고 벌거벗은 수치를 가리라는 뜻은 무엇인가? 방직공업이 발달하여 각종 좋은 천과 옷이 풍성한 도시에서 돈 많은 라오디게아 교인들이 가장 좋은 옷으로 치장하고 교회에 나왔음에도 예수님은 그들을 보고 벌거벗었다고 말한다. 각종 화려한 옷으로 치장하지만 정작 입을 옷을 입지 않았다는 것이다. 흰옷을 입지 않았다는 것이다. 아무리 화려한 종교의식이 있어도 예수 그리스도를 옷 입지 않으면 벌거벗은 종교가 된다는 말이다. 덧붙여 의로운 흰옷을 입은 그리스도인은 의로운 삶을 살아야 한다는 것이다. 의로운 삶이란 거룩한 척하는 의식에 있는 것이 아니라 가난한 자와 헐벗은 자, 그리고 눈먼 자를 돌아보는 삶을 말한다. 아이러니하게도 라오디게아교회는 부요하면서도 이런 자들을 돌보지 않았기 때문에 오히려 자신들이 영적으로 헐벗고 가난하고 눈먼 자라는 오명을 쓰게 되었다.

세 번째로 라오디게아 교회가 눈이 멀었기 때문에 안약을 사서 발라 눈이 보이게 하라는 뜻은 무엇인가? 그것은 영적으로 눈이 멀어 분별력이 없어졌다는 뜻이며 결국 하나님의 뜻을 알지 못한다는 뜻이다. 눈이 아주 멀었다면 안약처방으로 되는 것은 아니지만, 안약처방으로 가능하다는 뜻은 그래도 장애를 고칠 수 있다는 희소식인 셈이다. 당시 라오디게아 지역에 유명한 의과대학이 있어 그곳에서 소문난 안약을 만들어 냈기 때문에 그런 안약이 사람의 눈을 고치는 것처럼 영적인 맹인도 영적인 안약처방을 받아 나을 수 있다는 점을 강조하고 있다.

언어의 회복

바벨탑사건으로 언어가 흩어졌으나 천국에서는 하나님이 언어를 완벽하게 회복하실 것이다. 창세기 11:4은 바벨탑을 쌓은 무리의 숨은 의도를 정확하게 밝힌다. 즉 자신들의 더 나은 삶을 위한 문명창조 차원이 아니라 하나님께 대한 도전과 반역 그리고 하나님과 같아지려는 교만에 있었다는 것이다. "꼭대기를 하늘에 닿게 하여"란 의도는 인간의 무한한 탐욕과 교만을 나타내며 "온 지면에 흩어짐을 막자"는 단결 호소는 하나님의 뜻을 어기는 불순종의 발로였다. 하나님이 그들에게 명령한 땅에 "충만하라"창1:28는 뜻에 정면 배치되는 행위였다. 하나님은 이들의 도전을 묵과할 수가 없었다. 그들을 흩어버리는 방법으로 언어를 혼잡케 하셨다.창11:9

> 창 11:7~9 자, 우리가 내려가서 거기서 그들의 언어를 혼잡케 하여 그들로 서로 알아듣지 못하게 하자 하시고 여호와께서 거기서 그들을 온 지면에 흩으신 고로 그들이 성 쌓기를 그쳤더라 그러므로 그 이름을 바벨이라 하니 이는 여호와께서 거기서 온 땅의 언어를 혼잡케 하셨음이라 여호와께서 거기서 그들을 온 지면에 흩으셨더라

사람들의 반항과 불순종 그리고 죄는 항상 불행을 낳는다. 그럼에도, 그런 불행까지도 하나님은 당신의 계획을 이루는 데 쓰신다. 바벨탑을 쌓은 사람들 생각은 흩어지지 않는 것이 최선이라고 생각했지만, 하나님은 흩어지게 하는 것이 목적이었다. 따라서 그들을 온 지면에 흩으신 것은 징벌이 아니라 그의 목적을 이루는 방편이었다. 물론 언어의 혼잡 때문에 인류문화에 소통불능, 비극적 분열, 민족적 갈등이 왔다고 말하지만, 사실은 언어의 혼잡 때문에 온 것이 아니고 인간들의 죄성 때문에 온 것이다.

오순절 성령강림은 바벨탑의 반역으로 생긴 분열과 불통의 인류역

사시대가 종언을 고하고, 새로운 시대를 예고하는 예고편 역할을 한다. 즉 오순절 성령강림으로 잠시나마 각 지방 방언들이 하나가 되는 신비한 공동체 삶을 경험한다. 이런 경험은 앞으로 도래할 영원한 새 예루살렘에서 언어가 하나 될 것임을 강력히 시사해준다. 그뿐만 아니라 그곳에서는 언어장애인이 노래할 것이라고 한다.[사35:6] 따라서 이 땅에서 언어 장애 때문에 대화할 수 없었던 장애인들도 하늘나라에서는 마음껏 어린 양을 찬양하게 될 것이다.

> 조이가 3살쯤 되었을 때. 한날은 무언가 열심히 나에게 말하는 데 한마디도 알아들을 수가 없었다. 다운아이의 특성처럼 그저 흥얼거리고 아무 말이나 하는 거겠지 하며 몇 번 맞장구쳐주었다. 그러나 조이는 무언가 심각하게 말을 계속 했다. 30분을 지나 한 시간가량 나에게 열을 올리며 말을 했지만 난 한마디도 알아듣지 못했다. 그날 저녁 내 마음은 눈물로 가득 채워졌다. 무언가 열심히 말하는 조이의 언어를 알아듣지 못하는 내가 언어장애인이라는 생각이 들었다. 그날 처음으로 하늘나라 보좌에서 찬양하는 조이를 상상해 보았다. 주님 보좌 옆에서 가장 열심히 찬양을 할 것 같다. 우리 주님도 아주 흡족한 미소를 지으실 테고. 그날에 나의 사랑하는 딸 조이가 부르는 찬양을 더욱 또렷하게 알아듣게 될 것이다. 그날을 사모하며. 마라나타.

단원요약질문

1. 부활의 몸은 장애인과 비장애인으로 구별될까?

2. 천국에서의 감각적 패러다임을 말해보라. 즉 특히 시각적 패러다임이 땅에서의 패러다임과 어떤 차이를 갖는가?

3. 언어의 흩어짐과 회복과정을 설명해보고 천국에서의 언어를 말해보라.

닫는 말

흔히 사람이 태어나서 사람구실만 할 수 있으면 제 밥그릇은 타고난 다고 한다. 사람구실이나 하고 살게 하는 것이 부모들이 자녀를 향해 갖는 원초적인 바람이다. 흔히 말하는 사람구실이란 아이가 태어난 후 건강하게 자라서 소정의 교육과정을 마치고 적당한 직업을 얻어 평생 먹고살 경제적 방편을 마련하고 결혼하여 자식 낳아 사는 것을 말한다. 그렇게 말한다면 장애인 중에 사람구실을 할 수 있는 사람이 얼마나 될까.

과연 하나님도 그렇게 생각하실까? 아니라면 하나님이 생각하는 사람구실이란 무엇일까? 세상이 규정한 정의를 따른다면 나의 사랑하는 딸 조이는 평생 사람구실 하지 못하고 살 아이다. 정규학교를 졸업하기는커녕 특수학급에서 교육을 받고 있고 스스로 자립할 수 있는 수준의 직업을 갖지도 못할 것 같다. 결혼을 하여 자녀를 낳고 양육할 능력이 있다고 말하기도 어렵다.

교회에서 가르치는 하나님 자녀구실이란 것도 그렇다. 돈이 있는 사람은 돈으로, 건강이 있는 사람은 건강으로, 학식이 있는 사람은 학식으로, 파워가 있는 사람은 파워로, 하여간 자신이 가진 것으로 하나님께 영광을 돌릴 때 하나님 자녀 구실을 한다는 것이다. 그런 기준으로 말하니까 우리 장애인들은 하나님의 자녀구실에도 실격되고 만다. 건강하지 못하고 배우지 못해서 돈도 벌지 못하고 권력도 잡지 못하는 처지가 되니 무엇으로 하나님 자녀 구실을 할 수 있을까? 게다가 성경도 읽지 못하고 기도도 할 줄 모르는 우리 지적 장애인들은 사람구실은커녕 하나님 자녀 구실도 못하는 셈이 된다. 겨우 할 수 있는 기여라고는 그저 사람들의 눈에 불쌍하게 보이고 그들에게 동정심을 유발시켜 적선과 선행을 가르치는 보조학습교재 정도일까?

지금 전 세계에 라르쉬라고 하는 장애인 공동체를 세워 큰 영향력을 끼치는 장바니에 신부는 필립과 라파엘이라고 하는 지적장애인을 만난 후 그의 인생이 달라졌다고 고백했다. 이들을 통해 입술이 아닌 무릎으로 주님을 섬기는 법을 배웠다고 했다. 그리고 아예 평생을 지적장애인을 위해 살기로 하고 몸을 던졌다.

장바니에의 추천을 받아 한 라르쉬 공동체에서 안식년을 보내고자 왔던 헨리 나우웬도 그가 맡은 지적장애인인 아담을 통해 예수 그리스도를 다시 만나고 죽을 때까지 그곳에 눌러앉았다. 그때 그곳에서 주옥같은 영성 작품들을 만들어 냈다.

그렇다면, 지적 장애인 필립과 라파엘, 그리고 아담은 사람구실을 못한 장애인들이 결코 아니다. 오히려 말 잘하고 건강한 보통사람들보다도 훨씬 큰일을 했다. 장바니에나 헨리 나우웬을 십자가 앞에 무릎 꿇게 하였고 그들을 통해 수많은 사람에게 큰 영향을 끼쳤으니 어찌 필립, 라파엘, 아담의 삶을 두고 사람구실 하지 못했다고 말할 수 있겠는가?

나의 사랑하는 딸 조이 역시 사람들이 말하는 사람구실은 할 수 없을지는 몰라도 하나님나라의 자녀구실은 훌륭하게 하고 있다. 아니 조이는 내가 할 수 있는 평생의 일을 이미 크게 뛰어넘는 결실을 보고 있다. 조이가 아니었던들 조이장애선교회가 생기지도 않았을 것이고—이런 의미에서 조이는 조이장애선교회의 설립자다—지금 조이의 이름으로 전 세계에 장애선교가 힘차게 전개되고 있으니 어찌 조이의 삶이 사람 구실 하지 못한다고 말할 수 있으랴. 게다가 오늘도 아빠에게 연방 함박웃음을 날리는 조이의 격려를 통해 나 또한 내가 맡은 주님의 일을 잘 감당함으로써 조이 인생에 두신 하나님의 거룩한 뜻을 이루는 셈이 되는 것이다. 조이와 나는 이렇게 해서 하나님나라를 위해 아름다운 동역을 하는 셈이다.

2003. 0. 0
하늘을 한참이나 바라보다가
"장애아인 조이를 주셔서 감사합니다."
"나를 오랫동안 아프게 하셔서 감사합니다."라고 진심으로 하나님께 눈물로 감사를 드렸다.
사람들은 잃어버렸다고 생각하는 건강.
사람들은 부족하다고 하는 장애.
이것들을 통해 맛보는 또 다른 세계, 그 신비한 은혜를 맛보게 하시니 감사합니다 라고 고백한다.

2004. 0. 0

미국인 장애인 가족을 만나 얘기하다가 그녀가 하는 말에 따라 웃고 말았다. "다운 아이 길러보지 않고 인생을 논하지 말라."

2006. 0. 0

"차라리 장애인이 되었으면 좋겠다. 저 아이들이 오히려 행복하겠지?"
삶에 힘겨워하는 어떤 사람이 우리 아이들을 보고 혼잣말로 내뱉는다.

2007. 0. 0

우리 조이토요학교 자폐친구가 자신을 돕는 자원봉사자 제인이의 머리를 한 줌 뽑아버렸다. 커피를 달라고 떼쓰는 친구에게 제인이가 "No"하자 순식간에 일어난 일이다.
아파서 눈물을 펑펑 쏟는 제인이에게 장애의 정도가 심하지 않은 친구로 바꾸어 주겠다고 말하며 위로했다.
"제가 아니면 아무도 오빠를 돌봐줄 사람이 없어요. 제가 계속 할래요." 이렇게 대답하는 제인이에게서 얼른 얼굴을 돌려 쏟아져 내리는 뜨거운 눈물을 훔쳐내기에 바빴다. 제인이 나이 겨우 열 다섯.

2008. 0. 0

"조이 엄마, 우리 아이가 다운이래요. 세상이 깜깜해요. 도와주세요." "조이 아빠 되세요? 우리 주치의가 목사님께 전화하래요. 우리 아이가 장애아로 태어났어요."
"조이센터, 김 전도사님 계세요?" 그리곤 소리없이 울기만 한다.

조이가 벌써 열두 살이 되었다.
조이와 함께 한 열두 해 동안이 행복하다.
나에게 사랑이 무엇인지 눈을 뜨게 해준 나의 좋은 친구 조이에게
"I love you" 사랑을 보낸다.

후주

서장 1

1) International Classification of Impairments, Disabilities and Handicaps, 1980.
2) World Health Organization. 1980. International Classification of Impairments, Disabilities and Handicaps, Geneva: WHO. pp.27-29.
3) DPI(Disabled People's International)이 대표적인 기관이다.
4) Barnes, Colin. et al. 1999. *Exploring Disability: A Sociological Introduction*. Cambridge: Polity Press pp. 24-26.
5) International Classification of Functioning, Disability and Health.
6) See the ICF homepage at www3.who.int/icf/icftemplate.cfm.
7) The Union of the Physically Impaired Against Segregation.
8) Barnes, Colin, Geof Mercer and Tom Shakespeare. 1999. *Exploring Disability: A Sociological Introduction*. Polity Press. p.28.
9) ibid p.30.
10) Albrecht, Gary, Katherine D. Seelman, & Michael Bury(Eds.) 2001. *Handbook of Disability Studies*, p.134.
11) Eiesland, Nancy. 1994. *The Disabled God: Toward a Liberatory Theology of Disability*. Nashville: Abingdon Press. pp.62-63.
12) Eiesland. 1994. p.64.
13) Williams, Gareth. 2001. Theorizing Disability. p.135. in *Handbook of Disability Studies*. Edited by Gary Albreicht, Katherine Seelman and Michael Bury. Thousand Oaks: Sage.
14) Schipper, Jeremy. *Disability Studies and The Hebrew Bible: Figuring Mephibosheth in the David Story*. T & T Clark. 2006. p.19.

15) ibid., p.20.
16) 장애는 이처럼 역동적이므로 신체적인 장애로 경험하는 체험과 사회적 장벽 때문에 겪는 고통을 함께 고려하는 모델로 가장 최근에 'Limits Model'이라는 새로운 모델이 소개되고 있다. Disability and Christian Theology by Deborah Creamer, 2009. pp.31-33.
17) 필자의 학위논문을 참조하라. A Cultural Understanding of Disability in regard to Conceptions of Disability and Attitudes toward Disability and toward Persons with Disabilities: A Korean-American Perspective with Biblical, Theological, and Missiological Implications. 2001. Ph.D. Dissertation submitted to RTS. Jackson, Mississippi.
18) emic.
19) Ingstad, B., and S. R. Whyte, eds. 1995. Disability and Culture. Berkeley: University of California Press. pp.7-11.
20) wholistic approach.
21) Gregory, R. J. 1994. Disability and rehabilitation in cross-cultural perspective: A view from New Zealand. p. 194. International Journal of Rehabilitation Research 17:189-200.
22) Durie, M. 1989. *A Maori view of disability and rehabilitation. In Rehabilitation in New Zealand*, ed. R. J. Gregory, pp.53-66. Palmerston North, New Zealand: Massey University. p.54.
23) Devlieger, P. 1995. Why disabled? The cultural understanding of physical disability in an African society. In *Disability and Culture*, ed. B. Ingstad & S. R. Whyte, pp. 94-106. Berkeley: University of California Press. p.96.
24) Armstrong, M. J., and M. H. Fitzgerald. 1996. Culture and disability studies: An anthropological perspective. Rehabilitation Education 10: 247-304. p.274.
25) Devlieger, P. 1995. p.102
26) 1)샤하다(shahada);증언, 2)살랏(salat);기도, 3)자캇(zakat);구제, 4)라마단(Ramadan);금식, 5)하지(haji);성지순례

서장 2

1) Avalos, Hector. 2007. Redemptionism, Rejectionism, and Historicism as Emerging Approaches in Disability Studies. *Perspectives in Religious Studies* (spring): pp.91-100.
2) Reynolds, Thomas E. 2008. *Vulnerable Communion: A Theology of Disability and Hospitality*. Grand Rapids: Brazos Press. p.34.
3) body theology와 theology of the body는 한국말 번역이 똑같아서 혼동하기 쉽지만 구별하기를 바란다. theology of the body는 교황 요한바오르 2세가 1979년부터 1984년까지 수요강좌에서 행했던 특별강좌 시리즈다. 교황 바오르 2세는 이 강좌에서 인간의 영, 혼, 육이 주는 영적 의미를 설파하면서 "과연 사람의 존재 의미는 무

엇인가?' 하는 질문에 답을 주는 중요한 도구가 된다고 주장했다. 결국, body theology와 같은 맥락의 주장이지만 교황의 주장과 차별을 두는 의미에서 개신교 신학자들은 주로 body theology 라는 용어를 선호한다. 이들 가운데 James Nelson의 "Body Theology", Elisabeth Moltmann-Wendel의 "I am My Body: Theology of Embodiment", Deborah Creamer의 "Finding God in Our Bodies", L. Isherwood & E. Stuart의 "Introducing Body Theology", Mary Prokes의 "Toward a Theology of the Body" 등의 논문이 주목을 받고 있다.

4) Nelson, pp. 42-4.3
5) Prokes, Mary Timothy. *Toward a Theology of the Body*. 1996. Grand Rapids: Eerdmans Publishing Co. p.25.
6) Creamer, Deborah. 2004. *Toward a Theology That Includes the Human Experience of Disability*. in Graduate Theological Education and the Human Experience of Disability (ed. Robert Anderson) New York. Haworth Pastoral Press. p.62.
7) McFague, Sallie,1993. *The body of God: A ecological theology*. Minneapolis: Fortress Press, p.14.
8) Govic, Steward. *In the Shadows of Our Steeples: Pastoral Presence of families Coping with Mental Illness*. New York: The Haworth Pastoral Press.
9) Govic, Steward. 1989. *Strong At The Broken Places: Persons with Disabilities and the Church*. Louisville: John Knox Press.

제 1 장

1) 예를 들어 교회사적으로 아다나시우스나 어거스틴은 하나님의 형상을 사람의 이성적 능력으로 보았다.
2) Marx, Tzvi C. 2002. *Disability in Jewish Law*. p.24. Loutledge: London.
3) 이런 시각은 하나님을 "a lesser God" 즉 부족한 하나님으로 보는 시각으로서 장애인이 만들어진 것은 하나님이 창조 시에 그 의무를 등한시했다고 생각한다.
4) Webb-Mitchell, Brett. 1993. *God Plays Piano, Too: The Spiritual Lives of Disabled Children*. New York: Crossroad. p.94.
5) Yong, Amos. 2007. *Theology and Down Syndrome*. Baylor University Press. p.191.
6) Moltmann, Jurgen, 1985. *God in Creation*. New York: Harper and Row Publishing Co. p.350.
7) Tada, Joni Erickson, and Gene Newman. 1987. *All God's Children: Ministry to the Disabled*. Grand Rapids: Zondervan. Chapter 1.
8) Reynolds, Thomas E. 2008. *Vulnerable Communion: A Theology of Disability and Hospitality*. Grand Rapids: Brazos Press. p.164. 그러나 필자는 Reynolds의 전체적인 논지에 찬동하지 못하는 점이 많다는 것을 밝혀둔다.
9) 전통적인 신학의 카테고리 하에서는 결국 하나님이 장애인들을 직접 창조하셨거나 또는 허락하셨든 간에 하나님의 작품이라는 생각이다. 이런 이해는 하나님을 불공평한 분 또는 알 수 없는 분이라는 결론으로 귀결되기 때문에 차라리 하나님은 창조

후 미래의 일들에 대해서는 일일이 예정하셨다기보다는 그의 창조법칙하에서 어떤 "가능성"을 열어두고 그 가운데 태어난 존재에 대해서 하나님이 섭리하신다는 과정신학(process theology)을 따르는 학자들도 있다. Amos Yong이 그중에 하나다. 그는 이런 근본적인 질문에 대한 답으로 다음과 같이 정리하였다.

첫째, 하나님의 뜻은 임의적이지 않기 때문에 장애는 단지 사고에 의해 생긴다거나 또는 하나님이 직접 고안된 것이 아니다.

둘째, 하나님의 전능성과 인간의 자유의지가 서로 배타적이지 않다.

셋째, 하나님의 뜻은 자연법칙을 거슬리지 않는다.

넷째, 하나님의 뜻은 사람을 두 계급으로 나누어 창조하지 않았다. (Yong, Amos. 2007. *Theology and Down Syndrome*. P.168)

제 2 장

1) 필자의 저서 "세상에 눈멀고 사랑엔 눈뜨고" (생명의말씀사) pp.257-259에서 전재함.
2) 유대인 학자들 가운데 정신지체도 실격요인이 된다고 미쉬나를 해석하기도 하고 레위기 13:12을 근거로 한쪽 눈만 기능을 하거나 약시도 실격요인이라고 해석하는 학자도 있다. 즉 제사장이 문둥병의 피부를 관찰하여 부정한 정도를 파악해야 하기 때문에 약시로는 그 기능을 다 할 수 없다는 주장이다.
3) 전정진, 2004. 레위기 어떻게 읽을 것인가? 한국성서유니선교회. p.130.
4) Cecil Roth (ed.). 1996. Encyclopedia Judaica, Vol.4. p.1082.
5) 전정진, P. 53.
6) 미쉬나의 해석에 나오는 주장이다. 대표적인 것이 Sifre N., Piska 39이다.
7) 맹인은 제사장의 손을 볼 수가 없어서 축도를 받을 수도 없다고 생각한다. 또 토라를 보고 축도문을 읽을 수 없기 때문에 축도를 할 수도 없다고 해석하는 것이 전통보수주의 유대인들의 해석이지만 맹인이 축도를 집전할 수 있다는 해석도 있다. 또 탈무드에서는 한쪽 눈이 실명한 경우, 그리고 예배자가 그 제사장과 친숙하게 된 경우 축도권을 부여한다고 되어 있으나 Caro 같은 미쉬나 해석자는 두 눈 다 실명한 경우도 가능하다고 주장한다. 더 자세한 논의는 7장 유대인의 장애정책을 참고하라.
8) Abrams, Judith Z., 1998. *Judaism and Disability*. Gallaudet University Press. pp.46-47.
9) Nickelsburg, George, W. E, 1981. *Jewish Literature between the Bible and the Mishnah*. Philadelphia: Fortress Press. p.123

제 3 장

1) Wynn, Kerry H. 2007. *The normate hermeneutic and interpretations of disability within the Yahwistic narratives*. pp91-101. In This Abled Body. eds. by Hector Avalos, Sarah J. Melcher, and Jeremy Schipper. *Atlanta: Society of Biblical Literature*. p.95.

2) Moyers, Bill. 1996. *Genesis: A Living Conversation* New York: Doubleday. p.256.
3) 학자들에 따라 견해가 다르다. 예를 들면 Westermann의 경우는 일시적 장애로 보지만 Moyers는 영구 장애로 본다. Westermann, Genesis 12-36. p.520.
4) ibid., p.100.
5) 갈 6:17
6) Westermann, Claus. 1995. *Genesis 12-36: A Continental Commentary*. Translated by John J. Scullion. Minneapolis: Fortress Press. p.516. Westermann은 하나님이 어떤 경우에도 장애인을 만드시지 않는다고 주장한다. Westermann과 von Rad는 32:25절을 후기 삽입으로 보는 반면에 Brueggemann은 이 견해에 반대한다.
7) Brueggemann은 야곱의 얍복강사건을 통해 하나님은 야곱을 화해와 용서, 치유로 이끄시지 않고 야곱의 장애를 낳게 하셨다고 주장한다. 즉 야곱은 씨름은 이겼지만 결국 목적에는 실패했다고 평가한다. 한편 Naomi Rosenblatt는 야곱은 비극적 영웅이라고 호칭한다. 왜냐하면, 천사와 싸워 이겼으나 장애를 입었기 때문이다.
see, Brueggemann, Walter. 1982. *Genesis. Interpretation*. Atlanta; John Knox Press. p.271.
Moyers, Bill. 1996. *Genesis: A Living Conversation*. New York: Doubleday. p.264.
8) Kerry Wynn도 이런 견해에 동의한다. 하지만, 언약적 개념을 말하고 있지는 않다. ibid., p.99.
9) Midrash Rabba Exodus 1:26.
10) Tigay, Jeffry H. 1978. *"Heavy of Mouth" and "Heavy of Tongue" on Moses' Speech Difficulty*. Bulletin of the American Schools of Oriental Research, No.231. pp. 57-67.
11) Marshall, Christopher. 2003. *A reconsideration of Moses' speech disorder*. Journal of Fluency Disorders, Volume 28, Issue 1, pp. 71-73.
12) 사무엘하에는 므비보셋이라는 이름으로 나오지만 역대상에서는 므립바알이라는 이름으로 나온다(대상 8:34;9:40).
13) 삼하 4:4; 9:1-13; p 16:1-4; 19:25-31; 21:7; 대상 8:34; 9:40
14) 이 연구의 선두주자는 단연 Jeremy Schipper다. 그는 므비보셋을 주제로 아예 책 한 권을 썼다. Jeremy Schipper. 2006. *Disability Studies and the Hebrew bible: Figuring Mephibosheth in the David story*. New York: T & T international.
15) ibid., p. 4.
16) 이런 구분은 장애를 주류사회와 마이너리티 그룹으로 나누어 생각하는 "minority group model"을 따르는 학자들에 의해 주로 주장되는 이론이다. 여기서 므비모셋 이야기를 삼하 6:23의 미갈 이야기와 연관시켜 여성과 장애인 두 그룹이 "minority group"의 대표로서 시대적 상황에 등장한다고 주장하는 학자들도 있다.
17) ibid., p.9.
18) ibid., pp.25-26.
19) Fokkelman, *Narrative Art and Poetry in the Book of Samuel*, 1:29.
20) 삼하 21:1-14이 9장 전에 삽입되었을 것이라는 주장이 학자들 가운데 우세하지만 어떤 학자는 이 부분을 삼하 21-24장의 문맥에서 보아야 한다고 주장한다.
21) Calvin, John. Sermons on 2 Samuel: Chapters 1-13 (trans. Douglas Kelly;

Edinburgh: The Banner of Truth Trust, 1992. p.430.
22) Brueggemann, Walter, *First and Second Samuel*. Louisville: IBC, John Knox. 1990. p.267.
23) McCarter, P. Kyle. 1980. *2 Samuel: A new translation with introduction and commentary*. AB 9. New York: Doubleday.
24) Abramski, S. 1977. *The Kingdom of Saul and the Kingdom of Davis: The beginning of Monarchy in Israel and its Future Influence(Hebrew) Jerusalem*. pp. 366-38.
25) Alter, Robert. *The David Story: A translation with commentary of 1 and 2 Samuel*. New York: Norton, 1999.
26) Ceresko, Anthony. "The Identity of the Blind and the Lame in Samuel 5:8b" The Catholic Biblical Quarterly 63(2001):23-30. p.28.
27) Ceresco의 논문을 읽어보라.
28) Luther, Martin. 1955. *Luther's works: Selected Psalms I*. Ed. Jaroslav Pelikan; trans. E.B. Koenker, 55 vols.: St. Louis: Concordia. 12:237.
29) Yerushalmi, Shmuel. 1993. *The book of Samuel II*. Edited and translated by Moshe Mykoff. New York: Moznaim. pp.393-94.
30) Gunn, David. 1978. *The Story of King David: Genre and Interpretation*. JSOT Sup 6. Sheffield: JSOT Press. 138 n.6.
31) Alter, The David Story, p. 317; Brueggemann, *First and Second Samuel*, p.328.
32) Schipper, Jeremy. 2006. p.58.
33) 삼상 9:2; 10:23-24;16:6,7,12,18, 17:42;삼하 14:25; 대상 1:6 등.
34) Miller, Patrick. 2000. *The Religion of ancient Israel*. Louisville: Westminster John Knox. pp.194-95.
35) Jeremy Schipper는 앗시리아, 우가리트, 히타이트 문서들과 이집트 미라 등을 통하여 이를 증명하고 있다.
Jeremy Schipper. 2006. p.86.
36) Schipper, Jeremy. 2005. *Reconsidering the Imagery of Disability in 2 Samuel 5:8b*. The catholic Biblical Quarterly 67. 422-434. p.428-29.
37) 9:13; 16:3
38) 4:4; 9:3, 13; 19:27
39) 9:7,10,11,13; 19:29
40) Schipper, Jeremy. 2005. pp.426-429.
41) Schipper, Jeremy. 2005. p.428.
42) Olyan, Saul M. 2008. *Disability in the Hebrew Bible: Interpreting mental and physical differences*. Cambridge: Cambridge University Press. p.68.
43) 어떤 주석가는 청년선지자가 예후가 왕으로 기름을 부은 후 문을 열고 후다닥 도망가는 모습을 보고 미친 사람과 같다고 이해했을 것이라 추측.
44) 렘 29:26, "여호와께서 너로 제사장 여호야다를 대신하여 제사장을 삼아 여호와의 집 유사로 세우심은 무릇 미친 자와 자칭 선지자를 착고에 채우며 칼을 메우게 하심이어늘"
45) 호 9:7, "형벌의 날이 이르렀고 보응의 날이 임한 것을 이스라엘이 알지라. 선지자가

어리석었고 신에 감동하는 자가 미쳤나니 이는 네 죄악이 많고 네 원한이 큼이니라."
46) Fox, M.V.A. 2000. *Proverbs 1-9*. New York: Doubleday. pp.38-43.
47) 개역개정, 어리석은 자로 표현. 하지만 영어성경은 "simple"한 사람으로 표현

제 4 장

1) John Calvin은 미갈의 교만죄로 인해 벌을 받은 것이라 해석했고 Hans Hertzberg는 미갈이 하나님을 거부했기 때문이라고 보았고 Lillian Klein은 미갈이 간음죄를 지었기 때문이라고 상상했다.
2) McCarter, P. Kyle. 1984. *2 Samuel*. AB 9. NY: Doubleday
3) Hector Avalos는 욥기에서 듣는 것보다 보는 것이 영적으로 깨닫는 데 있어서 더 큰 역할을 하는 것으로 설명하고 있다. *The Abled Body*, eds by Hector Avalos, Sarah Melcher, and Jeremy Schipper. 2007. pp. 47-59.
4) Schipper, Jeremy. 2007. *Disabling Israelite Leadership in This Abled Body*. pp.109-113.

제 5 장

1) 이 부분은 다음 장 6장 소외층과 낙인 부분에서 더 자세히 다룬다.
2) KJV, NASV의 해석을 비교하라. Keil-Delitzsch는 "그 길은 너무 쉬워서 바보(idiot)라고 할지라도 잃어 버릴수 없는 길"이라고 해석한다. 또 대단히 단순한길(simple)임을 강조한다. Keil-Delitzsch의 이사야 주석을 보라. *Commentary on the Old Testament*. Isaiah Vol. 2. Grand Rapids: Eerdmans Publishing Co. 1988(reprinted). p.79.
3) Olyan, Saul M. 2008. *Disability in the Hebrew Bible: Interpreting mental and physical differences*. Cambridge: Cambridge University Press. p.82.
4) Hasel, Gerhard. 1980. *The Remnant: The history and theology of the remnant idea from Genesis to Isaiah*. p.400.

제 6 장

1) Harvie Conn이 이런 견해를 가진 대표적인 학자다. 더 자세한 것은 그가 Westminster 신학교에서 강의한 "New Testament and the poor"와 "Old Testament and the poor" 강좌를 참조하라. 그의 생전 육성 강좌를 CD로 들을 수 있다. David Bosch도 같은 입장을 견지하고 있다.
2) 많은 학자는 이 집을 '하나님의 집' 즉 성전으로 이해하고 있다. 70인경과 벌게이트 사본이 '성전'으로 번역하고 있다. 하지만, 성경 어디에도 그들이 성전에 들어가는 것 자체를 금했다는 증거가 없다. 엘리 제사장은 거의 눈이 멀어져 가는 시각장애인

이었지만 성전에 머무는 것이 금지되지는 않았다.
3) Wendel, Susan. 1996. *The Rejected Body*. New York: Routledge. p.10.
4) 여성신학의 리더라고 말할 수 있는 Carole Fontaine은 그녀의 글 "Be Men, O Philistines" (1 Samuel 4:9) in This Abled Body (pp.61-72)에서 히브리 성경은 남성우월주의 산물이며 사무엘상 4:9을 예를 들어 "남자다워라"하는 말은 여자답지 말라는 뜻이므로 철저히 여성을 비하했다고 주장한다.

제 7 장

1) 유대인 사회는 쿰란 공동체를 대부분 이런 시각으로 이해하는 것 같다. 유대인들은 쿰란 공동체를 예배 공동체로 보기 때문에 왜 그들이 집요하게 장애인을 배제했는지 이해하는 데 도움이 된다.
2) Abrams, Judith Z. 1998. *Judaism and Disability*. Gallaudet University Press. p.47.
3) Messianic Rule IQSa I).
4) Messianic Rule IQSa, II.
5) 1QSa 2,3-7.
6) Olyan, Saul M. 2008. *Disability in the Hebrew Bible: Interpreting Mental and Physical Differences*. Cambridge University Press. p.103.
7) ibid., p.104.
8) Abrams, Judith Z. *Judaism and Disability*. 1998. Gallaudet University Press. pp. 130-138.
9) ibid., pp139-143.
10) Marx, Tzvi C., 2002. *Disability in Jewish Law*. Loutledge: London. p.71.
11) Siegwl, Morton K., "*Seminal Jewish Attitudes Toward the Handicapped*," Journal of Religion, Disability & Health 5:1 (2001), p.33.
12) aliyah란 말은 매우 많은 의미를 포함하고 있는 포괄적인 말이다. 주로 토라가 읽히는 동안 예배 공동체가 토라의 말씀을 받을 때 "aliyah를 받는다"고 표현한다. 예배에서 토라를 읽는 의무를 지키게 행하는 의식을 일컫는 말에서부터 유대인들의 예루살렘 성지순례 의식을 말하기도 하고 국가적 이스라엘의 거룩한 의식을 일컫기도 한다.
13) Nevins, Daniel. 2006. *The participation of Jews who are blind in the Torah service in Jewish Perspectives on Theology and the Human Experience of Disability by Judith Z. Abram & William C. Gaventa (eds.)* p.27.
14) 쉐마는 삼위되시는 하나님, 율법에 대한 충성심, 출애굽의 기념이라는 세 가지 은혜를 되새기자는 의미로 매일 두 번 암송하게 되어 있다. 암송하는 성경구절은 신명기 6:4-9; 11:13-21 그리고 민수기 15:37-41이다.
15) Abrams, Judith Z. *Judaism and Disability*. 1998. Gallaudet University Press. p.119.
16) 어떤 경우는 듣지만 못하는 사람에게 이 용어가 쓰이기도 한다.
17) Marx, Tzvi C. 2002. p.115.
18) ibid. p.87.

19) ibid. p.89.
20) 유대인에게 있어서 예배를 드릴 수 없는 경우는 육체적으로 중증 장애가 있어 스스로 움직일 수 없거나 다른 사람의 도움을 받아도 예배가 규정한 각종의식을 따라할 수 없는 경우, 이미 기술한 대로 맹인이나 농아인, 그리고 지적장애인의 경우 예배의식 중 중요한 의식에 각각의 기능을 발휘할 수 없는 경우까지를 말한다. 따라서 일반적으로 생각하는 예배의식 불참석 이유보다는 훨씬 심각한 제약이라 할 수 있다.
21) Marx, Tzvi. 2002. p.23-24.
22) Wolfensberger, Wolf. 1981. *The Extermination of Handicapped People in World War II Germany*, in Mental Retardation 19: no 1. pp.1-7.

제 8 장

1) 쉴만한물가 캠프는 필자가 섬기는 조이장애선교회가 장애자녀를 둔 부모들을 위해 개최하는 캠프로서 하나님께서 장애자녀를 둔 뜻을 성경 말씀 안에서 찾는 데 초점을 둔다.
2) 치료와 치유의 정의를 나눈 이유와 정의에 대해서는 다음 장의 설명을 보라.
3) see Brown, Raymond, 1966. *The Anchor Bible: The Gospel According to John*. New York: Doubleday. p.381.
4) Black, Kathy. 1996. *A Healing Homiletic: Preaching and Disability*. Nashville: Abingdon Press. p.84.
5) ibid. 85.
6) '농아', '농인' 또는 '농아인' 이 구별 없이 쓰이고 있는 실정이다. '농' 聾은 '듣지 못함' 을 '아' 啞는 '말하지 못함' 을 의미한다. 따라서 농인이라고 하면 듣지 못하지만, 말은 할 줄 아는 사람을 말하고 농아인이라고 하면 듣지 못하고 말하지도 못하는 사람을 말한다. 한편 어린 아이를 지칭할 때 농아聾兒라고 말하기도 한다. 청각장애인들 가운데 자신들은 수어라는 언어를 사용하기 때문에 농아인은 아니라고 주장하기도 한다.
7) Barclay,William, 1975. *The Gospel of Mark, Philadelphia*: Westminster Press. p.181.
8) Killinger, John, *Day By Day with Jesus: 365 Meditations on the Gospels*. Nashville : Abingdon Press. p.136 Kathy Black의 A Healing Homiletic에서 재인용. p.97.
9) Pilch, John J. 1981. *Biblical Leprosy and Body Symbolism*, Biblical Theology Bulletin, 11. no.4. p.111.
10) 한글성경에서는 귀신과 더러운 영을 구별하지 않고 '더러운 영' 을 '미쳤다' 또는 '더러운 귀신' 이라고 번역하고 있다(막 1:23; 3:21).
11) Myers, Ched. 1988. *Binding the Strong Man: A Political Reading of Mark's Story of Jesus*. New York: Maryknoll. p.153.

제 9 장

1) Madalene, Rachel. 2007. *The ANE Legal Origins of Impairment as Theological Disability and the Book of Job.* Perspectives in Religious Studies, pp.28-29.
2) Abrams, Judith Z. 1998. *Judaism and Disability: Portrayals in Ancient Texts from the Tanach Through the Bavli.* Washington, DC: Gallaudet University Press. p.119.
3) Rhoads, David and Donald Michie. 1982. *Mark as Story.* Philadelphia: Fortress Press. pp.49-53.
4) Wynn, Kerry H. *Disability verses Sin: A reading of Mark 2:1-12.* Unpublished paper presented to American Academy of Religion 1999 Annual Meeting-Boston, Massachusetts. p.3.
5) Ibid., p.6.
6) Ibid., pp.8-10.
7) 참고로 마가복음은 전체 기록 중 3분의 1이 치유기록이다.
8) Ridderbos, Herman. 1962. *The Coming of the Kingdom.* Philadelphia: The Presbyterian and Reformed Publishing Company. p.119.
9) 장애인과 장애를 가진 사람의 차이를 이해하기 바란다. 즉 a person with a disability 와 a disabled person의 차이를 이해하여야 한다. 전자는 사람을 강조하는 말이고 후자는 장애를 강조하는 말이 된다. 그러므로 선진사회에서는 장애의 유무가 사람의 정체성을 나타내는 장애인(a disabled person)이라는 말을 공식 문서나 공식석상에서 사용하는 것을 자제하고 있다.
10) 지금도 아프리카 지역 등에서는 특정 질병이나 장애가 신이 보낸 동물이나 곤충을 통해 생긴다고 믿는다.
11) Edersheim, Alfred. 1974. *The life and times of Jesus the Messiah.* Grand Rapids, Michigan: Wm. B. Erdmans Publishing Company. pp.177-78.
12) Lenski, R. C .H. 1942. *The interpretation of St. John's Gospel.* Minnesota: Augsburg Publishing House. p. 675.
13) Bruce, F. F. 1984. *The Gospel of John.* Grand Rapids: Wm. B. Eerdmans Publishing Co. p.208.
14) Strachan, R. H. 1951. *The fourth Gospel: Its significance and environment.* London: Student Christian Movement Press, Ltd. p.217.
15) Reynolds, H. R. 1950. *Pulpit commentary: John.* New York: Funk & Wagnalls. p.3.
16) Bruce, F. F. 1984. *The Gospel of John.* Grand Rapids: Wm. B. Eerdmans. p.208.
17) Morris, Leon. 1984. *The Gospel according to John.* Grand Rapids: Wm. B. Eerdmans Publishing Co. p.478.
18) Hendriksen, 1953. p.72.
19) Kaiser, Walter C. 1988. *Hard sayings of the Old Testament.* Downers Grove: InterVarsity Press. p. 230.
20) ibid., p.231.
21) Keil C. F., and F. Delitzsch, 1988. *Commentary on the Old Testament in ten volumes. vol. 1. The Pentateuch.* Grand Rapids: Wm. B. Eerdmans Publishing Co.

p.117.
22) Calvin, John. 1960. *Institutes of the Christian religion. vol.1*. Philadelphia: the Westminster Press. p. 386.
23) ibid. pp.386-87.
24) Kushner, Harold. 1981. *When Bad Things Happen to Good People*. New York: Avon Books.
25) 김기현. 2008. 하박국, 고통을 노래하다. 복있는사람. p.66.

제 10 장

1) Calvin, John. 1960. *Institutes of Christian Religion*. Ed. John T. McNeill. Trans. Ford Lewis Battles. Philadelphia: Westminster Press. Vol I, pp.267-77.
2) Luther, Martin. 1967. *Luther's Works. Vol.54*, Table Talk. Ed. and trans. Theodore G. Tappert. Philadelphia: Fortress. pp.396-97.
3) The Commission on World Mission and Evangelism (CWME), under the World Council of Churches (WCC). 이런 관심을 두고 "*Salvation Today*" (Bangkok 1973), "*Your Kingdom Come*" (Melbourne 1980), "*Come Holy Spirit*, Heal and Reconcile. Called to be Reconciling and Healing Communities" (Athens 2005)과 같은 후속 컨퍼런스를 열고 심도 있는 논의를 거듭하고 있다.
4) 선교학의 원리인 emic 과 etic 의 관점으로서 emic은 내부자의 관점이고 etic은 제삼자의 관점을 말한다. 즉 복음서에 나타난 나병환자를 대하는 당시 시대 사람의 관점이 emic이고 이 기록을 읽고 해석하는 사람들의 관점이 etic이 된다.
5) Pilch, John. 2000. *Healing in the New testament: Insights from Medical Mediterranean Anthropology*. Fortress Press. pp.12-13.

제 11 장

1) Prior, Michael. 1995. *Jesus the liberator: Nazareth liberation theology (Luke 4:16-30)*. Sheffield: Sheffield Academic Press. p.135.
2) Bosch, David J. 1989. *Mission in Jesus' way: A perspective from Luke's Gospel*. Missionalia 17, no. 1. p.7.
3) Lenski, R. C .H. 1951. *The interpretation of St. Luke's Gospel*. Columbus, Ohio: The Wartburg Press. p.252.
4) Bosch, David J. 1991. *Transforming mission: Paradigm shifts in theology of mission*. Maryknoll, New York: Orbis Books. pp.110-111.
5) Bosch, David J. 1989. *Mission in Jesus' way: A perspective from Luke's Gospel*. Missionalia 17, no 1:3-21. P.7.
6) 삼상 2:7
7) 출 22:21, 23:9, 레 19:33, 신 27:19

8) 눅 18:18-25
9) Once for all.
10) 개역 개정판의 번역.
11) Webb-Mitchell, Brett. 1994. *Unexpected Guests at God's Banquet: Welcoming People with Disabilities Into the Church.* New York: Crossroad.
12) ibid., p.9.
13) Wilke, Harold. 2003. *Access to Professional Education.* in Graduate Theological Education and the Human Experience of Disability. (ed. Robert Anderson). p.14.
14) 정승원, 2009. 장애인을 위한 언약공동체 신학. 출처: 이재서외. 신학으로 이해하는 장애인. 도서출판 세계밀알. p.155.
15) Bosch, David J.. 1989. *Mission in Jesus' Way: A perspective from Luke's gospel.* Missionalia 17, no. 1: 3-21. p.8.
16) Culpepper, R. Alan. 1994. *Seeing the kingdom of God: the metaphor of sight in the gospel of Luke.* Currents in Theology and Mission 21. pp.434-443.
17) Bosch, ibid. p.8
18) Alan Culpepper는 그의 논문에서 누가복음에 나오는 세 가지 경우를 '보는 것'과 연계하여 하나님나라를 설명했다. 즉 선한 사마리아인 비유(10:29-37), 걸인 맹인(18:35-43), 그리고 삭개오 (19:1-10)등이다. 그 외 직접적으로 맹인이 눈을 뜨는 것과 하나님나라의 도래는 깊은 관계가 있다고 주장했다(4:18-19, 7:22).
19) 눅 24:31에 부활하신 예수님께서 제자들에게 다시 나타나셨을 때 제자들의 눈이 비로소 밝아졌다고 말하고 있지만 24:36-41은 오히려 보고도 믿지 못하는 제자들의 상태를 대비해서 그들의 영적 상태를 말해주고 있다. 물론 제자들의 보는 정도와 걸인 맹인이 보는 것 사이에 차이가 있었던 것은 분명하다. 하지만, 누가복음은 하나님나라를 '보는 것'이라는 메타포를 사용하여 하나님나라의 본질을 설명하고자 누가는 시각장애인을 등장시켜 설명하고 있다. 그렇다면, 성경에서 가난한 자와 장애인의 역할은 하나님나라의 본질사역과 깊은 연관을 가지고 있다.
20) Culpepper, R. Alan. ibid. p.440.
21) 마 5:43-48; 눅 6:27-36.
22) Andrew Kirk. 1983. *Good News of the Kingdom: the marriage of evangelism and social responsibility*, Intervarsity Press. pp.122-123.

제 12 장

1) 더 자세한 내용은 필자의 책 『애덤킹 희망을 던져라』 (북하우스)를 보라.
2) 『The Disabled God』을 한국말로 번역하는 데 좀 곤란한 점이 있다. 그대로 직역하면 '장애 하나님' 또는 '장애인 하나님'이 되는데 아무래도 어감과 신학적 문제가 있다. 장애 하나님이라 하면 하나님의 기능 자체가 장애를 일으킨다는 뜻이고 장애인 하나님 하면 하나님의 인성만 강조되어버린다. 그래서 '장애를 체험하신 하나님' 쯤이 무난하다고 본다. 하지만, 그것은 저자의 의도가 아니므로 그대로 '장애 하나님'으로 번역했다.

3) Bonhoeffer, Dietrich. 1971. *Letters and papers from prison*, ed. Eberhard Bethge, trans. Reginald Fuller, et al. New York: MacMillan. pp.360-361.
4) Moltmann, Jürgen, 1998. "Liberating Yourselves by Accepting One Another" in *Human Disability and the Service of God*. eds. by Nancy Eiesland and Don Salier. p.115.
5) Eiesland, Nancy. 1994. *The Disabled God: Toward a Liberatory Theology of Disability*. Nashville: Abingdon Press. p.99.
6) Moltmann, Jürgen. 1998. "Liberating Yourselves by Accepting One Another" in *Human Disability and the Service of God*. eds. by Nancy Eiesland and Don Salier. p.121.

제 13 장

1) 이하 나오는 출처 대부분은 Robert Garland, 1994. *The Mockery of the Deformed and Disabled in Graeco-Roman Culture*, pp.71-84 in Laughter Down the Centuries, vol.1 Edited by Siegfried Jakel and Asko Timonen. Finland: Turun Ylipisto 에서 나왔음을 밝힌다.
2) Gracer, Bonnie. 2006. *What the Rabbis Heard: Deafness in the Mishnah*. Journal of Religion, Disability & Health. vol.10, no.3/4. p.87.
3) 장승익. 2009. 바울 서신에 나타난 장애이해: 고린도후서 12장 7-10절을 중심으로. 출처: 이재서와 공저. 신학으로 이해하는 장애인. 도서출판 세계밀알. p.117.
4) 표준 새번역.
5) Betz, Hans Dieter. 1979. *Galatians*. Hermeneia. Philadelphia: Fortress. p.225.
6) 마르바 던. 2008. 세상권세와 하나님의 교회 (노종문 역). 출판사: 복있는 사람. p.55.
7) Jewett, Robert. 1971. *Paul's Anthropological Terms*. Leiden; Brill, p.458.
8) "a human being does not have a soma, but rather is soma" Bultmann, Rudolf. 1952. Theology of the New Testament. London: SMC Press. p.172.

제 14 장

1) Hauerwas, Stanley. 1998. *Sanctify Them in the Truth: Holiness Exemplified*. Nashville: Abingdon p.151.
2) Yong, Amos. 2008. *Theology and Down Syndrome*. p.208.
3) WCC, 2004. *A Church of All and For All: An Interim Statement*. Written by EDAN(Ecumenical Disabilities Advocates Network). International Review of Mission. p.512.
4) ibid. pp.520-525. and also see, Kube, Sam. 2006. The Ecumenical Response to Disability: The World Council of Churches. Journal of Religion, Disability and Health. vol. 10, no. 1/2. pp.8-9.

5) Herzog, Albert. *The Disability Advocacy of the National Council of Churches*. Journal of Religion, Disability and Health. vol. 10, no. 1/2. pp. 32-34.
6) Henkin, Alan. 1983. *"The Two of Them Went Together" (Genesis 22:6): Vision of Interdependence*. Judaism. vol. 32(4). p.461.
7) Reynolds, Thomas E. 2008. *Vulnerable Communion: A Theology of Disability and Hospitality*. p.223.
8) Web-Mitchell, Brett. 1994. *Unexpected Guests at God's Banquet: Welcoming People with Disabilities Into the Church*. New York: Crossroad. p.48.
9) Hauerwas, Stanley. 1973. *Christian Care of the Retarded*. Theology Today. Vol 30, No. 2. p.133.
10) Hofstra, Marilyn M. 1992. *Voices: Native American Hymns and Worship Resources*. Nashville: Discipleship Resources. pp.76-78. 이 우화는 라코타 인디언부족의 이야기다.
11) 이 교독문은 Rev. Kate Chipps 가 쓴 글이다. 글의 출처는 Lu Leone의 "Each Made in God's Image, Each a Unit of God's Grace in Graduate Theological Education and the Human Experience of Disability (ed. Robert Anderson). pp.108-09.

제 15 장

1) Yong, Amos. 2007. *Theology and Down Syndrome*. Baylor University Press. p.79.
2) Creamer, Deborah. 1995. *Finding God in Our Bodies: Theology from the perspective of people with disabilities*. Journal of Religion in Disability & Rehabilitation, vol.2 (1). p.83.
Kathy Black(1966)도 완전함은 반드시 치료를 포함할 필요가 없으며 대신 우리의 하나님과의 관계에 대한 인식은 반드시 필요하다고 주장한다. 그녀에 따르면 모든 존재는 서로 긴밀하게 연결된 관계로 이루어졌기 때문에 장애의 원인은 죄 또는 벌로 말미암아 오는 것이 아니라 관계성으로부터 오는 부조화 때문이라고 주장한다.